中国科学院　成都山地灾害与环境研究所　知识创新项目
水　利　部

中国山区发展报告

——中国山区发展新动态与新探索

陈国阶　方一平　高延军　著

商务印书馆
2010年·北京

图书在版编目(CIP)数据

中国山区发展报告——中国山区发展新动态与新探索/陈国阶等著. 北京:商务印书馆,2010
ISBN 978 - 7 - 100 - 07142 - 0

Ⅰ.①中… Ⅱ.①陈… Ⅲ.①山区经济-经济发展-研究报告-中国 Ⅳ.F127

中国版本图书馆 CIP 数据核字(2010)第 082144 号

所有权利保留。
未经许可,不得以任何方式使用。

中国山区发展报告——中国山区发展新动态与新探索
陈国阶 方一平 高延军 著

商 务 印 书 馆 出 版
(北京王府井大街36号 邮政编码 100710)
商 务 印 书 馆 发 行
北京瑞古冠中印刷厂印刷
ISBN 978 - 7 - 100 - 07142 - 0

2010 年 10 月第 1 版　　开本 787×1092　1/16
2010 年 10 月北京第 1 次印刷　印张 16¼
定价: 45.00 元

前　言

　　中国山区作为全国区域发展的重要组成部分,其发展与全国息息相关。近十年来,中国山区发展和全国一样,处于历史上最好的时期,不仅基本上解决了长期以来困扰山区的贫困问题与温饱问题,而且出现了一批"富山区"的新气象。但是,总体而言,中国山区发展与全国平均水平相比较,仍处于落后状态;与平原区相比,与沿海发达区相比,差距还很大,是名副其实的发展着的"落伍者"。

　　与此同时,中国山区内部发展也与全国一样,处于多元化、两极差异扩大的分化期。山区发展呈现出多种水平同时存在的多谱带现象,已突破过去"捆绑式"、"共同贫困"的状态,正面临着多元变化的复杂局面;与世界其他国家相比较,既有别于一般的发展中国家,也有别于发达国家,正处于从"发展"向"发达"的过渡状态。一句话:中国山区正处于大变革的时期。

　　面对中国山区的这种新局面、新态势,如何更好地引导中国山区的发展,就成为当前一个迫切需要解决的问题。这里有三点需要着重指出:一、当前中国山区发展已基本上解决了绝对贫困的问题,继续沿用过去的扶贫战略已经不能适应中国山区发展的现实需要,因此,迫切需要建立新的战略目标。二、中国是山区大国,并且是山区人口大国,与美国、加拿大、俄罗斯、澳大利亚、巴西等大国不同,后者可以把山区人口基本上全部迁往城市或平原,让山区处于休整或半休整的状态,中国山区则必须负担养育几亿人口的任务,不可能不开发;同样,中国山区也不能重复世界上许多发展中贫困国家的老路:吃山、开山、穷山、恶山,延续"开垦—生态破坏—贫困—再开垦—再破坏—再贫困"的恶性循环的道路。因此,中国山区发展,必须走自己的路,探索自己的战略。一句话,寻找中国特色的山区发展战略、发展模式。而这,在世界上没有现成的战略和模式可以照搬,需要我们自己去研究、去摸索、去实践。三、中国山区发展虽然离不开全国的发展,与全国发展有许多相通、相近、相同之处,但中国山区毕竟是一个特殊的区域单元,本身有着许多特殊的环境问题、生态问题、主体功能问题、民族问题、区位问题等,影响着、牵制着其自身的发展;并且不能用对待城市区、平原区的办法来处理,也不能照搬经济发达区、平原区的发展道路和模式。因此,需要我们去研究、去探索、去实践。

　　因此,对中国山区发展问题进行更深层次的思考,包括对近年中国山区发展态势及其特殊规律的认识与判断;对中国山区未来15~20年发展图景的基本勾画和预测;对未来发展战略的基本走向、方向、方法和模式的阐述;对未来山区发展所碰到的各种特殊问题的分析;对中国建设21世纪新山区基本设想和城乡统筹的规划等,就成为本期

《中国山区发展报告》的主要内容。由于本期《中国山区发展报告》出版之时，正值全国编制国民经济与社会发展第十二个五年规划的关键时期，而至今还没有针对全国山区发展的国家水平的规划，以往的各个五年计划或规划中，也都没有山区发展方面的专门篇章；因此，我们衷心地希望，本期《中国山区发展报告》的出版，能够对全国第十二个五年规划的编制有所裨益，特别盼望全国山区发展的总体战略规划能够出台。

本期《中国山区发展报告》作为中国科学院知识创新工程重要方向项目"中国可持续发展战略综合研究"的重要组成部分，实际上是有关我国国情研究系列的报告之一，为此，得到中国科学院知识创新工程的资助和指导。在此，表示衷心的感谢！同时，我们希望，《中国山区发展报告》与其他国情研究报告形成相互支持的国情研究成果，共同作为全国宏观战略决策的重要科学依据；希望《中国山区发展报告》与其他国情研究报告一起，跟踪全国战略发展，与时俱进，不断深化、不断创新，为全国宏观发展战略的制定提供科学支撑，一直坚持、发展和出版下去。

本期《中国山区发展报告》（第三期）也是中国科学院成都山地灾害与环境研究所大力支持的成果。近年来，研究所将山区发展作为该所与山地灾害、山地环境并列的创新方向之一，建立了山区发展研究中心，2008年还与中国科学院、国务院发展研究中心共同主持了"中国山区发展研讨会"。与此同时，还与国际山地发展中心等机构建立了良好的协作关系，为山区发展研究建立了平台、聚集了人才。研究所邓伟所长亲自抓山区发展研究，亲自实践；研究所党委书记关晓岗同志对山区发展研究十分重视、关心，经常参与讨论，提出了许多有针对性、有见地的指导意见。他们的指导和关心，极大地鼓励了参与本期研究的科研人员，对促进本期任务的完成起到了很好的作用，在此表示衷心的感谢。

《中国山区发展报告》（第三期）是集体研究的成果，它依托研究所多年的科研积累，同时吸收了国内相关研究的成果，当然也凝聚了我们自己的努力和心血。在这个过程中，许多同志作出了默默无闻的贡献。其中，鲍文博士（成都山地所，现成都信息工程学院）、杨德伟博士（成都山地所，现中科院厦门城市环境研究所）、杨维琼博士（成都山地所，现西南财经大学）、杨媛媛硕士（西南科技大学）、杨慧硕士（四川农业大学）、许科研硕士（成都山地所）、王明杰硕士（成都山地所，现成都经济研究院）协助统计资料，进行报告的打印、编辑，付出了大量宝贵时间。其中特别需要指出的是，河南科技大学经济与管理学院对本报告的研究给予了大力支持，为高延军博士的研究提供了条件，而且席升阳院长，刘溢海、郭培智、高百宁、郭浩副院长对此项工作都十分关心，参与了有关河南省山区的研究，在此一并表示感谢。

本报告由陈国阶主持、提出写作大纲，并负责最后的统稿、修改和定稿。主要内容分工完成：第一章，第一、六节陈国阶，第二、三、四、五节方一平；第二章，第一节高延军，第二、三节陈国阶；第三章，高延军；第四章，陈国阶；第五章，第一节陈国阶，第二、三、四节方一平；第六章，陈国阶；第七章，第一、二节，方一平，第三节陈国阶、高延军，第四、五节陈国阶;第八章,陈国阶。这里需要说明的是,第四章的"山区生态补偿"部分,引用了我主持的有关生态补偿课题的部分成果,其中有四川大学王益谦教授等的贡献和文字;第八章有关城乡统筹的内容,也引用了我主持的相关课题的部分成果,其中有四川省社会科学院沈茂英研究员、成都信息工程学院鲍文博士的贡献,在此表示感谢!

  本期《中国山区发展报告》的编写,虽然尽了我们的努力,但由于山区问题错综复杂,社会经济发展变化迅速,使得我们想科学、客观地总结山区发展的规律,捕捉山区发展的信息,变得十分困难。因此,本报告还存在许多不足之处,我们提出的战略与思路也不一定正确。为了中国山区的发展,我们期待着广大专家与读者的批评、指正。

陈 国 阶

2009 年 11 月

目 录

第一章 中国山区近年发展的成就、差距与问题 ········· 1
  第一节 中国山区近年发展的成就 ························· 1
    一、山区与行政区的关系及所处地位 ························· 1
    二、山区近年发展取得显著成就 ······························· 4
  第二节 中国山区经济发展与全国的差距 ····················· 5
    一、山区近年经济发展与丘陵区和平原区的比较 ·············· 5
    二、山区经济发展滞后与产业结构的关系 ···················· 7
  第三节 中国山区近年社会发展状况 ······················· 10
    一、山区人口数量大、密度低，人地关系调控复杂 ············ 10
    二、山区贫困人口减少，但扶贫攻坚任务依然艰巨 ············ 11
    三、山区居民生活质量低，与实现全面小康的社会目标差距大 ····· 11
    四、山区教育、信息资源相对稀缺，教育和信息贫困较为普遍 ····· 12
  第四节 全国山区近年自然资源利用评价 ····················· 13
    一、山区生物多样性保护体系基本建立，保护区和社区之间的矛盾突出
··· 13
    二、山区旅游资源开发加速，山区旅游管理水平亟待提高 ······· 15
    三、山区水能资源总体开发程度低，无序开发、过度开发现象并存 ··· 16
    四、山区农业资源开发历史悠久，但粗放利用的态势没有改变 ··· 17
    五、山区森林资源恢复增长，正由"木头经济"向"生态经济"转型 ··· 18
    六、山区矿产资源综合利用率低，开发粗放，秩序混乱 ········· 19
  第五节 中国山区近年发展存在的主要问题 ··················· 21
    一、山区发展战略缺失与加快发展、缩减差距强烈愿望之间的矛盾 ··· 21
    二、山区发展的政策"瓶颈"与民生优先、建设社会主义和谐山区之间的
        矛盾 ······································· 24
    三、山区资源开发高强度与山区资源统筹管理低水平的矛盾 ····· 26
    四、山区灾害高发性、链网性与灾害风险应对体系脆弱的矛盾 ··· 27
    五、山区科学研究的零散性与山区发展的系统性、整体性的矛盾 ··· 28
    六、山区体制观念滞后与新形势下山区发展创新需求的矛盾 ····· 29

     第六节 中国山区发展的过渡性特征与发展机遇 ……………………………… 30
       一、山区发展的过渡性特征 ………………………………………………… 30
       二、山区发展面临的机遇 …………………………………………………… 31

第二章 中国山区内部近年发展的分异 …………………………………………… 36
     第一节 中国山区内部近年发展的地带性差异 …………………………………… 36
       一、三大地带山区发展的差异 ……………………………………………… 36
       二、三大地带山区产业结构差异明显 ……………………………………… 38
       三、三大地带山区近年发展速度比较 ……………………………………… 39
     第二节 中国山区县发展水平的分化 ……………………………………………… 48
       一、山区发展出现多谱带现象 ……………………………………………… 48
       二、山区县前百名和后百名的比较 ………………………………………… 48
       三、山区县内部出现两极分化的趋势 ……………………………………… 56
       四、广大山区贫困基本面未发生根本改变 ………………………………… 57
     第三节 中国山区产业结构正在出现重大调整 …………………………………… 58
       一、三大产业结构逐步改善 ………………………………………………… 58
       二、第二产业地位提高 ……………………………………………………… 58
       三、第三产业处于初始发展阶段 …………………………………………… 60
       四、山区农业发展初现产业化端倪 ………………………………………… 61

第三章 中国山区近年发展的主要模式 …………………………………………… 64
     第一节 工业发展是山区经济水平提高的主导模式 ……………………………… 64
       一、河南省山区县发展启示 ………………………………………………… 64
       二、工业发达的山区县 ……………………………………………………… 76
       三、矿业主导发展的山区县 ………………………………………………… 80
     第二节 山区第三产业的发展模式 ………………………………………………… 86
       一、商贸业带动山区发展 …………………………………………………… 86
       二、旅游业带动山区发展 …………………………………………………… 89
       三、物流服务业带动山区发展 ……………………………………………… 99
     第三节 山区农业产业化发展模式 ………………………………………………… 102
       一、牧业产业发展模式 ……………………………………………………… 107
       二、现代商品农业发展模式 ………………………………………………… 110
       三、农牧产品加工业发展模式 ……………………………………………… 112

第四章 中国山区发展值得探讨的若干重大问题 ………………………………… 114
     第一节 中国山区工业化问题 ……………………………………………………… 114
       一、工业化是山区发展不可逾越的阶段 …………………………………… 114
       二、山区工业发展的必要条件 ……………………………………………… 115

三、山区工业化过程的特征 ······ 117
　　四、山区工业化道路的战略选择 ······ 118
第二节　中国山区生态补偿问题 ······ 119
　　一、关于生态补偿的理论认知 ······ 120
　　二、山区生态补偿的基本观点 ······ 122
　　三、山区生态补偿的主要内容 ······ 123
　　四、山区生态补偿的主体 ······ 124
　　五、四川甘孜藏族自治州生态补偿案例研究 ······ 125
第三节　中国山区水电移民问题 ······ 129
　　一、正确评价山区水电开发对社会经济发展的贡献 ······ 129
　　二、山区水电移民问题的严重性 ······ 130
　　三、山区水电移民当前存在的突出问题 ······ 132
　　四、山区水电移民问题得不到彻底解决的原因 ······ 134
　　五、关于做好山区水电移民工作的建议 ······ 135
第四节　中国山区名牌战略问题 ······ 138
　　一、山区发展名牌产品的可能性 ······ 138
　　二、山区发展名牌产品的主要领域 ······ 140
　　三、山区实施名牌战略的几点建议 ······ 142

第五章　中国山区发展图景与情景分析 ······ 145
第一节　中国山区发展图景的一般描述 ······ 145
　　一、山区人口将大量减少 ······ 146
　　二、山区发展进入工业化中期阶段 ······ 146
　　三、山区农业发展实现产业化 ······ 147
　　四、城乡统筹和新农村建设将使山区农村面貌焕然一新 ······ 147
　　五、山区将成为全国城市的后花园 ······ 148
　　六、山区将成为全国生态系统的安全屏障 ······ 149
第二节　中国山区工业化的情景分析 ······ 149
　　一、山区工业化的驱动作用 ······ 150
　　二、山区工业化的推进速度 ······ 152
　　三、山区工业化的发展预测 ······ 156
第三节　中国山区城镇化的情景分析 ······ 159
　　一、山区城镇化的基本思考 ······ 159
　　二、山区城镇化与经济发展的关系 ······ 159
　　三、山区城镇化预测 ······ 161
第四节　中国山区人口转移的情景分析 ······ 162

一、山区乡村人口预测 ……………………………………………………… 162
　　二、山区乡村人口向城镇转移预测 ………………………………………… 164

第六章　中国山区发展战略选择探讨 …………………………………………… 168
第一节　关于中国山区发展不同观点的评说 ………………………………… 168
　　一、原生态说 ………………………………………………………………… 168
　　二、生态屏障说 ……………………………………………………………… 169
　　三、山区人口迁移说 ………………………………………………………… 171
　　四、生态旅游与生态农业发展说 …………………………………………… 172
　　五、工业化带动下的综合发展说 …………………………………………… 173
第二节　中国山区发展亟须转变战略思路 …………………………………… 174
　　一、从山区扶贫向建设社会主义新山区转变 ……………………………… 174
　　二、从农业思维向现代化思维转变 ………………………………………… 177
　　三、从硬件支援到软硬件配套 ……………………………………………… 179
第三节　中国山区发展的宏观战略要旨 ……………………………………… 181
　　一、以非平衡发展推动相对平衡的山区发展 ……………………………… 181
　　二、开发小片，保护大片 …………………………………………………… 182
　　三、山区开发的空间布局构架 ……………………………………………… 183
　　四、多模式与全国发展战略一起推进 ……………………………………… 184

第七章　中国山区发展的国家重大行动 ………………………………………… 186
第一节　制定中国山区发展战略 ……………………………………………… 186
　　一、国家区域发展战略格局及其演进 ……………………………………… 186
　　二、国家区域发展战略的基本评价 ………………………………………… 188
　　三、制定中国山区发展规划迫在眉睫 ……………………………………… 189
第二节　推进山区公平收入分配制度建设 …………………………………… 191
　　一、国民收入分配 …………………………………………………………… 191
　　二、国民收入分配制度的变化 ……………………………………………… 192
　　三、加快建立适应山区快速健康发展的初次分配公平制度 ……………… 193
第三节　促进中国山区基础设施建设 ………………………………………… 195
　　一、通达性是山区基础设施建设的主体 …………………………………… 195
　　二、当前山区交通建设的成绩与问题 ……………………………………… 198
　　三、山区交通建设必须关注的几个问题 …………………………………… 200
第四节　建设中国山区生态屏障 ……………………………………………… 201
　　一、对山区生态屏障的认识 ………………………………………………… 201
　　二、当前山区生态屏障建设需要重视的几个问题 ………………………… 203
　　三、协调山区开发与生态屏障建设的关系 ………………………………… 206

四、建设中国山区防灾减灾体系 ·· 209
　第五节　出台加快中国山区发展的政策 ·· 210
　　一、山区产业发展政策 ·· 210
　　二、整合运用各种惠农资金政策 ·· 211
　　三、地方配套资金的区别对待与分类指导政策 ······························ 212
　　四、山区干部提拔激励机制和改革风险分担机制 ···························· 212
　　五、山区优惠财政政策 ·· 213
　　六、支持山区统筹城乡发展的金融政策 ·· 213

第八章　中国山区城乡统筹与山区新农村建设 ·································· 216
　第一节　中国山区城乡统筹的意义 ·· 216
　　一、山区城乡统筹的现实背景 ··· 216
　　二、山区城乡统筹的主要任务 ··· 217
　　三、山区城乡统筹应处理的几个关系 ·· 219
　第二节　建立中国山区城乡社会保障体系 ······································· 223
　　一、当前山区社会保障体系存在的问题 ······································ 223
　　二、山区城乡社会保障机制建设 ··· 224
　第三节　中国山区城乡劳动就业 ··· 226
　　一、推进山区农村劳动力转移 ··· 226
　　二、培育山区劳动力创业能力 ··· 227
　　三、提升山区劳务经济潜能 ·· 227
　　四、构建"四位一体"的就业管理体系 ··· 228
　第四节　中国山区土地流转机制改革 ··· 228
　　一、探索山区农村土地流转机制改革 ··· 228
　　二、扩大农业生产经营规模 ·· 230
　　三、建立山区农村龙头企业扶持基金 ··· 231
　　四、加强山区农村土地流转管理 ··· 231
　第五节　加快中国山区乡镇管理机构调整与改革的步伐 ····················· 231
　　一、加快推进行政管理体制改革,建设运转高效的服务性政府 ·········· 231
　　二、加快推进公共财政体制和投融资体制改革 ····························· 232
　　三、初步构建城乡人力资源培育与共享机制 ································ 233
　　四、积极探索户籍制度改革,引导农村人口向城镇聚集 ··················· 234
　　五、加强组织领导,有序推进城乡统筹 ·· 234

附录:中国山地范围界定的初步意见 ·· 236

第一章 中国山区近年发展的成就、差距与问题

第一节 中国山区近年发展的成就

我们在《2003 中国山区发展报告》和《中国山区发展报告——中国山区聚落研究》中,对于中国山区发展的战略地位、发展状况,已有较全面的论述。但是鉴于中国山区和全国其他地区一样,正处于快速发展的时期,变化十分迅速;为跟踪这种变化,本报告将对中国山区近年发展的态势,作出新的总结和评价。

一、山区与行政区的关系及所处地位

中国山区在中国版图中占据主体地位,在中国可持续发展中扮演十分重要的战略角色,许多功能是平原区所不可替代的。可以说,没有山区生态屏障的保护和对资源、经济、社会安全的支撑,就没有平原未来的可持续发展,也就没有中国未来的可持续发展。中国山区的发展对中国未来的发展具有不可估量的意义。在前两期的报告中,我们已作了详细的评价和论述,这里,我们仅就山区的空间、人口和经济地位作一简要的介绍。

(一) 中国山区空间与人口的战略地位

中国山区占全国领土面积的 2/3 以上,构成全国领土的骨骼,是中国国土的主体部分(表 1.1)。在全国 31 个省、市、自治区(台湾省、香港特别行政区、澳门特别行政区未包括在内,下同)中,除上海市之外,其他的都有山地分布,其中 25 个省(市、自治区)的山地面积占总面积的一半以上。2006 年,在全国县级行政单元中,山区县有 895 个,丘陵县有 531 个,二者共 1 426 个,占全国总数 2 072 个行政县(含县级市)的 68.82%。

山区县面积(428.1 万公顷)和丘陵县面积(203.7 万公顷)共 631.8 万公顷,占全国县域面积的 70.63%,占全国幅员总面积的 65.81%;山区县人口 30 489 万,丘陵县人口 28 387 万,两者合计共 58 876 万,占全国县域人口的 61.21%,占全国总人口的 44.79%。其中贵州、云南、四川 3 省山区面积超过 90%;重庆、福建、广西、陕西和湖南 5 省、市、自治区山区面积也逾 80%。此外,台湾省山地面积占全省面积的 65%,香港

表 1.1 中国不同地形类型面积统计

地形类型		面积(万 km²)	占地面积(%)
广义山地	山　地	320	33.33
	高　原	250	26.04
	丘　陵	95	9.90
非山地	盆　地	180	18.75
	平　原	115	11.98
合　计		960	100.00

特别行政区也多山地丘陵。从各个地貌类型县的人口等级规模看,山区人口规模在 30～50 万的县占到了 27.15%,而丘陵、平原地区人口规模在 50～100 万的县分别占 31.07% 和 31.89%,表现出山区县人口分布的分散性(表 1.2)。

表 1.2 全国不同地形类型县人口分级统计(2006 年)

县域人口规模	丘陵县		山区县		平原县	
	个数	比重(%)	个数	比重(%)	个数	比重(%)
合计	531	100	895	100	646	100
100 万以上	58	10.92	27	3.02	87	13.47
50～100 万	165	31.07	153	17.09	206	31.89
30～50 万	137	25.8	243	27.15	168	26.01
20～30 万	62	11.68	159	17.77	80	12.38
10～20 万	51	9.6	145	16.20	44	6.81
5～10 万	21	3.95	60	6.70	16	2.48
5 万以下	19	3.58	90	10.06	7	1.08
无人口统计数据县	18	3.39	18	2.01	38	5.88

注:50～100 万:包含人口 50 万的县级市,不包含人口 100 万的县级市;民族县占山区县的比例为 42.91%(384/895);贫困县占山区县的比例为 42.46%(380/895)。

与此同时,在全国 369 个县级市中,山区市 98 个,丘陵市 116 个,两者占全国县级市总数的 57.99%;丘陵市和山区市合计人口 8 974.5 万,占全国县级市总人口的 53.51%。在全国 287 个地级及地级以上城市中(未含拉萨市),市区为丘陵的 78 个,人口 10 269.24 万;市区为山地的 68 个,人口 4 845.91 万,两者合计人口 15 115.15 万,占地级及地级以上城市总人口的 41.24%。在全国 15 个副省级城市和 4 个直辖市中,市区为丘陵的城市 4 个,人口 2 594.34 万,占副省级以上城市人口的 24.42%。

(二)中国山区的经济战略地位

中国山区目前经济总体上欠发达,但仍然是中国国民经济的重要组成部分(表 1.3),是综合国力的重要体现。更重要的是,中国山区经济是我国社会安定的重要保证。

从表1.3可以看出,山区和丘陵是我国县域经济的重要支柱,GDP占全国县域经济总量的51.60%,第一产业增加值占全国县域经济的56.24%,粮食产量占全国县域粮食产量的52.01%。即使在全国经济总量中,山区和丘陵也居于举足轻重的地位,其GDP占全国GDP的比重为28.92%,其中第一产业增加值占全国的47.85%,粮食产量占全国粮食产量的50.97%。山区的油料、肉类、茶叶、水果等农副产品产量,各自占全国总产量的一半以上,构成了国计民生的物质基础。只有山区生产的发展和经济的繁荣得到保证,才有全国人民生活水平的提高,以及全国社会的安定与和谐。

2006年,山区市和丘陵市的GDP分别为3 963.97亿元和7 175.26亿元,两者占全国县级市GDP的49.53%;在全国地级及地级以上城市中,市区为丘陵和山区的共142个,GDP为36 407.05亿元,占全国地级及地级以上城市市区GDP的29.84%。

同时,山区也是一个重要的消费市场,目前我国绝大多数山区居民的消费水平尚低,属中低档产品的消费市场,正好与我国城市区和东部平原发达区相互补充,形成多层次的消费体系。山区也是一个拥有巨大消费潜力的市场,随着山区居民生活水平的不断提高、购买力的增强,市场需求容量必将不断扩大,对促进全国经济的发展将起到巨大的推动作用。

表1.3 山区县在中国的经济地位(2006年)

地域	县数(个)	面积(万km²)	人口(万)	GDP(亿元)	第一产业增加值(亿元)	粮食(万吨)	棉花(万吨)	油料(万吨)	肉类(万吨)
山区	895	428.1	30 489	28 002	5 567.7	10 818	11.5	648.5	2 187.1
丘陵	531	203.7	28 387	32 983	6 268.4	14 536	40.5	812.6	2 662.9
山区+丘陵	1 426	631.8	58 876	60 985	11 836.1	25 354	52	1 461.1	4 850
平原	646	262.7	37 304	57 206	9 210	23 393	572.7	1 240.1	3 245.5
全国县域	2 072	894.5	96 180	118 191	21 046.1	48 747	624.7	2 701.2	8 095.5
全国	2 072	960	131 448	210 871	24 737	49 747	674.6	3 059.4	
山区占全国县域百分比		43.19	47.86	31.7	23.69	26.45	22.19	1.84	24.01	27.02
山区+丘陵占全国县域百分比		68.82	70.63	61.21	51.6	56.24	52.01	8.32	54.09	59.91
山区+丘陵占全国百分比		68.82	65.81	44.79	28.92	47.85	50.97	7.71	47.76	
山区+丘陵/平原(倍)		2.21	2.41	1.58	1.07	1.29	1.08	0.09	1.18	1.49

资料来源:根据《中国统计年鉴(2007)》和《中国县市社会经济统计年鉴(2007)》整理统计。

二、山区近年发展取得显著成就

我们通过对2006年全国山区县相关资料进行统计,并与2000年相比较,明显地发现,山区县和全国其他地区一样,正处于历史上快速发展的最好时期。在山区发展的历史长河中,近6年来的发展速度可以说是空前的(图1.1、图1.2)。

在2000年至2006年的6年中,山区发展取得了巨大的成就,其突出表现为:

(一) 经济增长快

2000年人均GDP为4 194元,2006年增至9 184元,人均净增长4 990元,2006年人均GDP为2000年的2.19倍。

(二) 全面发展

我们所统计的814个山区县(因资料缺乏,未计入北京市郊区的山区县和西藏自治区的山区县)全部都在发展,未发现一个县呈负增长或零增长的现象。并且,6年中的增长率逐年提高,几乎成直线上升趋势,没有出现大的年度波动。其中,第一产业和第二产业都呈增长态势,第三产业的增长幅度更大,对山区经济实力的提高,起着重要的支撑作用。

(三) 出现了一批发展水平高的山区县

部分山区县的人均GDP不仅高于全国的平均水平,而且超过东部发达地区的平均水平;其中有10个山区县的人均GDP超过4万元,17个县的人均GDP超过3万元,43个山区县的人均GDP超过2万元,81个县的人均GDP超过当年的全国人均GDP16 084元。

与此相对应,中国山区脱贫取得举世瞩目的成绩。全国20世纪70年代有贫困人口25 000万,到1993年下降为8 000万,2000年下降为3 000万,2007年大约只有1 000~1 500万。全国18个连片贫困山区:努鲁儿虎山地区、太行山地区、吕梁山地区、陕甘黄土高原地区、陕西高原地区、西海固地区、秦岭大巴山地区、武陵山地区、乌蒙山地区、滇东南地区、横断山地区、西藏地区、桂西北地区、九万大山地区、大别山地区、沂蒙山地区、闽西南和闽东北地区、井冈山和赣南地区,贫困面积大大缩小,生活和生态条件有了巨大改善,许多贫困山区开始了奔小康乃至全面小康的新征程。

但是,从横向上比较,中国山区的发展仍然严重滞后于全国的发展。为更好地剖析中国山区发展的现状,以下章节将作更详细、系统的分析。

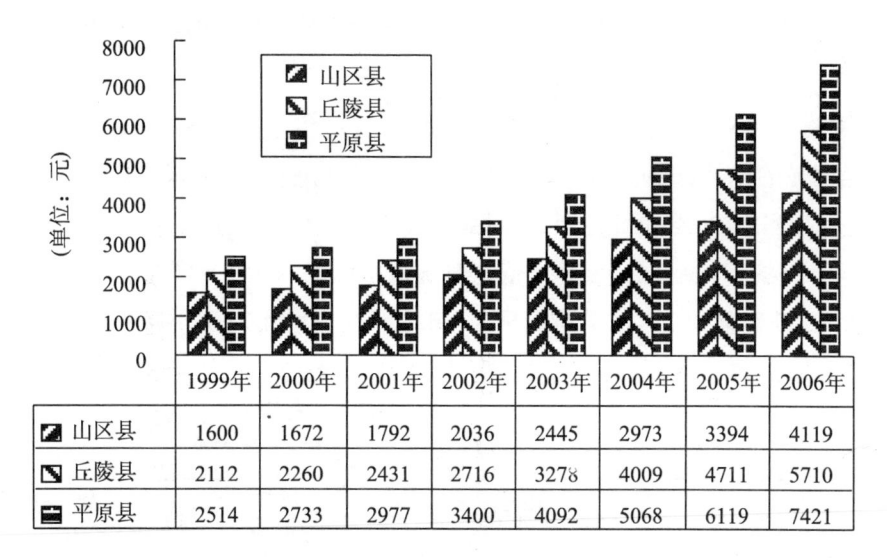

(单位：元)	1999年	2000年	2001年	2002年	2003年	2004年	2005年	2006年
山区县	1600	1672	1792	2036	2445	2973	3394	4119
丘陵县	2112	2260	2431	2716	3278	4009	4711	5710
平原县	2514	2733	2977	3400	4092	5068	6119	7421

图 1.1　山区县、丘陵县、平原县 1999~2006 年人均第二产业增加值差距变化

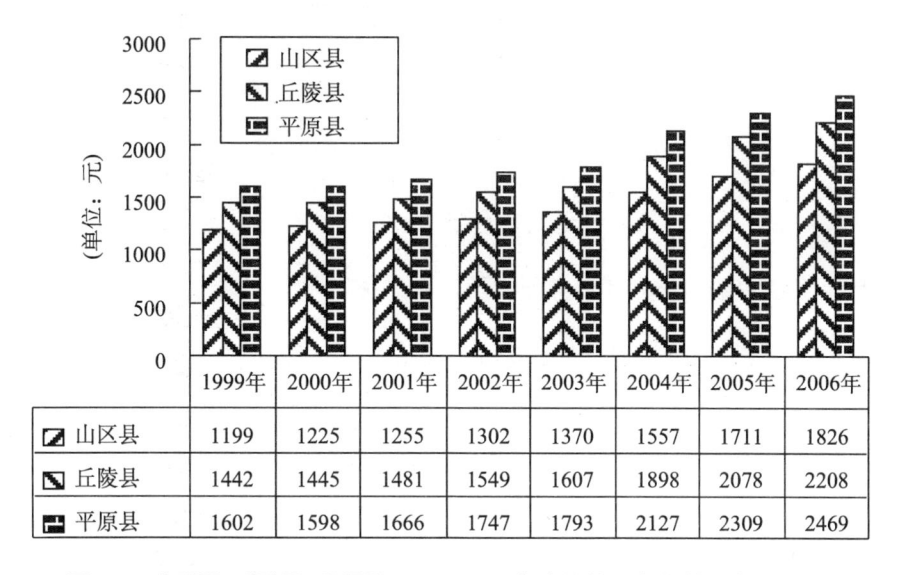

(单位：元)	1999年	2000年	2001年	2002年	2003年	2004年	2005年	2006年
山区县	1199	1225	1255	1302	1370	1557	1711	1826
丘陵县	1442	1445	1481	1549	1607	1898	2078	2208
平原县	1602	1598	1666	1747	1793	2127	2309	2469

图 1.2　山区县、丘陵县、平原县 1999~2006 年人均第一产业增加值差距变化

第二节　中国山区经济发展与全国的差距

一、山区近年经济发展与丘陵区和平原区的比较

中国区域经济发展有东、中、西三大地带差异，城市与农村的差异、山区与平原的差异共同构建了中国经济发展不平衡的空间格局。三大区域差异的形成、扩大与社会经济发展水平的不平衡有着密切的关系。山区是城市化水平低、农村经济占主导地位的

区域。因此,中国山区特别是西部山区,成为贫困与落后区域的缩影。

中国三大地形类型区也即山区、丘陵区和平原区的发展十分不平衡,城乡差异极大,在不考虑全国东、中、西三大地带经济梯度的情况下,三大地形类型区发展水平在宏观上也呈明显的分异态势(表1.4、表1.5)。

第一,从全国山区县、丘陵县与平原县三者的经济发展差异来看,平原县人均GDP明显高于丘陵县和山区县,三者呈依次递减的状态。2006年平原县人均GDP为15 335元,比丘陵县和山区县分别高出3 716元和6 151元,分别是后两者的1.32倍和1.67倍。

表1.4 全国山区县、丘陵县与平原县GDP差异(2006年)

指标	山区县	丘陵县	平原县
GDP(亿元)	28 002	32 983	57 206
年末总人口(万人)	30 489	28 387	37 304
人均GDP(元)	9 184	11 619	15 335

第二,从全国地级以上山区市、丘陵市与平原市三者的经济发展差异来看,平原市人均GDP与丘陵市和山区市的差距亦呈依次递减的状态,且比三种地形县的人均GDP差距更加明显。2006年平原市人均GDP为39 747元,比丘陵市和山区市分别高出14 376元和18 379元,分别是后两者的1.57倍和1.86倍。

以上事实说明中国三大地形类型区发展水平差异明显,地级以上城市发展差异更为突出,城市经济的欠发达或发展不足成为制约山区和丘陵区经济发展的一个突出问题。

表1.5 全国地级以上山区市、丘陵市、平原市GDP差异(2006年)

指标	山区市	丘陵市	平原市
GDP(亿元)	10 352.76	26 054.29	85 606.74
年末总人口(万人)	4 845.91	10 269.24	21 537.64
人均GDP(元)	21 368	25 371	39 747

为进一步揭示山区、平原区之间经济发展水平的绝对差距,我们从《第七届全国县域经济基本竞争力评价报告》中选择了全国县域经济百强县(含县级市)前6名,与课题组计算的县域经济(西藏未统计)按人均GDP排名全国后6名进行比较。前者是江苏江阴市、江苏昆山市、江苏张家港市、江苏常熟市、江苏吴江市、浙江慈溪市;后者是甘肃礼县、甘肃东乡县、甘肃宕昌县、云南镇雄县、贵州望谟县、甘肃积石山县(表1.6)。通过比较可以看出,全国县域经济百强县(市)前6名全部为平原县级市,而县域经济按人均GDP排名全国后6名均为山区县;前6名人均GDP为80 419元,后6名人均GDP

为1 842元,前者约为后者的44倍,其中人均GDP最高的江苏昆山市几乎是最低的甘肃礼县的83倍。

表1.6 全国县域经济最强县与山区最弱县对比(2006年)

	人均一产（元）	人均二产（元）	人均三产（元）	人均非农产业(元)	人均GDP（元/人）	GDP（万元）	总人口（人）
甘肃礼县	701	305	634	939	1 701	84555	515 485
甘肃东乡县	583	414	745	1 159	1 783	48 509	278 396
甘肃宕昌县	635	411	780	1 191	1 760	52 167	285 730
云南镇雄县	833	341	735	1 075	1 917	242 866	1 272 509
贵州望谟县	964	241	717	958	1 950	56 600	294 500
甘肃积石山县	737	286	937	1 223	1 930	45 100	230 141
小计	771	334	737	1 070	1 842	529 798	2 876 761
江苏江阴市	1 437	51 942	28 678	80 620	82 346	9 801 705	1 194 500
江苏昆山市	1 579	94 841	43 351	138 192	141 064	9 320 110	666 809
江苏张家港市	1 406	61 465	31 927	93 392	95 271	8 416 206	887 804
江苏常熟市	1 658	45 909	29 156	75 065	76 979	8 092 905	1 054 825
江苏吴江市	2 170	40 768	20 580	61 348	63 731	5 008 004	788 438
浙江慈溪市	2 199	27 427	14 475	41 902	44 218	4 501 869	1 020 800
小计	1 732	51 383	27 304	78 687	80 419	45 140 799	5 613 176
总计	1 406	34 085	18 302	52 025	53 794	45 670 597	8 489 937

二、山区经济发展滞后与产业结构的关系

(一) 山区经济发展水平低与非农产业滞后的关系

我国三大地带之间以及山区与平原区之间的经济发展差异主要源于非农产业发展水平的差异,而与农业发展水平的差异关系不大。

各地区农村人均纯收入的差异主要是由非农劳务收入和工资性收入的差异所引起的。表1.7和表1.8说明,在产业结构上,发达的东部第一产业占GDP的比重仅为15.24%,而西部第一产业占GDP的比重则为25.73%;第二产业占GDP的比重,东部为52.16%,西部仅为42.20%,两者差距较大;第三产业占GDP的比重,东部为32.09%,西部仅为32.07%,两者差距不大。因此,第二产业发达是导致东部经济发达的主要原因,而西部欠发达主要是由第二产业发展的滞后所导致的。

同样,我国山区与丘陵区经济发展的差异,主要是第二产业发展的差异所致。第三产业在GDP中的比重,东、中、西部的山区和丘陵区没有实质性差异,差异在于第一、第二产业比重的高低。西部山区和丘陵区第一产业占GDP的比重明显高于东部,而第二产业占GDP的比重则明显低于东部。

按人均产值计算更进一步证明,东、中、西部的差异,主要是非农产业发展水平差异所导致的。表1.7表明,不论是三大地带还是山区、丘陵区,人均第一产业的增加值在东、中、西部之间没有太大的差异,相差仅400～700元左右;而人均第二产业增加值的差距却高达数千元之多;人均第三产业增加值在东、中、西部三大地带之间略有差异。

表1.7 我国经济三大地带差异与山区差异对比(2006年)

指 标	东部 整体区域	东部 山区+丘陵县	中部 整体区域	中部 山区+丘陵县	西部 整体区域	西部 山区+丘陵县
人均GDP	18 922	16 817	8 831	8 867	7 635	6 723
人均第一产业GDP	2 558	2 563	2 155	1 947	1 867	1 730
人均第二产业GDP	10 194	8 772	3 953	4 074	3 289	2 837
人均第三产业GDP	6 171	5 483	2 719	2 845	2 480	2 156

东、中、西三大地带内部的人均第一产业增加值,在整个地带与山区和丘陵比较,相差不大,但却出现山区人均第一产业增加值高于东部和西部地带整体人均第一产业增加值的状况。而人均第二、第三产业增加值,在东西各自地带内,都是山区和丘陵区远远低于地带整体水平,中部略有差异。可见,非农产业的发展水平(特别是第二产业发展水平)不仅决定着三大地带、三大地带山区的发展水平,而且决定着三大地带各自总体水平与山区和丘陵的差异。

(二)非农产业增长率决定发展差距的大小

中国三大地形类型区2000～2006年的经济发展状况表明,非农产业的快速增长是导致平原县人均GDP大大高于丘陵县、山区县的主要原因(表1.8)。

表1.8 2000～2006年全国山区县、丘陵县与平原县三者差异变化

年份	山区县 2000	山区县 2006	丘陵县 2000	丘陵县 2006	平原县 2000	平原县 2006
统计县(市、区)数	901	895	532	531	646	646
面积(万km²)	436.35	428.12	205.51	203.70	258.2	262.67
总人口(万人)	29 590	30 489	28 112	28 387	36 571	37 304
人口密度(人/km²)	67.81	71.22	136.79	139.36	141.65	142.02
GDP(亿元)	12 410.5	28 002	15 250.1	32 983	23 163.7	57 206
人均GDP(元)	4 194	9 184	5 425	11 619	6 334	15 335
人均第一产业增加值(元)	1 225	1 826	1 446	2 208	1 598	2 469
第一产业比重	29.20	19.88	26.65	19.00	25.23	16.10
第二产业比重	39.87	44.85	41.67	49.15	43.15	48.39
第三产业比重	30.92	35.27	31.67	31.85	31.63	35.51
人均非农产业增加值(元)	2 969	7 358	3 979	9 411	4 736	12 866

第一，2000~2006年的6年间，平原县人均第一产业增加值由1 598元提高到2 469元，增加了871元；丘陵县由1 446元提高到2 208元，增加了762元；山区县由1 225元提高到1 826元，增加了601元。平原县与丘陵县、山区县相比较人均第一产业增加值6年间提高的幅度分别是109元和260元，这与平原县较之丘陵县、山区县6年间人均GDP分别高出3 716元和6 151元相比较，是微不足道的。

第二，6年间，山区县、丘陵县的产业结构进一步优化，呈现出和平原县趋同的趋势，但第一产业比重山区县大于丘陵县，丘陵县大于平原县的格局仍然没有改变。与人均第一产业增加值变化不大形成鲜明对比的是，平原县人均非农产业增加值由4 736元提高到12 866元，增加8 130元，增长171.66%；丘陵县由3 979元提高到9 411元，增加5 432元，增长136.52%；山区县由2 969元提高到7 358元，增加4 389元，增长147.83%。可见，平原县的非农产业不仅在数量上，而且在发展速度上优于山区县和丘陵县。

（三）山区县、丘陵县和平原县发展阶段比较

从经济发展的阶段来看，尽管有部分山区县已进入全国"率先"发展的行列，优先进入了工业化发展阶段，但从现实基础看，大部分山区县仍处于传统农业和工业化的初期阶段。按照钱纳里的人均GDP划分标准，从2006年的统计结果来看，78.45%的山区县目前还处于工业化初期和传统农业阶段，而处于该阶段的平原县的比例为64.83%，真正进入后工业化和发达经济阶段的山区县仅为1.43%（表1.9）。按照钱纳里的人均GDP、GDP结构综合指标评价，87.69%的山区县还处于传统农业和工业化初期阶段；平原县处于该阶段的比例为84.28%（表1.10）。因此，无论从人均GDP单一指标，还是从综合指标来衡量，山区还处于传统农业和工业化初期阶段。可以认为，山区是全国工业化最薄弱的区域，是全国工业化推进过程的难点区、低谷区，更是全国工业化战略推进的最后攻坚区。

表1.9 山区县与平原县发展阶段比较（按照钱纳里的人均GDP评判）

发展阶段	山区县（包括丘陵县） 数量（个）	百分比（%）	平原县 数量（个）	百分比（%）	占全国全部县比重（%）
传统农业阶段	555	41.66	143	23.18	35.81
工业化初期	490	36.79	257	41.65	38.33
工业化中期	198	14.86	166	26.90	18.68
工业化后期	70	5.26	39	6.32	5.59
后工业化阶段	16	1.20	7	1.13	1.18
发达经济阶段	3	0.23	5	0.81	0.41
合计	1 332	100.00	617	100.00	100.00

表1.10 山区县与平原县发展阶段比较(按照钱纳里的人均GDP、GDP结构综合评判)

发展阶段	山区县(包括丘陵县) 数量(个)	比重(%)	平原县 数量(个)	比重(%)	占全国全部县比重(%)
传统农业阶段	802	60.21	290	47.00	56.03
工业化初期	366	27.48	230	37.28	30.58
工业化中期	134	10.06	79	12.80	10.93
工业化后期	25	1.88	15	2.43	2.05
后工业化阶段	4	0.30	2	0.32	0.31
发达经济阶段	1	0.08	1	0.16	0.10
合计	1 332	100.00	617	100.00	100.00

第三节　中国山区近年社会发展状况

一、山区人口数量大、密度低，人地关系调控复杂

从人口的统计看，2000年山区县和丘陵县人口为5.770 2亿，占全国总人口的45.71%；2006年人口为5.887 6亿，总量略有上升，比重略有下降，但仍占全国总人口的44.79%(表1.11)。

从人口的密度看，山区县人口密度大大低于平原县，也低于丘陵县。2000年山区县人口密度仅为同年平原县的47.87%；2006年尽管密度有所提升，但山区县人口密度也仅为平原县的一半。丘陵县人口密度明显高于山区县，但也不及平原县(表1.11)。

表1.11 山区县人口及其比重

	2000年 总量(万人)	占全国比重(%)	人口密度(人/km²)	2006年 总量(万人)	占全国比重(%)	人口密度(人/km²)
山区县	29 590	23.44	67.81	30 489	23.19	71.22
丘陵县	28 112	22.27	136.79	28 387	21.60	139.36
平原县	36 571	28.97	141.65	37 304	28.38	142.02
山区县+丘陵县	57 702	45.71	—	58 876	44.79	—

由于山地地理与环境条件的特殊性，使其人口在空间分布上存在着一系列与可持续发展不相适应的问题，这些问题同分散的人口数量、较低的人口质量以及不合理的人口结构交织在一起，给山区脆弱的生态环境造成了巨大的压力和破坏。由于山区人地矛盾类型多样、渗透面广、人地关系结构复杂、人类活动强度不断增加，加之山区聚落和

社区封闭性的特点,使许多山区居民在生产上表现出对本地资源利用的依赖性,加剧了山区居民生产、生活方式与自然资源的矛盾。而山区居民在社会关系上大多表现出民族意识强、血缘和宗法关系紧密的特性,人地关系又与文化、制度、宗教等交织在一起,大大增加了山区人地关系调控的难度。

二、山区贫困人口减少,但扶贫攻坚任务依然艰巨

中国山区脱贫取得举世瞩目的成绩。如上所述,全国20世纪70年代有贫困人口25 000万,到2007年大约只有1 000~1 500万。尽管贫困人口总量大大减少,但贫困面依然较广,在全国18个连片贫困山区,贫困面虽有所缩小,但基本上仍呈连片分布的格局。

更重要的是,原有的贫困线标准过低,已很不适应目前全国生活水平变化的状况。根据中国社会科学院社会学研究所在四川一个村庄进行的调查,一年至少需要1 500元才能让当地的一户村民生存;江苏省一个三口之家一年需要6 000元才能生活,远远高于绝对贫困线制定的标准。因此,最近世界银行在《从贫困地区到贫困人群:中国扶贫议程的演进》的报告中,认为中国官方制定的贫困标准似乎太低。我们在实地调查中,也深有同感,因此,若按新的生活保障制定新的贫困线,贫困山区人口还会大量增加。根据目前我国的绝对贫困标准(人均年收入683元以下)、相对贫困标准(人均年收入958元以下),2006年,在所统计的1 949个县中,还有6个县的农村居民人均年收入低于1 000元。若采用世界银行每人每天消费1美元的贫困标准,我国山区的贫困面更广,我国共有548个山区县(包括丘陵县)处于该标准之下,贫困人口2.04亿;还有83个平原县也在贫困线之下,贫困人口3 773万。显然,山区脱贫任重道远,扶贫攻坚的任务仍然极为艰巨。

三、山区居民生活质量低,与实现全面小康的社会目标差距大

自党的十六大提出全面建设小康社会的战略目标以来,城乡居民的生活质量显著提高。然而从区域板块看,山区和平原之间的差距极为明显,山区实现全面小康社会的任务极为艰巨。

仅从人均GDP指标看,2006年63.78%的山区县人均GDP低于3 000美元,只有4.57%的山区县已经超越了这一指标;而平原县人均GDP低于3 000美元的比例只有29.04%(表1.12)。在距离2020年不到15年(3个五年计划)的时间内,1 243个山区县的人均GDP要超越3 000美元,从量上说,每年都应有82个县达到小康的发展速度,才能保障2020年全面小康目标的实现,其难度是显而易见的。

从农村居民可支配收入指标看,2006年只有51个山区县超过了6 000元,仅占全

国山区县的3.8%,即还有1 281个山区县农民的人均可支配收入在6 000元以下;按未来15年(3个五年计划)计算,每年至少应有85个山区县实现小康,才能保证全面小康的实现,其难度可见一斑。因此,山区县与全面实现小康社会目标的差距,正是全国全面实现小康的最大制约,山区县实现小康是未来全国全面实现小康的难点所在,却是重点之所在、攻坚之所在。

表1.12 山区县、平原县实现小康社会目标的数量分布(单指标)

	人均GDP(美元)	山区 数量(个)	山区 百分比(%)	平原县 数量(个)	平原县 百分比(%)
全面小康(人均 GDP 3 000美元)	400以下	95	7.13	15	2.43
	400~800	460	34.53	128	20.75
	800~1 600	490	36.79	257	41.65
	1 600~3 200	198	14.86	166	26.90
	3 200~6 000	70	5.26	39	6.32
	6 000~9 600	16	1.20	7	1.13
	9 600~15 000	3	0.23	5	0.81
	合计	1 332	100.00	617	100

四、山区教育、信息资源相对稀缺,教育和信息贫困较为普遍

由于广大山区受地理环境、根深蒂固的传统观念以及交通闭塞等因素的影响,山区教育、信息发展的基础相比平原地区显得极为薄弱,表现出广大山区,尤其是西部山区教育贫困、信息贫困的突出问题。而教育贫困、信息贫困往往与经济贫困具有紧密的亲缘关系,教育的落后、信息可获得性的低下与经济贫困交织在一起,增添了广大山区教育脱贫和信息脱贫任务的艰巨性。以四川凉山彝族自治州为例,该州位于四川省西南部,西跨横断山脉,东抵四川盆地,北至大渡河,南临金沙江,包括大凉山和小凉山地区,是全国最大的彝族聚居区,山地面积占总面积的80%,平均海拔2 500~3 000 m。居住的分散性对于当地绝大多数儿童来说,意味着上学的路仍然很遥远,最近的路也需要1小时以上,最远的则要5~6个小时。这导致彝族边远山区儿童入学率低、入学年龄偏大的结果。在如此艰苦的环境下,山区的教师奇缺,仅有的教师文化程度又较低,对山区教育质量提高的影响是可想而知的。另一方面,千百年来彝族就居住在封闭、半封闭的高寒山区和二半山上,对外界了解甚少,过着一种日出而作、日落而息的封闭生活;读书无用在不少山区居民的观念里根深蒂固,这种观念无疑使已经十分落后的教育雪上加霜。再以东部沿海的怀集县为例,怀集县位于广东西北部山区,是肇庆市的人口大

县、面积大县。但由于地方财政困难,对教育的投入严重不足,县财政性教育经费占GDP的比例仅为2.71%,生均教育经费、生均预算内公用经费等指标均低于广东全省的平均水平,肇庆全市学校生机比30.5∶1,而怀集县仅为47.5∶1。

近年来山区通讯基础设施建设得到了快速发展,但与平原相比,山区信息化建设的综合基础还很薄弱,尤其是边远地区、落后地区、民族地区更显突出。山区信息网络、信息平台建设十分脆弱,信息贫困现象较为普遍。信息贫困加深了山区与外界的"地域鸿沟",天然地形成了阻碍山区致富的"数字鸿沟"。当然,这种地域鸿沟、数字鸿沟是历史的产物,是山区社会发展长期边缘化的结果;填平这道鸿沟,削减信息贫困,让广大山区农民共享现代文明的成果,并通过掌握和利用信息化手段学习到所需要的知识,提高广大山区农民的素质,不仅体现了山区社会发展的必要性,更体现了和谐社会构建的紧迫性。

第四节 全国山区近年自然资源利用评价

一、山区生物多样性保护体系基本建立,保护区和社区之间的矛盾突出

中国山区是生物物种多样性、生态系统多样性、景观多样性的富集区,是全国重要生物基因库和种质资源库,全国现存的物种主要保存于山区。生境的"就地保护"是生物多样性保护最为有力和最为高效的保护方法。就地保护就是建立自然保护区,通过对自然保护区的建设和有效管理,使生物多样性得到切实的人为保护。至2006年底,全国已建立各类自然保护区2 395个,面积15 153.5万公顷,占国土面积的15.16%。这些自然保护区使我国75%的陆地生态系统、88%的野生动物、65%的高等植物和绝大多数珍稀濒危野生动植物都得到了有效保护。山区是自然保护区建设的主体和核心,其中国家级自然保护区中山区占了84.9%以上,基本形成了山区自然保护区体系。比较典型的森林生态系统包括:保护寒温带针叶林的黑龙江呼中保护区;保护温带针叶、落叶阔叶混交林的黑龙江丰林、凉水保护区;保护暖温带落叶阔叶林的河北雾灵山,河南老君山等保护区;保护亚热带落叶、常绿阔叶林的河南鸡公山,安徽马宗岭等保护区;保护亚热带常绿阔叶林的安徽清凉峰、福建梅花山、江西井冈山、湖南八大公山、壶瓶山、广东鼎湖山、广西大明山、四川缙云山、云南哀牢山、西藏察隅等保护区;保护热带雨林、季雨林的云南西双版纳、海南尖峰岭、白水岭、五指山等保护区;保护山地森林垂直分布带谱的吉林长白山、陕西太白山、湖北神农架、贵州梵净山、云南高黎贡山、哈巴雪山等自然保护区。草原与草甸生态系统包括:保护干草原生态系统的宁夏云雾山草地保护区;保护山地草原和草甸的新疆天山中部巩乃斯草甸、金塔斯山地草原等保护区等。荒漠生态系统包括:保护原始高寒荒漠生态系统和珍稀野生动物的新疆阿尔金山

自然保护区;保护高寒荒漠、高寒草甸和珍稀野生动物的西藏羌塘保护区;保护极旱荒漠生态系统的甘肃安西自然保护区等。内陆湿地和水域生态系统包括:保护高原湿地的贵州草海保护区;保护湖泊生态系统和珍禽的内蒙古达赉湖,吉林查干湖,云南茨碧湖、泸沽湖等保护区;保护河流生态系统的海南文澜江,四川通江诺水河等保护区等。

自然保护区保护支撑能力方面:首先,制定了自然保护区发展政策。早在1962年,国务院发布了《关于积极保护和合理利用野生动物资源的指示》,要求各地在珍稀鸟兽的主要栖息繁殖地建立自然保护区。1979年,原林业部等8部门联合发布了《关于自然保护区管理、规划和科学考察工作的通知》。1998年,国务院办公厅发布了《关于进一步加强自然保护区管理工作的通知》,要求进一步提高认识,严格执法,强化管理,加大投入,促进自然保护区事业健康发展。2002年,国家环保总局与原国家计委、财政部、国家林业局、国土资源部、农业部、建设部7部门发布了《关于进一步加强自然保护区建设和管理工作的通知》,针对自然保护区发展中的突出问题,提出了具体的改进措施和要求。其次,初步形成了自然保护区法律法规体系。全国人大先后颁布了《环境保护法》、《野生动物保护法》、《森林法》、《草原法》、《渔业法》、《海洋环境保护法》等自然保护区相关法律。1994年,国务院发布实施了《自然保护区条例》,这是第一部自然保护区专门法规。有关部门也制定了《森林和野生动物类型自然保护区管理办法》、《水生动植物自然保护区管理办法》、《海洋自然保护区管理办法》、《自然保护区土地管理办法》等部门规章。这些法律法规的制定,使自然保护区建设管理有法可依、有章可循,有力地推进了自然保护区事业的发展。第三,编制并实施了自然保护区规划。1987年,原国务院环委会发布了《中国自然保护纲要》。经国务院同意,原国家环保局、国家计委于1997年发布实施了《中国自然保护区发展规划纲要》。2005年,环保总局又会同有关部门编制了《全国自然保护区发展规划》,有力地保护了我国丰富的生物多样性和生物物种资源,为经济社会持续发展和维护中华民族的长远利益提供了重要的物质基础。

同时也应看到,不合理的开发建设活动对广大山区的自然保护区造成了严重威胁。一些地方未经严格的科学论证和审批,在保护区内开展工程建设项目;一些地方置保护区于虚设,在保护区内违法开发矿产资源;一些地方将自然保护区改变为风景旅游区,进行无序和过度开发;一些地方为了开发建设,对自然保护区进行反复调整等,造成了一些保护区生境破碎、自然资源和生物多样性受到严重破坏,功能丧失。由于大多数自然保护区地处经济落后山区,资金投入严重不足,造成保护区管护设施建设严重滞后,严重影响了保护和管理效果。保护区的设立对当地经济、社会发展和周边群众的生产、生活产生了一些影响,尤其是山区居民社区,由于经济发展水平低、对自然资源的依赖性强,与保护区的关系紧张,纠纷不断。自然保护区与社区的矛盾突出,不仅影响了保护区的有效管理,甚至也影响了社会的稳定。

二、山区旅游资源开发加速,山区旅游管理水平亟待提高

山区蕴藏丰富的旅游资源,具有类型多样性、资源复合性、资源脆弱性等特点。几乎所有的景观资源类型在山区都有表现,涵括了多类型、多样化的景观单体,特别是冰川、高山动物、原始森林、各种山水林、沟泉瀑、洞穴石、天象特色地景是平原所不具备的。从人类发展历史及其对资源开发的情况看,山区自古就是文人墨客舞文弄墨、居士僧道隐居修行、达官贵人趋之若鹜的地方,也是皇宫贵族选作居所、墓穴的风水宝地,留下了大量的文化遗迹,增加了山区景观的多样性和文化内涵。山区自然系统的独立性和唯一性,生态系统的复杂性和脆弱性,决定了山区生态旅游发展的战略趋向。自然保护区良好的生态环境以及珍贵的旅游资源,使越来越多的自然保护区开展了生态旅游活动。据中国人与生物圈国家委员会对我国100个省级以上自然保护区的调查,有82个自然保护区正式开展了旅游活动,年旅游人数在10万人次以上的有12个;年旅游总人数2 500万人次,年旅游总收入近5.2亿元。

截至目前,国家林业局批复的国家级自然保护区生态旅游规划已达31处,包括我国最早获批的四川卧龙国家级自然保护区等在内,大部分集中在山区。从生态旅游开发实践的主要区域看,开放的生态旅游区主要是山区的森林公园、风景名胜区、自然保护区等,包括中甸、西双版纳、长白山、澜沧江流域、广东肇庆、新疆哈纳斯等成熟的旅游开发地区。从类型看,我国目前已开展9类著名生态旅游景区:①山岳生态景区,以五岳、佛教名山、道教名山等为代表。②湖泊生态景区,以长白山天池、肇庆星湖、青海的青海湖等为代表。③森林生态景区,以吉林长白山、湖北神农架、云南西双版纳热带雨林等为代表。④草原生态景区,以内蒙古呼伦贝尔草原等为代表。⑤海洋生态景区,以广西北海及海南文昌的红树林海岸等为代表。⑥观鸟生态景区,以江西鄱阳湖越冬候鸟自然保护区、青海湖鸟岛等为代表。⑦冰雪生态旅游区,以云南丽江玉龙雪山、吉林延边长白山等为代表。⑧漂流生态景区,以湖北神农架等为代表。⑨徒步探险生态景区,以西藏珠穆朗玛峰、罗布泊、雅鲁藏布江大峡谷等为代表,绝大部分类型分布在山区。

虽然生态旅游的实践在不断地进行,但是生态旅游开发是一种求知型的高层次的旅游开发活动。首先,在开发经营上,生态旅游是科技含量很高的产业,应该在科学技术的密切参与下运作,要求旅游开发者和经营者必须对所处地区生态系统的特点非常了解,具有生态环境保护的专门知识。其次,在市场方面,真正意义上的生态旅游要求参与者具有较高的环保意识;并且生态旅游市场多在偏远、生态系统脆弱地区,这决定了生态旅游消费远远高于一般的大众旅游消费。而目前我国很多生态旅游实践并没有达到生态旅游的本质要求,只着重强调了生态旅游"走进自然"的一面,而忽略了生态旅游"保护自然"的目标;有些生态旅游产品并不是真正意义上的生态旅游产品,而是自然

旅游或者是观光旅游的另一种形式。为此，随着山区旅游资源开发的深入，迫切需要进行科学管理，正确处理开发和保护的辩证关系。

三、山区水能资源总体开发程度低，无序开发、过度开发现象并存

由于我国幅员辽阔，水能资源地域分布不平衡，水能资源分布西部多、东部少。按照技术可开发装机容量统计，我国经济相对落后的西部云、贵、川、渝、陕、甘、宁、青、新、藏、桂、内蒙古等12个省(自治区、直辖市)水能资源约占全国总量的81.46%，特别是西南地区(云、贵、川、渝、藏)就占了66.70%，远远高于其他地区；其次，中部黑、吉、晋、豫、鄂、湘、皖、赣等8个省的水能资源占13.66%；而经济发达、用电负荷集中的东部辽、京、津、冀、鲁、苏、浙、沪、粤、闽、琼等11个省(直辖市)的水能资源仅占4.88%。

我国山区尽管水能资源储量大，但开发程度较低。2006年底山区水能资源开发程度仅24.06%，远远低于世界平均水能开发水平；而发达国家的平均开发强度在60%以上，美国、日本、法国、挪威等国则在80%以上；也落后于印度、巴西、越南等发展中国家。

水能资源开发增长速度较快，但区域水平参差不齐。"三五"时期末之前，我国水能资源开发利用程度几乎为零，在此之后，尤其是改革开放以来，我国水能资源开发进入快车道，开发程度由解放初期的0.07%增长到2006年的24.06%(图1.3)。从区域分布来看，华东(6省)、华北(京、津、冀)、东北(辽、吉)、中南(广东、河南、湖南、海南)水能资源开发利用程度较高；西南、西北开发利用程度较低，其中西南地区除贵州外(以装机容量占技术可开发量比重来分析)，都低于全国平均水平。

山区水能资源开发在取得很大成绩的同时，也存在一些较为严重的问题。

部分河流存在过度开发问题。近年来，山区水电开发呈现出异常快速增长的态势，不仅大江大河开发迅猛，而且一些小江小河，以及三、四级支流也呈现出全流域开发的局面。部分河流如岷江的过度开发，对河流自然生态造成了不可逆转的严重后果。不少河流处于无序开发状态，在水电开发经济利益的驱动下，各种资本竞相进入这一领域，形成了一哄而上、干流多家割据、支流群雄纷争的局面。一些小的水电开发企业由于技术力量薄弱，在支流上进行近乎掠夺性的开发。不少流域由于投资主体不同，造成流域开发缺乏整体规划，梯级电站之间无法协调，既造成了流域资源的严重浪费，又使得开发利用效率不高。小水电无序开发，导致事故频发。一些河流，尤其是支流和小流域的开发，基本上都是采取全流域无节制梯级开发的方式，而且大部分水电站采用的是引水式发电，这是一种竭泽而渔、釜底抽薪的水电开发方式。这些不科学的、急功近利的开发方式，必然会造成河道断流、地质环境变异、地质灾害频繁发生，严重破坏沿河生态环境。由于没有处理好库区群众利益关系，不少水电开发不但没有为库区人民群众的脱贫致富带来转机，而且还在一定程度上损害了人民群众的利益，导致部分地区移民

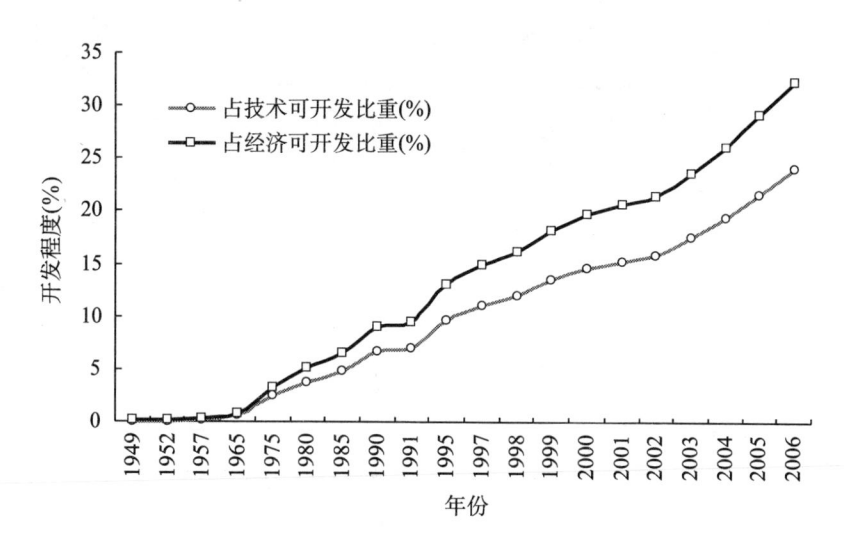

移不出、安不稳、富不了,移民事件频发,成为影响社会稳定的潜在因素。

图 1.3　山区水能资源开发程度的变化趋势

四、山区农业资源开发历史悠久,但粗放利用的态势没有改变

山区农业资源综合开发是按照国家的产业政策,在山区集中一定的人、财、物和技术,运用工程和生物措施,采取综合治理的手段,对未被利用和利用不充分的农业资源进行广度与深度上的开发,最终形成具有较高利用价值的物品和劳务的开发活动。可以说:"山区农业资源综合开发是对山区农业资源的深加工过程;山区农业资源开发是一种获取便捷、利用效率较高的投资。"这正是山区农业综合开发在发展山区现代农业,增加山区农民收入,全面推进山区新农村建设进程等方面彰显"抓手"功能,发挥"载体平台"基础性作用之所在。

20 世纪 80 年代,我国有关部门组织了科学考察队,对南方低山丘陵区进行实地调研,在如何合理开发利用农业资源、解决生态问题等方面进行了一系列开发实践,取得了可喜成绩。自 1998 年全国范围内实施农业综合开发以来,通过改造中低产田土、开垦宜农荒地、兴修水利设施、改善农业生产条件等,进一步提高了山区农业的综合生产能力,极大地增强了山区农业可持续发展的后劲,有效地遏制了山区的贫困状况,丰富了山区可供利用的资源。特别是在山区实施以"土地治理、坡改梯、改造中低产田土"和以"土地治理与产业结构调整相结合"为主的农业综合开发,大幅度地增加了包括稳产高产农田、农田水利设施,农业产业化加工基地和加工原料等在内的农业综合开发资源的供给量,为发展山区现代农业,全面推进山区新农村建设奠定了坚实的基础。在东部很多山区,立足山区现代农业理念,从区域农业可持续发展的观点和农业生态系统的原理出发,结合农业可持续发展模式的核心思想,构建出了"以生态为基础,以科技为主导"的"生态＋现代生产＋现代经营管理＋现代科技＋现代市场体系"的山区农业可持

续发展的框架和模式。

但从全国整体范围看,山区农业产业化发展还相对滞后,广大山区依然是农业资源粗放利用的区域,主要体现在:一是农业生产方式还普遍比较落后,龙头企业数量少,对当地农业及经济发展的带动作用差,特别是能体现山区资源优势的主导产业中的龙头企业极少,农业资源利用十分分散,农产品开发集中于产业的初级阶段。二是整个山区初始的产业结构很难为山区农业产业化的发展提供环境支撑。目前大多数山区仍以资源初级开发和原材料生产为主,产业结构单一,体系不完整,很难将资源优势变为商品优势,也就很难继而形成所谓优势产品、拳头产品。三是加入WTO后,由于农业资源利用的传统性、粗放性,农户生产的分散性,生态系统的脆弱性和自然灾害的多发性,使各种风险对山区农业资源利用和产业发展的威胁更大,使"自然风险"和"市场风险"的双重夹击进一步深化。另一方面,在目前全国18个集中连片的贫困山区中,529个贫困县中有496个是山区县,"粮食不足、资金短缺、农民收入低、收入增长慢、交通闭塞、信息不灵、教育落后、人才缺乏、科技低下、商品经济观念淡漠"等特征是这些区县的"代语",传统农业依然是山区农业的主体,山区刀耕火种的现象也不在少数。

五、山区森林资源恢复增长,正由"木头经济"向"生态经济"转型

第六次全国森林资源清查结果显示:我国森林面积1.75亿公顷,森林覆盖率18.21%,森林蓄积124.56亿立方米,人工林保存面积0.53亿公顷,蓄积15.05亿立方米。中国森林资源主要分布在湿润与半湿润的广大地区,以漠河—大兴安岭—吕梁山—六盘山—青藏高原东南缘一线为分界线,大致与400mm降水等值线相吻合。除大兴安岭林区外,中国绝大多数针叶林、阔叶林及针阔混交林均分布于600mm降水等值线的东南部。400mm与600mm降水等值线之间则主要为阔叶林区与防护林体系。新疆西北部阿尔泰山与天山山脉大于300mm与400mm降水等值线的高山区存有我国西北罕见的森林。整体看,我国大部分森林又集中分布在东北与西部山区,两个主要区域的林业用地面积占到了全国总量的65.11%,森林面积占全国总量的67.91%,森林蓄积量占全国总量的77.83%。

在山区森林资源开发区域方面,东部山区林业经济总体发展水平较高,林业生态建设状况较好,林产品加工业较为发达,林业产业化、市场化水平较高,林业产业结构较为合理,林产品市场供给能力较强,单位林业用地面积投入产出水平较高,非公有制林业发展活跃,林业工作的基础条件较好,林业管理水平也较高。但该区的林业资源总量不足,人均占有林业资源水平较低,林业发展相对于该区其他行业的发展显得滞后,人口众多,人均占有资源相对不足,致使该区域第二产业的发展受到一定限制。中部山区林业生态建设、产业发展和林业投资增速明显,但林业的资源总量和人均占有量仍显不足,林业生产力水平不高,林业产业发展相对滞后,林业产业结构有待于进一步优化,林

业投资明显不足,林业科技水平和林政管理水平有待提高。西部山区林业总体发展水平落后,由于地域辽阔,人口密度较低,森林资源总量和人均林业资源占有量都明显高于全国平均水平;但生态状况较为脆弱,土地荒漠化、沙化和水土流失仍十分严重,生态保护压力较大。东北山区林业发展特征体现为:林业总体发展水平有待提高,资源总量和人均林业资源占有量高,天然林资源保护工程的实施为东北国有林区休养生息作出了积极贡献;但由于这一地区森林资源生长周期长,加之林区商品经济不发达、产业结构单一,林区的资源优势还远没有转变为经济优势;该区的体制性障碍也一定程度地制约了林区经济的发展,林地的巨大生产潜力还没有充分发挥出来。

在山区森林资源消长平衡方面,中国山区林木蓄积量消大于长的局面得到扭转。近年来,林龄结构发生了变化,中、幼林比重相对有所增加,林木生长量增长;资源管理措施的加强、森林采伐限额制度的实施,使采伐量得到初步控制,资源消耗相对稳定或略有下降;1998年长江洪水之后,又进一步加大了对林业的投入,先后启动了天然林资源保护工程、退耕还林工程、野生动植物自然保护区建设工程、京津风沙源治理工程,还有长江等重点防护林体系建设工程和速生、丰产林建设工程。这些年来所实施的这几大工程保护了大约14亿亩的天然林,以及近4亿亩的人工林面积,有效地抑制了过去长期以来山区森林资源消耗大于生长的趋势。山区森林资源开发的这一转变对促进中国森林资源的持续、稳定增长具有重要意义。

在山区森林资源开发和林业建设思路方面,进入新世纪以来,确定了以生态建设为主的林业发展战略,大规模的林业生态建设全面展开。多年来,广大山区以砍伐木头为代价来支撑捉襟见肘的地方财政,老百姓也靠从事伐木生产来换取粮食以维持生活,由此造成了"越伐越穷,越穷越伐"的恶性循环。在许多国家重点林区,满山伐木的号子和满江漂流的木排,成为当年"一把斧"时代的象征。年复一年的"木头财政",给广大山区欠下了难以估算的生态债、环境钱。国家"天保"政策和退耕还林政策的实施,使全国广大山区利用森林资源,以保护生态、培育生态为切入口,大力发展生态旅游、乡村旅游,以生态促旅游、以旅游促经济,再以经济保生态,使越来越多的山区摆脱了以木材生产为主的"木头经济"时代,逐步呈现出林区生态环境保护与经济、社会协调发展的新局面。第六次全国森林资源清查、全国野生动植物和湿地调查、全国荒漠化监测、全国水土流失等四大调查监测的结果显示,近年来,我国森林资源保护与发展的态势良好,森林面积持续增长,森林蓄积稳步增加。

六、山区矿产资源综合利用率低,开发粗放,秩序混乱

矿产资源是经济社会发展的重要物质基础,在我国,92%的能源、80%以上的工业原材料和70%以上的农业生产资料,都来自矿产资源。

山区是中国矿产资源的主要产地和集中开发区域。中国矿产资源开发的八大热点

区域,几乎都集中在山区:兴安岭有色金属矿产资源富集区,已探明铜储量约246万吨、金约240多吨、铅锌约210万吨、铁约1 150万吨。陕西陕北黄土高原区、关中平原区、陕南秦巴山区已查明矿产资源储量的潜在总价值为42 000亿元,约占全国的1/3,居全国之首。甘肃是著名的有色金属之乡,已开采利用的矿产65种,产地近4 000处,矿业已占甘肃省乡以上工业总产值的16.17%,矿产品已占全省出口贸易总额的45.1%。宁夏目前储量已探明的矿产种类达34种,煤炭探明储量308亿吨,居全国第五位,人均占有量是全国平均水平的10.6倍,含煤地层分布面积约占宁夏面积的1/3,形成贺兰山、宁东、香山和固原四个含煤区,预测储量高达2 020多亿吨。青海海西地区是全国最主要的矿产资源富集区,是西部石油、天然气、盐化工、有色金属、建材的重要生产基地;海西地区探明储量的矿产有42种,矿产地210处,这些矿产储量占全省全部矿产储量或全省资源总量的80%以上,主要矿产资源的潜在价值在16 000亿元以上,占全省矿产资源潜在价值总量的95%以上。新疆阿勒泰地区是新疆有色金属资源的重要产区,全地区储量已探明的矿产有49种,仅在被誉为"天然矿陈列馆"的阿勒泰可可托海地区,3号稀有金属矿就有近60个矿种,初步计算矿产资源储量的潜在总值为579.43亿元。三江有色金属矿产资源富集区,是近年新崛起的国家大型矿产资源基地,包括玉树—义敦铁、铜、铅、锌、锡成矿带和三江铅、锌、锡、铁、汞、锑成矿带,有色金属极为富集。西藏的铬铁矿占了全国储量的29.8%;铜矿占了全国储量的15.5%;目前,西藏共发现了藏东的"玉龙铜成矿带"、拉萨至日喀则一带的"冈底斯东段铜成矿带"、阿里地区班公湖至那曲地区怒江源的"班公错—怒江铜成矿带"等三个规模巨大的铜成矿带;西藏境内的铜矿资源储量从远景看,将占全国铜矿资源储量的1/3~1/2。

就山区矿产资源开发现状而言,总体上呈现出资源节约化程度低、资源加工技术落后、环境污染严重、开发秩序紊乱的状况。具体表现为:

一是资源回收利用率低,浪费严重。我国矿山开采回收率铁矿约为60%,有色金属矿为50%~60%,非金属矿为20%~60%,煤矿为30%,资源利用率只有30%,煤炭利用率不足20%,地方小煤矿效率更低。其中伴生矿的综合利用只占总量的1/3,综合回收率不到20%。目前单位资源产出水平与发达国家相比还有较大差距,相当于美国的1/10,日本的1/20,德国的1/6;矿产资源的总回收率为30%,比发达国家低10~20个百分点。

二是资源深加工、分离技术落后。单一矿产深加工、分离技术落后,企业缺乏将产品按品位高低进行分离的技术,只能一起销售,使资源不能得到充分、合理利用;共生或伴生矿产的综合开发和分离技术落后,造成资源的浪费。据有关部门调查,仅采选环节,中国有色金属矿损失的金属竟高达1/4~1/3,黑色金属矿的损失达1/5~1/2;我国出口的矿产品绝大多数是廉价的初级原料,与此同时,我国又以高价进口国外深加工的成品,不仅为外国抢占中国市场铺垫了道路,也造成我国企业的微利甚至亏损。

三是对资源行业的认识不够。在矿产资源开发的过程中缺乏对其社会生产要素性、矿产品生产与矿产消耗直至耗竭过程的统一性、矿产资源的稀缺性和不可再生性、矿产品价格供给和需求弹性弱等属性的正确认识,没有形成一套针对矿产资源特点进行运营管理的机制,导致这一行业生产粗放、竞争无序。

四是环境污染日益恶化。资源浪费、滥采滥挖以及对资源的不合理利用,导致环境污染,植被受到破坏。废气、粉尘及废渣的排放引起大气污染和酸雨,以及地表水和地下水的污染。其中煤炭采选业废气排放量大,矿产业排放的固体废物占全国固体废物排放量的89%。

五是开发秩序混乱。随着我国工业化、城镇化进程的加快,矿产资源供求矛盾日益尖锐,矿产资源开发秩序混乱的情况日渐严重。尽管2005年国务院签署了《国务院关于全面整顿和规范矿产资源开发秩序的通知》(28号文件),2007年国土资源部等9个部门制定了《整顿和规范矿产资源开发秩序工作方案》,联合开展专项行动,整顿矿山开发的秩序取得了较大成效;但也要清醒地看到,目前无证勘察开采、越权审批矿业权、矿山开发中浪费资源和破坏环境等问题还十分突出,治乱成果还不巩固,违法、违规行为仍时有发生。按照全面落实科学发展观的要求,加大整顿力度,规范开发秩序,完善体制、机制,促进我国矿产资源开发走上节约发展、清洁发展、安全发展和可持续发展道路的任务还十分艰巨。

第五节 中国山区近年发展存在的主要问题

一、山区发展战略缺失与加快发展、缩减差距强烈愿望之间的矛盾

(一)中国区域发展差异的"马太效应"在加速和扩大

中国虽然进入工业化中期,东部沿海地区部分已进入工业化后期,但中国山区大部分还处于农业社会向工业社会过渡时期或工业化初期,山区发展总体上落后于全国一个社会发展阶段。目前,发达地区主导着发展的总格局,正进入产业升级、传统产业转移的阶段,而山区目前处于准备接受产业转移的阶段;由于发展的惯性,发达地区的发展速度在加快,而山区还处于克服发展阻力、谋求起步的阶段。因此,在相当长的时间内,平原发达地区的发展速度仍然会高于山区欠发达地区,形成快者更快、慢者相对较慢的态势。

产业集群化、大都市化是一种世界性的发展趋势。美国67%的GDP都集中在大纽约区、五大湖区和洛杉矶区;同样,日本作为世界第二经济大国,其中70%的GDP集中在大东京区、阪神区、名古屋区。我国三大城市集群区长三角、珠三角和环渤海地区的GDP也占全国GDP总量的38%左右,并且所占比重还将进一步提高。这种趋势,将有可能使山区的经济地位边缘化,进一步降低山区在全国社会经济发展中的战略

地位。

山区以农业为主体的产业性质,决定着山区在未来的竞争中将处于弱势地位。山区的优势资源除矿产、水能、太阳能、风能之外,主要是森林、草地、耕地等农业资源,农业在国民经济体系中占较大的比重,是山区的特点。现在不少山区州、市、县的第一产业占GDP的比重在30%以上,是普遍现象,第一产业特别是耕作业、牧业的年增长率若能保持在3%左右就很不错了;而工业增加值年增长率大约为15%~20%。相比之下,农业对GDP增长的贡献就小得多。因此,这有可能成为山区与全国经济发展差距扩大的长久而重要的原因。

(二)加快山区发展、缩小区域差异是全国各族人民的强烈愿望

目前的中国山区相比全国特别是发达地区,其发展态势正处于"马太效应"期。就山区本身而言,除了自然条件的不利因素之外,还存在着大量的其他竞争劣势,如人才缺乏、观念陈旧、信息封闭、科技薄弱、投资环境欠佳,再加上发展阶段滞后、投资拮据等,使得山区开发举步维艰。长期累积形成的主体市场不发育、流通市场不通畅、资源难成产品、产品难有市场、市场难以做大等问题,严重制约着山区的发展。

在珠三角和长三角全速启动的引擎作用带动下,中国经济保持了20多年的跨越式增长。然而,经济高速增长也带来了地区差距拉大、区域内部竞争与冲突的问题。而国家的发展远景是,在2000年的基础上到2020年使GDP总量再翻两番,人均GDP水平超过3 000美元。这意味着,中国经济还要再保持15年的高速奔跑。为此,党的十六大提出了科学发展观和"五个统筹",随后又提出了构建和谐社会的要求,所有这些都是针对我国当前发展中存在的矛盾和问题所采取的一系列举措。在这种背景之下,国家亟须从大的区域着手调整发展格局,统筹城乡之间的相对均衡发展、统筹山区和平原之间的相对均衡发展,进一步缩小农村与城市之间的差距、缩小山区与平原之间的差距,这是区域协调和可持续发展的内在要求,也是全国各族人民,尤其是山区5.8亿人民的强烈愿望。

(三)山区发展战略缺失的严重性以及战略转变的紧迫性

全国的发展战略是依照发达地区以及全国的总体趋势和水平来制定的,政策、战略的主体走向是以发达地区和平原为主导的,山区的利益只能兼顾,而不能优先。故在战略的主体走向上也就自觉不自觉地将山区的发展置于弱势地位。鉴于我国山区发展的历史及现状,平原、城市与山区发展间存在的"马太效应"还将持续相当长的时间,因此,全国发展不平衡和山区的滞后还会继续加大。

在我国区域经济发展的宏观战略中,20世纪80年代,为了适应改革开放的需要,我国实行了重视沿海地区的非均衡发展战略,沿海地区取得了先行发展。进入90年代以后,沿海地区与内陆地区之间发展差距扩大的问题日益受到各方面的关注。中央从区域发展的整体战略出发,逐步完善协调发展的战略,其具体推进思路是:东部地区在"率先发展"的基础上,继续发挥经济特区、上海浦东新区的作用,推进天津滨海新区的开发、开放;持续推进西部大开发;振兴东北地区等老工业基地。在新形势下,东部地区将在率先发展中帮助西部地区发展,形成东中西部良性互动。然而,从区域板块看,沿海优先发展战略,东北振兴战略,上海浦东、天津滨海开发战略等都集中于城市和城市圈的开发。从国际实践看,日本于1960年代初实施了第一次国土综合开发,其基本目标确定为"缩小区域间差距"和"实现国土均衡发展",迄今共开展了五次大规模的国土综合开发。经过40多年的开发建设,日本各大都市圈与地方圈经济发展的差距有所缩小,但社会发展差距仍然存在,都市圈未能覆盖全部国土,导致都市圈与非都市圈之间呈现明显的二元结构。为此,1988年日本提出了中山间地域发展战略。中山间地域是从平原外缘开始到山地之间的广大地区,按照这个概念划分,日本国土的大约70%都属于中山间地域,近20年来,中山间地域的发展一直是日本经济发展和相关问题研究的重点。

  2000年,党中央、国务院提出了西部大开发战略,应该说,这是以区域协调发展为基调所做出的第一个有关发展格局的战略性重大决策。至今国家对西部地区提供了大约10 000亿元的基础设施投资、1 200多亿元的生态环境建设和环境保护投资、300多亿元的改善农村生产、生活条件投资。以青藏铁路、三峡水利枢纽为代表的重大基础设施项目建设取得了突出进展,生态环境建设取得了明显成效,成渝经济区、关中经济区、环北部湾经济区等西部有实力的地区被确定为率先发展的重点。然而,尽管西部大开发战略也涵盖了广大西部山区,但毕竟不是建设的重点。从全国区域的覆盖面看,东部山区、中部山区、西部山区都面临着发展滞后的问题和缩小差距的问题;从西部开发战略的实施重点看,主要集中在基础设施和生态建设方面;从现实情况看,广大山区与平原之间的差距还在不断加大;从任务和发展趋势看,山区与平原协调发展的道路还很长。因此,在新的形势、新的要求、新的条件下,有必要在东部率先发展、西部大开发、东北振兴、促进中部崛起四条战略主线基础上,推进中国山区振兴战略尽快实施。

  从当前国家的发展战略上看,在中国这样一个山地大国,还没有针对山区这一特殊区域板块的发展战略,对山区的开发,基本上还是侧重于对全国资源的补充。哪里有平原缺乏而山区丰富的资源,哪里的山区就有开发前景;而未列入国家需求的资源,其开发前景则不乐观。而山区资源开发所能提供的电力、能源、矿产、土特产品、中药材等基本上都属低附加值产品,并且开发者往往是山区之外的企业家或投资者,对于带动山区的发展虽有一定作用,但并不十分显著。

  山区、平原统筹协调发展的最终目标是打破山区、平原之间发展的区域绝对不平衡,建立新的山区经济、社会协调发展的格局。这种统筹不仅仅停留在将过多的滞留在土地上的山区农村剩余人口尽快向城镇转移,以缓解山区资源、人口和环境的压力,促进山区农民和异地流动就业农民的收入更快增长,更为重要的应该是促进山区和平原经济社会发展的战略统筹。从山区对我国战略目标的影响程度,以及山区和平原之间差距不断扩张的压力看,山区振兴战略已不仅仅是个政策目标,也已经成为一种现实的选择和战略取向。区域统筹是深入贯彻、落实科学发展观,全面、协调、可持续发展的重要内容,是实现全面建设小康社会奋斗目标的新要求;山区作为全国区域统筹的有机组成部分,其发展应当融入国家重点区域的系统发展之中。推进平原、山区的合作,促进平原与山区的对口支援,进而从空间结构上维护山区社会的公正与平等,是客观现实的要求,是国家战略目标的要求。

二、山区发展的政策"瓶颈"与民生优先、建设社会主义和谐山区之间的矛盾

国家重大政策的出台往往是以全国社会经济发展中存在的问题为依据的,更多的是针对全国,尤其是东部发达地区先行一步过程中出现的问题,为了起到警示或补救作用而制定的。

改革开放 30 年的实践证明,我国不同区域发展的快慢,受政策导向的影响很深。我国沿海地区的发展重心,在国家政策的调控作用下有过明显的转移。第一次是在 20 世纪 70 年代末到 80 年代初,珠三角地区借助国家在深圳等地建立经济特区的政策导向以及毗邻港澳的区位优势,成为当时全国经济增长的重心。第二次是 20 世纪 80 年代末到 90 年代初,长三角地区借助中央开发浦东战略的实施,将这一地区发展成为全国新的经济增长重心。进入新世纪,国家加快推进以环渤海地区为中心的北方区域的发展步伐,该区目前正成为全国新的经济增长重心。

从国际经验看,二战之后,日本政府制定了《国土综合开发法》及全国性综合开发计划,进行全国性综合开发治理,1969 年、1977 年制定了第二次、第三次新的全国综合开发计划;1965 年制定了《山村振兴法》并于 1975 年、1985 年两次对该法重新修订,其目的是培养山村的经济实力,改善山区人民的生活居住条件,提高居民的生活福利水平,发展国民经济;在人口过疏地区实行《过疏地域振兴特别措置法》,实行极其优惠的政策,强化资金投入,改善基础设施,重视开发人才资源,对经营者进行技术培训,促进过疏地区与国内外广泛合作交流,积极创造条件解决山区居民的具体困难,鼓励山区人民安居乐业,发展山区农业经济。1985 年法国颁布了《山区法》,明确了对该类特殊地区的基本规定,成为山区发展特别是农业与城市规划的重要法规依据。该法认为山区是指受海拔高度、坡度及气候条件的制约,土地利用受到限制,工程成本增加的"困难"地区。

山区作为后发展地区,21 世纪将是其发展的启动阶段,但山区发展的大环境与 20 世纪 80 年代已不可同日而语。东部发达区、平原城市区在 20 世纪 80 年代享有的政策环境、生态环境和产业环境,对于当今的山区发展来说已不存在或已大大改变了。在土地政策方面,20 世纪 80 年代耕地红线问题尚未明确提出,占用耕地搞开发区、建城镇、

工矿企业轻而易举并且可以取得土地经营权,许多地区以优惠的价格招商引资,较迅速地完成了工业化初期的资本积累;而目前山区搞开发,在土地使用方面与发达地区一样受到限制,他们与发达地区的竞争,已成为不平等的竞争。产业政策方面也发生了重大变化。中国的产业发展包括广大东部地区的许多县域经济,都经历过乡镇企业的大发展时期,小化工、小钢铁、小造纸、小水电、小矿山、小机械、小冶金等"十五小"企业不仅可以较自由地"村村点火,处处冒烟",而且还享受到政策、资金的优惠,为许多地区的工业发展奠定了较好的物质基础、资金基础、人才和技术基础。而目前的山区发展,"十五小"企业已被禁止,要办大企业,既无资金,又无技术。产业政策对高耗能、高污染产业的发展,也已规定了"硬指标"加以限制,使许多有水能优势想发展高耗能产业的山区面临困惑,山区发展失去了工业化初期的"优惠"条件。环境政策与产业政策一起,使山区产业发展的环境门槛变得越来越高,与生态功能区功能不相符的产业难以进入。天然林保护、退耕还林等政策对林产业特别是木材加工业的发展也造成巨大冲击。山区发展的政策"瓶颈"将成为制约社会主义新山区、社会主义和谐山区建设的新难点。

党的十六大报告提出在继续坚持以经济建设为中心的前提下,更加强调社会的协调发展,把政治、文化和生态环境建设提到了一个更加重要的地位。与此同时,在继续坚持一部分地区和一部分人先富裕起来的前提下,更加关注农村和中西部地区的发展,更加关注提高低收入人群的生活水平,把逐步缩小地区、城乡和不同人群之间的收入差距问题,把全国人民共享发展成果、走共同富裕道路的问题,提到了重要的议事日程,显示出党和国家对民生问题的极度重视。

富民,是山区开发的基点与归宿;关注民生问题,解决民生问题,既是贯彻、落实科学发展观,构建和谐社会的需要,也是践行党的执政宗旨的需要。十七届三中全会更加强调做好保障和改善民生工作,全会提出,建设社会主义新农村,形成城乡经济社会发展一体化的新格局,必须扩大公共财政在农村的覆盖范围,发展农村公共事业,使广大农民学有所教、劳有所得、病有所医、老有所养、住有所居。要繁荣发展农村文化,大力办好农村教育事业,促进农村医疗卫生事业发展,健全农村社会保障体系,加强农村基础设施和环境建设,推进农村扶贫开发,加强农村防灾减灾能力建设,强化农村社会管理。近几年来,我国山区经济快速发展,为解决民生问题奠定了物质基础。中国从消除贫困战略实施开始,就对山区、贫困地区、少数民族地区采取了许多帮、扶、带的政策,对改善山区经济和人民生活起了重大作用,中国山区贫困人口的迅速减少成为世界脱贫的榜样就是证明。但是,应该说,过去的扶贫政策起点是较低的,是解决温饱问题,对发展关注较少,仅靠扶贫政策是很难满足山区发展新形势要求的。同时也应该看到,山区目前还有许多亟待解决的民生问题,如教育、医疗卫生、养老、就业保险的不公等,而且这些问题与平原地区相比,更加突出、更加尖锐。尤其是从中期和长期的角度来看,虽然资源开发可在短期内缓解贫困、生计问题,但要想从根本上改善生存环境,长远有效地解决山区居民的贫困问题,解决山区穷人的生计问题,就不能只在现有森林或土地资源上下工夫,而是要和其他生计资本(自然资本、人力资本、社会资本、物质资本、金融资本)相配合,通过国家的政策导向来提高山区贫困居民的生计能力和发展能力,达到一举两得的效果。

三、山区资源开发高强度与山区资源统筹管理低水平的矛盾

随着山区土地、水、矿产、旅游等资源开发的强度日益增加,山区环境的压力也在不断增大。同时,随着人们对全球变化的日益关注,山区作为影响全球气候、全球水循环及全球生物多样性等方面的特殊区域,由于其高度、梯度差异,往往对环境变化的反应最敏感,受环境变化的影响最强烈,也就自然成为国际社会和科学界关注的焦点。联合国《21世纪议程》强调:山区环境对于维系全球生态系统的发展至关重要,但全球许多山地生态系统正随着土壤恶化、山体滑坡、生物物种锐减以及基因多样性减少等而退化。因此,山区资源的合理管理和人类社会经济的协调发展是当前所面临的紧迫任务。

受高度变化影响,山区的气温、降雨量和日照率呈梯度变化,一个山坡可能有好几种气候类型,如热带、亚热带、温带和高山气候。多种气候代表了多变的生境多样性小天地,由此可见山区的产业发展与经营比平原要复杂得多、困难得多。然而,人们往往对山区生态系统的复杂性认识不足,喜欢搞"一刀切",不因地制宜,造成许多失误。因此,非常需要建立科学的管理模式,以便制定有助于山区生态系统可持续发展的各种方案。然而,目前山区资源的综合管理能力水平低下,难以适应山区又好又快发展的要求。突出表现在:

(一)山区自然遗产保护目标与低水平管理能力的矛盾

尽管中国的自然遗产保护成绩举世公认,为全人类的利益作出了贡献,但中国对世界遗产的保护却不尽如人意,甚至出现建设性破坏等现象,超容量开发和过度利用已经威胁到这些珍贵世界自然遗产的完整性。与其他国家相比,中国的世界自然遗产保护还面临着大量的世居居民和地方经济发展的巨大压力。而体制不顺、权责不明,旅游开发管理以及政府管理的"多头并进"、"区域分治"与"条块分割",也使得一些部门在对待遗产资源管理问题上,貌似建设,实为破坏;名为保护,实为垄断。政府及职能部门的规划管理存在着责权不清、管理不严、违法难究的问题。保护意识淡薄,将世界自然遗产作为金字招牌,向自然索取的欲望,变得比任何时候都强烈。

(二)山区水资源综合管理不能适应新形势的要求

具体表现在:不能适应由过去注重水资源的开发利用向更加注重水资源的优化配置与节约保护转变;不能适应由过去以满足生产用水为主向优先保证生活,兼顾生产、生态用水转变;不能适应由以行政计划管理为主向以经济、法律管理为主转变;不能适

应由城乡分割、水务分散管理向城乡统筹、水务一体化管理转变；不能适应由注重传统水资源的开发利用向更加重视传统水资源与非传统水资源的联合利用转变；不能适应由水资源常规管理向水资源的信息化管理转变。

（三）山区森林管理存在缺陷

在山区森林资源综合管理方面，不可否认还存在执行不坚决、不能抓住主要矛盾和矛盾的主要方面等问题；森林资源的管理机构和部门还没有真正发挥应有的作用；伐区管理的检查、验收还存在许多漏洞；从事森林资源监督工作的机构还无法肩负起森林资源管理更高层次的监督工作；森林资源管理上的规程、规定还没有得到有效的监督、执行等。

（四）山区旅游资源开发与管理不协调

山区旅游资源高强度开发与旅游资源管理能力水平低下的矛盾。山区旅游资源的特色和永恒存在是旅游业存在和发展的基础，而旅游资源具有稀缺性和不可再生性。随着山区旅游资源开发的深入，山区旅游活动造成的环境损耗和地方特色将逐渐消失，对旅游业的可持续发展能力构成严重威胁。然而由于山区旅游资源管理在行政、经济、法律、教育、科技等方面手段不足或缺失，山区旅游可持续发展面临着发展规模与旅游开发环境承载量、资源保护之间不协调的巨大挑战。

（五）山区土地利用与土地管理缺乏科学指导

山区耕地资源有限，向山要地、向山要粮，陡坡地开垦导致山区大面积的水土流失和生态退化现象普遍存在，加大了山区人地关系协调的难度，加之城镇化对山区坝地、河滩地的占用，导致山区耕地保护的压力更趋沉重；现有土地产权制度不完善，耕地管理的综合能力难以形成；山区由于经济落后，强调"发展才是硬道理"，但对"发展"含义的理解，却存在偏颇和误区，往往重外延扩张、轻内涵挖潜。另外，山区聚落粗放型土地利用方式和观念没有根本转变，在当今经济快速增长、土地资源需求扩张、土地资源开发强度延伸的背景下，低下的管理水平和能力难以适应保护、节约耕地资源的客观要求。

四、山区灾害高发性、链网性与灾害风险应对体系脆弱的矛盾

我国是山地灾害多发、频发的国家，山地灾害既给山区人民带来严重损失，也对山区发展造成极其不利的影响。山地灾害往往具有多个灾种密集共生的特点，同一灾变性环境因子往往同时引发多种山地灾害，一次大地震可同时引发山崩、泥石流、滑坡、堰塞湖等次生灾害，如"5·12"汶川大地震引发了大面积的次生灾害，造成了巨大的人员

伤亡和财产损失。应当指出,山地灾害是在特定的山区环境中,由各种自然因素综合作用形成的产物,属于自然灾变的范畴,古来有之;但现代人类不合理的经济活动,又往往是山地灾害加剧发展的驱动因子。不少地区,人类活动施与地表的塑造作用已成为现阶段最活跃、最频繁、最广泛的外力作用,因此,现代山地灾害的发生、发展、兴衰、行止,无不与"人地关系"的演化有着相互依存、互为因果的关系。特别是近年来,山地灾害数量、烈度都明显增加,表现为气候异常、极端天气事件频繁、多灾并发、点多面广等,部分地区重复、连年受灾的情况也屡见不鲜。这对建立涵盖防灾、抗灾、救灾等诸多方面的风险应对体系和综合减灾体系提出了迫切要求。

实际上,我国在应对山地灾害的手段、基础设施建设以及减灾观念等方面,已经落后于灾害形势的发展。尽管在多年的救灾实践中,我国逐渐总结出一套行之有效的救灾体制,在四级应急响应指挥体系、救援物资发放、灾后重建等方面水平较高,但我国政府和国民对于山地灾害的防护、预警等减灾意识仍存在明显不足。在极端天气、地震等巨大山地灾害面前,对山地灾害的风险识别、应急准备、机构能力建设还很薄弱,山地灾害的风险化解能力十分有限。主要表现在:一些地方的减灾综合协调机制尚不健全,部门间信息共享和协调联动机制、民间组织等社会力量参与减灾机制等还不够完善;缺乏减灾综合性法律、法规,相关配套政策不够完善,灾害保险的作用未得到充分发挥;灾害监测体系还不够健全,预警信息覆盖面和时效性不高,灾情监测、采集和评估体系建设滞后;防灾、减灾基础设施建设薄弱,一些灾害多发地区的避灾场所建设滞后,山区农村群众住房防灾、抗灾标准普遍较低;基层灾害应急预案体系不健全,抗灾、救灾物资储备体系不够完善,应急通信、指挥和交通装备陈旧落后;减灾资源普查、灾害风险综合调查评估等方面的工作尚未开展,各类灾害风险分布情况掌握不清,隐患监管工作基础薄弱;减灾领域的科技支撑,特别是综合减轻灾害风险科技工作还比较薄弱,灾害监测预警、防范处置关键技术和装备的研发应用尚待加强,对巨灾的发生机理、规律、防范对策等方面的研究还没有深入。

五、山区科学研究的零散性与山区发展的系统性、整体性的矛盾

科学是第一生产力,科学的发展是生产力发展的结果,而科学的发展又推动着生产力的发展。研究中国山区发展是中国社会经济发展的需求,是国家战略的需要,是山区发展的召唤,是科学研究为战略服务的集中体现。中国是一个山地大国,不仅面积大、类型复杂,且正处于工业化、城市化过程的激烈变革时期,面临着许许多多的经济矛盾、社会矛盾和生态环境矛盾;中国山区发展的问题异常复杂,既没有现成的理论,也没有可以照搬的实践模式,因此,无论从理论层面,还是实践层面都需要进行探索、进行研究。尽管目前国内不同的研究机构、不同领域的专家对我国山区开展了一些相关研究,但这些研究都是分散的、局部的、不系统的。随着山区人类活动强度的增加和广度的延

伸,其与山区脆弱的生态环境形成了尖锐的矛盾,加上频发的山地灾害对国家重大工程的影响,都要求通过加强山地科学综合研究,来不断破解山地开发和山区发展面临的重大基础性、应用性问题。山地科学目前缺乏的,正是多学科的交叉、融合以及更具综合性的成果。面对山区这么一个复杂的综合系统,无论是地理学、生态学、环境科学等,哪一个学科都难以单独支撑,山地科学应该是一个学科汇集地。而事实上,中国山区发展的基本理论、方向、道路、战略、策略、政策等,都需要系统探索和系统创新,即需要将中国山区的发展建立在山地科学构造、完善、升华的基础之上,进行系统设计、顶层设计,建立山地学科体系和山区发展理论,以指导山区发展实践。只有这样,才能促进有中国特色的山区发展,也才能为世界山区发展创造新的模式。

六、山区体制观念滞后与新形势下山区发展创新需求的矛盾

随着矿产、能源、生物、农业等资源成为稀缺资源,人们更多地把找寻上述资源的目光投向山区,使得山区这个长期被遗忘的角落逐步引起了人们的关注。

当然,由于山区长期处于封闭状态,过着自给自足的农耕生活,形成了独特的小农经济意识,既不敢主动汇入现代市场经济的大潮,对许多现代的理念、观念也抱着怀疑甚至敌视的态度。

中国的现代化只能在社会政治稳定的前提下实现,无论是山区还是平原;尽管现在社会的活力在增加,但山区内部和平原内部、山区和平原之间的社会矛盾,也远较过去复杂。由于广大山区的贫困面大,享受国家社会经济福祉的程度不高,国家推进的惠民工程覆盖面窄、力度弱,现有的潜在的不公平导致的社会矛盾不断涌现、不断锐化,而过去一些协调山区社会矛盾的机制所起的作用在削减、弱化;所以,在新的时期、新的环境下,我们需要立足新的视角,用创新的山区经济政策和社会政策防范与化解社会矛盾,将观念、组织以及制度上的创新上升为第一需要,以实现山区社会的全面和谐,这是党和国家在新的历史时期所肩负的重大政治使命,直接关系到中国现代化的前途。中国山区要发展、要快速发展、要持续发展,应"新"在思路、"新"在道路、"新"在制度。

就"新"思路而言,要通过舆论和政策形成全国范围的中国山区发展新理念,营造社会主义新山区建设的大气候。在发展过程中,由于山区既要金山银山,也要青山绿水,就使经济发展与环境保护的矛盾尤为突出,因此,山区要和平原加强合作,共同探讨和研究解决这一矛盾的良好途径,探求符合各地实际的科学发展模式,实现又好又快的发展,共同打造山区特色文化、地域文化、生态文化品牌,一起构建"区域经济新格局",共谋"山区经济板块"。同时,山区和平原应当被赋予同等的政策倾斜权、福祉共享权和民生优先权。

就"新"道路而言,要彻底打通山区、平原的要素链接和价值融合桥梁,走以平原吸纳山区、山区支持平原、平原山区互利互惠为特征的高地、低地区域互动、联动的中国山

区发展道路;走新型的山区产业化、城镇化道路,有序、有度地打造山区新型特色工业基地、现代农业基地和休闲度假旅游基地,建设宽裕、和谐、秀美的新山区;山区应按照适度发展、集中开发和严格保护生态与环境的原则,充分发挥生态优势、文化优势,突显地域特色,着重发展生态效益型经济,建设具有示范、典型意义的社会主义新农村。

就"新"制度而言,要在政府引导、市场拉动的前提下,发挥政府对山区的政策支撑、引领和调控的行政作用。通过行政调控,引领、拉动山区较快地发展;通过政策支撑,驱动山区较好地发展;通过体制创新,激活山区的较强发展。在国家现代化战略的理性牵引下,推动中国山区的全域发展。

第六节 中国山区发展的过渡性特征与发展机遇

一、山区发展的过渡性特征

山区发展问题是一个世界性的难题。全球山区发展总体上处于相对落后和被边缘化的地位,既不是经济核心区,也不是经济发展的主导区,而是贫困相对集中区。至今,全球山区依然是边远、边缘、落后、贫困、封闭的代名词。但发展中国家的山区与发达国家山区相比不论在发展水平上还是在山区功能的发挥上都有明显的差别。

(1) 发展中国家的山区发展主要集中在山区脱贫、山区资源开发、山区旅游、山区特色农业和牧业等方面,这与发展中国家的发展水平和开发任务需求是相一致的。

(2) 发达国家由于城市化程度高,大部分人口集中于城市和非农产业,山区的人口数量少,山区的产业和经济在各国经济总量中的地位与比重低,山区的基本功能主要是生态、环境保护、生物多样性保护,并适当发展旅游业和休闲产业。个别山区面积比较大的国家或以山地为主的国家,对山区农村和产业的发展较为重视,如日本的"中山间地域"面积占日本国土的70%,但人口仅占总人口的13.7%,日本政府对这类山区的基础设施、教育、医疗、服务业等进行补助扶持。美国对西部山地发展的研究主要集中于对印第安人文化的保护和山区旅游等方面。英国的英格兰高地现在人口已很少,主要从事休闲产业的开发。日本、意大利、法国等都限制山区坡地开垦范围,即使是山区农业也主要从事多种经营。

中国山区发展与世界各国相比既有共同的特点,也有自己的特色。共同的特点是山区发展的落后和山区贫困的集中。中国在发展的过程中,未能走出先平原、后山区、先城市、后农村、先东部、后西部、先沿海、后山地的老路;未能抑制山区与平原、与城市之间发展严重失衡的局面;未能改变山区的难通达性、封闭性、脆弱性、边远性、边缘性的基本格局;未能脱掉山区贫困的帽子。

但是中国与其他各国比较也有显著的特点:

（1）中国是一个领土大国、土地大国，山区人口在全国人口中占有相当大的比重，山区县的数量分别多于丘陵县和平原县，与发达国家比较，中国山区发展的战略地位高于发达国家山区在其各自国内发展中的地位。

（2）中国山区发展的态势，既不同于其他发展中国家，又不同于发达国家。中国山区的发展水平已非前者所能比拟，比大多数发展中国家要高一个层次；但与发达国家相比，中国山区又不可能像它们一样，将绝大多数人口迁往城市，山区只关注生态保护、传统文化保护，只作为城市的"后花园"，只发展旅游、休闲产业。中国山区发展的问题要复杂得多、难得多。

（3）中国山区发展正处于工业化、城市化过程激烈变革的时期，既不像发展中国家那样处于封闭、低水平的稳定状态，也不同于发达国家处于比较成熟的、高层次的稳定状态。中国山区发展的变革不可避免，且空前激烈，现代发达国家和发展中国家都没有可供照搬的经验。

（4）中国是山地大国，又是人口大国，更是多民族大国。世界上国土面积较小的山地国家，或山地面积虽然大，但平原多、人口密度小的国家，它们山地开发的经验和教训，都有值得我们借鉴和吸收之处，但都不可能完全适用于中国这样的大平原与大山区并存的大国，拥有大河流域的大国，拥有巨量山区人口的大国。因此，中国山区发展的方向、道路、战略、策略、政策，只有靠我们自己去探索、去创新，才能实现有中国特色的山区发展，也才能为世界山区发展创造新的模式，作出中国特有的贡献。

当前的山区农村建设，需要将农户、聚落的分散变为集中，需要生态移民，需要生产方式和生活方式的转变，但这些恰恰与本地的传统文化、习俗和宗教产生矛盾。山区农村建设、新社区建设要求聚落适度集中，要求建立一定规模的新村落，但许多山区原住居民，却宁愿在高山峡谷、险阻贫困、封闭独立的环境中生活，也不愿融入现代社会，成为加大山区现代化进程的阻力。这种阻力只能逐步克服，不能强迫克服，并且需要一个较长的时期，这就意味着，山区发展将是一个长期的、渐进的过程，不可能一蹴而就。

二、山区发展面临的机遇

应该说，中国山区发展既面临着巨大的挑战，又面临着空前的机遇。说空前，是因为在中国山区发展史上，从来没有出现过像现在这样的发展环境、发展动力、发展态势和发展前景。集中起来说，大致有以下几个方面：

（一）经济驱动

发展是全方位的、综合的、系统的，但核心是经济发展。中国山区发展的最大机遇，在于全国经济发展的驱动，全国经济发展一方面拉大了山区与发达地区的距离，另一方面又推动着和带动着山区的发展。

全国经济发展对山区的带动,集中体现在:①发达地区经济区域拓展,正向山区挺进,不少产业向山区转移,如珠三角地区对粤北山区的产业带动,北京市对燕山山脉地区的带动等,效果已很明显,并且力度还在加大。②全国的产业发展,对山区资源的需求加大,山区资源的稀缺性增大,价值提高,开发引力加大,近年对山区能源的开发已成燎原之势,而对林产业、牧业、特色农业等的开发也在不断加快。③随着全国经济的发展,为缩短全国区域之间的时间距离,构建全国现代交通网络,许多高速公路已穿越多个省际边界山区,打破了山区封闭、各省域分割自守的格局,为山区的发展和对外开放,创造了历史上从没有过的条件。④随着全国人民生活的提高,旅游已成为大众的重要生活内容,山区旅游、回归自然已成为许多民众旅游的首选,山区旅游已成为山区致富的产业,也将成为今后的重要支柱产业。

从山区内部来说,总体上已有了一定的资本积累,不少靠近发达地区的山区已逐步融入现代区域发展体系,出现了与全国同步发展的新局面。总之,全国连续多年的高速发展,为中国山区创造了经济腾飞的背景和条件,为山区发展提供了良好的社会经济基础。

(二) 观念改变

首先,全国对山区开发意义的认识有了较大的提高。随着矿产、能源、生物、农业等资源成为稀缺资源,人们更多地把找寻上述资源的目光投向山区,使得山区这个长期被遗忘的角落逐渐引起了人们的关注,改变了过去漠不关心的局面。

其次,随着人们生态环境意识的提高,山区生物多样性、山区生态服务功能、山区生态屏障等的战略地位也越来越受到重视。天然林保护工程、退耕还林工程、水土保持工程、小流域综合治理工程、山区灾害防治工程等的顺利实施,体现了从中央到地方各级政府和广大民众改善山区生态环境质量的真心与决心。近年来生态补偿已在不少山区试点、推广,这个在几年前还属于"理论探讨"的新问题、新理念,现在人们不仅已经接受,而且正在付诸实践,尽管只是开头,也已成为一个好的苗头。生态补偿将成为山区价值体现的重要内容,也将成为改善山区经济条件的积极因素。

第三,从山区内部来说,随着市场经济的发展、诱导和推动,市场意识、竞争意识、科技意识、开放意识、生态意识、现代文明意识等都已开始冲破传统意识的束缚,在许多山区生根、发芽、壮大,尽管还不够成熟,但这是一个历史潮流,是一个带有根本性的山区发展的动力。目前,虽然许多边远、封闭的山区还很薄弱,但即使在这些地区,乡镇、县级的干部都已有上述各种现代观念的基础。从我们与广大山区基层干部的广泛接触中,我们感触很深的一点就是他们对市场、对山外世界的了解已很不错,都有一种快速发展、对外开放的强烈愿望,并且这种愿望正由他们向广大民众宣传、普及。这是山区发展软环境的翻天地覆的变化,是山区大发展的思想准备、舆论准备和社会准备,对此前景我们十分乐观。

(三) 科技支撑

科学技术的发展为中国山区发展提供了新的动力。过去山区落后，一个重要的原因是许多资源囿于技术短缺，无法开发。近年来，针对山区优势资源开发的技术研究和创新不断涌现，使山区资源优势变成经济优势成为可能。例如，我国攀西地区钒钛铁矿的开发，已有了新的突破，攀钢成为新的特种钢生产基地。四川攀西地区的自然环境条件和劳动资源条件适宜玫瑰油的开发，而过去由于玫瑰油提炼技术不过关，资源优势无法发挥，现在则已建成玫瑰油生产基地。同样，生物能源的开发，也是近几年的事，今后很有可能成为山区一大新的产业。而山区丰富的花卉资源，天然植物染料、纤维、淀粉、油料、医药化学等的原料资源，更是富如四海，潜力无限，只要成功开发其中的一种或一类植被中的一种有效成分，就有可能成就一个大产业、一个大企业，就能带动一方经济。因此，山区的潜力在资源，资源的潜力在科技，科技的潜力在创新。目前全国从事山区资源科技开发的科研力量在不断增强，投入在不断加大，成果的转化也在不断加快，相信不久的将来，定会成为山区快速发展的强大动力。

(四) 政策牵引

应该说，中国从消除贫困战略实施开始，就对山区、贫困地区、少数民族地区采取了许多帮、扶、带的政策，对改善山区经济和人民生活起了重大作用，中国山区贫困人口迅速减少，并成为世界脱贫的榜样就是证明。但是，过去的扶贫政策起点是较低的，是解决温饱问题，对发展关注较少；而仅靠这些扶贫政策是很难适应山区发展新形势的要求的。因此，中央和国务院出台了一系列对山区发展十分有利的新政策、新措施，着力解决中国的"三农"问题、城乡统筹问题、区域协调发展问题和新农村建设问题，这些都成为山区发展的新的动力。

城乡统筹和新农村建设作为重大政策与措施，已成为山区发展的强大驱动力。在这些政策的指导和推动下，许多地区特别是城市地方政府，已果断地改变了过去的决策思路，将大城市发展战略走出城区，实行全市域的发展规划；相关山区发展作为大都市发展的重要区域，纳入统一规划、统一布局、统一实施。例如成都市在城乡统筹中，提出全市域发展布局的新规划，将东部龙泉山和西部龙门山两处山区作为两带开发，与城区和其他平原县区统一协调，极大地增强了山区发展的力度，缩小了山区与市区的差距。又如重庆市在城乡统筹中，将不少山区县列入重庆市区一小时经济圈来统一规划，在未来十几年里将使几百万山区人口变为大都市的"城里人"或城市人。北京市对城乡统筹也作了重大的战略决策，北京市郊区的几个山区县(区)都被列入全市发展的不同圈层，与城区统一规划、统一布局、同时推进。总之，这些政策、战略的出台，对未来山区的发展将起到不可估量的作用。

参 考 文 献

[1] 陈国阶等:《2003中国山区发展报告》,商务印书馆,2004年。

[2] 陈国阶、方一平等:《中国山区发展报告——中国山区聚落研究》,商务印书馆,2007年。

[3] 国家林业局森林资源管理司:"第六次全国森林资源清查及森林资源状况",《绿色中国》,2005年第2期。

[4] 国家统计局:《中国县市社会经济统计年鉴(2001)》,中国统计出版社,2001年。

[5] 国家统计局:《中国县市社会经济统计年鉴(2007)》,中国统计出版社,2007年。

[6] 国家统计局:《中国统计年鉴(2007)》,中国统计出版社,2007年。

[7] 梁钰、宁云才:"矿产资源开发环境规划与管理研究",《中国矿业》,2008年第6期。

[8] 刘欣:"山区发展:法国策略对北京的启示",《北京规划建设》,2007年第4期。

[9] 刘曦:"论生态旅游的可持续发展",生态中国——中国生态科普教育网,2004年第5～8期。

[10] 莫志斌、覃卫国、徐健:"从'工业化'到'富强民主文明和谐'的现代化——对建国后中共现代化发展战略目标演变的考析",《广西社会科学》,2007年第4期。

[11] 钱纳里等:《工业化和经济增长的比较研究》,上海三联书店,1989年。

[12] 沈良杰、田秀山:"论提高凉山彝族山区教育质量的方法和途径",《安徽农业科学》,2007年第19期。

[13] 王跃先、邹丽梅:"我国自然保护区立法存在的问题及对策",《林业工作研究》,2006年第7期。

[14] 吴殿廷、虞孝感、查良松、姚治君、杨容:"日本的国土规划与城乡建设",《地理学报》,2006年第7期。

[15] 吴荣庆:"中国矿产资源开发八大热点区域",《浙商》,2007年第2期。

[16] 薛达元、蒋明康:"中国自然保护区对生物多样性保护的贡献",《自然资源学报》,1995年第3期。

[17] 杨立新、张新宇:"论区域发展战略的内涵与地位",《渤海经济瞭望》,2007年第9期。

[18] 杨伟英:"论我国区域经济发展战略及其现实意义",《集团经济研究》,2007年第7期。

[19] 曾海、胡锡琴、张桦:"我国矿产资源开发利用中的问题和对策分析",《国土资源科技管理》,2007年第2期。

[20] 张涛、崔军强、吕福明:"聚焦'北移现象':中国区域增长重心划出新轨迹",华中师范大学中国政治学网,2007年2月4日。

[21] 郑佩:"对广东山区教育发展'瓶颈'的思考——怀集县教育现状的调查",《南方农村》,2006年第2期。

[22] 钟显平、孙伟明:"山区农业综合开发资源可持续利用与开发模式选择",《中国农业综合开发》,2007年第9期。

[23] 祝列克:"五大转变——中国林业发展的历史性抉择",《林业经济》,2002年第2期。

[24] 方一平:"中国山区发展的战略影响与国家导向",《决策咨询通讯》,2009年第2期。

[25] 方一平:"尽快推进我国'5+3'区域发展战略实施的建议",《决策咨询通讯》,2009年第6期。

[26] Chen Guojie 2000. Economic Conditions and Approaches to Development in Mountain Regions in South Central China. *Mountain Research and Development*, Vol. 20, No. 4, pp. 300-305.

[27] Julia Johnsen, Thomas Bieger, Roland Scherer 2008. Indicator-Based Strategies for Sustainable

Tourism Development: Insights from a Swiss Research Project. *Mountain Research and Development*, Vol. 28, No. 2, pp. 116-121.

[28] Mehmet Somuncu 2004. Ahmet Inci. Balancing Protection and Utilization in Overcoming Inaccessibility. *Mountain Research and Development*, Vol. 20, No. 4, pp. 307-311.

[29] Narpat Singh Jodha 2000. Globalization and Fragile Mountain Environments. *Mountain Research and Developmen*, Vol. 20, No. 4, pp. 296-299.

[30] Paul Lorah, Rob Southwick 2003. Environmental Protection, Population Change and Economic Development in the Rural Western United States. *Population and Environment*, Vol. 24, No. 3, pp. 255-272.

第二章　中国山区内部近年发展的分异

第一节　中国山区内部近年发展的地带性差异

在第一章中,我们着重分析了山区发展与全国的比较,特别是与平原县、区的比较,本章我们将重点讨论中国山区内部的发展变化。因为,据我们的考察和分析,中国山区发展近期出现的一个引人注目的现象是山区发展内部的分化,或者说是山区发展的内部差异与两极分化。也就是说,与几十年前相比,中国山区已摆脱了过去捆绑式的贫困状态,出现了部分山区先富起来的现象,并由此引发了山区内部发展差距扩大的趋势。这种差距的出现和扩大,基本上与全国区域发展的差异化和分化同步,表明了中国山区发展过程中呈现出各地相互竞争的不均衡发展态势。

一、三大地带山区发展的差异

中国山区分布遍及全国,各地山区发展十分不平衡,区域差异极大,若干区域呈现出分异的规律。其中的突出之点是,与全国东、中、西三大经济梯度相对应,山区发展水平在宏观上也呈现三大地带的分异之势(表2.1、图2.1和图2.2)。

表2.1　我国山区县和丘陵县经济发展的三大地带(2006年)

指标	山区县 东部	山区县 中部	山区县 西部	丘陵县 东部	丘陵县 中部	丘陵县 西部	山区县+丘陵县 东部	山区县+丘陵县 中部	山区县+丘陵县 西部
人均GDP	14 536	7 999	5 785	19 472	9 556	7 936	16 817	8 867	6 723
一产占GDP比重	17.04	21.43	25.93	13.67	22.31	25.54	15.24	21.96	25.73
二产占GDP比重	50.71	44.99	40.75	53.42	46.59	43.56	52.16	45.95	42.20
三产占GDP比重	32.25	33.58	33.31	32.91	31.10	30.91	32.60	32.09	32.07

资料来源:山区县和丘陵县根据《中国县(市)社会经济统计概要2007》(中国统计出版社)确定的名单统计。

图2.1和图2.2是根据全国895个山区县和531个丘陵县的GDP数据,以及其在我国东、中、西部的分布,进行综合统计的结果。从中可见,不论山区、丘陵,还是山区加丘陵,人均GDP均呈现东部高于中部、中部高于西部的趋势,与我国总体经济三大地带

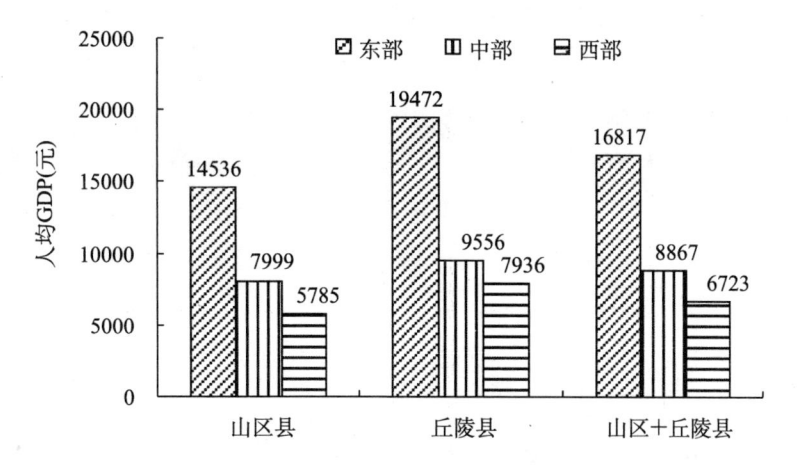

图 2.1 山区县、丘陵县、山区县＋丘陵县人均 GDP 比较（2006 年）

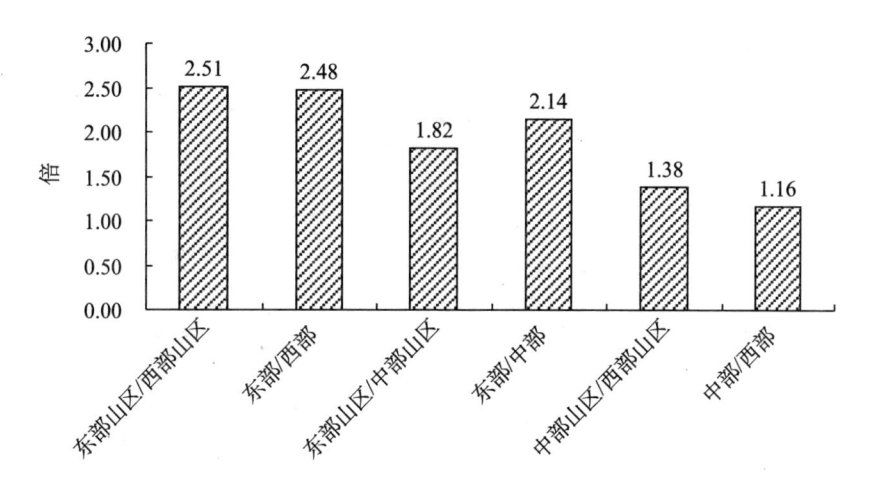

图 2.2 三大地带、三大地带山区人均 GDP 相差倍数比较（2006 年）

的变化趋势相一致。这里着重指出几点：

第一，山区东、中、西部差异的倍数与全国三大地带差异的倍数相近。东部山区人均 GDP 为西部山区人均 GDP 的 2.51 倍；而三大地带中，东部人均 GDP 为西部人均 GDP 的 2.48 倍；两者很接近。

东部山区人均 GDP 为中部山区人均 GDP 的 1.82 倍；而三大地带中，东部人均 GDP 为中部人均 GDP 的 2.14 倍；前者差距小于后者。

中部山区人均 GDP 为西部山区人均 GDP 的 1.38 倍；而三大地带中，中部人均 GDP 为西部人均 GDP 的 1.16 倍；前者差距大于后者。

第二，丘陵东、中、西部差异的倍数与山区相近。东部丘陵人均 GDP 为西部丘陵人均 GDP 的 2.45 倍；东部丘陵人均 GDP 为中部丘陵人均 GDP 的 2.04 倍；中部丘陵人均 GDP 为西部丘陵人均 GDP 的 1.20 倍；三者也与山区的比值相接近。

第三，东部山区和丘陵区人均 GDP 高于中部和西部的总体人均 GDP。东部丘陵区人均GDP达19 472元,高出西部地区人均GDP 7 635元近1.6倍;说明山区经济的发展离不开区域整体经济的发展。进一步说,我国县域经济三大地带发展的差距,最明显也最悬殊的区域是东部平原区与西部山区之间的差距。

第四,东部地区人均GDP与东部山区人均GDP的差距达4 386元,中部人均GDP与中部山区人均GDP差距仅833元,西部地区人均GDP与西部山区人均GDP差距也仅为1 851元。东部山区经济发展水平是全国山区中较高的,比全国山区人均GDP高出1.7倍,但与东部本地区比较,差距仍不小。因此,在经济较发达的东部地区,整体人均GDP、平原区人均GDP、山区人均GDP的相对差距在缩小,但绝对差距在扩大。

以上说明中国山区发展差异与三大地带及其发展水平差异有关。

二、三大地带山区产业结构差异明显

从全国东、中、西部山区产业结构比较(图2.3)可以看出:整体上东、中、西部山区的产业均呈现"二三一"的结构态势,但东部山区明显优于中西部山区,中部山区又优于西部山区。就全国东、中、西部山区内部产业结构的差异而言,第一产业比重从东部山区到中部山区,再到西部山区逐渐增加,由17%、21%增加到26%,东部山区分别比中部山区、西部山区少4个和9个百分点,中部山区比西部山区少5个百分点;第二产业比重从东部山区到中部山区,再到西部山区逐渐降低,由51%、45%降低到41%,东部山区比中部山区、西部山区分别高6个和10个百分点,中部山区比西部山区高4个百分点;第三产业比重东部山区、中部山区、西部山区基本相同,分别为32%、34%、33%。

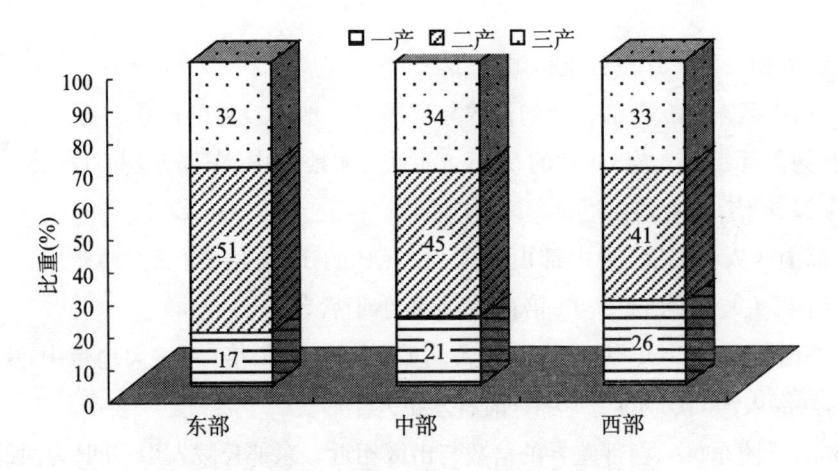

图2.3 全国东、中、西部山区产业结构比较(2006年)

三、三大地带山区近年发展速度比较

从发展速度上看,特别是从 GDP 增加量绝对值上看,从 2002 年到 2006 年,无论是人均 GDP 增加值,还是人均第一产业增加值、人均第二产业增加值和人均第三产业增加值,6 年间东部山区均显著高于中、西部山区,即从东部山区到中部山区再到西部山区,呈明显降低的趋势。东部山区、中部山区、西部山区人均 GDP 增加值之比为 1：0.53：0.41,东部山区 6 年间人均 GDP 增加 7 758 元,中部山区人均 GDP 增加 4 126 元,而西部山区人均 GDP 仅增加 3 146 元,东部山区分别比中部山区、西部山区高

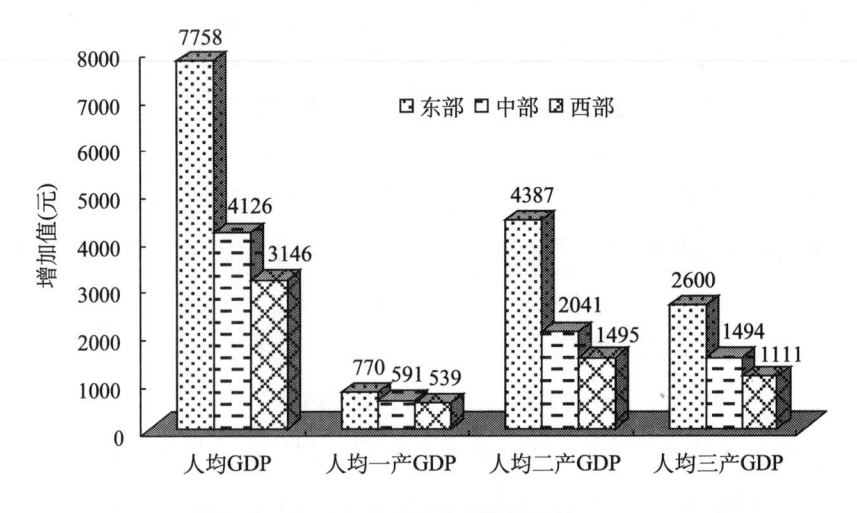

图 2.4 全国东、中、西部山区产业增加值比较(2002～2006 年)

3 631 元、4 612 元,中部山区比西部山区高 981 元;6 年间东部山区、中部山区、西部山区人均第一产业增加值之比为 1：0.77：0.70,东部山区分别仅比中部山区、西部山区高 179 元、231 元,中部山区仅比西部山区高 53 元;东部山区、中部山区、西部山区人均第二产业增加值之比为 1：0.47：0.34,东部山区分别比中部山区、西部山区高 2 346 元、2 892 元,中部山区仅比西部山区高 546 元;东部山区、中部山区、西部山区人均第三产业增加值之比为 1：0.57：0.43,东部山区分别比中部山区、西部山区高 1 106 元、1 489 元,中部山区仅比西部山区高 382 元;东、中、西部山区产业增加值差异主要来自于第二产业增加值,其次是第三产业增加值,而第一产业增加值差异不明显。

在此背景之下,从 2002 年至 2006 年,全国东、中、西部山区产业结构变化值也有差异。从图 2.5 可以看出,与 2002 年相比,2006 年西部山区第一产业增加值占 GDP 的比重降低了 10.49%,而东部山区第一产业增加值占 GDP 的比重降低了 8.14%,中部山区降低了 7.56%;同期,西部山区第二产业增加值占 GDP 的比重增加了 8.08%,东部山区增加了 6.69%,中部山区仅增加了 4.77%;第三产业占 GDP 比重的增加值,2006 年比 2002 年西部山区增加了 2.41%、中部山区增加了 2.79%,基本相同,但东部

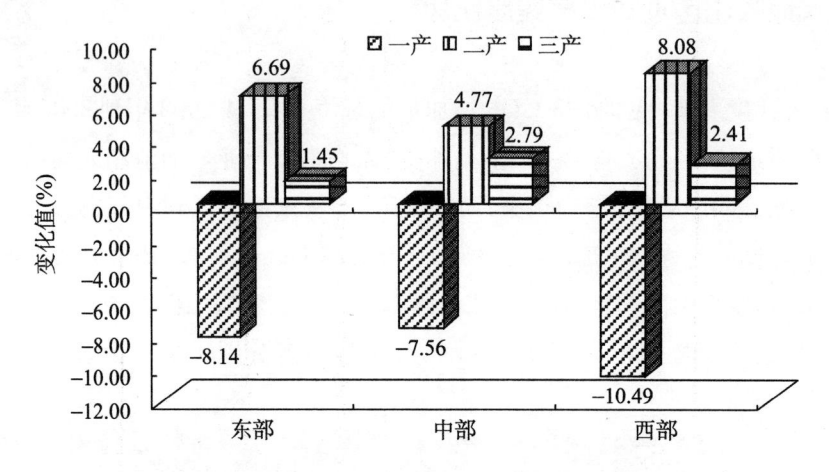

图2.5　全国东、中、西部山区产业结构变化值比较(2002~2006年)

山区仅增加了1.45%。由此可见,西部大开发战略实施以来,西部山区产业结构有所改善,西部山区第一产业、第二产业调整明显快于东/中部山区;第三产业调整西部山区优于东部山区,中部山区略优于西部山区。但由于历史上西部山区第一产业比重严重偏高,第二产业比重明显偏低,因此,即使2000~2006年的6年中情况略有改善,在三大产业的总体格局中,西部山区依然劣于东部山区和中部山区。

为说明山区发展差异及其山区发展模式的不同,以山区县为基本统计分析单元,按照临近原则将全国40个主要山区的人均GDP及其构成差异作了比较,并对各山区主要发展模式进行了总结。

(一) 各山系山区间人均GDP的差异

从全国40个主要山区人均GDP的比较(图2.6)可以看出,各山区间差异显著,从

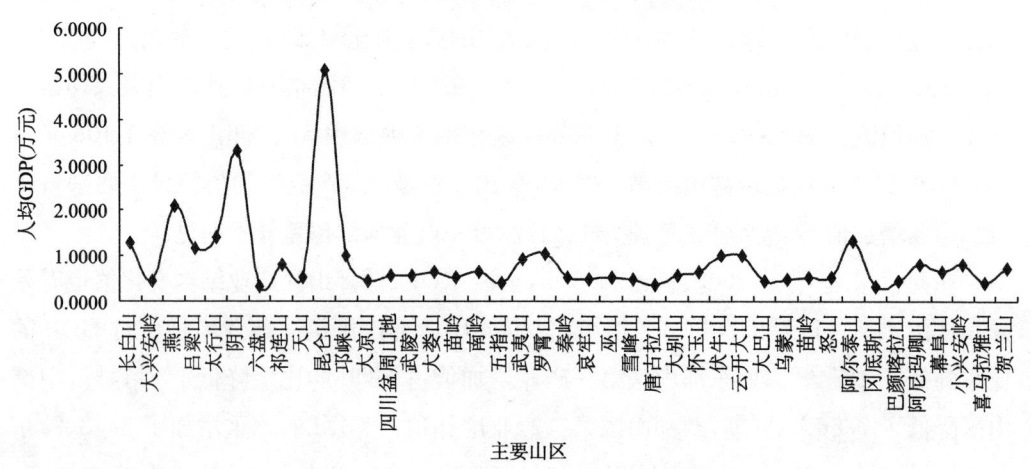

图2.6　全国40个主要山区人均GDP比较

高到低依次为昆仑山、阴山、燕山、太行山、阿尔泰山、长白山、吕梁山、罗霄山、云开大山、邛崃山、伏牛山、武夷山、祁连山、阿尼玛卿山、小兴安岭、贺兰山、南岭、幕阜山、怀玉山、大娄山、武陵山、大别山、四川盆周山地、天山、巫山、怒山、秦岭、苗岭、哀牢山、乌蒙山、雪峰山、大巴山、巴颜喀拉山、大兴安岭、大凉山、五指山、喜马拉雅山、唐古拉山、冈底斯山、六盘山。人均 GDP 最高的昆仑山(50 628 元)为人均 GDP 最低的六盘山(3 130 元)的 16 倍。从山区的阶梯分布来讲,第一阶梯山系、第二阶梯山系、第三阶梯山系均存在 GDP 高的山区和 GDP 低的山区,地带性规律不显著。

表 2.2　全国 40 个主要山区人均 GDP 分类(2006 年)

人均 GDP(元)	山区	人均 GDP(元)	山区
>50 000	昆仑山	10 000～5 000	云开大山、邛崃山、伏牛山、武夷山、祁连山、阿尼玛卿山、小兴安岭、贺兰山、南岭、幕阜山、怀玉山、大娄山、武陵山、大别山、四川盆周山地、天山、巫山、怒山、秦岭、苗岭
50 000～30 000	阴山	5 000～3 000	哀牢山、乌蒙山、雪峰山、大巴山、巴颜喀拉山、大兴安岭、大凉山、五指山、喜马拉雅山、唐古拉山、冈底斯山、六盘山
30 000～10 000	燕山、太行山、阿尔泰山、长白山、吕梁山、罗霄山	—	—

(二) 各山系山区三大产业发展比较

从全国 40 个主要山区人均第一产业增加值比较(图 2.7)可以看出,各山区间差异明显,从高到低依次为唐古拉山、阿尔泰山、云开大山、阿尼玛卿山、小兴安岭、喜马拉雅山、冈底斯山、阴山、燕山、长白山、武夷山、天山、巴颜喀拉山、伏牛山、邛崃山、罗霄山、南岭、五指山、大兴安岭、大别山、大巴山、大凉山、怒山、雪峰山、巫山、四川盆周山地、武陵山、大娄山、哀牢山、幕阜山、贺兰山、太行山、苗岭、怀玉山、秦岭、祁连山、乌蒙山、六盘山、昆仑山、吕梁山。第一产业增加值最高的唐古拉山(3 484 元)为第一产业增加值最小的吕梁山(506 元)的 7 倍。总体上看,从山区的阶梯分布上来讲,人均第一产业增加值高的山区主要分布在第一阶梯和第三阶梯,而人均第一产业增加值低的山区主要集中在第二阶梯。

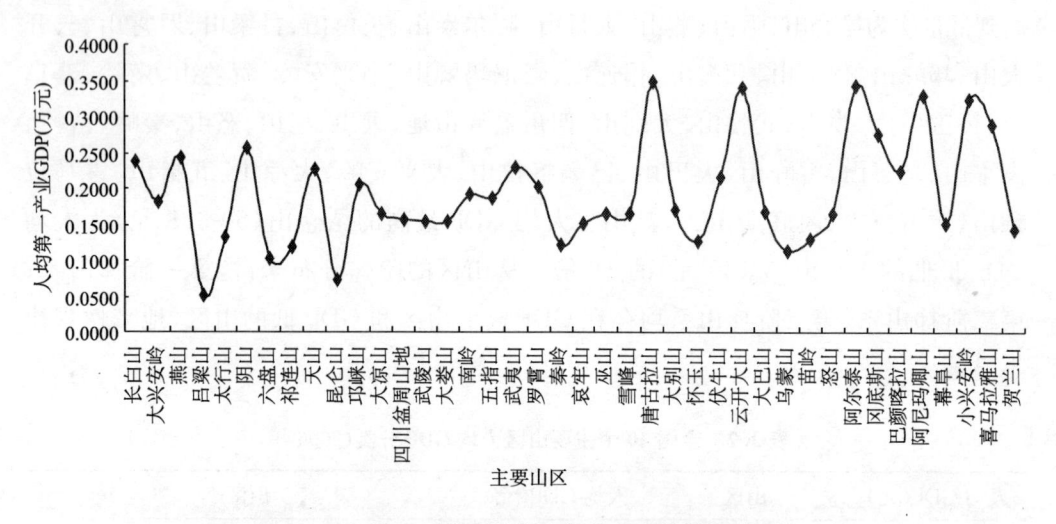

图 2.7 全国 40 个主要山区人均第一产业增加值比较

表 2.3 全国 40 个主要山区人均第一产业增加值分类（2006 年）

人均一产增加值 GDP(元)	山区	人均一产增加值 GDP(元)	山区
＞3 000	唐古拉山、阿尔泰山、云开大山、阿尼玛卿山、小兴安岭	2 000~1 000	南岭、五指山、大兴安岭、大别山、大巴山、大凉山、怒山、雪峰山、巫山、四川盆周山地、武陵山、大娄山、哀牢山、幕阜山、贺兰山、太行山、苗岭、怀玉山、秦岭、祁连山、乌蒙山、六盘山
3 000~2 000	喜马拉雅山、冈底斯山、阴山、燕山、长白山、武夷山、天山、巴颜喀拉山、伏牛山、邛崃山、罗霄山	＜1 000	昆仑山、吕梁山

从全国 40 个主要山区人均第二产业增加值比较（图 2.8）可以看出，各山区间差异十分悬殊，从高到低依次为昆仑山、阴山、燕山、太行山、吕梁山、阿尔泰山、罗霄山、伏牛山、长白山、祁连山、邛崃山、武夷山、怀玉山、幕阜山、云开大山、南岭、大娄山、贺兰山、四川盆周山地、阿尼玛卿山、乌蒙山、秦岭、小兴安岭、武陵山、大别山、苗岭、怒山、哀牢山、巫山、大凉山、大巴山、雪峰山、天山、六盘山、大兴安岭、巴颜喀拉山、冈底斯山、五指山、喜马拉雅山、唐古拉山。第二产业增加值最高的昆仑山（36 765 元）为第二产业增加值最低的唐古拉山（167 元）的 220 倍。整体上看，第二阶梯山系、第三阶梯山系人均第二产业增加值高的山区所占比重较大，而第一阶梯人均第二产业增加值高的山区所占比重较小。

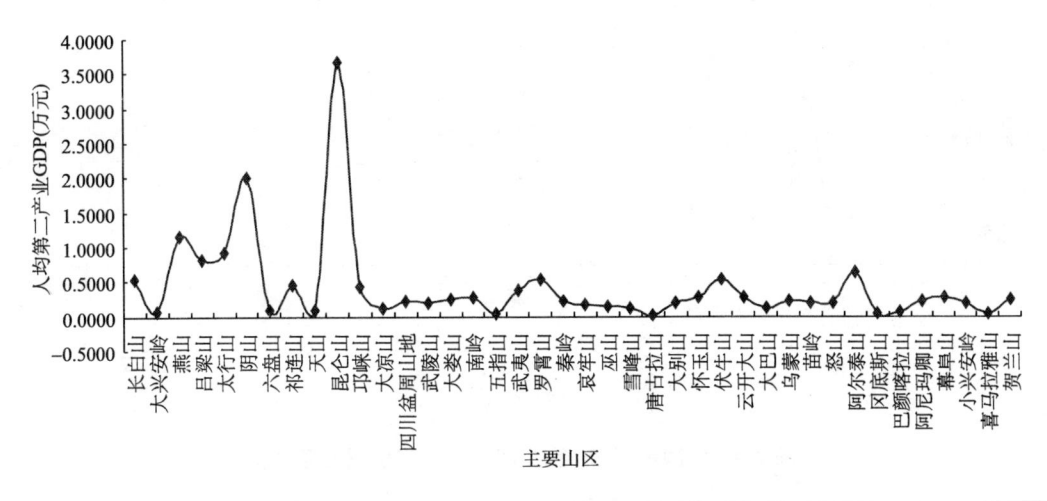

图 2.8　全国 40 个主要山区人均第二产业增加值比较

表 2.4　全国 40 个主要山区人均第二产业增加值分类（2006 年）

人均二产增加值 GDP（元）	山区	人均二产增加值 GDP（元）	山区
>30 000	昆仑山	5 000~3 000	祁连山、邛崃山、武夷山
30 000~20 000	阴山	3 000~1 000	怀玉山、幕阜山、云开大山、南岭、大娄山、贺兰山、四川盆周山地、阿尼玛卿山、乌蒙山、秦岭、小兴安岭、武陵山、大别山、苗岭、怒山、哀牢山、巫山、大凉山、大巴山、雪峰山
20 000~10 000	燕山	<1 000	天山、六盘山、大兴安岭、巴颜喀拉山、冈底斯山、五指山、喜马拉雅山、唐古拉山
10 000~5 000	太行山、吕梁山、阿尔泰山、罗霄山、伏牛山、长白山	—	

从全国 40 个主要山区人均第三产业增加值比较（图 2.9）可以看出，各山区之间差异巨大，由高到低依次为昆仑山、阴山、燕山、长白山、云开大山、邛崃山、太行山、阿尔泰山、武夷山、贺兰山、罗霄山、吕梁山、小兴安岭、阿尼玛卿山、祁连山、伏牛山、幕阜山、怀玉山、天山、巫山、武陵山、大娄山、南岭、大别山、大兴安岭、雪峰山、五指山、秦岭、四川盆周山地、苗岭、哀牢山、怒山、大巴山、巴颜喀拉山、乌蒙山、六盘山、大凉山、喜马拉雅山、唐古拉山、冈底斯山。第三产业增加值最高的昆仑山（13 123 元）为第三产业增加值最低的冈底斯山（62 元）的 210 倍。从地形分布格局看，总体上人均第三产业增加值高的山区主要分布在第二阶梯，其次为第三阶梯，而第一阶梯较少。

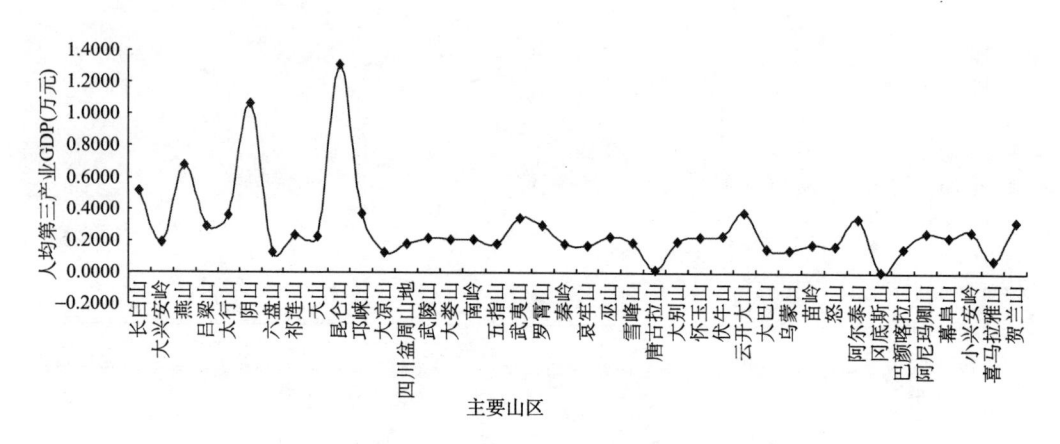

图 2.9　全国 40 个主要山区人均第三产业增加值比较

表 2.5　全国 40 个主要山区人均第三产业增加值分类（2006 年）

人均三产增加值 GDP（元）	山区	人均三产增加值 GDP（元）	山区
>10 000	昆仑山、阴山	3 000～1 000	吕梁山、小兴安岭、阿尼玛卿山、祁连山、伏牛山、幕阜山、怀玉山、天山、巫山、武陵山、大娄山、南岭、大别山、大兴安岭、雪峰山、五指山、秦岭、四川盆周山地、苗岭、哀牢山、怒山、大巴山、巴颜喀拉山、乌蒙山、六盘山、大凉山
10 000～5 000	燕山、长白山	<1 000	喜马拉雅山、唐古拉山、冈底斯山
5 000～3 000	云开大山、邛崃山、太行山、阿尔泰山、武夷山、贺兰山、罗霄山	—	—

从全国 40 个主要山区产业结构差异比较（图 2.10）可以看出，各山区之间产业结

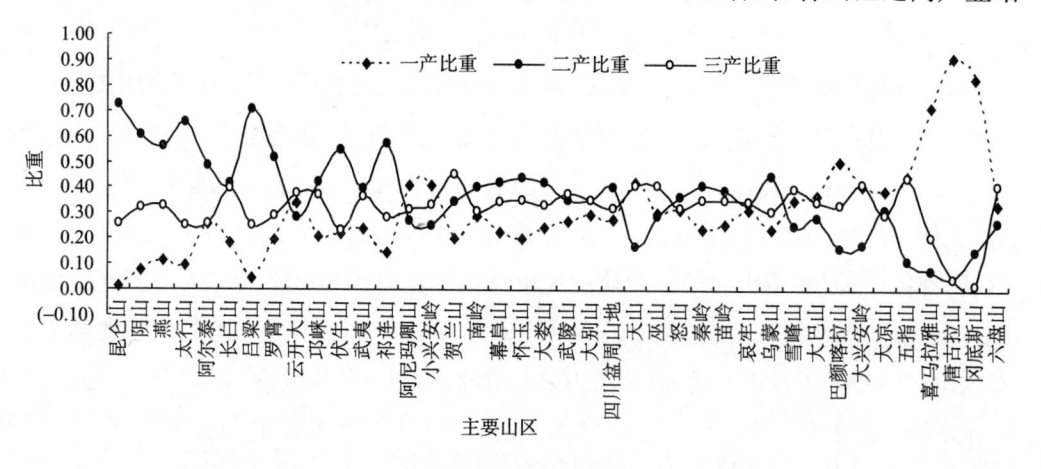

图 2.10　全国 40 个主要山区产业结构差异比较

构差异显著,除个别山区外,大多数山区的产业呈"二三一"的结构态势,但第二产业所占比重大多数低于50%(超过50%的山区只有7个,占18%),第二产业比重占40%～50%的山区也只有10个,占25%,其余山区第二产业所占比重均低于40%,最低的唐古拉山只有4%;大多数山区第三产业所占比重低于40%(超过50%的山区只有8个,占20%),其余山区第三产业所占比重均低于40%,最低的唐古拉山只有5%;第一产业比重超过40%的山区有9个,除天山(42%)、大兴安岭(45%)、小兴安岭(41%)、五指山(45%)外,其余的如冈底斯山(83%)、唐古拉山(91%)、喜马拉雅山(72%)、巴颜喀拉山(50%)、阿尼玛卿山(41%)都分布在第一阶梯,是我国典型的高寒农牧区。

(三)各山系山区近年发展的主导产业

参照典型县产业结构和发展模式,对全国40个代表性山区近年的主导产业进行了比较分析,主要内容列于表2.6。从表2.6中可以看出,全国主要山系山区主导产业近年出现趋异性和趋同性两种现象。这两个看似相互矛盾的现象,在山区中却有其合理的解释。趋异性主要表现在三大产业上,近年在广大山区中,出现一批以旅游、商贸、物流等第三产业为主导的山区县,呈现出与传统山区县的趋异性;在第一产业中,也出现一批以特色农牧业、山区特色种植业和加工业为主的现代农业产业化发展较好的山区县,既有别于传统农业县,也有别于工矿业为主的山区县。

说山区县产业趋同,主要是指许多山区县第二产业的发展,其主导门类各县趋同性较突出,主要是矿业开发、水电、建材、林产品加工、小化工、小机械、小冶金等,整体的工业发展层次低、规模小,各山区县之间缺乏产业之间的联系与协作,竞争力不强。

其次,山区工矿业发展,近年固然给各县带来实惠,提高了GDP和经济实力,但缺乏现代信息产业、电子产业、新材料产业等门类的支撑,也缺乏现代新技术、新工艺的武装,总体上处于工业化初期的粗放型产业发展的阶段。

表2.6 全国40个代表性山区主要发展模式比较

山区	主要发展模式	典型县份
昆仑山	化工(盐化工、石油化工、钾、镁、锂、硼、溴、碘、铷等),矿产工业(水晶、铅锌、煤炭),工业(电力、建材、化工、皮革、盐业、食品、汽车修配),交通服务,旅游(青藏铁路、中国盐湖城、昆仑文化),农牧业(小麦、青稞、马铃薯、甜菜和绵羊)	格尔木市
祁连山	矿产工业(石棉、煤炭、铅锌、锰铜、石英石等),旅游(草原古文化游、生态观光游),牧业(牦牛、白藏羊)	祁连县
阿尼玛卿山	畜牧业(牦牛、羊),矿产工业(汞、黄铁、白钨、铜、锑、金、银),旅游(宗教文化游、草原民族风情游),小水电	泽库县、河南蒙古族自治县、同德县
巴颜喀拉山	畜牧业(牦牛、羊),药材(冬虫夏草、红景天、雪莲、鹿茸、麝香、牛黄),矿产工业(岩金、砂金、银、铜、铁、铅),旅游(宗教文化游、草原文化游),小水电	甘德县、久治县、曲麻莱县、称多县

续表

山区	主要发展模式	典型县份
喜马拉雅山	畜牧业(牦牛、藏系绵羊和马),旅游(藏族民族风情游)	措美县、浪卡子县、仁布县
唐古拉山	畜牧业(牦牛、藏系绵羊、山羊和马),家庭手工业(藏被、搭把口袋、腰带),特色产品(酥油、皮张、羊毛、牛羊绒)	聂荣县、安多县
冈底斯山	畜牧业(牦牛、黄牛、青稞),家庭经营为主的民族手工业(编织卡垫、烧制陶罐、打制藏刀),旅游(宗教文化游、民族文化游)	谢通门县、萨嘎县、申扎县
阴山	煤炭工业,电力,旅游(生态观光游、民族文化游、文化古迹游),牧业	准格尔旗
燕山	工业(食品饮料、汽车配件、包装印刷、钒钛、钢铁),旅游(休闲度假游、观光旅游),特色农业(设施农业、观光农业),养殖业	怀柔区、滦平县
太行山	矿产工业(煤炭、化工、铁矿、铜矿、铅锌、金银、钼矿、冶金、建材),机械制造,医药,旅游(生态观光游、文化古迹游),牧业(牛、羊)	涞源县、壶关县、沁源县、林州市
阿尔泰山	矿产工业(黄金、宝石、有色金属、稀有金属),水电,煤炭,特色种植(红花、枸杞),畜牧业(牛),旅游业(草原休闲度假观光游)	富蕴县
吕梁山	工业(煤炭、水泥、机械制造、化工),旅游(名胜古迹、古文化、生态观光游)	乡宁县、交城县
罗霄山	特色产业(鞭炮烟花),生物医药,纺织服装,旅游(生态观光游、佛教文化古迹游),交通服务及商贸业,特色农业(花卉苗木)	浏阳市
邛崃山	矿产工业(锰、铁、钨、石灰石、硫磺),工业(水泥、建材、木材加工、小水电),旅游(生态观光游、藏羌文化游),特色采集(天麻、贝母、虫草),种植业(苹果、花椒)	黑水县
伏牛山	矿产工业(蓝石棉、虎睛石、松香黄大理石、砂金、石灰岩、石膏、白云岩),旅游业(楚文化游、古迹游、佛教文化游),特色农业(小辣椒、花椒、林果、湖桑、中药材、水产)	淅川县、西峡县、南召县
贺兰山	交通服务及商贸业,矿产工业(煤炭、石油、天然气、建材),特色畜牧业(滩羊),特色中药材(甘草、苦豆草)	盐池县
大娄山	工业(钢铁、机械、能源、冶金、建材、食品),农业(水稻、牛肉干、川江毛线、綦江猪鬃),交通服务及商贸业	綦江县、武隆县、重庆市南川区
武陵山	工业(电力、机械电子、林产、矿产),旅游及商贸服务业,农业(国家和省级商品粮基地县、林、竹、烟、菌、菜)	将乐县
四川盆周山地	矿产资源(煤炭、石灰石、铸石原料黄铁矿),旅游业(生态观光游、民族文化游),种植业(水稻、玉米、小麦、茶叶、蔬菜)	珙县、天全县、芦山县
天山	农牧业(马铃薯、大麦、牛羊、棉花、蔬菜),野生植物(雪莲、蘑菇、益母草),文化古迹游,矿产工业(石油、煤炭、金银、芒硝)	巴里坤哈萨克自治县

续表

山区	主要发展模式	典型县份
巫山	旅游(巫山文化古迹游),矿产工业(煤、铁、硫铁矿、石灰岩),工业(水电、火电、化工),特色种植(烤烟、蚕桑、水果)	巫山县、长阳土家族自治县、五峰土家族自治县
秦岭	特色生物资源产业(水杉、雪松、银杏、大鲵、林麝、青羊),交通服务及商贸业,中药材产业(连翘、丹参、桔梗、秦皮、菖蒲)	洛南县、商洛市商州区
苗岭	矿产工业(高钙石灰石矿、煤炭、粉石英矿、铅锌矿、重晶石、硫铁矿),水电,旅游(漂流、佛教文化游、生态观光游),特色农业(烟叶、茶叶)	贵定县、福泉市
哀牢山	哈尼族民族文化风情旅游,特色种植业(紫胶、紫米、茶叶、烤烟、甘蔗、松脂),畜牧业	元江哈尼族彝族傣族自治县、墨江哈尼族自治县
乌蒙山	旅游(文物古迹游、民族文化游、生态观光旅游),交通服务及商贸业,矿产工业(煤、铁、铜、硫、石灰石),水电,特色养殖业(乌骨鸡)	盐津县、马龙县、富源县
雪峰山	旅游业(观光游、民族文化游),交通服务及商贸业,特色农业(金银花、龙牙百合、虎爪生姜、宝庆辣椒、红皮大蒜),矿产工业(煤、金、锰、冰洲石、大理石、稀土、锆石)	隆回县、安化县、靖州苗族侗族自治县、通道侗族自治县
大巴山	特色农业(魔芋、茶叶、生漆),旅游(漂流、生态观光游、乡村旅游),矿产工业(钒钛矿),水电	汉阴县、岚皋县、平利县
大兴安岭	林产工业,特色采集(菌类、野生浆果),特色种植(中草药),旅游(生态旅游)	呼玛县、塔河县、漠河县
大凉山	林业加工,茶叶,畜牧,矿产工业(磷、煤、锌、石膏),旅游(生态观光游)	昭觉县、喜德县
六盘山	旅游(生态观光游、文化古迹游),种植业(蔬菜、小麦、洋芋、玉米、高粱),石材建材工业(蛇纹岩、鸳鸯玉、石灰石、大理石、花岗岩等),特色种植(中药材、党参、当归、红黄芪等)	会宁县、武当县、陇西县
长白山	旅游(边境游、古迹文化游、生态旅游),矿产开发,水电开发,林业,特色种植(人参等药材、食用菌、葡萄),商贸业	集安市、临江市
云开大山	生态旅游,交通服务及商贸业,特色农业(松脂),资源开发及资源型加工业为主(竹编、石板材加工)	信宜市、德庆县
武夷山	商贸及交通服务业,矿产工业(重晶石、钾、铅、锌),农牧业(玉米、稻谷、红薯、湘西黄牛)	新晃侗族自治县、彭水土家族苗族自治县
小兴安岭	特色种养(水稻、速冻玉米、林蛙、林灌鸡),木材加工,矿产开发(有色金属、铅锌矿、白云石、石灰石、玉石、大理石),北药开发(人参、刺五加、五味子、黄芪)和旅游(森林观光度假、漂流、狩猎、滑雪、历史遗址)五大支柱产业	铁力市、嘉荫县、逊克县

续表

山区	主要发展模式	典型县份
南岭	矿产工业(重钙、硅灰石、煤炭、煤炭、锰矿、汉白玉)，能源(水电、火电)，钢铁，旅游(生态观光游、宗教文化游、石刻)，交通服务及商贸业	连州市
幕阜山	特色农业(生猪、茶叶、森工)，小水电，旅游(休闲观光游)	通城县
怀玉山	矿产工业(建材、化工、机械制造)，旅游(生态观光旅游、古村落游、徽州文化游)，交通服务及商贸业	玉山县、铅山县、横峰县、婺源县
大别山	矿产工业(萤石、水晶石、大理石等建材)，红色旅游，特色种植业(板栗、花生、烟叶、茶叶、中药材桔梗)	红安县、罗田县
怒山	矿产工业(褐煤、铅、锌、大理石、硅、高岭土、硅藻土)，旅游(红色旅游、边疆民族文化游)，特色农业(干果、茶叶)	龙陵县
五指山	矿产工业(铁矿、石灰石、大理石、结晶灰岩)，水电，旅游(热带雨林生态观光游、黎苗民族文化风情游)，交通服务及商贸业，特色农业(橡胶、热带水果、南药中药材)	五指山市、保亭黎族苗族自治县、琼中黎族苗族自治县

第二节 中国山区县发展水平的分化

一、山区发展出现多谱带现象

中国山区除了出现上述东部山区、中部山区和西部山区的发展差异与差距扩大的趋势外，还出现多等级发展水平的多元差异，图2.11是全国山区县不同水平人均GDP的分布情况，表明不少发展较好的山区县，不仅已达到与东部地区相当的较发达的水平，并且其中有11个山区县的人均GDP(2006年)已超过4万元，高于同年度东部发达地区的平均水平。而人均GDP超1.5万元的山区县多达94个，与当年度全国平均人均GDP水平大致相当，表明山区县不再全部是贫困区、差区，部分山区已进入全国"率先"发展的行列。更重要的是，全国山区县人均GDP呈现出多等级发展的图景，对应着全国各地区多等级差异的全景式特征，呈现出最落后、较落后、中等、较好、较发达、发达等全景式山区发展特征。

二、山区县前百名和后百名的比较

我们从中国山区县中按人均GDP的高低，选取前100个县和后100个县作进一步的比较，从中可以看出，两者在不少方面存在很大差距，充分反映出山区县内部发展的

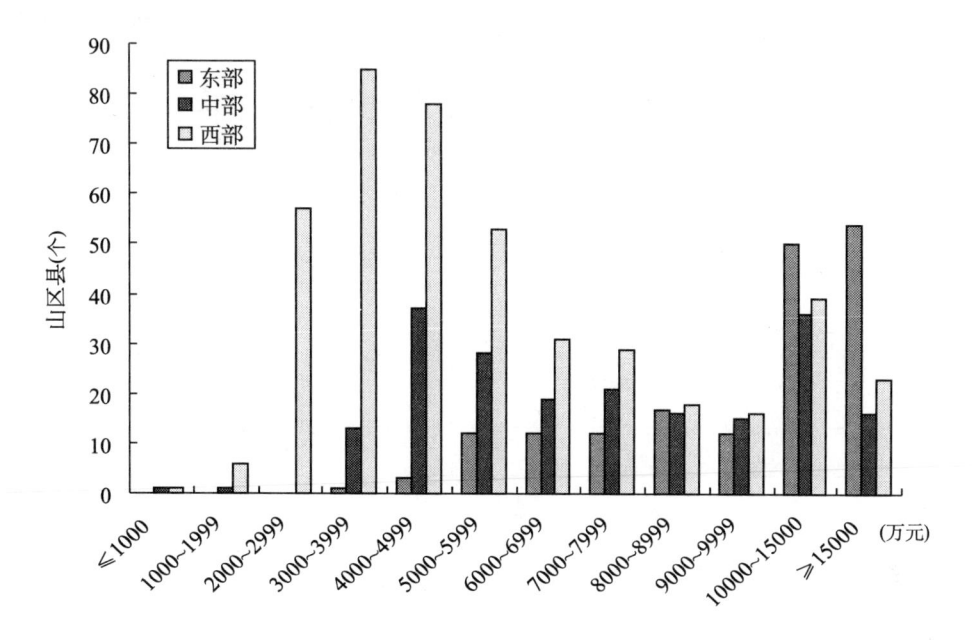

图 2.11 2006 年中国山区县不同等级人均 GDP 分布

多元化,折射出山区内部差异的多样化和贫富分化的新动态,也反映出山区发展进程中,山区内部和外部发展环境的差异。

首先,2006 年,全国山区县人均 GDP 前 100 名的人均 GDP 在 14 746~67 568 元,大部分县的人均 GDP 超过当年度全国人均 GDP 的水平;而全国山区县后 100 名的县,人均 GDP 在 1 701~3 303 元,与前 100 名相差约 10 倍。前 100 名和后 100 名在地域分布上明显不同:前 100 名的分布比较分散,遍及 20 多个省(区、直辖市),而后 100 名仅分布于 10 个省(区、直辖市);前者在东、中、西部都有分布,但主要分布于东、中部山区,后者则主要分布于西部,少数分布于中部,东部没有后 100 名的山区县。更突出的一点是,后 100 名山区县的集中度很高,其中贵州省有 33 个县,占 33%;甘肃省有 29 个县,占 29%;云南省有 17 个县,占 17%。

后 100 名山区县在具体区位上,呈现出明显的连片分布,即多个贫困县连在一起,构成连片贫困山区,例如甘肃省的贫困区主要集中于甘南、甘东南,10 多个贫困县连在一起;贵州省的贫困区主要集中于黔南、黔西南(苗岭山区)和黔东北(武陵山区)。

前 100 名山区县的区位,虽然比较集中分布于东部发达省份,例如福建省有 17 个县、山东省有 14 个县、浙江省有 13 个县,但各个县之间较少连片分布,而主要分布于交通(铁路、高速公路)沿线,更多的是与附近发达地区的城市相毗邻,实际上更多是与发达平原市、县连在一起,构成发达市、区或经济区的经济辐射区或依托腹地。

49

表 2.7 山区县按人均 GDP 排名后 100 名(2006 年)

山区县	省份	第一产业(%)	第二产业(%)	第三产业(%)	人均 GDP(元)
礼县	甘肃	42.73	18.61	38.66	1 701
宕昌县	甘肃	34.79	22.51	42.70	1 760
东乡族自治县	甘肃	33.47	23.78	42.75	1 783
镇雄县	云南	43.65	17.85	38.50	1 917
积石山保安族东乡族撒拉族自治县	甘肃	37.60	14.59	47.81	1 930
望谟县	贵州	50.14	12.53	37.33	1 950
通渭县	甘肃	48.86	8.85	42.29	2 111
岷县	甘肃	47.82	20.33	31.86	2 228
康乐县	甘肃	42.98	14.55	42.47	2 229
渭源县	甘肃	54.20	7.33	38.47	2 244
称多县	青海	43.69	29.65	26.66	2 257
黄平县	贵州	45.30	9.98	44.72	2 284
紫云苗族布依族自治县	贵州	50.65	15.75	33.60	2 293
和政县	甘肃	40.60	16.29	43.11	2 307
张家川回族自治县	甘肃	26.27	26.44	47.29	2 333
镇原县	甘肃	42.17	20.25	37.57	2 350
舟曲县	甘肃	41.50	10.95	47.55	2 399
海原县	宁夏	30.51	13.09	56.40	2 424
绿春县	云南	38.37	25.34	36.29	2 425
西和县	甘肃	25.58	32.21	42.21	2 442
正安县	贵州	51.51	11.74	36.75	2 450
册亨县	贵州	53.35	18.71	27.94	2 454
漳县	甘肃	52.86	5.73	41.41	2 477
临潭县	甘肃	29.85	14.93	55.22	2 508
三都水族自治县	贵州	48.16	8.74	43.11	2 509
庄浪县	甘肃	41.67	20.47	37.85	2 515
黎平县	贵州	41.86	19.77	38.37	2 548
彝良县	云南	37.67	31.50	30.83	2 550
西吉县	宁夏	30.92	19.48	49.60	2 553
威宁彝族回族苗族自治县	贵州	38.81	30.73	30.46	2 559
威信县	云南	28.55	26.38	45.07	2 565

续表

山区县	省份	第一产业（%）	第二产业（%）	第三产业（%）	人均GDP（元）
都安瑶族自治县	广西	34.99	23.04	41.97	2 569
康县	甘肃	37.24	20.33	42.43	2 602
榕江县	贵州	50.31	13.12	36.58	2 607
务川仡佬族苗族自治县	贵州	42.57	13.86	43.56	2 648
广河县	甘肃	30.54	23.66	45.81	2 651
平塘县	贵州	42.90	17.94	39.17	2 652
红河县	云南	50.02	13.09	36.89	2 656
静宁县	甘肃	37.38	30.73	31.88	2 689
雷山县	贵州	34.21	21.28	44.52	2 694
巧家县	云南	46.03	22.92	31.06	2 695
织金县	贵州	39.99	25.97	34.04	2 702
晴隆县	贵州	32.82	29.56	37.62	2 707
从江县	贵州	49.79	16.76	33.45	2 739
秦安县	甘肃	29.66	23.43	46.91	2 756
临洮县	甘肃	38.96	28.10	32.94	2 763
那坡县	广西	40.65	17.29	42.06	2 766
沿河土家族自治县	贵州	48.08	18.41	33.51	2 802
阿克陶县	新疆	35.04	19.99	44.97	2 807
元阳县	云南	37.18	19.08	43.74	2 830
大方县	贵州	33.77	35.33	30.90	2 834
文县	甘肃	25.91	37.55	36.53	2 868
三江侗族自治县	广西	37.83	20.13	42.04	2 877
甘谷县	甘肃	27.48	29.96	42.56	2 885
西盟傣族自治县	云南	27.92	18.05	54.03	2 889
天镇县	山西	38.22	23.31	38.48	2 890
丹寨县	贵州	39.91	23.35	36.74	2 894
赫章县	贵州	38.24	30.76	31.00	2 897
剑河县	贵州	40.00	19.35	40.65	2 911
石阡县	贵州	52.21	12.01	35.77	2 915
环县	甘肃	28.87	38.08	33.05	2 917
广南县	云南	48.25	17.79	33.97	2 939

续表

山区县	省份	第一产业（%）	第二产业（%）	第三产业（%）	人均GDP（元）
大关县	云南	37.57	29.69	32.73	2 955
会宁县	甘肃	32.38	25.14	42.48	2 967
印江土家族苗族自治县	贵州	52.65	14.27	33.08	2 981
麻江县	贵州	36.20	31.85	31.95	3 012
宁蒗彝族自治县	云南	33.09	26.59	40.32	3 018
松桃苗族自治县	贵州	43.90	23.84	32.26	3 019
永德县	云南	42.46	28.21	29.33	3 025
卓尼县	甘肃	44.64	11.71	43.66	3 043
泾源县	宁夏	28.39	26.10	45.51	3 047
甘德县	青海	50.86	14.47	34.67	3 075
道真仡佬族苗族自治县	贵州	44.59	14.76	40.65	3 089
凤冈县	贵州	43.71	12.39	43.90	3 090
丘北县	云南	47.71	14.08	38.21	3 090
彭阳县	宁夏	41.14	19.70	39.16	3 091
隆德县	宁夏	27.81	19.74	52.45	3 097
澜沧拉祜族自治县	云南	36.34	32.41	31.25	3 103
玉树县	青海	36.52	25.10	38.38	3 109
天柱县	贵州	32.83	30.12	37.05	3 136
陇西县	甘肃	30.43	25.55	44.01	3 169
美姑县	四川	53.16	17.96	28.88	3 199
五台县	山西	14.26	24.82	60.91	3 201
德格县	四川	44.93	11.89	43.17	3 201
石渠县	四川	49.64	7.28	43.07	3 202
囊谦县	青海	71.82	10.69	17.50	3 210
三穗县	贵州	30.01	23.20	46.79	3 214
台江县	贵州	39.41	23.22	37.38	3 214
清水县	甘肃	37.83	17.07	45.10	3 222
锦屏县	贵州	27.34	26.25	46.40	3 234
昭觉县	四川	51.75	10.89	37.36	3 242
金平苗族瑶族傣族自治县	云南	29.82	45.89	24.30	3 247
思南县	贵州	49.87	26.59	23.54	3 254

续表

山区县	省份	第一产业（%）	第二产业（%）	第三产业（%）	人均GDP（元）
郧县	湖北	33.89	28.29	37.82	3 256
岑巩县	贵州	36.41	29.04	34.55	3 259
湄潭县	贵州	37.73	19.18	43.09	3 267
东兰县	广西	32.46	25.34	42.20	3 279
盐津县	云南	28.19	38.99	32.82	3 292
西畴县	云南	39.56	12.80	47.64	3 301
武山县	甘肃	36.23	25.11	38.67	3 303

表 2.8 山区县按人均 GDP 排名前 100 名（2006 年）

山区县	省份	第一产业（%）	第二产业（%）	第三产业（%）	人均GDP（元）
准格尔旗	内蒙古	2.29	64.81	32.90	67 568
文登市	山东	8.24	61.70	30.06	56 795
迁西县	河北	6.62	64.96	28.42	48 690
蓬莱市	山东	8.86	63.76	27.38	45 852
迁安市	河北	5.58	61.81	32.60	45 442
招远市	山东	5.61	67.08	27.30	43 564
胶南市	山东	8.90	61.03	30.07	40 703
肃北蒙古族自治县	甘肃	5.38	71.07	23.54	40 151
武安市	河北	2.55	71.68	25.77	39 597
绥芬河市	黑龙江	0.73	9.33	89.94	39 055
乳山市	山东	9.90	60.80	29.30	37 759
富阳市	浙江	8.29	61.41	30.29	37 621
格尔木市	青海	0.95	73.37	25.68	36 636
阿克塞哈萨克族自治县	甘肃	6.19	58.95	34.86	34 192
临安市	浙江	11.33	58.23	30.43	30 967
新昌县	浙江	7.56	57.60	34.84	30 813
桐庐县	浙江	9.60	62.81	27.59	30 389
邹城市	山东	6.99	62.98	30.03	28 055
蒲县	山西	1.49	84.07	14.44	26 947

续表

山区县	省份	第一产业(%)	第二产业(%)	第三产业(%)	人均GDP(元)
安宁市	云南	6.36	60.50	33.14	26 801
涉县	河北	3.45	80.17	16.39	26 570
宽城满族自治县	河北	7.73	75.02	17.26	25 919
平阴县	山东	14.56	60.33	25.12	25 643
永安市	福建	14.07	45.04	40.89	24 931
天峻县	青海	22.74	52.94	24.32	24 381
登封市	河南	4.43	70.92	24.65	23 614
诸城市	山东	12.18	63.69	24.12	23 326
盐边县	四川	8.57	78.30	13.14	23 027
东阳市	浙江	5.36	56.40	38.24	22 949
安吉县	浙江	10.79	50.53	38.68	22 910
沁水县	山西	3.96	77.45	18.58	22 773
建德市	浙江	14.53	57.34	28.14	22 643
汶川县	四川	6.10	77.32	16.58	22 607
嵊州县	浙江	10.55	56.45	33.00	22 316
从化市	广东	12.04	49.00	38.96	22 294
新泰市	山东	8.47	67.40	24.13	21 619
延吉市	吉林	2.07	41.44	56.49	21 463
栾川县	河南	10.25	76.10	13.65	21 230
华池县	甘肃	6.10	84.91	8.99	21 132
泰宁县	福建	26.32	40.35	33.33	20 843
武义县	浙江	9.66	57.56	32.79	20 752
浦江县	浙江	6.04	63.27	30.68	20 708
海晏县	青海	8.40	55.34	36.26	20 459
德令哈市	青海	6.05	38.80	55.15	20 370
交口县	山西	2.30	83.98	13.72	20 343
沙县	福建	23.56	44.90	31.54	20 131
德化县	福建	10.27	56.75	32.98	19 922
水富县	云南	5.78	73.75	20.46	19 800
青州市	山东	10.75	63.86	25.39	19 780
永春县	福建	10.98	48.97	40.05	19 536

续表

山区县	省份	第一产业(%)	第二产业(%)	第三产业(%)	人均 GDP(元)
中阳县	山西	1.95	82.73	15.31	19 306
尖扎县	青海	7.71	80.31	11.99	19 021
惠东县	广东	16.84	53.53	29.63	18 929
富蕴县	新疆	22.84	56.46	20.70	18 929
平山县	河北	15.78	62.12	22.10	18 906
罗源县	福建	25.81	52.52	21.67	18 701
邵武市	福建	22.77	34.75	42.48	18 660
闽清县	福建	18.38	57.71	23.91	18 627
井陉县	河北	9.79	55.37	34.84	18 523
大理市	云南	9.21	45.83	44.96	18 404
邢台县	河北	9.10	71.06	19.85	18 392
资兴市	湖南	12.63	58.62	28.75	18 172
海阳市	山东	22.33	48.59	29.08	17 950
抚顺县	辽宁	21.86	44.38	33.75	17 855
宜都市	湖北	12.97	50.11	36.91	17 716
宁国市	安徽	14.73	49.05	36.23	17 677
云和县	浙江	12.65	51.08	36.28	17 418
栖霞市	山东	22.67	46.27	31.06	17 376
凤城市	辽宁	12.75	60.27	26.99	17 321
弥勒县	云南	7.78	80.48	11.75	16 885
本溪满族自治县	辽宁	17.97	47.81	34.22	16 810
漳平市	福建	21.63	33.71	44.66	16 782
东宁县	黑龙江	22.69	19.66	57.65	16 410
将乐县	福建	29.02	36.17	34.81	16 387
长泰县	福建	24.65	49.51	25.84	16 360
连江县	福建	42.15	23.20	34.66	16 298
尚志市	黑龙江	16.83	39.65	43.52	16 175
沂源县	山东	11.84	54.14	34.02	16 158
宽甸满族自治县	辽宁	14.43	53.37	32.20	16 044
康定县	四川	6.42	46.69	46.89	15 905
桓仁满族自治县	辽宁	19.99	42.01	37.99	15 821

续表

山区县	省份	第一产业（%）	第二产业（%）	第三产业（%）	人均GDP（元）
石棉县	四川	16.30	65.98	17.72	15 820
泽州县	山西	4.67	75.93	19.40	15 788
南靖县	福建	36.69	39.77	23.54	15 771
佛冈县	广东	8.32	67.31	24.37	15 730
赤壁市	湖北	17.13	51.04	31.84	15 701
武夷山市	福建	22.89	24.08	53.04	15 696
楚雄市	云南	11.74	55.32	32.94	15 653
浏阳市	湖南	14.45	59.86	25.69	15 631
西峡县	河南	20.74	59.86	19.39	15 614
西昌市	四川	15.68	43.18	41.13	15 580
福安市	福建	17.06	49.45	33.48	15 554
永定县	福建	20.61	50.28	29.11	15 292
五莲县	山东	14.76	55.26	29.97	15 095
安溪县	福建	9.53	54.91	35.56	15 016
德兴市	江西	10.53	61.94	27.53	14 993
淳安县	浙江	21.28	39.36	39.36	14 894
永嘉县	浙江	3.75	62.61	33.64	14 865
个旧县	云南	5.90	69.94	24.16	14 746
嘉荫县	黑龙江	48.61	25.83	25.56	14 735

三、山区县内部出现两极分化的趋势

2006年水平最高的山区县人均GDP为71 956.6元，最低的县GDP为1 640.3元，绝对差距为70 316.3元，相差43.86倍；而2000年水平最高的山区县人均GDP为22 947.5元，与人均GDP最低的山区县671元相比较，绝对差距为22 276.5元，相差34.20倍；2006年人均GDP最高的山区县内蒙古自治区准格尔市的人均GDP为71 956.6元，是2000年人均GDP最高的山区县文登市22 947.5元的3.13倍；绝对增加量49 009.1元；而2006年人均GDP最低的山区县甘肃礼县的人均GDP仅为1 640.3元，比2000年仅增加898.2元，为2000年的2.20倍。由此可以表明，山区县中那些原来发展快的，近年发展更快；原来发展慢的，近年依然发展较慢，即呈现快者更

快、慢者更慢的趋势。

2006年水平最高的10个山区县的人均GDP平均为49 265.0元,而2000年水平最高的10个山区县的人均GDP为16 783.9元,6年净增32 481.1元,是原来的2.94倍;而2006年水平最低的10个山区县的人均GDP平均为1964.8元,比2000年增加1 152.7元,是原来的2.42倍,这也表明发展快的10个县比发展慢的10个县的增长速度更快。在6年的发展过程中,全国900多个山区县的排名,基本保持了原来的排列次序,在2006年排前10名的山区县中,有5个县在2000年也排前10名;在2000年的前20名当中,有12个县在2006年也进入前20名之列;同样,在2000年人均GDP排在后30名的山区县中,有23个在2006年也排在后30名之中。其中最好的3个县,2000年与2006年保持不变。这说明原来发展基础好的,继续保持着较快的发展势头;而原来基础就差的,发展的动力依然不足。

在全国山区县中,人均GDP最高的10个县和30个县,主要集中在我国东部山区,而人均GDP最低的10个县,主要集中在西部,这种基本格局没有大的变化。唯一的变化,是在前10名中,西部山区县由2000年的1个,增加到2006年的3个;而东部2000年的8个,减至2006年的6个。这主要是因为西部若干依托资源开发的山区县,近年的国民经济发展水平有了较大的提升。

表2.9 2000年和2006年山区县中人均GDP极端县的分布

地区	东部		中部		西部	
年份	2000	2006	2000	2006	2000	2006
人均GDP最高的10个县	8	6	1	1	1	3
人均GDP最高的30个县	24	1+	1	3	5	8
人均GDP最低的10个县	1	0	0	2	9	8

四、广大山区贫困基本面未发生根本改变

全国山区县中,较发达的是少数,而落后的山区县占多数。我们统计的814个山区县,虽然2006年的平均人均GDP达到了9 184元,但真正达到这个水平的只有251个县,其余563个县的人均GDP不仅低于山区县的平均水平,更低于当年全国人均GDP水平。排名第407位的山区县(全部所统计山区县的中间县)的人均GDP仅为6 400元。这说明部分较发达的山区县从总体平均的角度冲淡了山区贫困的色彩。换句话说,山区发展较好、水平较高的县是少数,大多数山区县依然处于落后的状态。因此,山区的基本面依然是欠发达的代名词。

其次,山区欠发达的县主要集中于西部山区,其中又以贵州、甘肃、云南数量最多,并且呈连片分布,呈现出贫困面积广、贫困历史长、贫困程度深、脱贫进程慢的特征;而

且,也正是在这些区域,集中地反映出交通不便、远离经济政治中心、环境闭塞、信息不灵、教育不发达、观念陈旧、生产方式落后,以及边远性、边缘性、边界性突出的"山区贫困"特征。在未来的发展中,由于发展滞后的惰性和惯性还很深、很强,难以有什么灵丹妙药可以在短时期内彻底改变这些现象。因而,欠发达山区还存在着与发达地区和发展较快的山区之间差距越来越大的风险。也因此,广大山区贫困的基本面还将继续存在。

第三节 中国山区产业结构正在出现重大调整

一、三大产业结构逐步改善

山区县产业结构得到较大的改善,非农产业比重迅速提高。2000年,山区县第一产业占GDP的比重达29.21%,2006年降为19.88%,而非农产业占GDP的比重已由2000年的70.96%上升到2006年的80.01%。从人均增加值来看,近6年来,人均GDP的提升主要依靠非农产业的贡献。2000年山区县人均第一产业增加值为1 225元,2006年增加到1 826元,仅增长了601元,每年每人平均增长约为100元;而与此同时,人均非农产业增加值已由2000年的2 969元,增至2006年的7 358元,净增长4 389元,每年每人平均增长约为731.5元。

二、第二产业地位提高

在我们对全国790个山区县产业结构进行的统计中(各种统计项目中,列入统计的全国山区县数目略有不同,原因在于有的山区县缺少对应指标的统计数据,故排除缺少统计指标数据的山区县之后,实际统计的山区县的数目就略有差异,但结果不影响对总趋势的分析),有164个山区县的第二产业增加值占地区生产总值的50%以上,并且在这164个县中,有115个县的人均GDP超过10 000元,高于当年全国山区县人均地区生产总值的平均值;其中又有62个县的人均GDP超过15 000元。因此,摆在人们面前的一幅较清晰的图景是:凡是第二产业产值占地区生产总值比重较高的县,人均生产总值总体上都比较高;人均地区生产总值居于前20名的山区县,第二产业比重都在60%以上。

同样,我们所统计的全国山区县中人均GDP最高的100个县的产业结构,都明显地呈现"二三一"的结构特征,体现出工业化中期的产业结构特点。大多数县的第一产业比重较低,而第二产业比重较高,在这100个县中,第一产业比重低于10%的县占47%,低于15%的县占70%;与此对照,第二产业比重高于60%的县占38%,比重高于50%的县占65%,比重在40%以上的县占81%(表2.10)。从表2.10可以看出,第二

表 2.10 不同优势产业典型山区县发展模式比较(2006 年)

省份	山区县	第二产业比重(%)	产业模式
内蒙古	准格尔旗	69	矿产工业(煤化工、石灰石、氧化钙、铝矾土),水电,交通服务及旅游
山东	文登市	62	鲁绣,汽车及配件,机电,船舶,食品医药
河北	迁西县	65	钢铁,矿产工业(金、铁),特色农业(板栗、食用菌)
山东	蓬莱市	64	临港工业,葡萄及葡萄酒业,汽车及零部件加工,旅游业
河北	迁安市	62	矿产工业(钢铁、石灰石、白云石、花岗岩),特色种植(板栗),书画宣纸,地毯业
山东	招远市	67	工业(电子、针纺、轮胎、黄金),交通服务,商贸业
山东	胶南市	63	矿产工业,旅游,渔业
甘肃	肃北蒙古族自治县	77	矿产资源工业(煤、铁、钨、铬、铜),边境贸易服务业
河北	武安市	71	矿产工业(煤、铁、大理石、铝矾土),商贸服务
黑龙江	绥芬河市	15(三产比重84%)	边境商贸服务
山东	乳山市	61	矿产工业(黄金、生铁花岗石),旅游(观光休闲游、红色旅游),渔业
浙江	富阳市	61	工业(机械电子、新型建材、生物医药),旅游(乡村游、休闲观光游),会展
北京市	怀柔区	57	工业(食品饮料、汽车及配件、包装印刷),会展,旅游(休闲度假游),观光农业
青海	格尔木市	54	盐化工,石油化工,旅游(青藏铁路、中国盐湖城、昆仑文化),农牧业(小麦、青稞、马铃薯、甜菜和绵羊)
甘肃	阿克塞哈萨克族自治县	59	矿产工业,边境贸易服务
浙江	临安市	58	工业(电线电缆、电子、机械),会展,交通及商贸服务
浙江	新昌县	58	矿产工业(萤石、花岗石、褐煤),小水电,交通服务,特色种植养殖(茶叶、桂花、长毛兔),旅游(观光度假游),商贸
浙江	桐庐县	63	轻纺工业,特色农业(茶叶毛竹),旅游

产业比重高的18个县,每个县都有比较突出的工矿业,并且大多数以重工业为主。由此可见,在工业化时期,山区县要发展,特别是要达到小康和全面小康的水平,主要还需依靠第二产业特别是工业的发展。

当然,在山区的100强县中,也出现了若干第一产业比重或第三产业比重占主导地位的县,表明了山区支柱产业正在走向多元化。其中第三产业比重高的县,主要是旅游业、商贸业发展迅速;而第一产业比重高的县,主要归功于规模特色农业的发展。对此,我们在前面已作了分析。

总体上看,全国山区县仍然呈现出第一产业比重过高的状态,除了全部山区县第一产业比重高于全国当年第一产业的比重外,更突出的是,到2006年,仍有136个山区县的第一产业增加值占地区国民生产总值的40%以上。在这批山区县中,除建宁、华安、连江、阳西、河南蒙古族自治县外,人均GDP都低于10 000元,其中有89个山区县的人均GDP小于5 000元;第一产业占50%以上的36个山区县主要是贫困县。可见,第一产业比重高的县与经济落后、人均GDP低的县存在着明显的映衬关系。山区之所以发展滞后,主要就是因为产业结构不合理,至今以传统农业为主导,第二产业不发达,基本上还处于农业社会的发展阶段。

三、第三产业处于初始发展阶段

中国山区县第三产业在地区生产总值中所的比重并不太低,在统计的790个山区县中,有205个山区县的第三产业在地区生产总值中所占的比重超过40%;但大多数第三产业比重大的山区县,却依然处于比较贫困的状态,这在山区县中是一个奇特的现象。在205个第三产业比重大于40%的山区县中,只有34个县的人均GDP超过10 000元,其中人均GDP超过15 000元的只要11个,而却有88个县的人均GDP少于5 000元。在我们统计的全国人均GDP最低的100个山区县中,有46个县的第三产业增加值占GDP的比重超过40%,有43个县的第一产业居三大产业的首位,即呈现"一三二"的产业结构,其他的57个山区县基本上呈"一三二"型结构,即第三产业仍起相当重要的作用。因此,给人一个强烈的印象是,在当前的发展阶段,单靠第三产业难以带动经济的发展,即便是许多著名的山区旅游大县,真正能富起来的也不多。

不过,话又说回来,虽然总体上全国山区县第三产业的发展呈现比重高、致富贡献不大的局面,山区县人均GDP高的县主要依靠第二产业的贡献,也即基本上是以第二产业为主导;而第三产业主导的山区县并未出现人均GDP摇摇领先的情况(除绥芬河市人均GDP39 055元是例外)。但是,山区县第三产业的发展毕竟打破了过去第一产业占统治地位的旧经济格局,给许多缺乏工业发展资源或条件的山区县提供了新的发展思路。其中,部分山区县旅游产业的发展,虽然还未带来"大富",却也已带来"小康",并创立了山区县以旅游业为发展龙头的产业格局,在不算太长的时间里,10年或20年里,就已改变了山区极度贫困的状态,形成了新的产业格局。其中四川省九寨沟县、西昌市、康定县;黑龙江省绥芬河市、尚志市;吉林省延吉市;福建省永安市、邵武市、武夷山市;青海德令哈市;湖南省吉首市;云南省大理市、香格里拉县、永春市等一批山区县、市就是较突出的代表。其中多个县级市的建立,在很大程度上都是依托第三产业的发展,特别是旅游业的发展才取得的。

前面我们已提到,在全国人均 GDP 排名头 100 位的山区县中,出现了若干以第三产业为主导产业的县,例如,绥芬河市第三产业占 GDP 的比重高达 89.94%(人均 GDP39 055 元,2006 年);延吉市人均 GDP21 463 元(2006 年),第三产业占 GDP 的比重为 56.49%;德令哈市人均 GDP20 370 元,第三产业占 GDP 的比重为 55.15%;大理市人均 GDP18 404 元,第三产业占 GDP 的比重为 44.96%;邵武市人均 GDP18 701 元,第三产业占 GDP 的比重为 42.48%;漳平市人均 GDP16 782 元,第三产业占 GDP 的比重为 44.666%;东宁县人均 GDP16 410 元,第三产业占 GDP 的比重为 57.65%;尚志市人均 GDP16 175 元,第三产业占 GDP 的比重为 43.52%;康定县人均 GDP 15 905 元,第三产业占 GDP 的比重为 46.80%;武夷山市人均 GDP15 696 元,第三产业占 GDP 的比重为 53.04%;永安市人均 GDP 24 931 元,第三产业占 GDP 的比重为 40.89%。在这批市县中,明显的特征是大部分为县级市,具有较好的发展第三产业的条件,其中主要分为两类:

一是以商贸业为主的县,典型的是以边贸港口为主的县,例如绥芬河市、东宁县、延吉市。其中绥芬河市以对俄边贸为主,发展了大物流、大商贸。2005 年对外贸易总额达 30 亿美元,进出境人数达 51.23 万人次,成为边境贸易大县。东宁县也是一个边贸大县,2007 年进出口总额达 25 亿,进出境人数达 57.9 万人次。再如邵武市,利用沿海优势和铁路、高速公路交会的优势,发展大物流,形成商贸走廊,也成为支柱产业。

二是以旅游业为主的第三产业,典型的有武夷山市、大理市、西昌市、康定县等。

四、山区农业发展初现产业化端倪

中国山区的县域经济,大农业的基础地位依然十分突出,以第一产业为主导,占 GDP 比重大的县还有很多,反映出山区工业化水平不高的总体特征。但是,必须客观地看到,当前山区的农业与十多年前相比已有巨大的改变,也就是说,农业的发展取得了巨大的进步,发生了巨大的变化。这其中除了农业基础设施的改善、农业劳动生产率的提高之外,农业内部的结构调整也表现出了可喜的现象,其突出之点是:

(一)农业内部组成结构趋向优化

除了粮食等基础传统农业外,近年还发展了大量的商品农业,特别是创汇的市场化农业,摆脱了过去以传统的自给自足为特征的状态。在全国山区人均 GDP 排名前 100

的山区县中,我们发现天峻县、泰宁县、沙县、富蕴县、罗源县、海阳市、抚顺县、栖霞市、漳平市、东宁县、将乐县、长泰县、连江县、南靖县、武夷山市、西陕县、永定县、淳安县、嘉荫县等的第一产业占GDP的比重都大于20%,说明在这些经济发展较好、较富裕的县中,农业依然做出了很大的贡献。具体分析就会发现,这些县大多数发展了很有特色的经济作物或林产品,例如泰宁县是著名的优质烟生产基地,是全国最大的雷公藤种植基地,又是全省最大的淡水鱼养殖基地;罗源县是重要的食用菌生产基地,海水养殖业也十分发达,又发展了毛竹、茶叶等农林作物的规模化种植,使得创汇农业发展十分强劲。东宁县是全国黑木耳生产第一县,年产黑木耳4.4亿袋,产值6.34亿元(2007年),同时还发展了貂、鹿、肉牛等特种养殖业,每年还有大量的蔬菜出口和劳务输出,使农民人均纯收入达到7 081元。栖霞市是全国著名的"苹果之都",2007年种植苹果4.3万公顷,产量15亿公斤,收入达30多亿元。

总之,凡是经济发展较好的山区县的农业,走市场农业、创汇农业的多种经营之路,都取得了较大突破。目前山区农业虽然还处于初级发展阶段,但已经可以看到光明的前景。许多没有进入经济百强并且相对贫困的山区县,近年来在发展经济作物、山区林产业、果木业、特种养殖业、农业旅游等方面,也取得了可喜的成绩。

(二) 山区农业规模化经营取得新进展

许多山区县已改变了过去单家独户、自给自足的经营模式,走出基地化、规模化种植的新路子,不少还形成了集约化经营的模式。山区耕地受地形影响,往往难以连片,但是发展经济作物、林果业、特殊养殖业、中药业、菌类等,却拥有广泛的空间以及连片、大范围经营的优势。因此,要建设大型速材林基地、造纸林基地、生物能源基地、中药材基地、竹林基地、水果基地等,形成上万亩的连片种植和经营,具有良好的条件,近年来不少县也取得了巨大的成果。例如,漳平县已建成用材林13.3万公顷,毛竹林2.2万公顷,花卉666.7 hm², 茶叶2 400 hm², 成为山区农业的生力军,对带动山区经济发展和农民致富将起到重大作用。又如将乐县建成烟草基地2 666.7 hm², 毛竹基地3.1万公顷;长泰县建成名优水果基地333.3 hm², 蔬菜基地3 333.3 hm², 食用菌200万公顷,新造丰产林1 373 hm², 优质茶333.3 hm²; 海阳县山滩造林266.7 hm², 标准化畜禽养殖场100个。

(三) 农产品加工

发展农产品加工,延长农业产业链,是农业产业化的重要内容。山区县具有发展特色农产品、林产品的优势,其中,林产品批量大,经过加工的产品可以形成规模化经营。应该说,许多发达山区县都是依托优势资源、发展加工工业而成长壮大起来的。

浙江省安吉县有竹林面积7万公顷,占林业用地的51%,笋竹加工企业1 600家,品种近5 000个,2007年竹产品总产值超过90亿元,2008年可达100亿元以上,也即凭借占全国 1.8% 的竹资源,创造了全国近 20% 的竹产值。从这里可以看出,山区许多看似普通的资源,其实都蕴涵着巨大的开发潜力和经济潜力。

参 考 文 献

[1] 陈国阶等:《2003 中国山区发展报告》,商务印书馆,2004 年。

[2] 国家统计局农村社会经济调查司:《中国县市社会经济统计年鉴(2007)》,中国统计出版社,2007 年。

[3] 刘福刚、孟宪江主编:《2006/2007 年中国县域经济年鉴》,社会科学文献出版社,2007 年。

[4] 中国西部国际博览会组委会办公室等:《2008 中国西部发展报告》,中国统计出版社,2008 年。

第三章　中国山区近年发展的主要模式

山区经济是极具地域特色的经济,山区经济发展阶段、产业结构演进方式以及区域发展模式等具有继承性、跨越性和超常规性。当前,在西部大开发、中部崛起、东部率先发展、振兴东北老工业基地等国家区域经济社会发展战略实施的大背景下,在区域内部工业化、城市化、农业产业化等动力的推动下,由于地理条件、历史背景、资源禀赋、区位条件、经济基础、社会因素等诸多条件的差异,近年来,山区发展处于一个大变动时期,涌现出许多新模式,既体现了山区现代化的特征,也蕴涵了古老山区的传统,既有历史动态的复杂性、多样性,又有截面形态和模式的多元性、交叉性。本章以典型县份(包括县级市、区)为案例,对我国近年来代表性山区发展的主要模式进行分析总结。

第一节　工业发展是山区经济水平提高的主导模式

工业发展水平的差异是决定我国山区、丘陵、平原经济不平衡发展的主要因素,工业发展也是当前我国山区县域经济发展水平迅速提高的主导模式。山区县依托其矿产资源、能源、特色产业、农业资源、林业资源等优势,具备了优先发展工业的条件,县域工业经济的迅猛发展和工业化水平的快速提高,使得一些落后、偏远、贫困的山区县实现了跨越式发展,经济发展水平走在了同类区域发展的前列,也集中体现了山区县域经济发展的"后发优势"。

一、河南省山区县发展启示

河南是我国中部地区的典型省份,在地势上西高东低,南部、西部、西北部为山区,东部为平原,境内有太行山、崤山、熊耳山、外方山、伏牛山、桐柏山、大别山、秦岭等山系,山地约占省域面积的26%,丘陵约占省域面积的18%,平原约占省域面积的56%,是平原、丘陵、山区三种地貌类型齐全的省份,同时也是我国典型的人口大省、农业大省、矿产资源大省、旅游资源大省。以河南省县域(包括县级市)为基本统计单元,本节对河南省的山区、丘陵、平原发展的差异进行比较分析,结果发现,河南省丘陵、山区的发展水平要高于平原,这与我们以往的相关研究结论有很大的差异。尤其需要说明的是,在国家"八七"扶贫攻坚计划中所确定的国家级贫困县名单中,河南省的17个山区县中有11个。近年来,工业经济的快速发展使得山区县域经济实现了跨越式发展,一些国家级贫困县在短短几年内迅速摆脱了贫困,经济发展水平走到了河南省的前列,其工业主导型的县域经济发展模式集中体现了山区经济发展的"后发优势",可以带给我国其他山区一些启示。

(一)丘陵县、山区县第二、第三产业的优势明显

河南是我国矿产资源比较丰富的省份,现已发现矿产100多种,其中已被规模化开采利用的近60种,钼、锰、钒钛、稀土、锂、铝土矿、耐火黏土、珍珠岩、铼、铯、天然碱等的储量居全国前列。在工业门类上,已形成能源、装备制造、机械制造、冶金、机电一体化、电子、食品、石油化工、生物医药、新材料等支柱产业。同时,河南是我国重要的农业区、小麦主产区,小麦、芝麻产量在全国名列前茅。

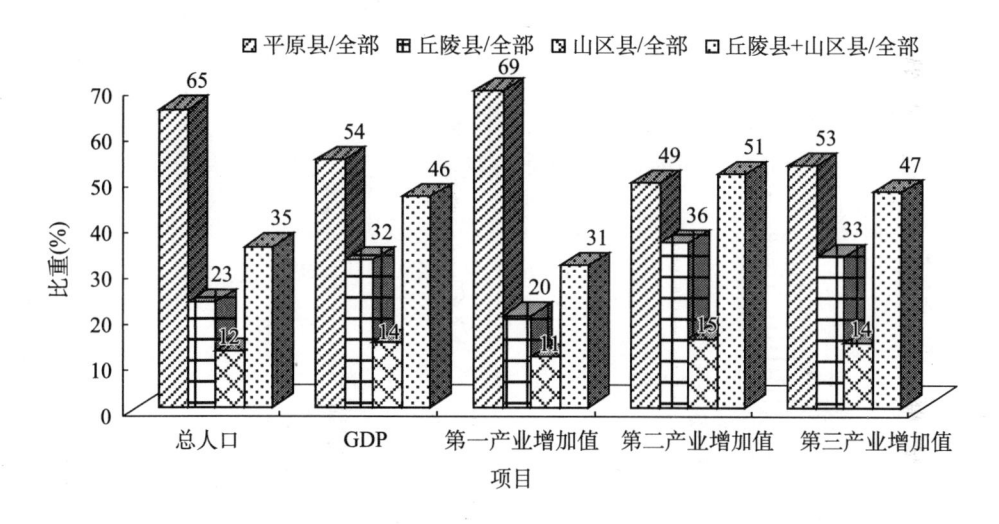

图3.1 河南省山区县、丘陵县、平原县占全省产业比重比较

从河南省山区县、丘陵县、平原县占全部县域(指全省县域经济的全部)产业比重的比较中(图3.1)可以看出,山区县、丘陵县特别是丘陵县第二产业的比重优势明显,平原县人口占全省总人口的65%,而GDP只占全省GDP的54%,丘陵县人口占全省总人口的23%,GDP却占到全省GDP的32%,山区县人口占全省总人口的12%,GDP占全省GDP的14%。在产业构成方面,就第一产业增加值占全省GDP的比重而言,平原县、丘陵县、山区县分别为69%、20%、11%;就第二产业增加值占全省GDP的比重来讲,平原县、丘陵县、山区县分别为49%、36%、15%;第三产业增加值占全省GDP的比重,平原县、丘陵县、山区县分别为53%、33%、14%。因此,与人口所占比重相比较,平原县第一产业增加值所占比重十分突出,而山区县、丘陵县特别是丘陵县的第二、第三产业比重优势十分明显。如果把山区县、丘陵县作为一个整体来看(丘陵县+山区县/全部),人口占全省的35%,而GDP、第一产业增加值、第二产业增加值、第三产业增

加值的比重分别占全省GDP的46%、31%、51%和47%,与平原县相比,第二产业、第三产业的优势依旧十分显著。

(二) 丘陵县、山区县人均GDP明显高于平原县

丘陵和山区是河南省矿产资源工业的集中分布区域,平原县是河南省的主要农作区。在河南省平原县、丘陵县、山区县人均GDP及其构成方面(图3.2),2006年,丘陵县、山区县人均GDP明显高于平原县,丘陵县(14 903元)、山区县(12 383元)分别比平原县(9 141元)高5 762、3 242元,丘陵县比山区县高2 520元。在人均GDP构成上,在人均第一产业GDP方面,丘陵县、山区县分别比平原县少488元、492元,丘陵县与山区县基本相同;在人均第二产业GDP方面,丘陵县(9 088元)、山区县(7 404元)分别比平原县(4 434元)高4 654元、2 970元,丘陵县比山区县高1 684元;在人均第三产业GDP方面,丘陵县(3 815元)、山区县(2 983元)分别比平原县(2 219元)高1 596元、764元,丘陵县比山区县高764元。由此可以看出,同以前的研究结论相同,丘陵县、山区县、平原县间人均GDP差距主要来自于第二产业和第三产业之间的差异,第一产业差异不明显。不同的是河南省的丘陵县、山区县发展水平高于平原县。

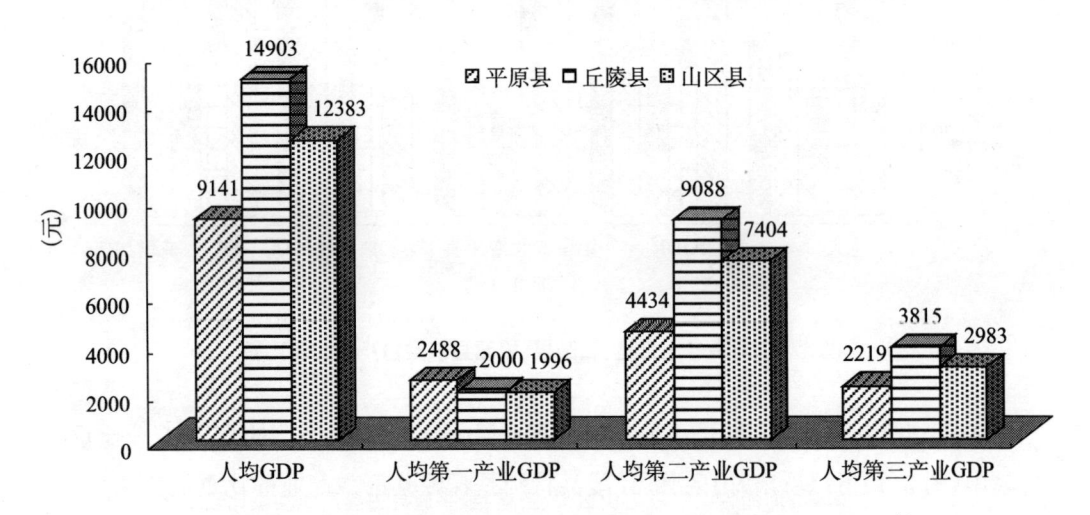

图3.2 河南省平原县、丘陵县、山区县人均GDP及其构成比较

(三) 河南省优势山区县发展模式

根据对河南省人均GDP大于15 000元的27个县份所进行的统计,其中山区县4个、丘陵县11个、平原县12个。从27个县人均GDP与人均第二产业增加值的相关性分析(图3.3)可以看出,人均GDP与人均第二产业增加值的相关系数为0.93,呈极显著的正相关关系,说明河南省丘陵县、山区县、平原县中经济发展水平高的县份主要是以工业为主导的模式,特别是对于丘陵县和山区县而言,工业对县域经济发展的带动作用更为显著。

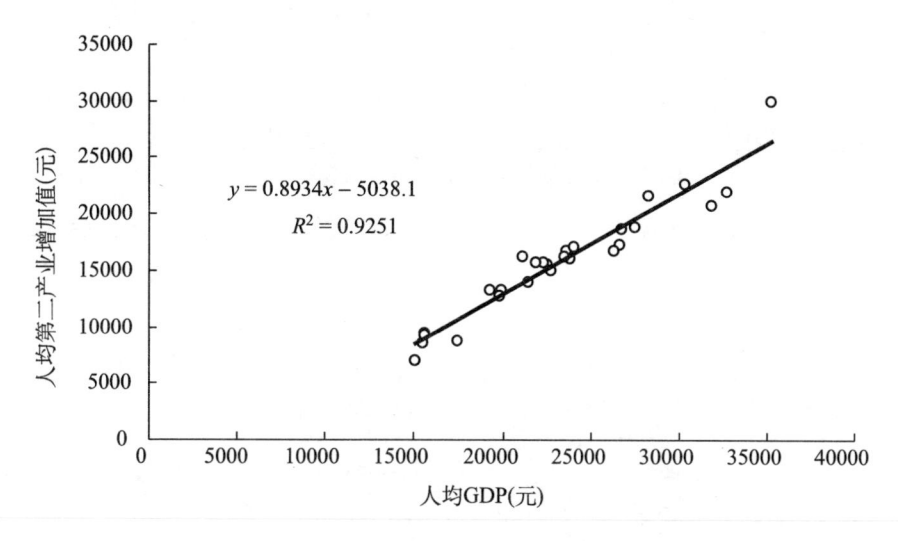

图 3.3 人均 GDP 与人均第二产业增加值的关系

由河南省主要山区县、丘陵县的主要产业类型(表 3.1)可以看出,县域经济工业化特征显著,大多数企业是资源加工型或资源消耗型企业,高新技术、生物医药等现代工业比重偏低、规模偏少。回顾其工业产业发展历程,20 世纪主要是以矿产开采以及粗加工或初级产品加工为主的工业,以"小煤炭"、"小矿山"、"小冶炼"、"小火电"等为主的"五小"产业是县域工业的主体,是典型的"资源销售型"工业,产品附加值低、抵御市场风险能力差,高耗能、高污染、低利润、产业链短是其主要特征。近年来,大多数县域以煤炭、矿产等优势资源为基础,大力发展能源(火电)产业,依托其能源优势,延长工业产业链,改造升级传统工业产业,提高产品附加值,由矿产开采和粗加工向矿产精深加工转变,由资源销售型向产品销售型转变,大大提升了区域工业产业的核心竞争力。河南铝土矿储量占全国的 1/4,以铝产业为例,以前大多数县域经济是以煤炭、铝土矿的粗加工产品销售为主,而现在则转变为"煤—电—铝"模式,即以煤发电,然后依托电力资源发展铝材深加工(包括氧化铝、电解铝、铝制品等)、煤化工(石墨电极)、建材等工业产业。

表 3.1 河南省经济发达山区县、丘陵县、平原县主要产业类型比较

地貌类型	典型县份	主要产业类型
山区县	济源市	能源(水电、火电),钢铁,煤化工,矿用机电,旅游(黄河小浪底观光游、王屋山道教文化古迹旅游)
	登封市	煤炭,能源(火电),铝,建材(水泥、陶瓷、耐火材料),旅游(少林文化游、嵩山文化古迹游)
	栾川县	矿产开发(钼钨化工及精深加工、钼钨产品、铅锌、铁、黄金),小水电,旅游(生态观光游),林特产(土特产、中药)
	西峡县	中药制药,炼钢及炼钢保护材料,汽车配件铸造,农副产品加工,特色农业(猕猴桃、山茱萸、香菇),旅游(生态观光旅游)

续表

地貌类型	典型县份	主要产业类型
丘陵县	义马市	能源(煤炭、火电),煤化工,铬盐,旅游(文化古迹游),商贸物流
	荥阳市	能源(煤炭、火电),机械制造(阀门、客车、水泵、建筑机械、纺织机械),建材(水泥),金属冶炼,旅游(文化古迹游)
	巩义市	耐火材料,能源(煤炭、火电),铝,机械设备,特种钢材
	新安县	能源(煤炭、火电),铝,建材(水泥、陶瓷、玻璃、耐火材料),煤化工,机械制造(齿轮),旅游(生态观光游、文化古迹游)
	新密市	能源(煤炭、火电),耐火材料,造纸,建材,特色种植(枣、金银花、桑杈、大蒜、蜜香杏)
	偃师市	能源(煤炭、火电),机械加工(钢制家具、农用摩托车),石油化工,轻纺(制鞋、针织),建材(玻璃、水泥、耐火材料),农副产品加工,特色农业(银条)
	渑池县	能源(煤炭、火电),铝,建材(玻璃、水泥),石油化工,酿造(仰韶酒),特色农业(烤烟、黄杏、中药材),旅游(仰韶文化古迹游、红色旅游)
	灵宝市	矿产开发(黄金、硫铁矿),化工(硫酸),冶炼(铅、铜),特色农业(苹果、大枣),旅游(黄河风光游、文化古迹游)
	舞钢市	能源(火电),钢铁,建材
	伊川县	能源(火电、煤炭),煤化工,铝业,酿造(杜康酒),建材(水泥),旅游(文化古迹游)
	宝丰县	能源(煤炭、火电),酿造(宝丰酒、醋),建材(水泥),特色产业(汝官窑陶瓷),特色种植(烤烟、花椒)
平原县	新郑市	能源(煤炭、火电),食品,烟草,医药化工,建材,物流,教育,特色农业(红枣、畜牧、蔬菜),旅游(黄帝故里文化游、寻根拜祖文化游)
	沁阳市	煤炭,铝,化工(氯碱精细化工),造纸机械,玻璃钢,电动自行车,皮革,特色种植(四大怀药:山药、地黄、牛膝、菊花),旅游(地域特色文化古迹游:怀邦文化、怀商文化、唢呐文化、怀药文化、神农文化、生态观光游)
	修武县	机械制造,钢铁,化工,建材(水泥),纺织,造纸,特色种植(四大怀药:山药、地黄、牛膝、菊花),旅游(生态观光游、文化古迹游)
	淇县	电力(火电),新材料(多晶硅、镁冶炼及深加工),食品,纺织服装(毛纺),化工,建材(水泥),特色畜牧(瘦肉型猪、肉鸡、奶牛、山羊),特色农业(淇县"三珍":淇河鲫鱼、缠丝鸭蛋、软核蜜枣),旅游(地域特色文化古迹游:朝歌文化、殷商文化、中华寻根文化、鬼谷文化、女娲文化、生态观光游)

续表

地貌类型	典型县份	主要产业类型
平原县	孟州市	粮食深加工(酒精、植物油、淀粉、麦芽糊精等),花生加工,电力化工(纯碱、氯化铵、电石等),电机械加工,皮毛加工
	博爱县	汽车零部件,医药(清化生姜、四大怀药:山药、地黄、牛膝、菊花),化工,食品饮料,特色产业(食用菌、花卉、竹编),轻工,建材(玻璃)
	长葛市	金刚石制品制造,电瓷电器,机械制造(农用汽车及配件),建材(卫生陶瓷),纺织,有色金属冶炼加工,肉制品加工,人造板制造,生物化工
	新乡县	机械制造,造纸,化工,医药,纺织
	温县	铝加工,机械铸造,医药化工,制鞋,特色医药(四大怀药:山药、地黄、菊花、牛膝)
	中牟县	汽车,医药,机械制造,建材,纺织,特色农业(大蒜)
	武陟县	造纸,医药化工,机械,皮革加工,电线电缆,特色种植(怀山药、地黄、油茶)
	鄢陵县	纺织,食品,建材,机械制造,化工,特色农业(花卉苗木)

资料来源:根据各县(市)政府网站相关资料整理。

为了进一步了解河南省优势山区县的发展模式,又对人均 GDP 大于 15 000 元的济源、登封、栾川、西峡四个山区县的工业发展模式进行了深入分析:

案例一:河南省济源市

主要工业:能源开发(水电、火电)＋矿产开发(钢铁、铅锌、煤化工)＋机械制造

济源市位于河南省西北部,北依太行山,南临黄河,西与山西省为邻。该市境内自然资源丰富,煤、铁、铜、铝、磷、铝矾土、石英石、大理石、石灰石等矿产资源储量大,水资源充沛,开发利用前景可观。"八五"之前,济源是以农业经济为主的偏远山区县,20世纪 50 年代以"五小工业"闻名全国。改革开放以来,该市大力实施工业发展战略,以工业带动县域经济社会的全面发展,在加大现代工业项目投资和传统工业产业技术改造的基础上,实现了县域工业产业体系的升级换代,工业经济迅猛发展,逐步发展成为一个现代化工业城市。1988 年济源撤县建市。

随着黄河小浪底水利枢纽工程(80%的工程量在该市境内)、沁北电厂、焦枝铁路济襄(襄樊)段、济晋济运高速公路等国家重点工程建设的完成,当前,依托资源优势、区位优势和铁路公路等基础设施优势,济源已形成以能源(火电、水电)、钢铁、铅锌、煤化工、机械制造为主的县域工业体系,成为我国中部地区重要的能源基地、铅锌基地、钢铁基地、煤化工基地和矿用机电基地。境内有济源钢铁、豫光金铅、豫港焦化和沁北电厂四家企业进入河南省工业企业百强行列,济源钢铁公司、豫光集团公司进入中国制造业 500 强。1997 年被列为河南省 18 个省辖市之一,成为省直管城市(副地级城市);2003年被列为河南省"中原城市群"9 个核心城市之一;2005 年被列为河南省推进城乡一体

化5个试点城市之一;2006年工业化水平为65%,比河南省平均工业化水平(48%)高17个百分点。

该市旅游资源丰富,境内有黄河小浪底风景区、王屋山景区、五龙口景区和济渎庙景区四大品牌景区。其中,黄河小浪底风景区是国家重点工程——黄河小浪底水利枢纽工程的所在地,水库蓄水后在大坝上游形成面积达 $272km^2$ 的广阔水域,呈现出"高峡出平湖"的壮丽景色;王屋山是国家"AAAA"级风景名胜区,也是我国古代九大名山之一、道教十大洞天之首,号称"天下第一洞天",主峰天坛峰(海拔1 715m)因轩辕黄帝在此设坛祭天而得名,是华夏子孙寻根问祖之地,2003年入选第三批国家地质公园;五龙口景区是以猕猴和温泉为特色的山岳型风景名胜区,也是国家级猕猴自然保护区,2002年入选国家"AAAA"级旅游景区;济渎庙为全国重点文物保护单位,始建于隋朝,是隋朝为祭祀济渎神而建,该景区内现有宋代木结构建筑"济渎寝宫"、宋代"石勾栏"、明代木牌楼建筑"清源洞府门"等古建筑22座和堪称国内孤例的隋"复道回廊"等建筑遗址,以及唐、宋、元、明、清碑碣石刻40余通,现为河南省内现存规模最大的古建筑群之一,享有我国北方"古建筑博物馆"的美誉。近年来,利用临近省会郑州和洛阳、焦作两个"中原城市群"核心城市的区位优势,依托丰富的自然景观和人文景观资源,该市旅游产业得到了很快的发展,2003～2006年,累计接待游客506万人次,累计实现国内旅游收入20.1亿元,分别相当于"九五"期间的2.2倍、2.9倍,2006年以旅游和商贸物流为主的第三产业占GDP的比重达到24%。

案例二:河南省登封市

主要工业:能源开发(煤炭、火电)+铝业(氧化铝、电解铝、铝制品)+建材(水泥、陶瓷、耐火材料)

登封市位于河南省中西部,地处中岳嵩山南麓。该市境内煤、铝矾土、大理石、石英石等矿产资源丰富。多年前,登封是一个以矿产采选和粗加工及"小煤矿"、"小火电"、"小冶炼"等工业为主、以传统农业经济为辅的山区县。近年来,依托其资源优势和临近省会郑州、靠近洛阳的区位优势,并随着河南省郑(州)洛(阳)一体化和工业走廊建设等战略的实施,工业经济得到了快速发展,工业产业结构得到了很大的调整,县域工业发展上已形成能源(煤炭、火电)、铝业(氧化铝、电解铝、铝制品)、建材(水泥、陶瓷、耐火材料)三大产业为主的格局。2006年工业化水平达到67%,高于河南省平均工业化水平(48%)19个百分点。

该市历史文化悠久,境内有嵩山名胜古迹群、少林寺(图3.4)、中岳庙、嵩阳书院(图3.5)、观星台等物质文化遗产,以及非物质文化遗产——大禹文化(登封为大禹文化之乡),其中嵩阳书院景区、中岳庙景区为国家"AAAA"级旅游景区,2006年少林景区顺利入围国家"AAAAA"级景区行列。同时,登封又是"一文一武"两大文化发源地:少林国际武术发源地和河南曲剧发源地,2006年该市大型实景演出项目——中国嵩山音乐大典《禅宗·少林》成功上演,成为少林文化旅游中具有地域特色的文化品牌。

2006年，全市共接待中外游客413万人次，旅游直接收入达1.2亿元，分别是2002年的2.2倍、2.7倍，旅游总收入超过15亿元，以旅游和商贸物流为主的第三产业占GDP的比重达到25%。

图3.4　嵩山少林文化游——少林寺
（河南省登封市）

图3.5　嵩山文化古迹游——嵩阳书院
（河南省登封市）

案例三：河南省栾川县：工业经济推动国家级贫困县向经济强县跨越

主要工业：钼、钨、铅、锌、金资源的深加工和综合利用

栾川县位于河南省西部、伏牛山北麓。县境内矿产资源丰富，已探明储量的有钼、钨、铅、锌、金、铁等40多种，其中钼矿储量居亚洲前列，钨矿储量居全国前列，黄金、铅锌、铁等的储量也十分可观，该县也是全国30个重点产金县之一。同时，县境内水能资源丰富，有伊河、小河、明白河、淯河等大小支流600多条，水能蕴藏量大、开发前景良好，是国务院确定的全国农村小水电电气化建设试点县之一。

历史上，栾川是一个偏远、贫穷、落后的山区县。该县是"八七"扶贫攻坚计划确定的国家级贫困县，多年来全县财政收入仅保持在3 000万元左右，1969～1999年30年间栾川财政收入总和仅为4.06亿元，县域工业在20世纪基本是以铅、锌、钼矿开采和初级产品销售为主的矿业经济。

1999年，受国际、国内市场因素影响，有色金属价格低迷，钼精矿吨价下降到仅420元（历史均价800元），黄金价格也猛跌到68元/克，铅、锌产品也都处于历史最低价位，单一的矿业经济曾使栾川经济连续两年负增长。虽然人均GDP从1999年的3 564元增加到2002年的4 663元，但工业化水平从1999年的45%一路下滑到2002年的35%（图3.6），降低了10个百分点。在此背景下，该县提出"工矿兴县"战略，在工业结构调整上推进三个转变：由钼初级产品销售向初级产品深加工转变，由单一的钼工业经济向钼、钨、铅、锌综合开发转变，由单一的矿业经济向矿业、化工、医药多元化转变。

近年来，该县从优化工业发展环境、加大招商引资、调整工业产业结构、推进国企改制、整顿矿业发展秩序五个方面入手，以钼、钨、铅、锌、金为主的资源深加工和综合利用程度较高的矿产品开发为目标，以高新技术为支撑，以龙头企业为核心，调整工业产业

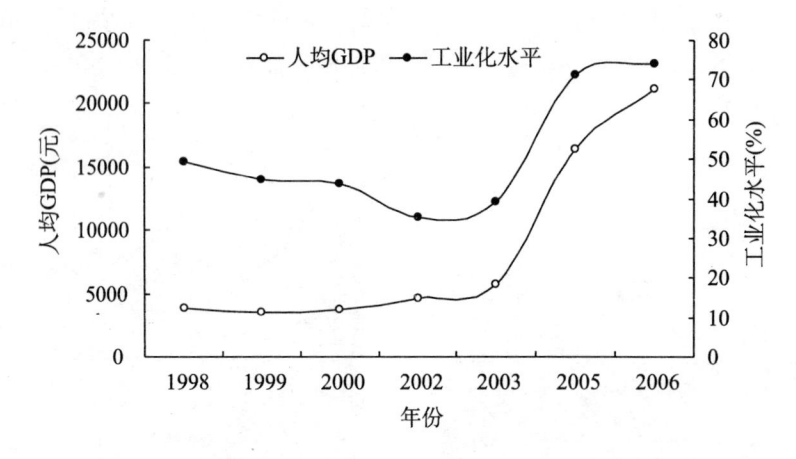

图3.6 栾川县工业化水平和人均GDP变化(1998~2006年)

结构,提升产品竞争力,形成了钼、钨矿产开采—选矿—产品精深加工(钼化工、钼钨制品)—回收产业化为主的完整产业链,培育了洛钼集团、栾川龙宇钼业公司、洛钼高科钨钼材料公司、长青钨钼公司、豫鹭公司等一批龙头企业。工业结构的升级转变,钼、钨资源深加工产业链的延伸,使得县域工业化水平快速提高(图3.6),从2003年的39%增加到2006年的74%,比河南省平均水平(48%)高26个百分点,迅速增强了县域经济的发展能力。2004年县财政收入达到2.5亿元,主要经济指标排序由2000年的全省第91位上升到了第20位。2005年全县财政收入5亿元,超过1969~1999年30年财政收入之和,主要经济指标排序又上升了13位,位居全省第7位;钼业生产上,具备30 000T/日钼矿采选能力和20 000T/年钼精矿深加工能力,成为栾川经济快速发展的新平台。2006年全县三次产业结构比为10:76:14,人均GDP达到21 170元(为河南省人均GDP的1.6倍),财政收入6.83亿元,综合经济实力在河南省109个县(市)中排行第8位。由此,工矿业成为县域经济的主导产业,栾川县域经济也实现了由资源大县向经济强县的跨越。

栾川县境内森林资源丰富,全县林地面积20.7万公顷,原始森林6.9万公顷,森林覆盖率83.4%,名列河南省第一位。立足于境内的自然景观和人文景观资源,1992年以来,该县以"政府主导"战略为主,大力发展旅游产业,相继完成了鸡冠洞、老君山、龙峪湾、九龙山温泉、重渡沟、伏牛山国家地质公园等旅游景区的开发建设工作。近年来,基本形成以老君山为代表的山水游,以龙峪湾为代表的森林游,以鸡冠洞为代表的溶洞游,以重渡沟为代表的农家游,以九龙山为代表的温泉游,以伏牛山滑雪场为代表的滑雪游,构建了地域特色明显的县域旅游产业体系。2002~2006年,旅游接待人次从82万增加到440万,年均增长109%,旅游总收入从2.8亿增加到13.55亿,年均增长96%(图3.7)。国家旅游局把该县"政府主导、部门联动、市场化运作、产业化发展"的县域旅游产业发展模式界定为"栾川模式",并把该模式称为中国县级旅游业发展的样板和典型、政府主导型发展旅游经济的典型和贫困山区旅游业发展的成功范例。

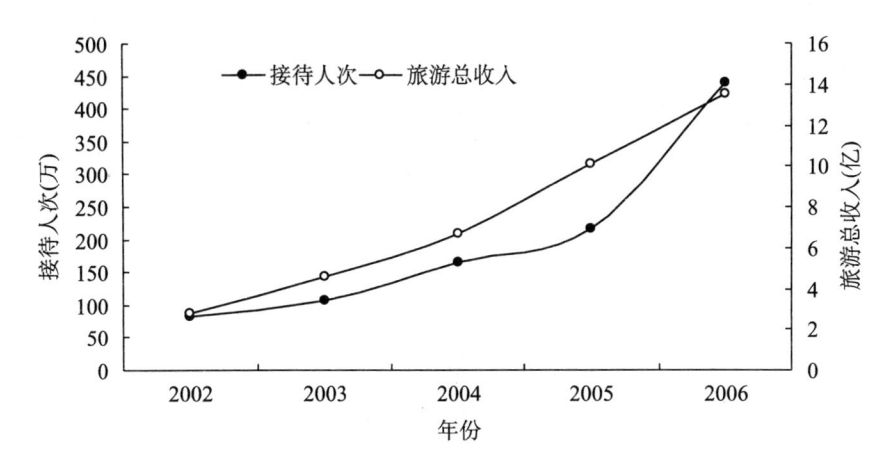

图 3.7 栾川县旅游接待人次和总收入增长情况（2002~2006 年）

资料来源：根据栾川县人民政府公众信息网整理，http://www.LuanChuan.cn/。

栾川县境内林特产众多，"栾川山珍"品牌享誉全国，其中，中药材有 1000 多种，包括根茎类（天麻、首乌、柴胡、黄芩、党参等）、果实类（杏仁、山楂、五味子、枸杞子、连翘等）、花叶类（竹叶、二花、茵陈、野菊、辛荑等）、皮枝类（杜仲、桑枝、柳枝、椿皮、竹蒻）、藤本树脂类（松香、桃胶、冬藤、木通、五倍子等）、菌藻类（猪苓、桑寄生、灵芝、银耳、马勃等）等，年产量 500 万 kg 以上，被医药专家誉为"豫西天然药库"，还有 100 余种林土特产，其中木耳、香菇、猴头、鹿茸、核桃、板栗、柿子、蜂蜜等产品远销欧洲和东南亚各国。

当前，旅游业、林特产（林果、食用菌、中药材）已成为栾川县域经济发展的支柱产业。

"栾川模式"的发展历程：

2004 年 10 月，《中国旅游报》头版刊发了《"栾川模式"考》，将栾川的政府主导型旅游产业发展经验概括为"栾川模式"；

2005 年 3 月，"栾川模式"研讨会在北京钓鱼台国宾馆举行；

2005 年 11 月，云南昆明中国国际旅游交易会期间，国家旅游局牵头举办了"宁波经验—焦作现象—栾川模式"总结推广峰会；

2006 年 4 月，全国县城旅游经济发展论坛在栾川举行，共同发表了《栾川宣言》。

案例四：河南省西峡县

主要工业：中药制药（宛药）＋冶金建材（钢铁和炼钢保护材料）＋汽车配件铸造（汽车水泵、进排气管）＋农副产品加工（猕猴桃、香菇产品和牛奶产品加工）

西峡县位于河南省西南部、伏牛山腹心地带，该县地处豫、鄂、陕三省交会处，区位优势明显，西安—南京铁路穿越全境，距南阳机场仅百余公里，交通便利。县境内"药、矿、林、水"资源丰富：盛产中药材，其中纳入药典目录的名贵中药材 150 多种，山茱萸产量占全国的 70%，被认定为"中国地理标志产品"，是国家林业局命名的"中国名优特经济林——山茱萸之乡"；矿产中最具代表性的是"四石"，金红石（航天工业必不可少的原材料)、红柱石、镁橄榄石和石墨;森林覆盖率近80%,林果资源众多,其中猕猴桃产量较大,是国家林业局命名的"中国名优特经济林——猕猴桃之乡";水资源充沛,境内有大、小河流500多条,已建设中、小型水库66座,水能资源优势明显,被列为全国"十一五"农村水电电气化建设县之一。

近年来,西峡借助于特色资源、能源和区位优势,培育起以中药制药、冶金建材、汽车配件铸造、农副产品加工四大支柱产业为主导的工业体系,形成了以河南宛西制药股份有限公司为核心的中药制药产业群,主要产品为中成药,主导产品"仲景牌"六味地黄丸市场占有率名列全国第一;以南阳汉冶钢铁有限公司、西保集团、龙成集团、通宇公司为主的炼钢及炼钢辅助材料产业群,主要产品为钢铁和炼钢保护材料,保护材料产品市场占有率在全国名列前茅;以河南西峡汽车水泵股份有限公司、西峡县内燃机进排气管有限公司、西峡县特种材料铸造有限公司为龙头的汽车配件铸造产业群,主要产品为汽车水泵、进排气管等汽车配件,其中,汽车水泵、排气管市场占有率在全国名列前茅,汽车水泵生产和销量稳居全国前列;以哪吒食品饮料公司、西峡神菇集团、西峡猕猴桃总公司、西峡县新太阳乳业有限责任公司为主的农副产品加工产业群,主要从事猕猴桃、香菇产品和牛奶产品加工等。2008年宛药、西保、龙成三大集团产值分别达到46亿元、53亿元、67亿元,占全县限额以上工业产值的67%。多年来,西峡县域经济在三大集团的带动下,以特色产业集群为龙头,已成为中部地区重要的中药制药、炼钢及炼钢辅助材料、汽车配件铸造三大产业基地。

西峡县境内旅游资源丰富,有伏牛山国家自然保护区、寺山国家森林公园和恐龙蛋化石古物遗迹国家自然保护区等三个国家级自然保护区和一个省级自然保护区大鲵自然保护区,特别是西峡恐龙蛋化石群被称为20世纪"震惊世界的重大科学发现"和"世界第九奇迹"。2007年,恐龙蛋化石古物遗迹国家自然保护区被评为"AAAA"级景区,五道幢、石门湖被评为"AAA"级景区,荷花洞被评为"AA"级景区,河南宛西制药股份有限公司被命名为"全国工业旅游示范点",全年共接待游客164万人次,实现旅游综合收入4.2亿元。

2008年,特色产业猕猴桃和香菇都通过了"中国地理标志产品"认证,至此,全县"果、药、菌"三大特色产品全部获此殊荣。

由此,西峡县形成了以猕猴桃为主的林果业、以山茱萸为主的中药材开发、以香菇为主的食用菌种植三大"果药菌"特色农业,以及以生态旅游、商贸物流、交通服务为主的第三产业。

(四)对河南省资源加工型或资源消耗型工业的思考

近年来,河南山区县的工业发展主要集中在钢铁、煤炭、电力(火电)、铝等行业,大多数属于资源加工型或资源消耗型产业。据有关报道显示,河南采掘业、原材料工业占工业总产值的比重在60%以上,其中低端产品占74%;轻工业中以农产品为原料的加工工业占 70% 以上。

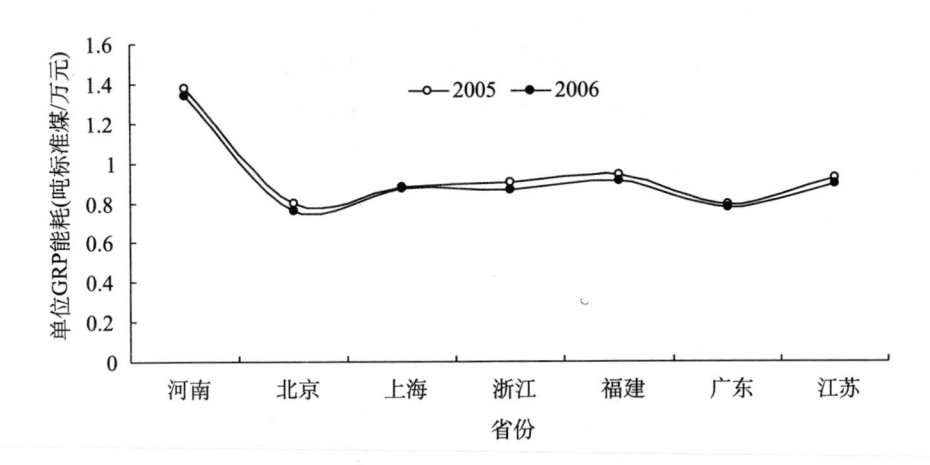

图 3.8　河南省与国内主要发达省份单位 GRP 能耗比较

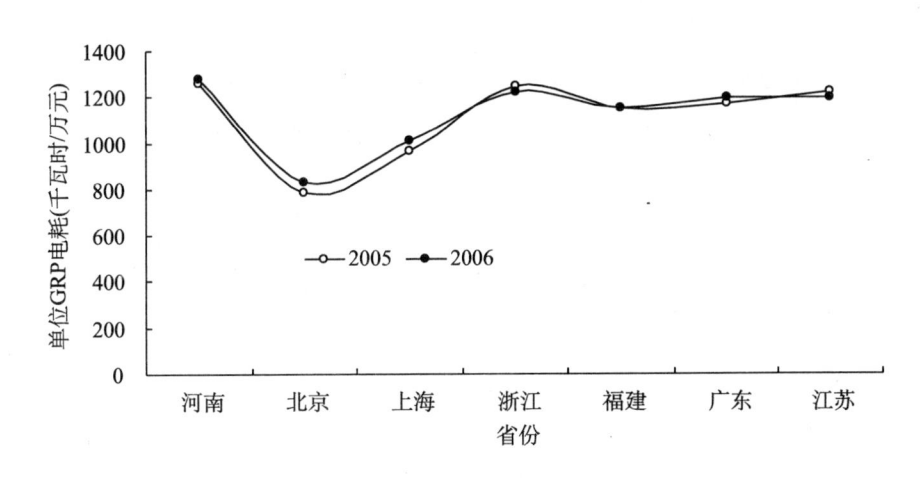

图 3.9　河南省与国内主要发达省份单位 GRP 电耗比较

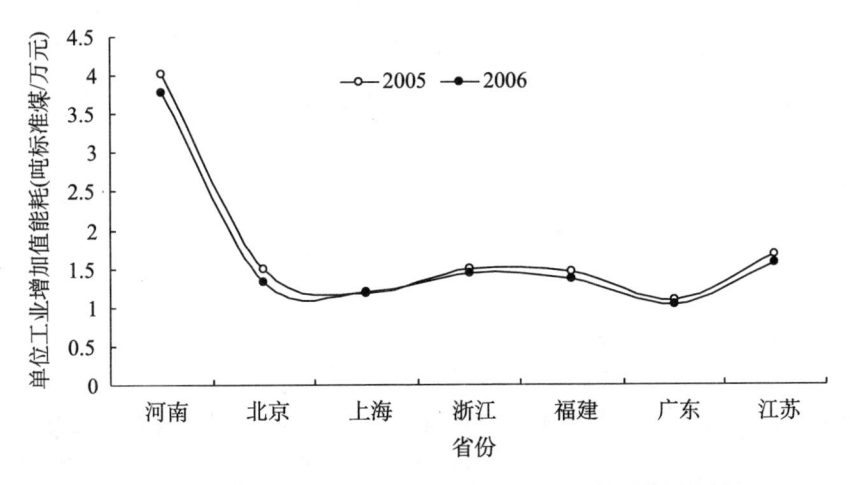

图 3.10　河南省与国内主要发达省份单位工业增加值能耗比较

为了说明河南省工业发展模式的高耗能、资源依赖性特征,我们把2005年、2006年河南省单位地区生产总值(GRP)能耗、电耗和单位工业增加值能耗与北京、上海、浙江、福建、广东、江苏6个国内主要发达省份做了比较(图3.8、图3.9、图3.10),由图可知:河南省单位GRP能耗、电耗和单位工业增加值能耗明显高于其他几个省份,2006年,河南单位GRP能耗分别比北京、上海、浙江、福建、广东、江苏高43%、35%、36%、32%、42%、34%;单位GRP电耗分别比北京、上海、福建高35%、21%、10%,略高于浙江、广东、江苏;单位工业增加值比北京、上海、浙江、福建、广东、江苏高65%、68%、62%、64%、72%、58%。这表明,河南经济发展还处在"高消耗、高污染、低增长"的低水平阶段,资源依赖性很强,资源利用方式粗放。

对山区县而言,资源加工型工业经济模式是一个两难的抉择,一方面要依托优势矿产资源快速发展区域经济,另一方面要面对资源粗放利用所带来的河流污染或大气污染、区域生态环境恶化、挖掘沉陷区治理和移民搬迁等问题,后续环境治理成本过高。有关数据显示[①],2005年,河南省几大水系受严重污染河段达2 938km;二氧化硫年排放量居全国第一位。同时,郑州、洛阳、开封、平顶山、焦作等城市还要面临资源耗竭而后续产业培育乏力的"尴尬处境",据有关报道显示,河南省储量、产量都占全国1/4的铝土矿,目前开采期已不足10年,其中,富矿2006年年底就将消耗殆尽,铁矿资源到2010年自给率最多为30%,金矿开采量已占总储量的74%,许多矿山已经枯竭;1980年煤炭储量居全国第十的河南,连续19年以开采量居全国第二的速度挖煤,预计到2020年,河南全省将有总量超过4 000万吨生产能力的矿井陆续报废。一个明显的例子是,平顶山这座"煤城"的原煤储量曾超过100亿吨,但现在已同鹤壁市一起被列入了全国47个资源枯竭型城市。

近年来,河南境内很多山区县又相继发现多处矿产,桐柏县(国家级贫困县)发现特大储量天然碱矿,陕县发现中型隐伏铝土矿、小型煤矿和耐火黏土矿;汝阳县发现特大型钼矿等。由此,工业发展模式的抉择再次摆到河南省及各级地方政府面前,是继续走高耗能、高污染、开发利用方式粗放的资源加工型的老路,还是大力调整工业内部产业结构,延伸矿产品深加工产业链,加强研发投入和配套项目建设,矿产资源开发利用由粗放型向集约型转变,以龙头企业为核心,选择基于核心企业的产业集群发展模式,建设具有区域优势的工业产业集群,做强、做精下游产品,同时积极培育替代产业,以完善区域生态服务功能为目标,以生态环境建设为重点,以生态技术为支撑,实施产业生态化、生态产业化和节能、降耗、减排战略,走"工业生态化"的新型工业化道路,实现区域经济的升级转型,是摆在河南省各级政府面前的一个战略性问题。

二、工业发达的山区县

煤炭、石油、天然气、铁矿等矿产资源优势突出,具备便利完善的交通基础设施,是

---
① 国务院研究室综合司2005年调查数据。

山区发展区域工业的先决条件。山区县可以利用其特色矿产,在延长工业产业链的基础上,调整区域产业结构,培育特色工业产品,形成具有地域特色的优势工业产业,同时依托其交通基础设施优势,实现县域工业的快速发展。特色工业经济主导、产业链长(矿产精深加工)是工业发达山区县经济发展模式的主要特征。典型县份：

昆仑山——青海省格尔木市

优势：矿产资源(盐湖、石油天然气)、区位

产业模式：盐湖化工＋石油天然气化工＋商贸物流

格尔木市地处青藏高原腹地,是青藏高原继西宁、拉萨之后的第三大城市(图3.11),也是青海省重要的新兴工业基地和全国首批循环经济试点——柴达木循环经济试验区的主战场。该市是典型的资源富集地,境内钾、钠、镁、锂、硼、锶、锑、石油、天然气等资源分布广泛,面积达 5 856 km² 的察尔汗盐湖是我国最大的钾镁盐矿床(图3.12),涩北天然气田(已探明储量 3 000 亿立方米)是我国四大天然气田之一。同时,该市是连接西藏、新疆、甘肃的战略要塞和我国西部的重要交通枢纽,青(海)(西)藏、青(海)新(疆)、敦(煌)格(尔木)三条公路干线在此交会,是青藏铁路的重要站点。境内以"青藏铁路、中国盐湖城、昆仑文化"为核心的旅游资源丰富,格尔木昆仑旅游区为国家"AAAA"级旅游景区,是观赏青藏高原风光和野生动物活动及进行科学考察、登山探险的理想区域。随着西部大开发和柴达木循环经济试验区建设的深入实施以及青藏铁路的全线通车,旅游业正在逐步成为该市新的经济增长点。近年来,县域经济方面,已形成以盐湖化工、石油天然气化工、商贸物流三大产业为支柱,以高原旅游业、特色农牧业为辅的产业发展格局,2006 年三次产业比为 2∶54∶44。

图 3.11　工业城市——格尔木　　　　图 3.12　柴达木盆地边缘的盐湖景观

阴山——内蒙古自治区准格尔旗

优势：矿产资源(煤炭)、区位

产业模式：能源开发(煤炭、火电)＋煤化工＋商贸物流

准格尔旗位于内蒙古西南部、鄂尔多斯高原东端,地处内蒙古、晋、陕三省交界地带。该旗境内煤炭、石灰石、铝矾土、高岭土、硫铁矿等矿产资源丰富,煤炭资源地质构

造简单、埋藏浅、煤层厚、低瓦斯、易开采,是距"环渤海经济区"最近的资源富集区。同时,境内交通基础设施便捷,有大准电气化铁路、准东铁路、呼准铁路和淮河铁路,是出区到北京、秦皇岛、黄骅港的重要通道,109国道横贯东西,呼鄂(鄂尔多斯)高速公路穿境而过,与呼包、包东高速公路连为一体。西部大开发政策实施以来,该市依托其资源优势和区位优势,已形成煤、电、高载能、煤化工和精细化工为主的工业体系,成为我国西部重要的煤炭基地、火力发电基地、煤化工基地、高载能产品基地。全旗有宜林宜草地800万亩,适宜牛、羊等牲畜的养殖,盛产海红果等果品。旅游资源独具特色,拥有黄河峡谷风情、鄂尔多斯最大的召庙建筑群——宝堂寺、千年古松"中国油松王"、蒙汉民族水乳交融的民间艺术奇葩"漫瀚调"等自然景观和人文景观。目前,该市已形成集能源(煤炭、电力)、高载能、煤化工、建材、农畜产品深加工、旅游、商贸物流为主的县域产业体系,2006年三次产业比为2:65:33。

吕梁山——山西省交城县

优势:矿产资源(煤炭、铁矿)、区位

产业模式:煤化工+建材+商贸物流

交城县位于山西省中部、吕梁山东麓,属于晋中盆地的西缘地带。该县境内矿产资源丰富,分布广泛,已发现的地下矿产有30多种,其中煤铁储量最为丰富,铁矿以低硫、低磷闻名全国。同时,该县是吕梁市的东大门,距省会太原51km,属城郊型通衢热线,307国道纵横交会境内,大运高速、夏汾高速公路交会于此,"太中银"铁路穿境而过,具有优先接受环渤海湾经济区辐射的区位优势。该县是山西省第二林业大县,境内自然风光宜人,林产资源丰富:拥有庞泉沟国家级自然保护区和交城山国家森林公园,及大批文化历史悠久的古建筑,主要有佛教圣地——佛教净土宗祖庭玄中寺、全国重点文物保护单位——易学名山卦山、佛教华严宗古刹天宁寺等;以骏枣、梨枣为代表的土特产品闻名全国。当前,县域经济发展已形成以"煤焦、煤化工、炭黑、石墨"为主要产品的煤化工产业和建材(水泥)、玻璃、机械制造等产业,以旅游(生态观光游、佛教文化古迹游)、商贸物流为主体的第三产业,以特色林果业、无公害蔬菜、肉牛养殖三大主导产业为主体的农业产业,2006年三次产业比重分别为4:75:21。

大娄山——重庆市綦江县

优势:矿产资源(煤炭、铁矿)、能源(水电)、区位

产业模式:机械制造+水能开发(水电)+商贸物流+食品

綦江县位于四川盆地与云贵高原东南结合部,北依重庆,南接贵州,为"西南出海大通道"上的重要节点,是重庆联系贵州、云南、湖南、广东、广西、上海的重要通道,也是渝南及黔北毗邻地区重要的物资集散地,素有"重庆南大门"、"西部齿轮城"、"中国农民版画之乡"之美称。该县境内煤炭、铁矿、石灰岩、天然气、石英砂等矿产资源众多,水能资源丰富,开发潜力大。同时,境内景观分布广泛,有古剑山、丁山湖、白云观、古树化石群等自然景观,有僚族生殖图腾、红军烈士墓、韩国临时政府遗址和全国农民版画之乡等

人文景观。县域产业发展上,基本形成了机械制造、水能开发、冶金、建材、食品、商贸物流、旅游等主要产业,其中綦江齿轮、"老四川"牛肉干、川江毛线、綦江猪鬃等名优产品畅销国内外,2006年三次产业比重分别为18∶43∶39。

一些山区县利用其濒临大城市的区位优势,大力发展无污染或少污染的环保型现代工业,同时依托山区自然景观资源,发展"会展"经济和休闲度假旅游、生态观光旅游,成为大都市的现代工业园区和休闲旅游区。典型县份:

燕山——北京市怀柔区

优势:区位、林业资源

产业模式:环保型工业(食品饮料、汽车配件、包装印刷)+旅游+特色农业

怀柔区地处燕山南麓,是北京市东北部的远郊区。该区距北京市区40km,距首都机场27km,京承高速路直通怀柔,位于首都半小时经济圈内。在工业发展上,怀柔作为首都重要的水源保护地,以工业园区为主要依托,大力发展无污染和少污染的环保型工业,已形成以食品饮料、汽车及配件、包装印刷为支柱的工业体系。同时,境内气候宜人,林业资源丰富,风光秀丽,素有"京郊明珠"的美誉,多年来,怀柔依托其临近北京市的区位优势和丰富的自然资源优势,已形成以会议、休闲、度假为主的旅游产业,近年来又推出了以春季观景赏花游、夏季消夏避暑雁栖游、秋季采摘赏叶长城游、冬季岁寒三友红螺寺游为主要内容的旅游活动。在农业发展上,依据其小平原、大山区、耕地少的地貌特征,充分利用林果资源、水资源丰富的资源禀赋特点,以建设特色农产品生产加工基地为目标,大力发展精品农业、加工农业、观光农业和创汇农业,积极推进农业产业化经营。目前,已初步建立西洋参、板栗、冷水鱼三大产业为主导的农业生产体系。2006年全区一、二、三产业比重分别为6∶57∶37。

一些山区县利用其具有悠久历史的传统优势产业和特色资源优势,立足于做大、做强、做优,注册品牌,强化品牌保护意识和品牌形象推广,培育具有显著优势的特色工业,形成以特色工业产业为主导的县域特色经济发展模式。典型县份:

罗霄山——湖南省浏阳市

优势:传统产业(花炮)、区位

产业模式:特色工业(花炮)+生物医药+服装纺织+特色种植(花卉苗木)+商贸物流+旅游

浏阳市位于湖南东部偏北,地处长沙、株洲、湘潭三市交界的"金三角"地带,距省会长沙60km,距黄花国际机场40km,距京珠高速公路50km,区位优势显著。该市鞭炮烟花已有1300多年的历史,享誉全球,早在光绪年间就已销往香港、澳门、南洋诸国,成为名牌产品,1995年浏阳市被国家授予"中国烟花之乡"的荣誉称号;2002年成立国际烟花协会(IFA),总部常设浏阳;2003年国家质量监督检验检疫总局对浏阳花炮实施原产地域产品保护;2004年国家工商总局注册"浏阳花炮"驰名商标。浏阳已建设成为我国中西部地区最大的生物医药专业园区,并与联合国工业发展组织合作,成为该组织

在中国唯一的生物医药产业区。

古代浏阳地属荆州,因县城位于浏水之阳而得名,建县至今已近1 800年历史。境内风景优美,文化底蕴深厚,文物众多,有大围山国家森林公园、道吾山、株树桥水库(浏阳湖)、浏阳文庙、奎文阁、千年古寺——石霜寺等古迹。近代以来,这里走出了一大批党和国家领导人:中共中央总书记胡耀邦、国家副主席王震、全国人大副委员长彭珮云、中央顾问委员会主任王首道、中国第一个为戊戌变法流血牺牲的志士谭嗣同、民国先驱唐才常、焦达峰,还有数十位铁血将军和数万名革命烈士,境内现有胡耀邦故居、谭嗣同纪念馆、秋收起义纪念馆、王首道故居等爱国主义教育基地。

近年来,浏阳已形成以鞭炮烟花、生物医药、纺织服装和花卉苗木四大产业为主的特色工业经济,以文物景点为主、休闲观光为辅的红色旅游也得到较快发展,2006年三次产业比重分别为14∶60∶26。

三、矿业主导发展的山区县

山区是我国铁、铜、铅、锡、钼、钨、磷、硫等原材料类工业矿产资源和煤炭资源的主要分布区域。对于很多山区县而言,依托其优势矿产资源,发展以矿产开采和粗加工为主的矿业经济是县域经济的主要模式,资源加工型或资源消耗型工业、初级矿产品的加工和销售、相对较低的产品附加值、较短的产业链是县域工业经济的主要特征。典型县份:

祁连山——青海省祁连县

优势:矿产资源、牧业资源

产业模式:矿产开发(建材、煤炭)+特色牧业+旅游

祁连县地处祁连山南麓中段,素有"高原明珠"、"牧区江南"之称。该县境内矿藏资源丰富,是青海省重要的产煤区,被著名地质学家李四光称为"中国的乌拉尔",主要矿产有石棉、煤炭、铅锌、锰铜、石英石等40多种,其中,祁连石棉储量大、棉质好,素有"味精棉"之称,可与加拿大魁北克石棉相媲美。同时,该县地处多民族、多宗教传播交会区,多年的融合演化,形成以"唐蕃古道"、"阿柔部落"、"蒙古六旗"、"回族拱北"为代表的特色文化,境内旅游资源丰富,有世界第三大峡谷"黑河大峡谷"、中国六大草原之一"祁连山草原"、与天共长的"祁连林海"、亚洲最大的半野生驯鹿基地——祁连鹿场、终年不化的现代冰川——八一冰川、"祁连石林"、油葫芦自然保护区、格萨尔王边城遗址等景观。近年来,以民族文化古迹游、草原风情游为主的旅游业发展迅速。该县畜牧业资源丰富,是青海省重要的白藏羊和藏牦牛生产基地,"祁连大白毛"具有弹性好、强度大、富光泽、易染色等优点,可与藏羚羊绒相媲美,是长毛绒、地毯纺织首选的上等原料。近年来,已培育形成了以矿产开发(建材、煤炭)、旅游、特色畜牧业为主要产业的县域经济,2006年三次产业比为27∶42∶31。

太行山——河北省涞源县

优势:矿产资源、农业资源、林业资源

产业模式:矿产开发+旅游+特色农业+林特产

涞源县位于河北省保定市西北部、太行山北端。该县境内矿产资源丰富,具有种类多、品位高、埋藏浅、储量大的特点,主要有铁、煤、铜、铅、锌、金、银、钼、石棉、大理石、石灰石、白云岩矿等40多种,矿产采选及初级产品加工为县域工业的主体。同时,境内旅游资源特色明显,拥有唐代的"兴文塔",始建于明代、重修于清代的泰山宫,辽代阁院寺的铁钟,杨家将战争遗迹等众多文物古迹,及绵延150km的内长城。由于地面抬升、群山环抱等因素,涞源形成了独特的"夏季凉爽"的自然气候,盛夏月份平均气温仅21.7℃,比北京、天津低10℃,比承德避暑山庄低2.6℃,比北戴河低3.8℃,被誉为"凉城",已列入河北省凉城旅游度假区,市场开发潜力巨大。全县山场、宜林荒地面积广阔,隔离条件好,适于玉米种植,季节差异大、无污染,适宜发展错季蔬菜,盛产党参、玉竹、柴胡、酸枣等多种具有很高营养价值和药用价值的野生植物,还出产核桃、猕猴桃等果品。当前,已形成矿产开发、旅游、特色农业三大产业为主要支撑的县域特色经济,2006年三次产业比重分别为8∶66∶26。

阿尔泰山——新疆维吾尔自治区富蕴县

优势:矿产资源(煤炭)、水能、畜牧资源、区位

产业模式:矿产开发+水能开发+畜牧业+商贸物流+旅游

富蕴县位于新疆维吾尔自治区北部偏东、阿勒泰山南麓,地处准噶尔盆地北缘,向北以阿尔泰山与蒙古国接壤。该县因"天富蕴藏"而得名,以"物华天宝,资源富集"而享誉八方,尤其以矿产、畜牧、水能、旅游等资源优势最为显著。矿产资源种类多,已探明储量的矿产有近百种,尤以黄金、宝石、有色金属优势突出,其中有色金属、稀有金属储量居全国前列,境内的可可托海稀有矿早在建国初期便享誉国内外,仅三号矿脉就藏有82种矿物,被中外学者誉为"天然矿物陈列馆",目前已经开采的主要矿产有岩金、砂金、铜、镍、铁矿、锂辉石、绿柱石、煤等20余种。近年来,以工业园区为主要载体,富蕴县先后建成了闻名全国的喀拉通克铜镍矿、索尔库都克铜钼矿等较大的矿产采选企业,围绕县域优势矿产资源和园区特色工业,在实施配套项目建设的基础上,加大了优势矿产资源下游产品的开发,形成了具有区域特色与优势的企业群,成为县域工业经济的汇聚地和快速推进平台。同时,全县草场总面积466.7万公顷,其中有效利用面积333.3万公顷;森林面积近20万公顷,拥有全新疆最大的山区林场,奶牛、獭兔等畜牧养殖业发展良好,林特产众多;额尔齐斯河、乌伦古河两大水系横贯县境,水能资源极为丰富,开发前景良好;县境南部卡拉麦里自然保护区有野生动物、硅化木、五彩城、滴水泉,北部有高山湖泊、温泉、岩画、石刻等,还有可可托海三号矿脉国家级地质公园,有以蒙古野驴为主的有蹄类动物,野生动物和野生植物资源丰富。依托其资源优势和区位优势,当前,已形成以矿产资源开发、能源(煤炭、水能)开发为主导的工业,以畜牧业为主体、

养殖和加工产业化为龙头的农牧业,以商贸物流、旅游为主导的服务业。2006年三次产业比重分别为23∶56∶21。

邛崃山——四川省黑水县

优势:矿产资源(锰)、水能资源、林业资源

产业模式:矿产开发+水能开发+旅游+林特产

黑水县位于四川省阿坝藏族、羌族自治州中部,地处岷江上游,与闻名遐迩的九寨沟毗邻。该县境内有丰富的锰、铁、钨、石灰石、硫磺等矿产资源,尤其是锰矿储量较大、含磷低,是四川省重要的锰矿资源基地。同时,境内河流纵横,水能资源丰富,水能蕴藏量大,小水电较多,是四川省重要的水能基地。该县属岷江上游区,是长江上游重要的天然绿色屏障,境内原始森林面积达22.4万 hm^2,林特产资源丰富,盛产虫草、贝母、天麻、羌活、大黄、木香、黄芪等名贵中药材,是四川省重要的水果、干果和反季节蔬菜基地。境内拥有大规模成片彩林、千年冰川、高原湖泊、草甸,藏羌文化汇流地和革命史迹等各种旅游资源。其中,卡龙沟自然风景区内有被称为"八十里画廊"的奶子沟彩林、现代冰川——达古冰川、三奥雪山等自然景观,芦花官寨记忆了旧时土司权倾一方的历史和农奴的血泪史,红军长征爬雪山、过草地时翻越的五座大雪山,有三座就在黑水,留下了红军长征的众多史迹,境内还拥有藏羌民族文化风情、宗教文化等众多人文景观。当前,该县已形成矿产开发、水能开发、旅游、特色农业为主的县域经济发展格局,2006年三次产业比重分别为22∶51∶27。

伏牛山——河南省淅川县

优势:矿产资源、农业特产资源

产业模式:矿产开发(铝、建材)+特色农业+旅游

淅川县位于河南省西南部,西邻湖北、陕西省。该县境内有铝矾土、蓝石棉、虎睛石、大理石、砂金、白云岩等多种矿产资源,其中蓝石棉、虎睛石和松香黄大理石储量居全国前列,铝业(电解铝、铝制品)、电力已成为县域主要工业。同时,农业上已培育了双椒(小辣椒和花椒)、湖桑、林果、烟叶等特色产业,其中,"香花"辣椒是全国名牌农产品,"丹水"鱼是河南省名牌农产品,"香花"双椒市场被商务部纳入全国"双百市场"工程。此外,境内自然景观、人文景观众多,南水北调中线工程的渠首位于县境内,丹江湿地已获国家批准,丹江口水库为亚洲最大的人工淡水湖,丹江风景名胜区已纳入伏牛山国家地质公园。淅川是楚文化的发祥地,楚国900年历史中有450年建都在淅川,45位楚王中有23位在淅川,楚始都丹阳就在这里,历史文化积淀深厚,文物古迹繁多,有河南"四大古刹"之一——始建于唐代的香严寺,中州名镇荆紫关有保存完好的清代一条街,还有山陕会馆、平浪宫、禹王宫、万寿宫、清真寺等古建筑汇集。近年来,该县已形成铝业、建材、特色农业、旅游为主的县域产业体系,2006年三次产业比重分别为25∶56∶19。

四川盆周山地——四川省珙县

优势:矿产资源、特色农业资源

产业模式:矿产开发(煤炭、建材)+特色农业+商贸物流+旅游

珙县位于四川省宜宾市南部,沟通云贵川三省的叙高公路、川云公路、宜威公路等主干公路及成珙铁路、金筠铁路穿越县境,是宜宾市南部重要的交通枢纽和物资集散地,区位优势明显。该县境内矿产资源主要有煤、石灰石、铸石、黄铁矿,其中煤炭资源在四川省居重要地位,是该县的支柱产业之一,电力(火电、水电)、建材(水泥)、化工(尿磷铵)、林产(林化工、木材加工)是县域工业的主体,也是四川省重要的能源基地、建材基地和化工基地。同时,该县也是典型的山区农业大县,其中经济作物以水稻、玉米、油菜、花生、烤烟、蚕桑为主,茶叶以优质茶为主,蔬菜以商品蔬菜为主。境内主要风景名胜有国家级文物保护单位——"僰人悬棺"及官帽山林海、芙蓉山风景区等,其中洛表麻塘坝和苏麻湾是"僰人悬棺"最集中的地方,仅在纵深4 000米长的麻塘坝悬崖绝壁上,现存就有上万个棺桩棺孔,数百具悬棺分布在一起,是世界上悬棺最集中、保存最完好、数量最多的地区,被誉为"世界一绝"、"天然悬棺葬的博物馆"。近年来,该县经济已形成以矿产开发、商贸物流、旅游、特色农业为主导的产业体系,2006年三次产业比重分别为23:44:33。

秦岭——陕西省洛南县

优势:矿产资源、区位

产业模式:矿产开发(开采、冶金、建材)+商贸物流+特色种植

洛南县位于陕西省东南部,地处秦岭东段南麓,素有陕西"东南门户"之称,是陕西南部重要的商贸区和物资集散地。该县境内主要有金、银、铜、铁、铅、钼、铅等金属矿产,煤、钾长石、水泥灰石、黏土、水晶、硅石、大理石等非金属矿产,矿产采选冶炼是县域工业的主体。境内生物资源得天独厚,种类繁多,水杉、雪松、银杏等稀有树木遍布,盛产连翘、丹参、桔梗、秦皮、菖蒲等中药材,大鲵、林麝、青羊等珍稀生物众多,境内设立的灵口大鲵自然保护区填补了全省没有野生动物保护区的空白,也结束了北亚热带没有大鲵自然保护区的历史。全县境内水能资源较为丰富,水电开发潜力较大。近年来,该县已形成以采矿、冶金、建材、化工、食品、医药等为主导产业的县域特色经济发展格局,2006年三次产业比重分别为28:41:31。

苗岭——贵州省贵定县

优势:矿产资源、农业资源、区位

产业模式:矿产开发(建材)+商贸物流+旅游+特色种植(烤烟、茶叶)

贵定县位于云贵高原东部的黔中山原中部,属黔南布依族、苗族自治州。该县境内矿产资源较为丰富,主要有电石石灰石矿、煤矿、铁矿、粉石英矿、铅矿、锌矿、高岭土、重晶石等,其中高钙石灰石矿、原煤、粉石英矿、铅锌矿、重晶石、硫铁矿等储量居贵州省前列,矿产采选及初级产品加工是县域工业的主体。同时,该县区位优势明显,交通极为

便利,黔桂、湘黔、株六复线等铁路主干线在县城交会,贵州南下大通道贵新公路沿境而过,320国道、321国道以及304省道贯穿县境,是西南地区重要交通枢纽。贵定县名、优、土特产众多,其中,烤烟种植已有50多年的历史,是贵州省较早种植烤烟的县份之一,以生产烤烟及卷烟享誉省内外,有"烟城"之称;茶叶生产历史悠久,明清时即为朝廷贡茶,特产"云雾雪芽"因产于境内云雾山麓一带而得名,又因盛产于仰望苗族山寨,又称"鸟王茶";还有沿山百合贡粉、盘江酥李、新巴大蒜、山野菜、岩下核桃、猴场堡辣椒、马家洞生姜、云雾西瓜、定东魔芋等特产。贵定境内旅游资源丰富,其中,落北河漂流景区素有"黔中第一漂"之称,始建于明嘉靖年间的阳宝山建筑群,规模宏大,被誉为西南四大佛教圣地之一。多年来,该县已形成矿产开发、商贸物流、旅游、特色农业为主要产业的县域特色经济,2006年三次产业比重分别为18∶52∶30。

南岭——广东省仁化县

优势:矿产资源、水能资源、林业资源

产业模式:矿产开发(铅锌、煤化工)+能源开发(水电、火电)+林特产+旅游

仁化县位于广东省北部,地处南岭山脉南麓,属于粤、湘、赣三省交会地带。该县境内矿产、水能、农林、旅游资源丰富,矿产资源主要有煤、铅、锌、钨、铁、铜、铀、锰、花岗岩等,全国最大的铅锌矿生产企业凡口铅锌矿和中央企业核工业部七四五矿就在本县,煤炭蕴藏量列广东省第二位;水能蕴藏量大,小水电是该县的拳头产品,全县现有水电站近百座;农副产品众多,主要有优质米、甘蔗、沙田柚、茶叶、花生、柑、橘、橙、水产品,林业中竹类资源优势突出;丹霞山是国家级重点风景名胜区、国家"AAAA"级景区、世界地质公园、国家级自然保护区,是世界地理学上"丹霞地貌"的命名地,此外还有大批人文景观,如广东省爱国主义教育基地双峰寨、唐宋古塔等,近年来以旅游为龙头的第三产业发展迅猛。经过多年的发展,县域经济逐步形成以矿产品、冶金、电力(火电、水电)、农副产品加工、商贸物流、旅游为支柱的产业体系,2006年三次产业比重分别为25∶54∶21。

怀玉山——江西省玉山县

优势:矿产资源、区位

产业模式:矿产开发(建材、化工)+中药材+商贸物流+旅游

玉山县位于江西省东北部、怀玉山东南部,地处赣、浙、闽三省的交通要冲,历史上有"两江锁钥、八省通衢"之称,区位优势明显。该县是江西省非金属矿产资源大县之一,主要有石灰石、石煤、罗纹砚石、青石、大理石、花岗岩、叶蜡石、黑滑石、膨润土等矿种,以水泥加工(已基本形成采矿—熟料—粉磨—包装材料—水泥制品为主的水泥深加工产业链)和罗纹石采选加工为主的建材业,以油墨、活性炭、膨润土、黑滑石、高岭土、轻钙生产为主的化工业,以轴承制造为主的机械制造业,以烤鳗加工为主的食品业,是县域工业的支柱。境内年降雨量较大,水能资源丰富,水电开发前景广阔。县境内森林覆盖率64.8%,是江西省重点林业县之一,自然景观、人文景观等旅游资源特色显著,

拥有三清山国家级风景名胜区和武安山省级森林公园,世界自然遗产——三清山(图3.13)脚下有三清湖及湖内的佛教圣地少华山,怀玉山还有宋朱熹讲学之所、与江南四大书院齐名的"怀玉书院",同时,怀玉山也是方志敏烈士被捕蒙难之地,是革命传统教育基地。近年来,以生态观光游、文化古迹游、红色旅游为主的县域旅游产业发展迅速。当前,玉山县域经济已形成以建材(水泥、石材)、机械制造(轴承)、化工、食品加工、生物医药为主的工业体系,2006年三次产业比重分别为19∶50∶31。

图3.13 世界自然遗产——三清山

大别山——湖北省红安县

优势:矿产资源、文化资源、特色农业资源

产业模式:矿产开发(建材)+旅游(红色旅游)+特色农业(花生、烤烟)+特种植(中药材桔梗、茶叶)

红安县位于湖北省东北部、大别山南麓。该县境内矿产资源丰富,主要矿产有萤石、水晶石、大理石等,其中萤石远销日、美等国,以石材采选和初级产品加工为主的建材业是县域工业的主导产业。同时,该县也是农业大县,花生、烟叶、茶叶是当地特产,花生产量居湖北省前列,"天台翠峰茶"为湖北省名牌产品,境内有野生动物资源近百种,珍贵药材300多种,中药材桔梗是传统优势产品。历史上,红安县是黄麻起义的策源地,是红四方面军的诞生地,是鄂、豫、皖苏区的政治、经济、军事、文化中心,这里诞生了董必武、李先念两任国家主席,走出了韩先楚、秦基伟、陈锡联等223名将军,是全国将军人数最多的县,被誉为"将军县",现有董必武旧居、李先念旧居、红四方面军诞生地、黄麻起义纪念馆、鄂豫皖苏区革命烈士纪念馆、红军洞等100多处建筑和革命遗址遗迹,成为我国重要的革命传统教育基地,近年来红色旅游发展较快。当前,建材、旅游、粮食、油料、烟叶、林特产、医药、食品加工已成为红安县域经济发展的支柱产业,2006年三次产业比重分别为31∶36∶33。

第二节 山区第三产业的发展模式

我国山区面积广大,许多山脉是中国和邻国的分界线或省份之间的天然屏障。对于国内许多地形起伏大、地势险峻、受高山阻隔的山区而言,那些地处山口、关隘或交通要塞的县域,或地处省市交界地的县域,或地处边境的县域,或地处偏远山区政治、经济、文化中心的县域,历来都是区域物资集散地和物流中心,自古就是商贾云集、贸易往来繁荣。进入现代社会以来,随着铁路、公路、航空等基础设施建设的完善,很多区位优势明显的山区县成为区域商贸中心和物流服务中心,商贸业、物流服务业也成为这些山区县的主导产业。

同时,山区是我国风景名胜的集中分布地域,山峰、峡谷、洞穴石林、瀑布冰川等是山区具有绝对优势的旅游资源,森林、野生动植物、地质化石、湖泊等是山区具有极大优势的旅游资源,草地等是山区具有很大优势的旅游资源,山区又是我国少数民族文化(包括物质文化、精神文化和行为文化)、宗教文化、革命圣地的集中分布地域。随着国内人民生活水平的逐步提高,渴望回归自然、缓解紧张的工作生活压力的愿望越来越迫切,包括休闲度假游、生态观光游、红色旅游、边境风光游、购物游等的旅游产业逐渐发展起来,成为一些山区县拉动经济发展的主导产业。

一、商贸业带动山区发展

地处交通要冲的山区县,自古就是区域商贸中心和物资集散地,近年来铁路、公路等陆路现代交通网络的发展完善,更加奠定了一些山区县作为区域商贸中心的地位和优势,商贸业成为县域经济发展的主导产业。典型县份:

贺兰山——宁夏回族自治区盐池县

优势:区位、特色中药资源(中药材:甘草、苦豆草)、牧业

产业模式:商贸+矿产开发(冶炼、建材)+特色牧业(滩羊)+中药材

盐池县位于宁夏回族自治区东部,地处鄂尔多斯台地向黄土高原过渡地带,东邻陕西定边县,南依甘肃环县,北连内蒙古鄂托克前旗,自古就有"灵夏肘腋,环庆襟喉"之称,是区域交通中心和商贸集散地。该县境内矿产资源种类多,储量大,主要以石油、天然气、石膏、白云岩、石灰石等为主,工业发展已初步形成以金属镁冶炼、生物制药、水泥建材、石油开采等为主的产业体系,但这些产业总体上规模较小,很多优势资源亟待开发。同时,境内野生中药材种类多达100多种,盛产甘草和苦豆草,1995年就被命名为

"中国甘草之乡"。该县畜牧业资源丰富,是全国滩羊集中产区和宁夏畜牧业生产重点县,其中二毛皮、滩羊肉等滩羊产品享誉国内外,已形成饲养—收购—深加工—储藏—销售为主的畜牧产业链,2003年被命名为"中国滩羊之乡"。多年来,盐池已形成商贸物流、矿产开发、中药种植、特色畜牧为主的县域特色产业,2006年三次产业比重分别为20∶35∶45。

武陵山——湖南省古丈县

优势:区位、特色种植(茶叶、林特产)

产业模式:商贸＋特色林产＋矿产开发＋水电开发

古丈县位于湖南省西部,武陵山脉斜贯全境。该县区位优势明显,焦柳铁路、1828省道(国家二级)横贯全境,酉水航道通沅水、连洞庭、达长江,是湘、鄂、黔、渝四省边区的交通中枢和商品集散地,商贸物流业为县域主导产业。茶叶为古丈县农业支柱产业,"古丈毛尖"为全国十大名茶之一,畅销俄罗斯、东欧及日本和东南亚各国,此外,古丈西洋参也是名优产品。境内林业资源丰富,全县森林覆盖率达76%,林业、茶叶、柑橘、蚕桑、山羊已成为农业优势产业;主要矿产资源有锰、磷、石灰石、重晶石、大理石等,其中磷、锰等的储藏量较为丰富,具有较大规模的开采价值;水能资源丰富,县境内共有大小溪河60多条,水量丰富,水能资源蕴藏量较大,现已建成大小水电站10余座,水能资源开发潜力较大。县域工业已初步形成建材、冶金、化工、食品、造纸、林木加工等支柱产业,2006年三次产业比重分别为23∶22∶55。

天山——新疆维吾尔自治区巴里坤哈萨克族自治县

优势:区位、畜牧资源、矿产资源

产业模式:边境贸易＋特色畜牧＋矿产开发

巴里坤哈萨克自治县地处新疆东北部,是全国三个哈萨克自治县之一。该县北与蒙古国接壤,境内中蒙边界线长309km,设有国家一类季节性开放口岸——老爷庙口岸,是新疆与蒙古国发展边贸的重要开放口岸之一,以边境商贸物流为主的第三产业是县域经济发展的主导产业。该县境内农牧业资源丰富,主要农作物有马铃薯、大麦、饲用玉米、小麦、晚熟哈密瓜等,可利用天然草场面积广大,主要畜种有牛、羊、马、驴等,是东疆地区重要的畜牧业生产基地,1996年被自治区确定为牧业县。境内煤炭、芒硝、石油、天然气、金、铜等矿产资源丰富,其中煤炭已探明资源量8.5亿吨,主要分布在巴里坤西部煤田和三塘湖煤田,"十一五"期间成为新疆自治区重要的煤电、煤化工基地之一;巴里坤湖芒硝资源净储量5 000万吨,位居全国第二,硫化碱产量占全国市场的25%;三塘湖油田已探明石油资源量5.7亿吨、天然气资源量100亿立方米,被国土资源部确认为亿吨级油田。随着矿产深加工产业链的完善和区域产业配套项目建设的推进,煤炭、煤化工、硫化工等工业产业逐步成为该县的主要产业。该县2006年被命名为新疆维吾尔自治区历史文化名城,境内旅游资源特色显著,巴里坤(古称蒲类)是古丝绸之路北道进入新疆的第一重镇,文物古迹众多,东黑沟古代游牧民族遗址被列为2007

年全国十大考古发现之一。依托其濒临蒙古国的区位优势和自然资源优势,巴里坤已形成边境贸易及物流服务、畜牧业、矿产开发(煤炭、煤化工、硫化工)三大支柱产业,2006年三次产业比重分别为36∶24∶40。

乌蒙山——云南省盐津县

优势:区位、水能资源、特色种植(茶叶、蚕桑、油菜)、特色养殖(鸡)

产业模式:商贸＋水电开发＋特色种植＋特色养殖

盐津位于四川与云南接壤地带,地处乌蒙山脉关河深谷中段,是川入滇的要冲,也是南方古丝绸之路入滇的第一站,素有"咽喉西蜀、锁钥南滇"之称。该县处于长江经济带、攀西—六盘水经济区的腹心地带,是赤水河经济区、长江经济带的重要组成部分,位于国家重点工程——溪洛渡水电站、向家坝水电站建设的前沿,区位优势明显,以商贸物流为主的第三产业为该县的主导产业。县境内主要矿产资源有无烟煤、铁、铜、硫、石灰石等,其中无烟煤储量、石灰石储量较大。该县农畜资源丰富,主要粮食作物有玉米、稻谷、小麦、豆类、洋芋、红薯等,是云南省粮食基地县之一;主要经济作物有烤烟、油菜籽、蚕桑、茶叶等,是云南省油菜基地县、全国重点产茶县、云南省蚕桑基地县;养殖方面主要有猪、黄牛、水牛、羊、鸡等,其中盐津乌骨鸡系地方优良鸡种,具有较高的药用价值和营养滋补作用,有"肉之冠、药之首"之赞誉。境内林地面积广大,林产资源丰富,其中五倍子(生产单宁酸、苯甲醛等系列化工产品的主要原材料)和竹类资源优势突出。此外,境内河流众多,水能资源蕴藏量大,开发前景好。

自秦开"五尺道"以来,盐津即成为"南方丝绸之路"的重要组成部分,长久的商贸过往,促使中原文化、荆楚文化、夜郎文化、巴蜀文化与滇中文化在此交会融合,形成独具特色的"三川半"文化,县境内豆沙关景区为省级风景名胜区和省级爱国主义教育基地,还有唐代袁滋题记摩崖、明末清初的山顶式建筑观音阁、清代三观楼塔及五尺道北岩壁上的清代、民国、中华人民共和国三个历史时期的摩崖群,以及"僰人悬棺"、隋代古城堡等文物古迹。

多年来,盐津的县域经济已形成商贸物流、特色农业(烤烟、茶、油菜、蚕桑、鸡)、矿产开发(煤炭)、水能开发、旅游为主的产业格局,2006年三次产业比重分别为28∶29∶43。

幕阜山——湖北省通城县

优势:区位、水能资源

产业模式:商贸＋水电开发＋矿产开发＋特色种植＋特色养殖

通城县位于湖北省东南部,地处湘、鄂、赣三省交界的幕阜山北麓,区位优势明显,是区域主要的商品集散地,商贸物流业为县域经济主导产业。该县雨量充沛、溪流密布、水能资源丰富、水电开发潜力大,被列为重点水电农村电气化县之一。县境内矿产资源储量丰富,是中部地区稀土、稀有金属和非金属矿产资源的主要产地之一,其中金属矿铌、钽矿储量位居湖北省前列,非金属矿独居石储量居全国前列,县域工业发展方面已形成涂附磨具、云母制品、电子信息基础材料、中药制药等主要产业。此外,生猪、茶叶、森工等农业产业优势突出,其中"华中两头乌"为地方良种猪,该县也是农业部确定的名优茶开发试点县之一。2006年三次产业比重分别为29∶30∶41。

二、旅游业带动山区发展

近年来,随着山区铁路、公路、航空等交通基础设施条件的改善,景区或景点通达性得到很大提高;县域依据区域旅游资源特色,打造精品景区或景点,以景区或景点为依托,实现了自然景观、人文景观等要素的优化配置,培育发展了许多旅游精品线路;努力完善餐饮、住宿、购物等接待设施的建设,满足游客"吃、住、娱、游、行、购"的多样化、差异化需求。以上因素使得一些山区县旅游业快速发展起来,成为县域经济发展的主导产业。典型县份:

岷山——四川省九寨沟县

优势:生态景观资源、水能资源、矿产资源、林特产资源

产业模式:旅游+水电开发+矿产开发+林特产

九寨沟县(原为南坪县,1998年更名为九寨沟县)位于四川省北部,东部和北部与甘肃省相连。该县地处四川盆地向青藏高原过渡的边缘地带,境内九寨沟世界级自然风景名胜区是区域景观多样性的集中分布区,拥有原始森林、高山、峡谷、高原、湖泊、瀑布、溪流、山间平原、雪峰、藏羌风情文化、藏传佛教文化等众多景观类型,是集岩溶、地质灾害(崩塌、泥石流、滑坡等)、钙化加积、冰川为一体的特色高原喀斯特地貌类型,1984年九寨沟被批准为首批国家重点风景名胜区,并于1992年被列入"世界自然遗产名录",1998年被纳入世界"人与生物圈保护区";此外,还有嫩恩桑措风景区、甘海子国家森林公园、勿角大熊猫自然保护区、白河金丝猴自然保护区等风景名胜区。县境内野生动植物资源丰富,拥有大熊猫、金丝猴、牛羚、白唇鹿、雪豹、金钱豹、火冠鸟等多种国家级保护动物,冷云杉、白皮云杉、银叶连香树等国家级保护植物。该区也是研究自然生态系统、生物演化、古地理、古气候的理想地域。多年来,随着区域公路、航空(九黄机场)等基础设施的完善,九寨天堂、九寨沟喜来登国际大酒店等一批高档次旅游接待设施的完成,以及四川九(寨沟)黄(龙)旅游黄金线路的培育发展,以生态观光游、休闲度假游、科考、探险、会议为主的旅游业成为县域经济的主导产业,"九寨沟——人间仙境"旅游形象和价值在国际旅游市场的竞争力得到大幅度提升,成为世界性旅游品牌,2006年以旅游为主的第三产业占GDP的比重达71%,2006年12月被国家旅游局正式命名为全国首批"中国旅游强县"之一。2007年接待国内外游客295万人次,旅游总收入突破30亿元,旅游业对GDP的贡献率达51.7%。

该县境内水能资源、矿产资源、林特产丰富:水系发达、落差大、可开发利用点多,目前已建成水电站70余座,被列为全国农村电气化试点县之一;金、铁、锰等为优势矿产,

黄金产量可观；林特产资源众多，有虫草贝、党参、黄芪、麝香、鹿茸、熊胆、羌活、秦艽、大黄等多种名贵中药材，苹果、花椒、柿子、核桃等经济林果，黑木耳、蕨菜、蘑菇等特产畅销国内外。当前，在工业企业方面，该县正在积极发展水电、矿产开发、农产品深加工、黄金深加工和旅游纪念品加工等工业，加快工业园区建设；在农业发展上，正在实施蔬菜基地、特色水果基地(柿子、甜樱桃、苹果、酿酒葡萄、脆红李、枇杷、皮球桃等)、干果基地(核桃、花椒)和畜牧养殖基地(生猪、土鸡、土蜂)的建设。

横断山——云南省香格里拉县

优势：生态景观资源、水能资源、矿产资源、特色生物资源(花卉、林特产)

产业模式：旅游＋水电开发＋林特产

香格里拉县(原名中甸县，2001年更名为香格里拉县)，位于青藏高原南缘、横断山脉腹地，地处滇、川、藏三省(区)交会地带，自古以来就是连接滇、川、藏的重要通道，是茶马古道的咽喉、藏区与内地交往的中心，也是举世闻名的"三江并流"风景区的核心地带。该县境内的哈巴雪山自然保护区系"三江并流"世界自然遗产片区之一，区内原始森林、高寒草原、高山峡谷、雪山、高原湖泊、少数民族文化、藏传佛教文化等旅游资源丰富，该保护区属于云南亚热带常绿阔叶林植被向青藏高原、高寒植被区过渡地带，垂直地带性明显，有河谷北亚热带、山地暖温带、山地温带、山地寒温带、高山亚寒带和高山寒带六个气候类型，加上南北走向的横断山脉和金沙江河谷，独特的气候和地理环境，为北温带生物区系成分与东南亚热带生物区系成分的交流、汇聚创造了独有的条件，区内野生动植物资源繁多，共有菌类、藻类、苔藓类、蕨类、种子植物类植物近4 000种，有哺乳动物近100种，两栖类5种，爬行类18种，鸟类170种，鱼类75种，大部分物种属于国家动植物保护对象，是滇金丝猴的故乡之一，该区也是杜鹃、报春、龙胆、绿绒蒿、百合、兰花等高山名花的分布中心和分化中心，素有"世界花园之母"的美誉；区内哈巴雪山与玉龙雪山隔江相望，共同构成举世闻名的虎跳峡，此外，色仓大裂谷、茶马古道石门也是享誉国内外的景观；还有独克宗镇古城为主的藏族、纳西族东巴文化、彝族、白族等少数民族的原始风情文化景观，以及以松赞林寺为主的藏族风情、藏传佛教文化。近年来，以科考、会议、探险、生态观光游、休闲度假游、少数民族文化游为主的旅游业发展迅速，逐步成为县域经济的支柱产业，香格里拉——人间天堂、虎跳峡等已成为国际著名旅游品牌，2006年以旅游为主的第三产业占GDP的比重达43%，1997~2006年，游客人数从22.67万人次上升到231万人次，年均递增113%，旅游总收入从1.1亿元上升到20.3亿元，年均递增205%。

县境内水能、矿产、林特产等资源丰富：河流众多，水资源充沛，水能蕴藏量大，特别是虎跳峡绵延20余公里，水位落差达200多米，水能开发潜力巨大；已开发利用的矿产有金、银、铜、锰、钨、铝、铅、锌等多种，矿产采选及初级产品加工为县域工业的主体；林特产种类繁多，盛产冬虫夏草、贝母、雪上一枝蒿、珠子参等数百种名贵中药材，还有郁金香、墨兰、雪莲、报春、百合等数百种名贵观赏植物，此外，还出产木耳、鸡枞、羊肚菌等多种食用菌,县内已经建成松茸及其他野生菌类交易市场,还在建立高寒草原商品粮基地(以青稞为主)、花卉基地(以郁金香为主)、干果基地、畜牧养殖基地(以牦牛、犏牛、黄牛、绵羊、黑山羊和生猪为主)等农牧产品基地。当前,县域经济发展方面已培植形成了旅游、水能、矿产、畜牧、花卉、林特产为主的支柱产业。

武夷山——福建省武夷山市

优势:生态景观资源、水能资源、文化资源、茶叶资源、野生动植物资源

产业模式:旅游+水电开发+林特产

武夷山市位于福建省西北部,闽赣两省交界处,地处武夷山南麓,是我国早期以名山命名的旅游城市之一。该市境内的武夷山国家级自然保护区是以丹霞地貌为特征、山水文化为特色的全球生物多样性集中分布地,总面积达 85 万亩,森林覆盖率超过 95%,区内保存着世界同纬度带最完整、最典型、面积最大的中亚热带原生性森林生态系统,良好的生态环境和特殊的地理位置,使武夷山成为地质演变过程中许多动植物的"天然避难所",物种资源极其丰富:已知植物种类 3 728 种,几乎囊括了中国中亚热带所有的植被类型;已知动物种类 5 110 种,是珍稀、特有野生动物的基因库,其中,被列入国际《濒危物种国际贸易公约》(CITES)的动物有 46 种,近 50 种为武夷山所特有。该区 1979 年就经国务院批准设立武夷山自然保护区,1987 年被联合国教科文组织列为国际人与生物圈自然保留地,1992 年被世界全球环境基金组织确认为具有全球保护意义的 A 级自然保护区,1999 年被联合国教科文组织列入《世界自然与文化遗产》"双遗产"名录,2000 年入选国家 4A 级旅游景区行列,2002 年被列入中华十大名山。境内历史文化遗迹众多,其中有"古闽族"、"闽越族"文化遗迹,距今 3 000 多年的体现古越人特有葬俗的武夷架壑船棺,汉代闽越王城遗址为国家重点保护文物;宋代时期,武夷山集儒教、道教、佛教于一体,被儒家称为"闽邦邹鲁",被道家称为"升真元化洞天",书院、寺庙、宫观遗址就有近 200 处;这里是北宋著名词人柳永的故乡,南宋著名理学家朱熹曾在此地著书、讲学长达 50 年,武夷山成为研究闽越文化、朱子理学文化、武夷茶文化、宗教文化、江南民俗文化等东方文化的重要基地之一。经过多年的发展,武夷山市已成为集生态观光旅游、休闲度假旅游、历史文化旅游和科考探险旅游于一体的新兴旅游城市,2006 年以旅游为主的第三产业比重为 53%,旅游接待 443 万人次,旅游总收入超过 18.78 亿,占 GDP 的比重超过 50%。

该市水能、林业、农业等资源丰富:境内有建溪、崇阳溪、南浦溪、麻溪等四条主要河流,水资源充沛,水能蕴藏量大,已建成大小水电站近百座;竹类工艺品、花卉、大米、茶叶畅销国内外,是福建省重要的商品粮基地县之一,茶叶生产工艺已有 1 000 多年历史,是江南著名的茶叶产区之一,武夷乌龙茶、武夷岩茶为全国名茶,其中肉桂、大红袍为国内著名品牌,2000 年武夷岩茶荣获国家原产地域产品保护;该市也是国家级现代农业科技推广示范园区之一,已形成生物工程(蛇类保健品等)、旅游工艺品加工(竹木制品、根雕)、农副产品加工(林果、蔬菜、食用竹笋)、林产品加工(竹类包装材料、松香、

松节油、天然原料等化工产品)等特色产业。

横断山——云南省大理市

优势:生态景观资源、历史文化资源、水能资源

产业模式:旅游+水能开发

大理市为云南省大理白族自治州首府,位于云南省中部偏西,地处云贵高原向横断山脉的过渡地带,是国务院早期批准为对外开放的城市之一(1984年)。该市历史悠久,早在秦、汉时期,就是"蜀身毒国道"(四川成都—云南大理—保山—缅甸—印度)的必经之地,是中国与东南亚诸国经济文化交流的重要廊道之一。境内人文景观、自然景观资源繁多:从公元738年南诏国建立至公元1253年大理国覆灭,唐、宋五百多年间,作为南诏、大理国的都城所在地,大理一直是云南的政治、经济、文化中心,其地域文化是中原文化、藏传佛教文化、东南亚文化及白族等少数民族文化融合的产物,现存历史文化遗迹可归纳为"三古"——古城、古塔和古碑,其中,古城有太和城、羊苴咩城、大厘城(今喜洲镇)、龙尾城(今下关)和大理城(中国历史文化名城),古塔有崇圣寺三塔、弘圣寺一塔、蛇骨塔和鱼骨塔,古碑有南诏德化碑、元世祖平云南碑、五华楼碑群、山花碑等;境内苍山国家级风景名胜区集原始森林、雪山、云海、山泉、河流、湖泊、溪流、花卉等景观为一体,其中,洱海为云南第二大内陆淡水湖泊(图3.14),素有"江南明珠"的美誉,在苍山脚下、洱海之滨有国内著名旅游胜地——蝴蝶泉,还有南诏风情岛、佛教圣地鸡足山。多年来,以旅游为主导的第三产业已成为县域经济发展的支柱产业,2006年旅游接待520.2万人次,旅游总收入28.89亿元,第三产业比重达45%。

该市依托境内水能资源、矿产资源、特色食品、特色生物资源所开发的水电、建材、食品加工、纺织服装、皮革、生物制药等产业,正逐步发展成为县域经济的重要产业。

图3.14 夕阳映洱海

长白山——黑龙江省尚志市

优势：生态景观资源、文化资源、林特产资源

产业模式：旅游＋矿产开发＋食品加工＋林特产

尚志市位于黑龙江省东南部、张广才岭西麓。依托境内的森林、高山、河流、冰雪、特色生物、宗教文化、革命遗迹等旅游资源，该市以亚布力滑雪旅游度假区为中心，以301国道为依托，初步构建了以滑雪旅游、休闲度假、五花山观赏和民俗风情文化为主的亚布力景区，以滑雪培训、宗教文化、生态观光为主的帽儿山景区，以碑林文化、花卉观赏和革命史教育为主的尚志景区，以滑雪健身、道教文化、金源文化、抗联遗址为主的乌吉密景区和以生态观光、佛教文化、土改革命史为主的元宝万佛山景区，基本形成了"一心、一线、五大景区"的旅游发展格局。经过多年的建设与发展，以旅游为主的第三产业逐步成为县域经济的支柱产业，2006年第三产业比重达43%，全年旅游接待86万人次，旅游总收入9亿元。

该市林业资源丰富，是黑龙江省重点林区和木制品集散地。境内野生动植物、林特产、矿产等资源优势明显，盛产蕨菜、猴头蘑、元蘑等百余种可食用野生植物，拥有人参、平贝、刺五加等多种名贵野生中药材，大理石、花岗岩、煤、铜、铁、银等多种矿产的储量可观。工业发展方面，基本形成了以麻棉混纺布为主的轻纺业，以果酒、山野菜、食用菌为主的食品加工业，以双黄连冻干粉针剂提炼加工和野生中药材采集加工为主的医药化工业，以水泥、石材加工为主的建材业和以木材深加工为主的木制品业；农业发展方面，初步培育了"两牛"（奶牛和肉牛）、浆果、特色中药材、食用菌、林木为主的支柱产业。2006年第一产业、第二产业比重分别为17%、40%。

雪峰山——湖南省隆回县

优势：林业资源、文化资源、特色农业资源（隆回"三辣"：辣椒、生姜、大蒜，金银花）

产业模式：旅游（生态观光游、文化古迹游）＋特色农业＋矿产开发

隆回县地处湖南中部偏西南、雪峰山脉西南端。该县有历史悠久且独具地域特色的纸文化（滩头年画、香粉纸、色纸被誉为"隆回三绝"），被文化部命名为"现代民间绘画之乡"。同时，隆回也是历史文化古城，境内文物古迹众多，这里是近代思想家魏源的故乡，魏源故居被列入国家级文物保护单位。历史悠久的滩头年画，神秘古朴的瑶寨风情，为隆回旅游的发展提供了有力的支撑。境内山地面积广阔，亚热带针叶林、阔叶林树种繁多，其中有银杏、香樟、闽楠、红椿、水杉、金钱松等20余种珍贵树种。境内农业极具特色，其中，辣椒、生姜、大蒜被称为隆回"三辣"，隆回还被列为湖南省蔬菜基地县，这里生产的腰带柿、猕猴桃、早熟蜜橘等受到市场的青睐，"白马毛尖"、"金石翠芽"、"一都云峰"是著名的茶叶品牌，金银花、龙牙百合享誉国内外，目前，隆回已成为全国金银花生产基地之一，被国家林业局授予"金银花之乡"的美称。此外，境内矿产资源富饶，主要有煤、铁、铜、金、银、铅、锌等，是湖南八大矿产资源县之一，开发前景可观。经过多年的发展，县域经济已形成旅游、造纸、医药、食品、建材为主的产业格局，2006年三次

产业比重分别为33∶22∶45。

大兴安岭——黑龙江省漠河县

优势：区位、林业资源

产业模式：旅游（生态观光、文化古迹游、北极旅游）＋传统农业＋木材深加工＋林特产

漠河县位于大兴安岭北麓，是我国纬度最高的县份。该县境内旅游资源富集：森林茂密，是大兴安岭林区的重要组成部分（图3.15）；拥有"胭脂沟"采金场、妓女坟等清朝采金场遗迹，李金镛祠堂、沙俄签订《尼布楚条约》的雅克萨战古战场遗址，以及鄂伦春、达斡尔等少数民族风情文化等人文景观；北极村是我国唯一可观赏到北极光和极昼现象的地方，村内有"神州北极"（图3.16）、"中国最北一家"（图3.17）、"北陲哨兵"、望江楼、"木克楞"特色建筑等景点。随着"北极"旅游、历史文化游、对俄边境游的快速发展，旅游对县域经济的带动作用越来越明显，2006年接待海内外游客10.15万人次，实现旅游收入6 496万元。同时，该县是一个农业大县，以种植春小麦、马铃薯、向日葵等作物为主，渔业占一定比重，特色养殖业（梅花鹿、獭兔）获得一定的发展。此外，境内自然资源丰富，尤以森林、矿产、野生动植物资源优势突出：全县林地面积广大，主要树种有樟子松、落叶松、白桦、杨树、柳树、云杉等；近年来，野生浆果（酿酒和调制纯绿色饮品的原料）和菌类采集产业发展迅速，如雅格达（红豆）（图3.18）、都柿、山葡萄、山丁子，以及猴头、木耳、蘑菇、蕨菜、金针菜等；矿产资源有黄金、煤炭、石灰石、石墨、膨润土、大理石等，其中黄金、煤炭开采已形成规模，黄金开采已有百余年的历史，清代即被慈禧称为"胭脂沟"。自1998年该县天然林保护、天然林禁伐等生态建设工程实施以来，以木材加工、运输为主的县域产业结构进行了很大调整，旅游（图3.19）、特色养殖、木材深加工（图3.20）、北药开发、食品加工已成为县域经济的主要产业，2006年三次产业比重分别为39∶22∶39。

图3.15 大兴安岭生态观光游——大兴安岭林区（黑龙江省漠河县）

图3.16 大兴安岭"北极"游——黑龙江和"神州北极"碑（黑龙江省漠河县）

图3.17 大兴安岭"北极"游——"中国最北一家"(黑龙江省漠河县)

图3.18 大兴安岭特色浆果——雅格达和都柿(黑龙江省漠河县)

图3.19 大兴安岭中俄边境小商品市场(黑龙江省漠河县)

图3.20 大兴安岭木材储运——西林吉木材站(黑龙江省漠河县)

长白山——吉林省集安市

优势：区位、水能资源、文化资源、林业资源、中药材

产业模式：旅游(文化古迹、生态观光、边境风光)＋水能开发＋医药加工＋特色种植

集安市位于吉林省东南部，地处长白山南麓，气候宜人，四季分明，风景秀丽，素有吉林"小江南"之称。该市东南隔鸭绿江与朝鲜民主主义共和国相望，边境线长203.5km，是我国对朝三大口岸之一，也是长白山地区重要的商品集散地。境内旅游资源丰富，历史悠久，文化底蕴厚重，作为高句丽都城长达425年，留下了许多文物古迹，多处被列为国家级和省级重点文物保护单位，其中太王碑(图3.21)、五盔坟、国内城、丸都山城以及被誉为"东方金字塔"的将军坟(图3.22)等高句丽王国古迹早已蜚声海内外；中朝界河鸭绿江风光旖旎，以短期赴朝游为主的"边境风光游"特色明显；五女峰国家森林公园景色秀美，森林茂密。2006年，集安接待国内外旅客61万人次，实现旅游综合收入3.05亿元。同时，境内浑江、鸭绿江两大水系穿境而过，河流众多，水能蕴藏量大，开发前景广阔。此外，境内矿产资源丰富，现已开发的有金、银、铅、锌、铁、硼、

石墨、石棉等。该市长白山地域特色资源丰富,盛产人参、山参、鹿茸、细辛、五味子、中国林蛙等几十种名贵中药材,还有蕨菜、蘑菇、木耳、山楂、葡萄、板栗等土特产品。经过多年的建设与发展,已形成旅游(文化古迹游、生态观光游、边境风光游)、商贸物流、水能开发、特色农业种植(人参、葡萄)(图3.23、图3.24)、林特产为主的县域特色产业,2006年三次产业比重分别为16∶40∶44。

图3.21 长白山历史文化游——高句丽王国历史古迹:太王碑(吉林省集安市)

图3.22 长白山历史文化游——高句丽王国历史古迹:"东方金字塔"将军坟(吉林省集安市)

图3.23 长白山特色种植——人参(吉林省集安市)

图3.24 长白山特色种植——葡萄(吉林省集安市)

五指山——海南省五指山市

优势:区位、民族文化资源、林业资源、特色农业(热带水果)

产业模式:旅游(热带雨林观光、黎苗少数民族文化风情)+特色农业+建材

五指山市位于海南岛中南部,地处五指山腹地,周围群山环抱,森林茂密,有"翡翠山城"的美誉。该市五指山省级自然保护区内的野生动植物资源种类繁多,特别是动物种类繁多,野生动物种类达524种,占全国野生动物总数的22%,且许多物种为五指山区所独有,是休闲观光、旅游、探险、科考、度假、疗养的理想之地。同时,该市是黎族、苗族的主要聚居区,极具民族特色的宾馆和黎族、苗族村寨,是海南省每年"三月三"黎苗民族传统节日庆典的主要场所,原始、古朴的黎苗少数民族风情使全国各地的游客流连

忘返，2006年，全市共接待旅客35.6万人次，旅游总收入实现3 501万元。此外，市境内矿产资源丰富，其中高岭土、大理石、花岗岩、石墨等矿产的开发前景可观。多年来，五指山市已形成旅游（热带雨林观光游、黎苗少数民族文化风情游）、物流及商贸服务、特色农业（热带水果）、矿产开发为主的县域产业发展格局，2006年三次产业比重分别为32∶12∶56。

其他山区特色旅游。

图3.25　北岳恒山佛教文化游——恒山寺庙群（山西省浑源县）

图3.26　北岳恒山文化古迹游——悬空寺（山西省浑源县）

图3.27　太行山红色旅游——大寨（山西省昔阳县）

图3.28　五台山佛教文化游——佛教建筑（山西省繁峙县）

图3.29　七老图山生态观光游——塞罕坝国家森林公园（河北省围场县）

图3.30　螺髻山生态观光游——邛海（四川省西昌市）

图 3.31 螺髻山彝族文化游——凉山彝族自治州彝族奴隶社会博物馆(四川省西昌市)

图 3.32 鲁南山工业旅游——二滩水电站展览中心(四川省盐边县)

图 3.33 乌蒙山生态观光游——老干沟(云南省昆明市东川区)

图 3.34 方斗山历史古迹游——云梯街(重庆市石柱土家族自治县)

图 3.35 大雪山羌族文化游——羌族碉楼(四川省丹巴县)

图 3.36 长白山生态观光游——长白山瀑布(吉林省安图县)

图3.37　折多山藏族文化游——藏族民居
　　　　（四川省道孚县）

图3.38　折多山生态观光游——木格
　　　　措景区（四川省康定县）

图3.39　折多山藏传佛教文化游——
　　　　塔公寺（四川省康定县）

图3.40　熊耳山生态观光游——
　　　　天池山（河南省嵩县）

三、物流服务业带动山区发展

一些山区县利用区位优势，完善区域铁路、公路、海运、航空等交通基础设施建设，利用现代信息技术，搭建现代物流服务信息平台。政府积极出台相关产业政策，支持物流企业、物流产业的发展，以物流产业集群化发展为核心，构建有利于物流服务业发展的现代交通网络、信息共享平台和政策制度环境，物流服务业正逐步发展成为县域经济的主导产业。典型县份：

长白山——黑龙江省绥芬河市

优势：区位

产业模式：物流服务＋边境贸易＋旅游

绥芬河市位于黑龙江省东南部、长白山东麓，东与俄罗斯远东最发达的滨海边疆区接壤。该市处于东北亚经济圈中心地带，区位优势显著，是国内东北干线——滨绥铁路和301国道东端的起点,境内有1条铁路和2条公路与俄罗斯相通,交通便利,东距俄罗斯对应口岸波格拉尼奇内21km、距滨海边疆区首府符拉迪沃斯托克(海参崴)210km、距远东最大的自由经济区纳霍德卡270km,通过绥芬河—海参崴—纳霍德卡的陆海联运,货物可直达日本、韩国、美国、东南亚等国家和地区,是当前中国通往日本海的最大陆路贸易口岸,被誉为连接东北亚和走向亚太地区的"黄金通道"。1992年被国务院批准为中国首批沿边扩大开放城市之一,1997年中俄两国设立中俄"绥—波互市贸易区",境内口岸已发展成为国家一类陆路口岸、国家二类集装箱站,2001年绥芬河成为国家林业局、外经贸部、海关总署批准的黑龙江省唯一依托俄罗斯森林资源的进口原木加工锯材出口试点口岸,目前已成为我国北方陆路最大的进口木材集散地。近年来,依托濒临俄罗斯的区位优势和境内的绥芬河国家森林公园、俄驻绥领事馆旧址、绥芬河教堂旧址等自然景观和人文景观资源,以边境风光游、购物游(图3.41)、生态观光游为主的旅游业也逐渐成为经济发展的支柱产业。当前,绥芬河已成为以铁路运输为主要载体、以陆海联运为辅助链接方式、以物流服务产业为重点的国际区域性物流中心城市,2006年以物流服务和旅游为主的第三产业占GDP的比重高达90%。

图3.41 长白山中俄边境小商品市场(黑龙江省绥芬河市)

同时,市境内的沸石、铬铁、辰砂等矿产资源分布较广,化工产业有了一定的发展。森林覆盖率近50%,林业资源丰富,具有较高经济价值的野生植物资源众多,如黄芪、五味子、龙胆草、刺五加、芍药等中草药资源,木耳、蘑菇、山葡萄等林特产资源,林特产加工产业发展较快。

长白山——黑龙江省东宁县

优势:区位、食用菌(黑木耳)、旅游资源

产业模式:物流服务+旅游+食用菌种植+林特产

东宁县位于黑龙江省东南部,地处长白山支脉老爷岭与完达山余脉的连接地带。

该县东与俄罗斯接壤,边境线长139km,是国家一类陆路口岸以及东北亚国际大通道上重要的交通枢纽。县境内森林覆盖率为88%,旅游资源丰富,拥有东宁口岸、大城子渤海古城遗址、五排山城遗址、绥芬河大峡谷、鸡冠山、神仙洞、吊水湖、仙人桥、草帽顶子等20余处边塞景观,还有洞庭地质公园和面积达10km^{2}的原始森林生态旅游区;东宁要塞群是二战时期日军在亚洲修筑的最大军事要塞,揭示日军侵华罪证的东宁劳工坟,现已成为爱国主义教育基地和国防教育基地。借助其区位和旅游资源优势,以物流服务和旅游(生态观光游、文化古迹游、红色旅游、边境风光游)为主的第三产业已成为县域经济的主导产业,2006年第三产业比重为57%。

东宁县盛产黑木耳、松茸、元蘑、蕨菜、山野菜等山珍,现有全国最大的黑木耳集散地和交易中心,有"中国最大的木耳之乡"的美誉,2007年实现市场交易量2.8万吨,交易额近15亿元。围绕以黑木耳为主的食用菌产业,该县基本形成产前(菌包生产、草帘编制、锯末加工)、产中(食用菌种植)、产后(食用菌加工、食用菌销售、废弃菌袋塑料回收加工、废弃菌料加工)完整的产业链体系,主要品牌"绥阳耳"被认定为黑龙江省著名商标。

此外,东宁境内煤炭、黄金、沸石、叶蜡石、石英、石灰岩、石墨等矿产资源丰富,矿产采选和加工为县域工业主体,但整体规模较小。

巫山——重庆市巫山县

优势:区位

产业模式:物流服务+传统农业+特色种植(烤烟)+矿产开发

巫山县位于重庆市东北部,地处国家重点水利项目三峡工程库区的腹心地带,是重庆市重要的交通枢纽和商贸集散地。该县山地面积广大,畜禽饲料丰富,畜牧业以猪、羊为主;粮食作物种植面积大,以玉米、洋芋、红苕为主,经济作物主要有烤烟、蚕桑、水果等。同时,境内黑色金属、有色金属、化工原料、非金属矿四类矿产资源丰富,其中以煤、铁、硫铁矿、石灰岩、硫储量最多。境内雨量充沛,大溪河众多,水能资源丰富。此外,县境内名胜古迹众多:大庙龙骨坡古人类化石遗址发现了距今201～204万年的人类门齿化石,是我国境内发现最早的人类化石;大溪遗址,新石器时代墓葬群就集中于溪北;大宁河小三峡中巴雾峡北口、滴翠峡飞云洞口均有悬棺,是古代巴人生活的遗存;沟通古代蜀、巴、楚三国的大宁河古栈道、巫峡、大宁河小三峡及马滤河小小三峡成为全国旅游胜地之一。多年来,县域经济形成以传统农作物及烤烟、蚕桑、水果为主的第一产业,以卷烟、水电、建材(水泥)、化工为主导的第二产业,以物流服务及商贸为主的第三产业,2006年三次产业比重分别为32∶20∶48。

哀牢山——云南省墨江哈尼族自治县

优势:区位、农业资源、特色种植

产业模式:物流服务+特色农业(墨江紫米)+特色种植(烤烟、墨江紫胶、甘蔗、橡胶)+矿产开发墨江哈尼族自治县位于云南省南部、思茅市东部,地处哀牢山中段主脉以西的土石山区,是全国唯一的哈尼族自治县。该市距省会昆明273km,距市府思茅163km,素有思(茅)普(洱)门户之称,北回归线横穿县境,并从县城所在地联珠镇经过。境内特色农产品众多,其中,墨江紫胶产量为全国之最,墨江紫米是中国名米,紫米封缸酒曾获得巴黎国际名酒及巴拿马万国名酒博览会金奖,并于1997年被评为云南省名特产品。森林、矿藏、药材等自然资源丰富,其中墨江金矿为云南最大金矿。目前,墨江已形成商贸物流、旅游(哈尼族民族文化风情游、北回归线标志游)、特色种植(烤烟、墨江紫胶、甘蔗、橡胶)、特色农业(墨江紫米)、矿产开发(金矿)为主的县域经济支柱产业,2006年三次产业比重分别为32:29:39。

武陵山——湖南吉首市

优势:区位、生态景观资源、苗族文化风情资源

产业模式:物流服务+旅游

吉首市位于湖南省西部、武陵山脉东麓,是湘西土家族苗族自治州首府所在地。该市毗邻鄂、渝、黔三省市,位优势明显,交通便利,国道209线、319线、省道229线、常吉高速、吉茶高速、枝柳铁路贯穿全境,临(汾)三(亚)高速、包(头)茂(名)高速、杭(州)瑞(丽)高速在市内交会,是湘、鄂、黔、渝四省市边区重要的物资集散地。同时,县境南联凤凰城,北接张家界,已成为湖南西部旅游黄金线的中心区域,境内旅游资源特色显著,拥有山峰(孤峰和峰丛)、河流、溶洞、瀑布等自然景观,拥有历史悠久的军事和商业重镇——乾州古城,集自然风光与民俗文化为一体的德夯苗寨,是湖南省重点旅游景区之一,还拥有2009年入选文化部"中国民间文化艺术之乡"的寨阳乡,该乡以苗族鼓舞、苗族民歌等传统文化著称。多年来,随着区域基础交通网络的完善,以物流、旅游为主的第三产业迅速成长为县域经济的主导产业,2006年第三产业比重为52%。

同时,依托境内矿产、林业、农业、畜牧等优势资源,磷化工、建材(水泥)、酿造、食品加工等工业取得了较快发展,其中,桐油、生姜、椪柑、苎麻、药材、酒鬼酒、河溪香醋、乾州板鸭等产品畅销国内很多省份。

第三节 山区农业产业化发展模式

但对于很多山区县而言,区位条件差,工业、旅游等资源禀赋也较差,不具备发展工业的矿产资源优势,缺乏发展物流服务业的区位优势,也没有发展旅游业的自然景观资源和人文景观资源优势。只能基于山区本的身农业资源、林业资源、畜牧业资源、特色生物资源等优势,以地域特色资源为基础,以提高农业产业经济效益、生态效益、社会效益和提升农产品市场竞争力为目的,选择"农业产业化"的经济发展模式,延长以农产品或畜产品加工为主的产业链,促进饲养(种植)—收购—储藏—深加工—运输—销售等

产业内部分工的深化,形成规模适度、特色明显、效益良好和具有较强市场竞争力的多元化综合农产品体系,推动区域传统农业向现代农业的转变、自然经济向市场经济的转变。

正如舒尔茨在《改造传统农业》中所提出来的,在加快山区农业现代化建设的过程中,重点是向农业投资,包括对农民进行人力资本投资以及进行农业基础设施投资两方面,前者包括劳动技能培训,文化培训,产前、产中、产后各阶段的信息、科技、金融、市场、销售、保险等一系列社会化服务体系的建立,农业合作组织的建立等方面;后者包括交通基础设施建设,农田水利基础设施建设,农业机械化水平提高等方面。特色农业发展模式的典型县份:

天目山——浙江省安吉县

优势:竹类资源、区位

产业模式:竹加工＋旅游

安吉县位于浙江省西北部,北依天目山。该县境内竹类资源丰富,毛竹蓄积量和商品竹产量均居全国前列,是著名的"中国竹乡",以竹椅、竹地板、竹工艺品、竹笋、竹食品等为主的竹产品加工业和以竹海、竹文化旅游为主的竹产业是该县的支柱产业,拥有国内外散生、混生竹种最为齐全、素有"竹类大观园"之称的安吉竹博园,园内的中国竹子博物馆收录了人类五六千年的竹文化史,拥有著名影片《卧虎藏龙》的外景拍摄地——中国大竹海。围绕竹类资源,该县已形成以竹良种基地(研发)——标准化种植(技术服务)——竹类深加工(竹木制品,竹类酿造,竹医药化工,无公害食品、绿色食品和有机食品)——旅游为链条的竹产业基地。同时,境内林业资源众多,盛产白茶、冬笋干、板栗、山核桃等多种林特产,其中安吉白茶为中国名茶,安吉又被称为全国闻名的"白茶之乡"。此外,境内自然景观、人文景观资源众多:龙王山省级自然保护区内拥有奇峰、怪石、古木、异草和原始森林等景观,其中珍稀动植物物种较多,是浙北地区的物种园和基因库,龙王山还是黄浦江源头;安吉是近代艺术大师吴昌硕的故乡,被誉为"昌硕文化之乡",现有吴昌硕纪念馆、昌硕公园及其故居、衣冠冢和"芜园",还有始建于五代时期的千年古刹——灵峰寺,以及独松关、灵芝塔、运鸿塔、奉宪禁碑等文化古迹。"中国竹乡"、"天荒坪电站"(亚洲最大的抽水蓄能电站)、"黄浦江源"和"昌硕故里"成为安吉旅游的四大品牌。

近年来,依托竹类、文化、景观等资源优势和临近杭州、苏州和上海三大都市的区位优势,在县域经济发展上,已培育形成了竹加工、新材料、竹配套机械加工、特色食品、电子信息、物流、旅游等支柱产业,安吉经济也迅速走在了长江三角洲经济区的前列,2006年三次产业比重分别为 11∶50∶39。

山东丘陵——山东省栖霞市

优势:特色种植(苹果)、区位

产业模式:现代工业＋特色种植(苹果)＋旅游＋物流

栖霞市地处山东省胶东半岛中心地带，该市属暖温带季风性半湿润气候，具有无霜期长、光照强、降水适宜的特点，且河流众多、灌溉条件好，特别适宜苹果种植。栖霞早在18世纪70年代就开始种植苹果，距今已有100多年的历史，如今苹果种植面积超过40hm^2，拥有红富士、新红星、嘎啦、乔纳金等60多个新优品系，产量达10亿公斤，果品以个大、形正、鲜艳、色度好、酸甜适中、香脆可口而备受国内外市场的青睐。围绕苹果产业，该市以市场为导向，以新技术为支撑，以龙头企业、专业批发市场、种植基地为依托，以"龙头企业＋基地＋农户"为模式，培育了产前(市场信息、良种繁育、研发)、产中(种植技术服务)、产后(收购、包装、储藏、深加工、运输、销售)一体化的产业服务体系，苹果产业已成为县域经济发展的支柱产业。多年来，先后被命名为全国优质果品生产基地、果品产加销一体化基地示范市、全国唯一的苹果标准化示范市、中国苹果之乡，2002年被中国果品协会授予"中国苹果之都"的荣誉称号。

该市北临渤海湾，同三高速、204国道、802省道、蓝烟铁路等在境内交会，东依烟(台)—西(安)铁路干线，离烟台港、烟台机场仅60km，区位优越，交通基础设施完善。此外，栖霞矿产资源、旅游资源丰富：黄金、大理石、花岗岩、滑石产量居全国前列，是全国三大滑石出口基地之一；森林覆盖率46%，河流纵横，境内有长春湖、牟氏庄园、太虚宫、艾山温泉、艾山自然风景区、苹果城度假村，以及绵延百里的十八盘国家级生态公益林示范区等自然和人文景观。

依托其特色资源和区位优势，多年来，栖霞市县域经济方面已培育、形成了以苹果为支柱的第一产业，以机械装备(汽车及零部件、风电设备)、电子信息和医药化工等现代工业为主体的第二产业，并且正在逐步培育以食品、黄金、水泥、服装四大优势产品为主的生产基地，以及以物流、旅游为主体的第三产业，2006年三次产业比重分别为23：46：31。

武夷山——福建省泰宁县

优势：烟叶、林业资源、水能资源、景观资源

产业模式：水电开发＋旅游＋特色种植(烤烟)＋林特产

泰宁县位于福建省西北部、武夷山脉南麓，素有"汉唐古镇，两宋名城"的美誉。该县是农业大县，烟叶是其重要的特色经济作物，烤烟种植面积2 600多公顷，年产烤烟4 000多吨，居三明市前列，烟叶是县域农业产业的支柱；泰宁是福建省重点林区，林特产资源优势突出，林木、竹类、花卉、食用菌、茶叶、中草药等为优势产品，在农业方面，形成了以水稻、大豆、玉米等粮食作物生产为主，以烟叶、笋竹、锥栗、雷公藤、乌凤鸡等特色产品加工业为辅的发展格局，基本形成了人工中草药种植基地，成为国家商品粮基地县、国家种子工程示范县、福建省农业标准化示范县以及以雷公藤为主的省级中草药生产基地和无公害食品基地，境内出产的"状元红"、"甘露桂"获福建省级名优茶称号，该县还荣获"中国锥栗之乡"、"中国竹笋之乡"的称号。

该县境内雨量充沛，大河流70多条，且落差较大，水能蕴藏量大，除国家建设的池

塘水电站和良浅水电站外,已建设大小水电站 100 余座,是全国早期的农村初级电气化县之一。此外,全县水域面积超过 5 300hm²,其中近一半适宜养鱼,池塘加上水电站建设后形成的大、中、小型水库,为渔业养殖提供了良好的条件,该县成为福建省重点淡水鱼生产基地县,特别是 1976 年国家重点项目池塘电站建成后,大坝蓄水形成了福建省第一大人工湖——金湖,金湖活鱼成为福建省首个通过有机食品认证的鱼类食品。

该县旅游资源特色明显,以区域丹霞地貌群落为基础,拥有泰宁世界地质公园、猫儿山国家森林公园和"水上丹霞"——金湖、上清溪、九龙潭等自然景观,以及状元岩、中国魅力名镇——泰宁古城、悬空古刹——甘露岩寺、国家重点文物保护单位——明代民居尚书第建筑群、被文化部命名为"天下第一团"的梅林戏等人文景观,同时,泰宁是中央 21 个苏区县之一,2004 年被列入全国"百个红色经典旅游景区",集生态观光游、文化古迹游、红色旅游为一体,2006 年全年接待游客 139.3 万人次,旅游总收入 4.27 亿元。

经过多年的发展,泰宁县域经济基本形成以烟叶、林特产、中药材、渔业为特色的第一产业,以水电为主的第二产业,以旅游为主的第三产业,2006 年三次产业比重分别为 26∶40∶34。

小兴安岭——黑龙江省嘉荫县

优势:特色农业资源(大豆、食用菌)、林业资源、畜牧资源(绒山羊)

产业模式:特色农业＋特色畜牧＋林业

嘉荫县位于黑龙江省北部、小兴安岭的东北麓。该县是农业大县,2006 年第一产业比重为 49%,基本形成"三色经济"特色农业产业。其中包括:以优质大豆种植为主体的"金色经济",还包括绿色食品种植,以及以五味子、水飞蓟为主的北药种植,其中大豆为优势农产品,该县是黑龙江省主要的大豆主产区,近年来,随着品种、肥料、技术、价格、销售"五统一"管理模式的推行,逐步实现了不同品种、品系分区规模种植,优质大豆的市场竞争力不断提高;以绒山羊养殖为主的"银色经济",该县被国家和黑龙江省确定为"绒山羊生态养殖农业标准化示范区";以民有林为主的"绿色经济",林木、矿产、农副山特产品加工为三大支柱产业。此外,还有以黑木耳种植为主的"黑色经济",盛产黑木耳、猴头、蘑菇等特产,其中袋栽黑木耳已实现规范化、规模化生产。县境内森林覆盖率达 62%,林特产资源众多,包括人参、黄芪、五味子等中草药 100 余种,都柿、山葡萄、山梨等山野果,蕨菜、薇菜、刺嫩芽等山野菜近百种。同时,黑龙江沿岸渔业发展良好,境内有大小河流 56 条,泡塘湖泊众多,适宜养殖水面近 2 万亩,盛产大马哈鱼、鲟鱼、鲤鱼等。

该县金矿开采历史悠久,早在清末时期乌拉嘎金矿就闻名全国,还有硫铁矿、蛇纹石、琥珀、褐煤等矿产,矿产开采为县域工业的主体。早在 1988 年,国务院就批准嘉荫为国家一类客、货口岸,此后该县与俄罗斯、白俄罗斯等国家之间的进出口贸易额与日俱增,物流服务业成为县域第三产业的主体。近年来,以国家级恐龙地质公园、茅兰沟森林公园、嘉荫乌拉嘎矿山公园为依托,生态旅游成为第三产业新的经济增长点。2006年第二、第三产业比重分别为26%、25%。

小兴安岭——黑龙江省铁力市

优势:林业资源、农业资源

产业模式:特色种养+木材深加工+矿产开发+旅游

铁力位于黑龙江省小兴安岭南麓,境内林牧业资源丰富,被誉为小兴安岭上的"绿色宝库"。该市境内河流纵横,草原肥沃,为发展绿色养殖业、种植业提供了得天独厚的自然条件,特色种养以绿色水稻、大豆及黄牛、奶牛、梅花鹿、大鹅、生猪为主,绿色水稻、速冻玉米、林蛙、林灌鸡已成为全国闻名的铁力"四宝"。同时,森林中盛产山葡萄、猕猴桃、蘑菇、木耳、蕨菜、松子、榛子等百余种林特产品,以及驰名中外的人参、刺五加、五味子、黄芪等百余种名贵中药材。此外,地下矿藏十分丰富,已探明的有60余种,其中有色金属、铅锌矿的储量约200万吨,黄金矿石储量约7万吨,非金属矿石有白云石、石灰石、玉石、大理石等,开发前景十分广阔。多年来,铁力县域经济已形成了特色种养、木材加工、矿产开发、北药开发和旅游五大支柱产业,2006年三次产业之比为38:30:32。

其他山区特色农业。

图3.42 螺髻山特色水果种植——石榴（四川省西昌市）

图3.43 小相岭特色养殖——养蜂（四川省汉源县）

图3.44 小相岭特色种植——花椒、小樱桃（四川省汉源县）

图3.45 方斗山特色种植——黄连（重庆市石柱土家族自治县）

图 3.46　鲁南山特色种植——烤烟加工房（四川省盐边县）

一、牧业产业发展模式

典型县份

阿尼玛卿山——青海省河南蒙古族自治县

优势：畜牧业资源

产业模式：畜牧业＋商贸物流＋矿产开发

河南蒙古族自治县位于青海省东南部，西倚青藏，东临甘陇，北通西宁，南望四川，是青、甘、川三省津要之所在。该县是牧业大县，也是青海省的主要畜牧业生产基地之一，境内有可利用草场 60 多万公顷，草质优良，主要畜产品有"欧拉羊"、牦牛和马等，其中绵羊属藏系羊种，品种优良。多年来，已形成包括饲养—收购—深加工（羊肉、羊皮、油脂、羊毛）—销售为主的畜产品加工产业链，2006 年第一产业比重为 63%。县境内栖息着白唇鹿、马熊等许多珍稀野生动物，盛产冬虫草、党参、手掌参、雪莲等多种名贵药材，除此之外，还有丰富的野生动植物药材资源尚待开发利用；境内矿产资源丰富，已探明储量的有辉锑、泥炭和矿泉水，但目前开发规模较小；黄河贯穿县境，水能理论蕴藏量大，但多处尚处于待开发状态；该县地处高寒草原，草原风光、高山雪崖（图 3.47）、圣湖、黄河大峡谷、蒙古族风俗民情等资源为旅游业发展提供了有利条件。2006 年第二产业、第三产业比重分别为 13%、24%。

巴颜喀拉山——青海省久治县

优势：畜牧业资源

产业模式：畜牧业＋物流服务＋食品加工

久治县地处青藏高原东部，巴颜喀拉山脉（图 3.48）的支脉年保山横贯全境，是典型的高原区以畜牧业为主的县，主要畜种有牦牛、藏系绵羊、河曲马等，畜产品加工业是

图 3.47　远眺阿尼玛卿山

县域工业的主体产业，工业基础相对薄弱，2006年县域经济中三次产业之比为51∶11∶38。县境内野生动植物资源丰富，盛产冬虫夏草、贝母、大黄、黄芪、羌活、甘松、当归、党参等名贵药材，野生动物有马鹿、麝、雪豹、猞猁、狐狸、雪鸡等。此外，境内主要分布的矿产有煤、金、锑、水晶等，工业以煤炭开采、肉食品加工为主。青（海）川（四川）公路穿境，物流服务业有一定发展。

图 3.48　翻越巴颜喀拉山山口

喜马拉雅山——西藏自治区措美县
优势：畜牧业资源
产业模式：畜牧业＋旅游＋林特产

措美县位于西藏南部,地处喜马拉雅山北麓。该县经济以畜牧业为主,是山南地区的主要牧业县之一,以饲养山羊(白绒山羊)、绵羊、牦牛、黄牛、马、驴等为主,兼有种植业,主要农作物有青稞、冬小麦、荞麦、豌豆、油菜等,2006年第一产业比重达88%,近年来,以"古堆藏獒"为品牌的藏獒养殖业得到了很快发展。县境内野生动植物资源丰富,藏野驴、黑颈鹤、水獭、马麝、天鹅、藏雪鸡、藏原羚、秃鹫、灰鹤等被列入国家重点保护动物,主要药用植物有虫草、贝母、黄连、雪莲花等。矿产资源主要有铅、硫、锑、石墨、玛瑙、煤、泥炭等,还有丰富的地热资源,但目前开发利用程度低、规模小。县域工业主要是以家庭经营为主的民族手工业,从事金、银、铜制品和氆氇、卡垫等传统产品的制造和纺织。境内河流湖泊众多,水能蕴藏量可观,但目前利用规模较小,有待进一步开发。境内旅游资源分布广泛,有湖泊、温泉等自然景观,毛吾角寺距今已有数百年的历史,是宁玛派著名寺庙,素有藏南朝圣之旅第一关之称,措美县境内是西藏高碉建筑最为密集的区域之一,有加仓贡朗碉堡、卡阿高碉等遗址,这些自然和人文景观为旅游产业的发展奠定了良好的基础。

唐古拉山——西藏自治区安多县

优势:畜牧业资源

产业模式:畜牧业

安多县地处西藏自治区北部、唐古拉山脉南北两侧,是一个纯牧业大县。县域地形复杂,草原辽阔,安多草原是藏北四大草原之一,主要畜种有牦牛、绵羊、山羊和马等,养殖业和畜产品加工业是县域经济的主导产业,2006年第一产业比重达93%。境内高原野生动植物资源、鱼类资源众多,其中藏野驴、藏羊、野牦牛、盘羊系青藏高原特有的珍稀种类,有很高的经济价值和观赏价值,均属国家保护动物,闻名世界的藏雪鸡、黑颈鹤、白天鹅,在安多草原常能看到。矿产资源分布也十分丰富,属本县的三大优势之一,目前发现的矿产多达30余种,主事有煤、铁、铬铁、铜、锌等,但尚未形成优势产业。此外,高原自然景观(唐古拉峰等)和人文景观(藏民族服饰、藏佛教文化)较为丰富,但旅游产业有待进一步开发。

冈底斯山——西藏自治区措勤县

优势:畜牧业资源

产业模式:畜牧业

措勤县位于西藏自治区中西部、阿里地区东南部,地处冈底斯山中段北侧。该县是牧业大县,县境内草原广阔,主要饲养牦牛、犏牛、黄牛、马、绵羊、山羊(紫绒山羊)等畜种,养殖和畜产品加工是县域经济的主要产业,2006年第一产业比重达96%。境内江河、湖泊众多,鱼类资源较为丰富,但受当地藏族居民习俗和宗教方面的影响,没有捕食的习惯,渔业资源尚未开发利用。因历史、地理、文化等多因素原因,县域工业基础薄弱,除民间简易的家庭手工业外,目前还没有其他工业。

二、现代商品农业发展模式

受地理条件、历史文化背景、经济发展水平等因素的影响,中国大多数山区县是以农村人口为主的区域(农村人口占区域总人口的比重在80%以上),广大农村居民以中心村(乡镇政府所在地农村)、一般行政村(村民委员会所在地农村)、自然村(村民小组)、散居农户等农村聚落形式分布于广大山区。历史上,深受区域生态环境的脆弱性、地域的难通达性以及社会经济发展的边缘性等诸多不利因素的影响,同时,广大山区适宜耕种的土地少,多以旱作农业、雨养农业为主,粮食生产不稳定,如今,很多农村还停留在"广积粮"的生活水平之上,农产品商品率不高,绝大部分地区的自给农业占很大比重。

现代商品农业是在现代商品经济条件下,面向市场,以满足市场对各类农产品需求为目的,以商品性农产品生产为核心的农业,其特点是生产的集约化、专业化,农产品商品化水平高。近年来,一些山区县利用其农业、林业、特色生物等优势资源,立足于国内外市场需求,发展商品性农业,建立各种农产品生产基地(无公害食品、绿色食品、有机食品等),逐步推动区域传统农业向现代农业的转变、自然农业向市场农业的转变,提高县域农产品的商品率,实现县域自给性农业生产向商品性农业生产的转型升级。典型县份:

大巴山——陕西省汉阴县

优势:农业资源、水能资源

产业模式:商品农业＋旅游＋水能开发

汉阴县位于陕南秦巴山区。该县是一个农业大县,粮食、油料、生猪是传统产业,"三元瘦肉型生猪"为汉阴优质品牌,当前正在积极建设生猪养殖基地县和良种猪繁育基地县,蚕桑、烤烟为县域特色产业。境内野生植物资源丰富,有桑、茶、桐、漆、柑橘、板栗、青竹等林特产,有金银花、天麻、丹皮、杜仲、板蓝根、黄精、桔梗等中药材。境内有砂金、脉金、瓦板石、石灰岩、大理石、板石等多种矿产资源,是我国的中华铁锈红瓦板岩之乡和黄金大县。此外,县境内河流纵横,均属长江水系,水能蕴藏量大,开发利用前景广阔。境内有观音河水库、龙寨沟奇石景区、两合崖景区等自然景观,有阮家坝、杨家坝等新石器时代遗址,有文庙、文峰塔、古城墙等名胜古迹,近年来以旅游为主的第三产业逐步成长为县域经济的支柱产业。2006年三次产业比重分别为40:24:36。

六盘山——甘肃省庄浪县

优势:农业资源、区位

产业模式:商品农业＋商贸物流＋矿产开发

庄浪县位于甘肃东部、六盘山西麓,地处甘(肃)、宁(夏)两省交会处。该县是全国第一个"中国梯田化模范县",依托梯田资源,探索出了"梯田＋科技＋兴水＋结构调整"

的旱作农业发展道路，农副产品资源丰富，是陇东胡麻、荞麦、蚕豆、白云豆、胡椒的主要产区之一，地毯、亚麻、草编等产品远销海内外，盛产大黄、柴胡、党参、甘草、冬花、杜仲等多种名贵药材，以蕨菜为主的山野菜备受国内消费者青睐。县境内矿产资源丰富，其中石灰石、铜、铅、锌等矿产的开采利用前景可观。当前，县域经济已形成以特色农业、商贸、建材为主的产业发展格局，2006年三次产业之比为42∶20∶38。

云开大山——广东省信宜市

优势：林业资源、农业资源

产业模式：商品农业＋林特产＋商贸物流

信宜市位于广东省西南部。该市是农业大县，境内主要农作物有稻谷、小麦、玉米、花生、木薯、反季节蔬菜等，主要经济作物有香蕉、三华李、荔枝、龙眼、茶叶、柑橙、南药等，以及砂仁、田七、肉桂、益智、八角、巴戟等中药材，是全国粮食生产先进县(市)、全国农林牧渔业总产量百强县(市)、全国水果百强县(市)、中国三华李产业龙头县。县境内竹类资源丰富，脂松香和竹编工艺品是广东省名牌产品，"信宜山地鸡"、"怀乡三黄鸡"是信宜的传统名优特产，其中"怀乡三黄鸡"被列为广东省四大名鸡之一。此外，境内矿产资源主要有锡矿、金矿、花岗岩、玉矿等，其中信宜南玉为广东名牌特产，也是全国唯一的"南方碧玉"。多年来，县域经济方面已形成竹编、山地养鸡、小水果、林产化工、水电、玉器六大特色支柱产业，2006年三次产业比重分别为35∶29∶36。

怒山——云南省龙陵县

优势：农业资源、水能资源

产业模式：商品农业＋矿产开发＋旅游

龙陵县位于云南省西部。该县是农业大县，主要种植稻谷、小麦、玉米、豆类等粮食作物和甘蔗、烤烟、香料烟、油菜、咖啡、木薯、茶叶及干水果等经济作物，被列为云南省商品粮基地县、干果基地县和全国茶叶生产基地县。县境内水能资源极为丰富，除了东有怒江、西有龙川江之外，还有遍布县境的大小河流44条，是云南省保山市水电开发规模最大的县。境内主要矿产有褐煤、铅、锌、铌、钽、锡等。境内森林资源丰富，森林覆盖率为54.6%，有高等植物1 000余种，其中国家一级、二级、三级保护树种繁多。境内旅游资源众多，有"东方直布罗陀"之称的滇西抗日主战场——松山战役抗日战场遗址、被国内外誉为"神汤奇水"的邦腊掌热矿泉旅游度假区，还有小黑山原始森林自然保护区、茄子山水库生态旅游区以及极具地域特色的怒江大峡谷三江口风光，近年来，以旅游业为主的第三产业得到了较快发展。经过多年的发展，龙陵县域经济形成以农产品加工、矿产开发、水能开发和旅游为主的产业格局，2006年三次产业比重分别为34∶35∶31。

三、农牧产品加工业发展模式

典型县份

大凉山——四川省昭觉县

优势：农业资源、畜牧业资源、区位

产业模式：农牧产品加工＋商贸物流＋旅游＋矿产开发

昭觉位于四川西南部、地处大凉山腹心地带，是四川省凉山彝族自治州东部的交通枢纽和重要的物资集散地。该县是一个农牧业大县，县境内苦荞麦资源特色显著，是全国最大的苦荞麦（含有人体必需的 18 种氨基酸）主产区，被誉为"苦荞麦之乡"，为开发保健食品、酿酒等提供了充足的原料；境内天然草场广阔，畜种以羊为主，形成了以羊产品深加工（羊皮、羊肉、羊毛）为主的加工业，被列为全国半细毛羊生产基地县。在旅游资源方面，昭觉自古就有着凉山彝族历史文化中心的美誉，是彝族风情、文化和民俗的典型分布区，同时又是一个文物大县，拥有博什瓦黑古崖画、好谷军屯遗址、汉代石表等众多受重点保护的文物，此外，境内还拥有西南地区最大的飞播林区、狮子山、竹核温泉等特色景区。境内矿产资源极为丰富，主要有铜、铁、煤等矿种，其中铜矿资源在四川省占有一定的比重。近年来，昭觉基本形成以特色农牧业、商贸物流、旅游、铜矿、水电、建材为主的县域经济发展格局，2006 年三次产业比重分别为 52∶11∶37。

图 3.49　小相岭养殖业——黑山羊（四川省冕宁县）

参 考 文 献

[1] 陈国阶等:《中国山区发展报告(2003)》,商务印书馆,2004年。

[2] 陈国阶:"我国山区农业发展急需转变战略思维",《山地学报》,2001年第4期。

[3] 陈国阶、方一平、陈勇等:《中国山区发展报告——中国山区聚落研究》,商务印书馆,2007年。

[4] 杜肯堂、戴士根主编:《区域经济管理学》,高等教育出版社,2004年。

[5] 高延军、陈国阶、沈茂英:"山区发展对中国区域发展不平衡的影响",《中国人口资源与环境》,2007年第4期(专刊)。

[6] 高延军:"中原城市群高技术产业联盟的组织机构创新",《郑州航空管理学院学报》,2009年第4期。

[7] 高延军、陈国阶:"四川省山区县发展与农村聚落建设",《山地学报》,2006年增刊。

[8] 国家统计局:《中国县(市)社会经济统计年鉴(2007)》,中国统计出版社,2007年。

[9] 河南省统计局、国家统计局河南调查总队主编:《河南省统计年鉴(1999~2007)》,中国统计出版社,2008年。

[10] 王海圣:"资源诱惑下的刀尖舞",《经济视点报》,2006年。

[11] 杨永华:"论珠三角与山区经济发展战略的协调",《南方经济》,2002年第8期。

[12] Hualou Long, Jian Zou, Yansui Liu 2009. Differentiation of Rural Development Driven by Industrialization and Urbanization in Eastern Coastal China. *Habitat International*, Vol. 33, No. 4, pp. 454-462.

[13] Gao Yanjun, Chen Guojie, Shen Maoying 2007. Scattered Rural Settlements and Development of Mountainous Regions in Western Sichuan, China. *Wuhan University Journal of Natural Sciences*, Vol. 12, No. 4, pp. 737-742.

[14] Vishwambhar Prasad Sati 2004. Resource Utilization Pattern and Development in Hills—A Case for the Pindar Basin of Garhwal Himalaya, India. *Journal of Mountain Science*, Vol. 1, No. 2, pp. 155-165.

第四章 中国山区发展值得探讨的若干重大问题

本章所要探讨的几个问题,我们认为是对山区发展具有重大影响的问题,但因为存在不同的认识或缺乏必要的落实措施,在国家战略中尚未引起足够的重视,故特在这里提出来,希望能起到抛砖引玉的作用,对国家山区发展战略和全国战略的构建,能够有所裨益。

第一节 中国山区工业化问题

中国山区需要工业化,但中国山区的工业化有自己特殊的内涵。这里需要特别指出的是,首先,山区工业化不是山地工业化,山区是以山地为主的区域,但山区内并非全部是山地;山区内可以有山间盆地、谷地、丘陵,也包括高原。因此,山区有若干发展工业较适宜的区位和城镇作支撑。其次,山区工业化主要是指山区要经历工业化的社会发展阶段和经受工业文明的洗礼,享受工业文明和现代化的成果。最后,山区工业化是有选择的工业化,包括区位选择和工业门类选择,不是遍地开花,更不需要建立庞大的工业体系。但是,山区却不能规避工业化的过程,不能绝对畏忌发展工业。

一、工业化是山区发展不可逾越的阶段

中国山区在中国工业化、城市化的过程中,扮演什么角色?山区要不要工业化?这是个一直存在争论的问题。根据对山区多年的考察和思考,我们提出下列见解:

(一)工业化是一个必经的发展阶段

它包括几层含义:首先,工业化是作为一个历史发展过程和发展阶段而提出的。在这个过程中,工业虽然扮演着主导或重要角色,但并不是发展的全部。工业化过程应包括与之相应的人均收入、社会进步、教育水平、消费水平、技术水平、观念意识等内涵,是人类发展必须经历的阶段,具有普遍的区域适应性。可见,实现工业化是全国各个区域共同的任务,全国的工业化不只是平原区、发达地区和城市的任务,而是全国,包括山区的共同任务。其次,世界上发达国家(不论是山地为主的国家,还是平原国家或者山地

与平原并重的国家)无一不经过工业化阶段,工业化的表现形式可以不同,但发展阶段不可逾越。第三,中国当前正处于工业化的中期发展阶段,不仅存在着严重的城乡二元结构和经济二元结构,而且还存在着平原与山区二元结构,其最突出的表现是平原城市和山区农村之间的反差,构成已进入工业化中期或后期阶段的区域与广大尚处于农牧社会的山区之间发展不平衡的巨大鸿沟。可以说,平原与山区二元结构是城乡二元结构和经济二元结构在区域上的集中表现。削弱或消除二元结构不可能依靠抑制城市和工业发展,而只能靠加大山区的产业发展,使山区走出传统农业社会,进入工业化发展阶段。

(二) 山区工业化的内涵解读

作为一个历史发展过程,工业化是一个综合、系统、多目标的社会过程和社会形态。中国山区工业化当然要适当发展工业,还应尽量争取工业在国民经济中发挥主导作用。但山区工业化更深层次的内涵是要使山区融入全国工业化的过程之中,参与工业化过程的社会变革和社会实践,建立起与工业化进程相适应的产业体系、社会服务体系、消费体系、市场体系、文化教育体系、社会保障体系、组织管理体系、法制体系,以及与之相适应的观念、意识、行为。也就是说,山区工业化的标志应该是山区居民大致享有与平原区一样的生活水平,人均收入差距不大;山区拥有工业化带来的现代交通、通讯、信息、技术;拥有现代社会的教育、文化、体育;拥有小康水平的居住条件、卫生保健设施和社会保障体系;拥有与全国一体化的金融、商贸、市场、信贷、保险和相关的服务。而包括农业、牧业、旅游业在内的山区产业的规模、质量、专业化水平、服务水平,也与全国工业化水平相匹配。

因此,中国山区工业化不一定要求其工业达到像平原地区、沿海大都市区那样的水平和分量,但要求具备工业化社会的物质生活、精神享受、社会保障等。总体上,中国山区工业化可以滞后,工业化过程可能较长,但工业化发展阶段不可逾越,更不可用别的地区的工业化来替代。

二、山区工业发展的必要条件

中国山区工业从总体上讲不是要不要发展的问题,而是如何发展的问题,是发展什么工业门类、控制到什么程度、如何合理布局、如何与环境友好的问题。

(一) 中国山区发展必须以自身经济为支撑

作为一个几亿人口的庞大区域体系,山区人民要建设全面小康社会,要实现现代化,不可能长期靠别的地区来供养、来补给。若干区域范围较小的自然保护区、特殊生态功能区、无人区、高山、亚高山、高海拔高原、峻险山脉山体等不作经济开发,不搞工业,由别的区域通过生态补偿来维护生存和发展,是可能的;但整个中国山区如果不走工业化的道路,是不可能走出贫困实现和全面实现小康社会的。全国也不可能对山区长期提供大量无偿的、与全国生活水平大致相当的物质支撑。区域的发展归根结底还得靠自身的发展,靠人供养的日子是不好过的。何况,当前区域之间的竞争日益激烈,协作都很困难,补偿至今也未有先例;援助虽有,但都是救济式、扶贫式的,不具备培养山区与全国齐头并进的功能和强度。因此,山区发展需要的是培育自身的造血功能,壮大自身的经济实力。

(二) 全国工业化需要山区工业的支撑

总体上说,中国山区工业发展水平和发展前景远不如平原、沿海和大都市区,这是不争的事实。那种认为中国的希望在中国西部、在山区的观点,未免失之偏颇。但中国山区毕竟拥有许多平原地区没有和少有的工业资源,例如水能、煤炭、林产、矿产、野生生物、特色药材、建材、畜牧产品等,以这些资源发展相应的原材料工业、能源工业、加工业不仅可以壮大山区经济,对全国工业也是一种补充、一种支撑,对于全国工业化是不可或缺的。

(三) 解决"三农"问题需要山区的工业化

中国要建设社会主义新农村,首要的任务是解决"三农"问题,而"三农"问题最突出的区域是山区农村。因此,不解决好山区农村、农业、农民的问题,中国的"三农"问题就仍会尖锐地存在。而解决"三农"问题的核心,是发展农村生产力,发展工业以反哺农业。只有山区实现工业化,山区才有经济能力解决自身的"三农"问题,也才有反哺农业的营养,才有实现和全面实现小康社会的基础与条件。

(四) 构建和谐社会需要山区的工业化

和谐社会的构建需要经济发展作基础,需要让各族人民共享改革开放和社会主义建设的成果,需要区域之间的相对协调发展。中国山区是少数民族聚集区,由于历史、自然等原因,大多数分布于山区的少数民族还处于经济不发达的状况,其发展水平与发达地区的差距越来越大,在不少地区已成为社会不安定的重要因素,实现山区富裕与发展少数民族地区经济是同为一体的。而只有走工业发展的道路,这一切才能实现。

(五) 工业化留有巨大空间可供山区选择

在工业发展与生态建设和环境保护方面,确实存在着相当尖锐的矛盾,弄不好会破坏山区环境、损害山区所肩负的生态保护功能,确实不能掉以轻心。但山区有广大的地域空间,工业体系是一个庞大的产业体系,只要我们认真筛选、合理布局、精心设计,构建与山区环境协调、对环境友好的工业门类、工业企业的条件是存在的。我们提倡山区工业化并不等于照抄照搬历史上工业发展的模式，并不是不分青红皂白，有企业项目就上，而是要走出具有山区特色的工业发展道路。

三、山区工业化过程的特征

如上所述，中国山区正经历着全国工业化、城镇化大潮的冲击和洗礼，山区工业化在起步、发展、壮大。但与全国比较，山区工业化呈现几个特点：

（一）滞后性

中国的工业化、城镇化从空间结构上看，水平最高的是我国东部沿海的平原区和城市连片区或大都市区（如长江三角洲、珠江三角洲、环渤海地区等）；其次是中部的平原区、大都市区（如武汉—江汉平原地带、河南郑州周边地区等）；再次是西部平原—大都市区（如成都平原经济圈、西安周边的关中平原等）。而工业化、城镇化水平最低的地区，是全国的山区，特别是中国西部山区。山区在发展阶段上大多处于农业社会阶段，少数进入工业化初期阶段，与发达地带的平原城市群相比，山区发展落后一个至两个阶段。可以说，中国的工业化、城镇化实际上是以平原地区为主导、以东部沿海大城市区为龙头的城市化，中国山区的工业化、城镇化过程是严重滞后的。

（二）被动性

中国山区的工业化、城镇化是被平原区、大都市区带动的。从历史上看，中国工业发源于沿海、沿江的平原和城市，而不发源于山区。沿海沿江（特别是长江中下游）是中国工业化的先锋，上海是中国工业的摇篮；当前中国山区主要接受城市、平原发达区的经济辐射，其工业产品、现代观念、文化、信息、技术，主要从城市区、平原区输入；工业化的进程和模式基本上都是由平原、城市区所决定、所主宰的，山区只有跟随、跟踪的份儿，没有主导的能力，也不具有自发工业化、城镇化的可能性；中国工业化过程中的金融、市场、物流、信息流、知识流主要是受平原区、大都市区主控的，山区只是其中的一个小部分、小配角。

（三）配角性

中国山区实际上一直是全国工业经济的配角，这与被动性相联系。这里想要着重指出的是，山区基本上是城镇化、工业化的资源供应区，农业拓延区，以及发达城市居民的休闲区；工业化、城镇化过程中的人口流动比之农业社会规模更大也更频繁，但山区人口流向城市的是劳动力、打工族；而城市流向山区的人口主要是休闲族、度假族；山区人口到城市、平原是为了挣钱、引进资金；而城市到山区的人口主要为花钱、为投资。因此，山区在全国的总体战略中是一个不可缺的配角，是工业化的后勤区、城市的"后院"。

（四）协调性

中国山区与平原发达区、城市区的关系在某种程度上代表着中国农业与工业、农村与城市、平衡与发展之间的关系。现在不少地区提出城乡一体化的概念，意在协调工业化、城市化过程中的城乡关系，统筹城市与农村、工业与农业的共同发展，实现城乡之间在社会经济、生活方式、思想意识、生活水平及生态建设等方面广泛融合，达到物质文明、政治文明、生活文明的城乡共享。我们认为，在中国山区与平原、城市与山区的发展关系上也存在一体化的问题，消除平原与山区区域经济二元结构是一体化的中心任务。从山区与全国工业化的关系上说，山区与城市、平原宏观上仍然有着资源与加工，粗加工与精加工，进城赚钱与进山休闲，享受城市物质文明与享受大自然生态文明的相互补充、协调的作用。

四、山区工业化道路的战略选择

中国山区工业化的进程、社会文明、生活质量、生活行为必须与城市和全国的发展大致相近。但是，中国山区作为一个有别于平原地区，特别是有别于大都市区的区域，有着较浓重的农村特征、农业色彩、自然秉性，其工业化的模式、内容和方式，不一定要和全国雷同，或重复世界工业化几百年的全过程，中国山区的现代化、工业化要体现山区的特色。

（一）中国山区工业化不必谋求建立完整的工业体系

中国山区的面积和人口，俨然相当于一个大国的规模。但是中国山区不必要也不应该再建立完整的工业体系，而是要建立有特色的若干工业门类、类型或大的产业集团，工业化的重点不是建立健全的工业体系，而是建立有特色的、全国其他地区缺乏的工业类型、工业企业、工业产品，作为全国产业体系的组成部分或特色部分。

总体上包括：以山区优势资源为依托，在全国有不可替代地位的工业，如水能、风能、煤炭等；以山区生物资源多样性为依托，目前在全国发展还较薄弱，并且其他地区发展条件较差的工业，如天然药物加工业、天然淀粉、香料、染料、化妆品等新兴生物加工业；以山区特色种植业为主的加工业，如肉类、竹类、奶类、菌类、果类、特色养殖类等食品加工业；那些在全国已形成很强的发展能力、已建立体系，而山区不具备竞争优势也不具备发展条件的工业，则应尽量少发展或不发展。

因此，中国山区的工业发展，只能以特制胜，不能以全制胜。

山区工业发展作为全球化过程中的区域发展，只有明确山区工业在全国中的特殊性、不可替代性、稀缺性，才能找到全球化中的自身位置、特点、特色和特长，才能有自己的市场、地位，有自己的发言权，有自己在全国、全球竞争中的分量。有特色才能有生命力、有存在和发展的空间，否则，以山区的小而全面对全国的大而全、全球的特大全；以山区的低水平体系应对全国的高水平、全球的超高水平的体系，就只有被淘汰的份儿，没有立足之地。

（二）中国山区工业化并不要求各个山区都遵循同一发展顺序

在世界各国工业化发展的过程中，三大产业结构一般都经过"一二三"、"二三一"、"三二一"的发展过程。我们认为，山区作为整体而言应该经历这样的过程，但对于许多具体的山区县乃至部分山区市、州、地区而言，则不一定都要经过第二产业为主，即工业为主的国民经济发展阶段。也就是说，在许多以特色农产品、旅游业、商贸业（如边贸）、牧业为主的山区县，特别是人口稀少的山区县，不必一定要先发展工业，再发展壮大第三产业，而是可以直接跨越某些工业发展阶段，由第一产业为主直接进入以第三产业为主的阶段，这并不违背工业化发展的一般规律，而是更突出了各地的特色。没有经过工业为主发展阶段的山区县、市，可以靠全国、周边地区的工业来弥补自身工业的不足；旅游业大县可以靠旅游业带动第三产业与工业区、工业县、工业市和全国进行商品交换，同样可以享受工业化的成果。

（三）中国山区工业发展不能遍地开花

中国山区面积广大，相对而言，人口密度较小；许多山区是多条高大山脉的集合体，山高谷深，除了河谷地带、阶地、若干山间盆地适宜开发外，要建设高密度的公路、铁路、通讯、管道、输电网等很困难，也不必要。山区工业化的发展主要应依托已有城镇，即便是新建水电、矿山也应尽量依托现有的城市和工业基地，切忌随处布局、处处开花。要真正走新型工业化道路，即上规模、新技术、少污染、高效益；那种"村村点火、处处冒烟"的乡镇企业已不适应现阶段发展的要求，山区发展不能再重蹈覆辙。山区工业的基本布局应该是保持大部分山脉、山系、山体的自然、宁静，集中发展、壮大已有城镇，避开生态敏感区，建设新型工业集中区。

第二节 中国山区生态补偿问题[①]

山区作为生态多样性的中心和水源涵养、水情调节的中心，起着保护河流流域、平原、城市的环境功能，是生态安全屏障。山区特殊的地貌条件、生态功能和生态使命，迫使其放弃、限制自身的发展空间、发展条件和发展机遇，为大局付出了成本。因此，对中

---

① 本节内容系作者领导的课题组的集体成果。课题组成员包括四川大学王益谦教授、四川省社会科学院杜受祜研究员、四川林业科学院慕长龙研究员、四川省草原研究院泽波研究员等，王益谦教授参与撰稿，甘孜州科技局给予大力支持，在此一并表示感谢。

国山区进行生态补偿是近年来呼声很高的热点问题。国家在实施退耕还林的战略中，首次对全国范围的山区进行了一次生态补偿，但毕竟只是一个方面的临时政策，与系统、全面、长期的生态补偿机制的建立、实施还有较大距离。为此，这里特予以讨论。

一、关于生态补偿的理论认知

人类社会经济的发展与生态环境的矛盾，即人地关系或人地矛盾，是一个非对称、非线性的过程。人地关系中，人是自然演化的产物，但又是人地关系的主导者，是人地矛盾的始作俑者。人地关系中，人有自身的利益，有独特的价值取向，有发展的诉求和追求。人对生态环境的作用强度、方式、作用区域、时间选择和长短等，都是以人的价值取向为依据，而不是以自然的"同意"、"容许"与否为前提的。

人类价值取向是一个多元体系。虽然在各个历史时期有代表各自时代特征的价值潮流或主导思维，但人类内部分裂为不同利益集团、不同区域、不同国家、不同发展水平、不同宗教信仰、不同价值追求，他们之间的价值取向殊异，而且经常发生相互冲突、相互争夺。为了局部、部门、某一利益集团、某一区域、某一国家的自身利益，损害全局、损害环境、损害别的国家和区域的价值和利益的事层出不穷。因此，人地矛盾实质上是人类价值和利益分配的矛盾，问题虽然表现在环境的益损方面，但根本上在于人类内部利益的得失。协调人地矛盾一定程度上是协调人类内部利益分配的矛盾，关键是人类如何处理向环境索取和给环境以补偿的问题，是如何处理人类内部环境利益与环境责任的合理分配问题。

遗憾的是，人类对经济效益与环境效益的获取，往往不能兼容。为了经济效益往往要损害环境效益，而为了维护环境效益又要限制经济效益的获得。更重要的是，经济效益与环境效益之间表现为不均衡性、不对称性。其中突出的几点有：

（1）经济效益往往表现为由局部人群或特定集团所享有，而环境效益表现为公共财富，由较广泛的人群所共享或共有。

（2）经济效益的获取要以一定的环境损失为代价，即对于环境来说，经济的外部性是一种负效应。经济效益获得者与环境效益受损者往往不是同一主体，因此产生经济效益与环境效益得失的错位。环境效益也有外部性，即环境的质量不仅影响本地区的发展，而且影响别的地区的利益，但这种外部性，既可能表现为正效益（如好的生态环境对周边或中下游的保护），也可能表现为负效益（如洪水对中下游的破坏等）。

（3）经济效益对于人类特别是对于既得利益者是直接的和看得见、摸得着的，而环境效益则往往是间接的、滞后的，难以用货币体现的。

（4）经济效益对于既得利益具有专属权，谁拥有，属于谁，别人不能侵犯；而环境效益（和环境损害）在不同的区域、人群和时间里可以被转移、转嫁。获得经济效益的工厂、企业、业主、城市、农村、区域、部门、社会集团，可以通过非法、隐蔽的手法，转移其环境亏损、环境责任、环境代价乃至环境灾难,造成经济效益和环境效益在不同人群和区域中的错位分布,成为不同利益集团掠夺环境公共资源的"投机取巧"的空子。

(5) 环境效益的正负、大小与环境质量是紧密联系的。环境质量高的区域产生的环境正效益大;反之,环境产生负效应,质量越差,负效应越大。环境效益可以被人为转移或自然转移,即一个区域环境质量所产生的环境效应不仅对本区域产生影响,而且对周边地区或下游产生影响。

环境效益与经济效益的不一致和区域分布的错位,或者说受益(损)人群的错位,使得环境与经济发展的协调工作不仅要处理同一区域内的问题,而且必须处理区域与区域之间的利益分配、任务分担、责任分明的问题。为此,建立区域之间环境和经济效益公平分配的机制与体制,是实现区域之间公平竞争、协调发展、社会和谐的前提。生态补偿,正是构建这种机制的关键和行之有效的措施。

长期以来,山区对维护国家生态环境安全发挥了决定性作用。但是,山区在为保护生态环境付出巨大代价的同时,却没有获得合理的补偿。现在应该是实施山区生态补偿的时候了。

党中央、国务院对建立生态补偿机制非常重视,并提出了明确的要求,将其作为贯彻落实科学发展观的重要举措。如在全国《"十一五"规划纲要》中,正式提出要"按照谁开发谁保护、谁受益谁补偿的原则,建立生态补偿机制"。在《全国生态保护"十一五"规划》中提出,要研究并制定生态补偿政策,构建我国生态补偿政策的总体框架,并选取典型区域与领域,开展生态补偿试点。《国务院关于落实科学发展观,加强环境保护的决定》要求"要完善生态补偿政策,尽快建立生态补偿机制"。中央和地方财政转移支付应考虑生态补偿因素,国家和地方可分别开展生态补偿试点。《国务院2007年工作要点》(国发〔2007〕8号)将"加快建立生态环境补偿机制"列为抓好节能减排工作的重要任务。国家《节能减排综合性工作方案》(国发〔2007〕15号)也明确要求改进和完善资源开发生态补偿机制,开展跨流域生态补偿试点工作。《国务院关于促进畜牧业持续健康发展的意见》(国发〔2007〕4号)中更进一步提出,要探索建立草原生态补偿机制,维护生态安全。国家环境保护总局颁发了《关于开展生态补偿试点工作的指导意见》(环发〔2007〕130号)。

但是,由于生态补偿涉及复杂的利益关系调整,一套系统、科学、合理的生态补偿机制尚未建立,目前对生态补偿原理性探讨较多,针对具体地区、流域的实践探索较少,尤其是缺乏经过实践检验的生态补偿技术方法与政策体系。因此,有必要通过在重点领域开展试点工作,探索建立生态补偿的标准体系以及生态补偿的资金来源、补偿渠道、补偿方式和保障体系,为全面建立生态补偿机制提供方法和经验,从而体现山区的生态资源价值,促进地区之间的协调发展,让现代化成果惠及山区广大人民。

二、山区生态补偿的基本观点

为了落实山区的生态补偿,需要理清思路、界定范围,落实补偿主体与客体,应坚持正确的原则。

(一) 山区生态补偿的性质

山区生态补偿是处理山区经济发展与生态保护之间关系的一种政府行为,又是处理区域之间利益关系的市场行为,是山区经济利益与生态责任的博弈,更是山区经济利益与长江流域和全国生态安全的博弈。山区为了全国生态安全放弃了自身发展的机会和权利,作出了一定的牺牲,因此,补偿是国家和全国受保护或受益地区对山区的补偿。

生态补偿是对山区生态贡献的肯定,是对山区由于承担生态屏障功能所承受经济损失的弥补。因此,生态补偿不是怜悯,更不是扶贫、救济,而是责任、义务和必需,是区域发展公平的体现。

(二) 山区生态补偿的主要范围

生态补偿牵连到自然生态系统众多因素和不同层次,极其复杂,为便于计算、便于实施、简化过程,山区生态补偿的范围暂定为森林、草地、水资源、矿产资源、旅游资源、生态移民等领域。

山区生态补偿原则上包括三个主要方面:①山区自然生态系统对生态安全所发挥的功能及其所产生的价值;②根据山区生态保护和河流流域生态安全的需要,限制山区资源开发和产业发展所造成的经济损失;③为完善、提高山区生态功能所需要的投入,如自然保护区建设、生态移民等。

(三) 山区生态补偿的计算

生态补偿是一种生态经济行为,生态功能最终要转化为经济效益,因此,生态补偿应定量化、货币化,需要逐项计算。具体落实生态补偿的标准应按各类生态系统功能的大小、质量的高低、区位和安全贡献等,分不同等级来计量。

山区生态功能惠及全国,特别是河流流域,因此,生态补偿的主体应该是国家,大头应该是中央政府,部分可由相关地区支付。

生态补偿是一个动态的概念,包括几层意思:①货币的贴现率不断变化,现在确定的货币补偿量,应与贴现率挂钩;②生态功能是一个动态的过程,随着各地区社会经济的发展、经济密度的提高和人口密度的增加、生态功能的价值提高,生态补偿的标准也应逐步提高;③当前对于生态系统生态功能价值的估算,限于研究水平,不可能十分准确,存在今后修改、变动的空间。

山区生态补偿应该作一个统一的规划，以前已有的一些生态补偿（如退耕还林、退牧还草、生态移民等）应纳入此次生态补偿范畴，避免重复计算。但由谁补偿，可根据"谁污染，谁治理；谁受益，谁出资"的原则确定。

三、山区生态补偿的主要内容

山区生态补偿的内容很复杂，当前在定量计算上还存在一定的困难。首先是补偿的内容包括哪些方面？其科学依据是什么？一时难以界定。其次是每项补偿的金额是多少？如何定量计算？一时难以给出恰当或较准确的数量。但是，从目前各地试行或在各地研究准备执行的区域上看，大概的补偿范围和数量还是可以确定的。下面是我们根据考察、研究，认为应该实行生态补偿的内容：

（一）山区生态系统功能的补偿

即山地生态系统为山区本身和山区以外的生态安全提供系统服务的功能，包括森林生态系统的碳汇功能、水源涵养功能、水土保持功能、生物多样性保护功能，还有森林净化空气功能、造氧功能、景观服务功能、森林活立木生长功能等。因其提供的服务远远超出山区范围，而且长期持续地提供服务，因此，山区以外特别是河流流域中下游更多地享受了这种服务。为此，对山区进行服务补偿，应该是公平的，也是必需的。

（二）山区发展机会的补偿

即山区为了山区以外或河流中下游的生态环境安全，确保中下游水源、水环境的质量，在主体功能区划中，将山区大部分地区定位为限制开发区或禁止开发区。在山区不准许陡坡开垦，实行退耕还林、还草；森林生态系统实行天然林保护，限制乃至在很长时间内禁止森林砍伐；在广大牧区限制放牧数量；在工业化过程中，限制山区发展污染型工业和其他对环境影响大的工矿业；水电、矿产开发也受到很大的制约。所有这些，都是以牺牲山区的发展权来换取河流中下游和山区以外地区的生态安全和环境质量，严重制约了山区经济的发展。为此，河流中下游和山区以外的受益地区，对山区的牺牲作出补偿，也是应该的。

（三）山区资源价值的补偿

长期以来，山区为全国提供了大量的稀缺资源，包括木材、矿产、水资源、山特农产品、林产品等山区资源，大都以无价或低价贡献给了全国；而自然资源开发留下的生态损失、环境破坏、生产成本却又留给了山区，使山区在发展滞后中，又蒙受了资源的损失和生态环境的代价。因此，对山区所提供的各种资源，尤其是稀缺资源，应以资源税的形式反馈一定的资源价值给山区，弥补山区资源的价值损失。同时，要对山区资源开发

(大部分资源开发都由山区外企业来进行)所造成的生态环境影响,提供生态修复、环境整治、生态重建的资金补偿。

(四)自然保护区的补偿

我国大部分自然保护区分布在山区,发挥着保护各类自然生态系统、生物多样性,保护濒危和珍稀物种、特色景观、水源涵养地等功能。虽然在主体功能区划中被定为禁止开发区,但这些自然保护区中依然有不少居民,他们的生活、生产、生存受到极大的限制;同时,自然保护区的维护、管理需要大量资金投入。当前普遍存在的问题是,自然保护区的管理、维护资金严重不足,保护区居民生活无保障。因此,为了更好地保护自然生态系统,确保自然保护区功能的发挥,应该通过生态补偿,给予当地居民应有的生活保障,同时加大自然保护区的建设投入。

(五)生态移民的补偿

山区的不少居民居住于高山生态环境恶劣区域或生态灾害频发区域,以及地方病高发区域,不仅生存环境险恶、生活无保障,而且为了生活和生存不得不对山地环境进行粗放式的开发,如刀耕火种、陡坡垦殖、以柴为薪等,导致环境退化、水土流失、生物多样性丧失,而居民本身也难以改善生存条件,难以达到小康的生活水平。因此,对这部分山区居民进行生态移民是山区建设、山区农村发展、山区生态保护的重要内容。因此,应将其列入生态补偿的范畴加以实施。

为了更具体地说明山区的生态补偿问题,我们将由笔者牵头,以四川省科技顾问团的名义组织实施的藏族自治区生态补偿的部分内容附录于后,作为一个案例供大家参考。

四、山区生态补偿的主体

生态补偿是区域补偿,但我国现有生态补偿政策普遍带有较强烈的部门色彩。目前中国生态环境管理分别涉及林业、农业、水利、国土、环保等部门,部门分头管理的状况导致了部门的利益化和利益的部门化,区域补偿很大程度上变成了部门补偿,容易导致补偿不到位的情况发生。因此,根据中国国情,山区生态补偿应当实行主体的多元化。具体来说,就是要在责、权、利相统一的前提下,谁开发,谁保护;谁破坏,谁恢复;谁受益,谁补偿;谁污染,谁付费。要明确生态补偿责任主体,确定生态补偿的对象、范围。

(一)政府补偿

在目前我国的政治经济体制之下,由于产权界定不清,存在着环境贡献者与环境受益者利益的"非对称性",尤其是像山区这样经济落后、环境恶劣的地区或少数民族地区,在与受益地区的对话中处于弱势地位。因此,中央政府在山区生态补偿中应当成为主体。主要渠道设立具有长期性和稳定性的"项目工程"补偿方式,制定受益者补偿的制度,建立有利于"限制开发区域"生态保护的税费制度,加大财政转移支付的支持。

(二) 区域补偿

目前在涉及具体补偿行为时,难以确定谁是生态效益的提供者、受益者,特别是在国家层面上实施大尺度区域之间的生态补偿时,这个问题显得更加突出。因此,应当在中央政府的协调下,明晰上下游流域之间的经济利益关系,通过建立以公共支付为基础的生态效益补偿基金的形式,来进行区域转移支付。

(三) 开发商补偿

要充分发挥政府在生态补偿机制建立过程中的引导作用,制定完善调节、规范市场经济主体的政策法规,将资源开发中的环境保护纳入成本,收取环境保护税,加大开发商珍惜环境和资源的压力和动力,引导建立多元化的筹资渠道和市场化的运作方式。

(四) 当地受益群体自己补偿

山区人民是生态环境改善的最大受益者,因此,本地居民也应当为山区生态环境的改善进行补偿。具体可以结合本地实际,以投工、投劳的形式进行补偿。

五、四川甘孜藏族自治州生态补偿案例研究[①]

(一) 甘孜州的生态战略地位

甘孜藏族自治州,位于青藏高原东缘,占据四川省西部,面积15.3万公顷,人口约90万,其中藏族人口约占80%,是一个以藏民族为主体的民族自治区域。该州属于世界第三极——青藏高原的重要组成部分,又占据着著名的横断山区的中心,高耸的地形,特殊的区位,发育着世界罕见的以高山、高原、高海拔为特征的自然地理奇观,生态景观和生态系统,其特异的生态功能对全国的生态安全具有十分重要的战略意义。

(1) 甘孜州是长江上游水源涵养区、水情调控区,是长江中下游水安全的重要生态屏障。长江上游干流金沙江,支流大渡河、雅砻江流经全州,水资源总量达706.8亿立方米,人均74 969m³,水能蕴藏量5 698万千瓦,是我国优质水资源的重要供应地,是全国重要的"水塔",其水量、水情变化直接影响着下游的工农业用水、生活生态用水,以及洪旱灾害的发生,成为长江上游生态屏障的主体和关键区域。

(2) 甘孜州拥有青藏高原和横断山脉,自然地带基带为亚热带,垂直地带变化明显

[①] 本小节是学术研究成果,不作为正式补偿的标准。

而完整,全州面积大、地形变化复杂、自然类型众多,是基因多样性、物种多样性、生态系统多样性、景观多样性的分布中心之一,拥有许多珍稀、濒危、特有、古老、孑遗的物种,成为世界物种保护所关注的中心之一。

(3)甘孜州地域辽阔,拥有在我国地位十分突出的森林、草地、高山草甸、沼泽湿地、冰川、湖泊,是世界上森林分布海拔最高的区域,拥有一批世界级的自然景观、风景名胜,拥有三江并流世界自然遗产,拥有多个国家级自然保护区。

(4)甘孜州作为青藏高原的重要组成部分,是全球变化的敏感区,又是引起全球变化的重要区域,近年来该地区森林减少、湿地干化、冰川退化、草原沙化等已成为重大的生态环境问题。今后甘孜州生态变化与全球变化的相互影响和相互响应,不仅关系着甘孜州自身的发展,对长江流域和全球环境的演变,都将产生重大影响。

(5)甘孜州东临四川盆地和川西南地区,西与西藏、青海相连,是汉族聚居区向藏族聚居区过渡地带,是我国农区向牧区过渡地带,拥有文化的多样性和民族的多样性;不论在农业生态、生产方式、文化特点、民族宗教、社会行为、发展水平等方面都有显著的地方特性,与东部地区有明显差异,是构造和谐四川、和谐藏区、和谐中国的重要战略区。

(二)甘孜州生态补偿的主要范畴

甘孜州生态补偿涉及的方面很多,其主要范畴包括森林、草地、湿地的生态保育补偿,水资源、矿产资源开发中的环境影响补偿,生态移民补偿等。

(1)甘孜州是四川省重点林区之一,林业用地面积6 201 114.9 hm^2,占全州土地总面积15 101 329.9 hm^2 的41.06%,占全省林业用地总面积2 672.2×$10^4 hm^2$ 的56.51%。州有林地面积2 636 592.3 hm^2,占全州林业用地总面积的42.52%;疏林地面积33 482.4 hm^2,仅占全省林业用地面积的0.54%;未成林造林地面积45 660.7 hm^2,也仅占全省林业用地面积的0.74%;而灌木林地面积325 1293 hm^2,却占了全省林业用地面积的52.43%;无林地面积233 576 hm^2,占全省林业用地面积的3.77%;全州森林覆盖率(有林地覆盖率)为17.46%。所起到的功能为:一是涵养水源功能。甘孜州森林涵养水源总量为1 327 083万立方米,单位涵养水量2 489m^3/hm^2;涵养水源总价值为107.5亿元,单位平均价值0.20万元/hm^2。二是保育土壤功能。根据四川省森林生态效益监测站点实测数据以及多年的监测研究,甘孜州无林地水土流失土壤年侵蚀模数取值为256吨/(km^2·a),并确定甘孜州各植被类型土壤平均容重、土壤平均厚度、土壤侵蚀模数、养分元素含量等指标数据。磷酸二铵含氮量14%,含磷量15.01%,氯化钾含钾量为50%。磷酸二铵市场价格为2 400元/吨,氯化钾价格为2 200元/吨。有机质价格为53.1元/吨。通过统计,甘孜州森林减少土壤面积损失的总价值为1 185.84万元,单位平均减少土壤面积损失的价值为2.22元/hm^2;减少土壤肥力损失总价值109 740.83万元/年;单位平均减少土壤肥力损失价值206元/hm^2。三是固碳、制氧、贮养功能。根据四川省森林生态效益监测站点相关研究数据和林业统计年鉴等文献资料,确定不同植被类型的参数有:林地有机碳含量、石砾含量、蓄积/总生物量系数、林木和凋落物 N、P、K 含量等,公式中碳和氧的价格以中国造林成本法 1 200 元/吨和 369.7 元/吨计算。经计算得出,甘孜州森林固碳、制氧及林木营养积累功能的总价值为 137.84 亿元,单位平均价值为 2 586 元/hm^2。四是净化环境功能,经统计甘孜州森林吸收的二氧化硫、氟化氢、氮氧化物和滞尘分别为:65.17 万吨、0.99 万吨、3.20 万吨、9 421.75 万吨;净化总价值为 64.52 亿元/年。五是生物多样性保护功能。根据四川省森林生态效益监测站点开展的生物多样性调查数据及相关研究文献,冷云杉林 Shannon-wiener 指数的平均值为 1.805 5、高山松林为 2.01、圆柏林为 1.903 7。经统计,甘孜州森林生物多样性保护的单位价值合计为 197 亿元。

(2) 甘孜州有天然草地 943.1 万公顷,占全州土地总面积的 62.4%,占全省草地总面积的 47%;其中,可利用草地面积 831.9 万公顷,占全州草地总面积的 88.2%。草地是牧民赖以生存和发展的重要生产资料,草地畜牧业是州域经济的基础及支柱产业。甘孜州天然草地分为高寒草甸草地类、亚高山草甸草地类、高寒灌丛草垫草地类、亚高山疏林草甸草地类、高寒沼泽草地类、山地疏林沼泽草地类、山地灌木草丛草地类、山地草丛草地类、干旱河谷灌丛草地类以及附带草地类等 10 类。目前,甘孜州天然草地可食鲜草产量为 181.5kg(按 20 世纪 80 年代测定的鲜草产量平均下降 20% 计),按利用率 60% 计算,理论载畜量为 744.3 万个羊单位。目前,甘孜州 90% 左右的草地出现不同程度的退化、沙化,生态环境日趋恶化。造成甘孜州草地生态环境不断恶化的原因是多方面的,既有自然气候及地理因素,也有人为因素及生物因素。但从总体上看,超载过牧、滥挖乱垦等人类掠夺式利用是造成草地大面积退化和生态环境日趋恶化的根本原因。

(3) 甘孜州湿地面积为 645 646.94hm^2,占全州土地面积的 4.14%,占全州草地总面积的 6.84%,主要分布在石渠片区,面积为 462 556.8 hm^2,占全州湿地总面积的 66.66%;其次是甘孜—德格—色达片区,面积为 147 493.25 hm^2,占全州湿地总面积的 22.84%;其余 3 个片区分布较少。从分布动态变化看,20 世纪 80 年代至 2002 年的 20 年间,甘孜州湿地出现了急剧萎缩的趋势,湿地面积减少了 44 595.13 hm^2,减少率为 6.73%。

(4) 甘孜州蕴藏的部分矿种在四川省矿产资源储量中占有相当大的比例,其中铜占 27%、铅占 53%、锌占 38%、镍占 84%、锂占 84%、铍占 82%、铌占 88%、钽占 87% 等。在贵金属、有色金属、稀有金属和特种非金属等矿产资源方面甘孜州具有较突出的优势,是四川有色金属资源的接替基地。计划经济时期,甘孜州矿产开发为国家建设作出了巨大贡献,但是也带来了严重的生态环境问题,如多处金矿的开发和丹巴云母矿的开发,在导致资源枯竭的同时,也使矿区生态环境受到极大影响。在构建长江上游生态屏障的过程中,要求甘孜部分矿山"限制与禁止开发",也使得全州工业发展失去了赖以生存的资源基础。

(5) 甘孜州平均海拔高达 3 305m,环境人口容量极其有限,部分地区甚至不具备人类生存的基本条件,目前全州尚有 22 万多人口居住在高寒山区、边远地区和生态脆弱地区,封闭的地理环境、匮乏的自然资源和偏低的文化素质,使这部分人口不得不为了生存而继续开垦土地、超载放牧,破坏森林草地以获取燃料。不对这部分贫困人口实施移民搬迁,他们的脱贫问题就不能得到根本解决,滥垦乱伐现象就不能被有效制止,自然生态难以有效恢复,就走不出"生态环境恶劣→生活贫困→生态环境进一步恶化→生活更加贫困"的恶性循环,自然生态资源就难以得到合理保护和利用。

流域水资源开发与水环境保护的相关范畴,在甘孜州主要涉及南水北调西线工程,拟另在专门报告中作专项研究,此处不再细述。

(三) 甘孜州生态补偿的标准

(1) 甘孜州森林生态系统的生态服务价值为 517.95 亿元,单位面积的生态服务价值为 19 645 元/hm^2。根据各主要树种的生长率分别加权平均,甘孜州乔木林主要树种的生长总量为 690 万立方米,按照采伐量不大于生长量的原则和出材率 60% 计算,可出材 402 万 m^3,这个出材量是在保持现有生态质量的前提下的出材量。木材价格以当地林场的木材价格 300 元/m^3 计,则甘孜州每年木材损失的收入达 12.06 亿元。如扣除群众的自用和薪柴约 200 万立方米,甘孜州仅木材一项收入净减少 6 亿元左右。补偿标准包括两个方面:一是生态效益的补偿标准:甘孜州森林生态系统的 5 项生态服务价值为 517.95 亿元,但有些价值是历史存在的,而天然林采伐木材后,其生态效益大为减少,人工林的生态效益低下,难与天然林相比。按每年减少木材采伐 200 万立方米计,则减少 1.3 万公顷的采伐面积,这两部分的效益合计约 2.6 亿元左右,这部分需要补偿。二是木材采伐减少的损失补偿:木材采伐减少的损失为 6 亿元,这部分的收入是群众和当地财政的直接收入,也需要进行补偿。以上两项合计共需补偿 8.6 亿元左右。

(2) 根据甘孜州天然草地目前的载畜能力,按照可食牧草利用率 60% 计算,适宜的载畜量为 744.3 万个羊单位,而"十五"末草食家畜存栏 1 299.91 万个羊单位,超载 555.61 万个羊单位。按照以草定畜、草畜平衡的要求,需减畜 555.61 万个羊单位。再按减畜一个羊单位每年可得到经济补偿 47.44 元计算,全州实施减畜达到草畜平衡的生态保护要求,每年需得到经济补偿 26 358.14 万元。

(3) 在甘孜州建设湿地生态功能保护区总面积 430 390.25 hm^2,建设总投资 22 670 万元,按照 526.73 万元/hm^2 进行投资。按此标准计算,甘—德—巴湿地生态功能保护区总面积 144 394.21 hm^2,建设总投资 7 605.68 万元。两个湿地生态功能保护区合计投资 30 275.68 万元。同时争取社会各界以各种方式参与和支持自然保护区的建设管理,拓展自然保护区生态补偿资金的来源和渠道。

(4) 到 2020 年,在全州实施生态移民,总计迁移 43 903 户、222 259 人,其中藏族人口为204 478人,占移民总数的92%;集中安置26 340户、133 357人。移民工程总投资432 645万元,占总投资的60.9%;户均9.8万元,人均1.9万元;其中设施配套工程投资12 933.05万元,占总投资的1.8%;创业致富工程投资264 622.25万元,占总投资的37.26%。国家生态移民专项资金占总投入的40%,补偿总额度为284 080万元。

（5）甘孜州矿山开发补偿,要求按照企业和政府共同负担的原则,加大矿山环境整治力度,"多还旧账":现有和新建矿山要落实企业矿山环境治理和生态恢复责任,建立矿产资源开发环境治理与生态恢复保证金制度,这部分补偿就由开发商承担;将环境治理与生态恢复费用列入矿山企业的生产成本。"不欠新账":就是分布于自然保护区的核心区、重要生态功能区、生态脆弱区内的矿产资源不再开发或者延缓开发,由此而带来的经济损失由政府补偿。

第三节　中国山区水电移民问题

一、正确评价山区水电开发对社会经济发展的贡献

根据2005年公布的全国水能资源调查结果,我国水能资源蕴藏量6.94亿千瓦,技术可开发装机容量5.42亿千瓦,经济可开发装机容量4.02亿千瓦,水电能源占我国已开发可再生资源的99%。预计到2020年,我国第一次能源消费总量将达34亿吨标准煤,发电装机容量将达9.5亿千瓦,其中水电装机容量2.5亿千瓦,占电力装机容量的26.3%。因此,水能资源是我国能源的重要组成部分,也是山区发展重要的资源和经济支柱。

根据我们的初步研究,我国已建和在建的水电网站,通过基建、发电、运营等方式对国民经济(GDP)、劳动就业、财政税收所作出的直接贡献和间接的社会经济贡献是巨大的。根据1995~2006年的数据,运用相关数学模型计算的结果表明,全国水电投资对GDP的贡献最高达50.45%(1995年),以后逐年减少,近年为14.93%(2006年);水电装机容量对GDP的贡献,1995年为2.0%,以后逐年增加,至2006年达16.00%;水电发电量对GDP的贡献各年较均匀,1995年为9.91%,2006年为11.66%。而2006年水电投资、装机容量、发电量对GDP增长率的贡献(取上下限)分别在0.07%~0.26%、1.00%~2.71%和0.02%~3.00%,各年度变化较大;水电产业对全国劳动就业的直接贡献率大约在0.14%~0.19%。

因此,开发山区水电既是全国能源供应的客观需要,对山区发展也有积极意义,对拉动全国的内需、带动全国产业的发展和劳动就业,都有不可磨灭的贡献。正因如此,尽管当前对于河流的水电开发有许多不同的观点,功过评价不一,但有一点可以肯定,我国起码在未来20~30年内还将处于一个水电开发的高峰期。

二、山区水电移民问题的严重性

在我们肯定山区水电开发的意义的同时,也不得不看到,由水电开发所引发的生态问题、环境问题和移民问题是严重的。关于水电开发的生态环境问题,我们在"长江三峡工程对生态与环境的影响及其对策研究"一文中已有较系统的总结,我们主编出版的《三峡工程与生态环境》系列专著(1995～1997年)对此也有系统的论述,之后在许多文章和专著中,我们都在不断地总结、提出我们对该问题的认识;因此,我们这里不再详述,而只着重对水电移民问题,从一个新的角度进行探讨。

我们认为,生态环境问题和移民问题是制约水电开发的两大因素,而两者又是相互联系、相互制约的,若移民问题没解决好,会直接引发生态环境(特别是水库库区周边环境)的严重恶化;而生态环境的恶化,又会进一步加剧库区人地关系恶化,制约库区社会经济发展,引发移民生产、生活条件的恶化,加深社会矛盾,构成对社会安定的严重威胁,两者一旦形成恶性循环,解决起来就更难、危害更大。我们说水电移民问题严重,是有充分依据的。

(一) 山区水电移民问题广泛存在

就是说,山区水电移民问题没有解决好,不是个别水电站、个别区域、个别省(区)市的问题,而是全国山区水电建设普遍存在的问题,几乎是解放后所有大、中型水电、水利工程都存在的问题。因此,在全国1600万水电移民中,大部分人至今都不能安居乐业;而涉及移民问题的区域遍及全国东西南北,受影响的区域之广、受影响的人数之多,在世界上是空前的。可以说,全国绝大部分省(区)市都受到水电移民的影响,即使没有水电开发的上海市,也有接受外地水电移民移入的任务,引发了一些新的问题。

(二) 山区水电移民问题存在的时间长

可以说,从20世纪50年代初期建设的几座水电站起,如安徽省佛子岭电站和梅山电站、四川省(现重庆市)狮子滩电站等,就开始出现水电移民问题,并且一直没有得到彻底解决;其后建设的三门峡、刘家峡等大型水电站,移民问题更加突出;丹江口电站、新安江电站、黄河梯级开发等移民遗留问题也越来越多;至今,三峡工程移民问题依然十分严重,其他大型水电移民也正处于矛盾的尖锐期。可以说,水电移民问题几十年前就出现,但从来没有彻底解决过、解决好,而是越积越多、越来越严重,几十年的老问题拖到了21世纪,21世纪的问题也拿不出彻底解决的方法,或者说还看不到有彻底解决的"灵丹妙药"。这是问题的危险性之所在。

(三) 多种移民方式都没能解决好

几十年来,水电移民的方式不能说一成不变,各级部门也曾试图去解决这个问题、缓和一些矛盾。因此,曾提出水库移民就近后靠与外迁移民相结合的方针,也提出过所谓开发性移民的新思路。但是根据实际调查资料,哪种移民方式都没能把移民问题解决好。其中,外迁移民不仅不能解决就近移民的弊端,反而加剧了对库区的破坏,原因是外迁移民大部分返乡,在库区丢失土地之后,又重新开垦,致使库区生态环境恶化与移民生活恶化恶性循环。

据调查,丹江口水库、三门峡水库、新安江水库、潘家口水库、东平湖水库和大黑汀水库等都曾出现过严重的移民返迁。丹江口水库1958~1964年间移民10万,有7万人返迁,库区中的河南淅川县移民2.2万多人到1960年底就返迁了1.5万,占同期移民的68%。三门峡水库41万移民,返迁活动不断,仅陕西库区就达17次,每次人数近千人。新安江水库涉及移民30多万,1958年开始迁移,到1964年就有9 000人返迁,此后移民返迁活动不断,总计有2万多人返迁库区。山东东平湖水库返迁更为严重,移民27.83万,到1973后返迁23.61万。

(四) 山区水电移民问题的核心是贫困

水电建设的库区一般都选择在老、少、边、穷地区,选择这些地区可以降低水库建设的成本,但同时也给区域发展留下了难题。本来这些地区经济就不发达、工业基础薄弱、人民生活水平比较低,而水库建设需要淹没良田、拆迁工厂,给第一、第二、第三产业带来比较大的冲击。本来发展很好的第一产业,因为良田被毁、森林被砍、草地被淹,生产力大大降低,直接影响了当地经济的发展。而制造、加工、机械、电子等第二产业的工厂也往往只对一些优势企业进行搬迁,由于当时区域内新的经济体系尚未发展起来,难以借此机会实现第二产业的优胜劣汰、更新换代,从而形成对原有工业体系的破坏,给当地的经济造成重创。因此,若无特别的扶持,短期内库区经济建设不可能上一个新的台阶;相反,随着其他地区经济的发展,库区经济发展的滞后性变得越来越明显了。

山东省西部的东平湖库区,搬迁前库区移民粮食产量和人均经济收入水平与当地发展水平基本持平;安置后的1958~1980年间,经济收入的差距不是特别明显,粮食占有量是当地平均水平的70%左右;而在农村经济体制改革后的1980~1985年间,移民和当地在人均经济收入水平及粮食占有量方面的差距就逐渐加大了;1985~1994年,中央开始处理移民遗留问题,库区投资力度大于非库区,移民收入水平和粮食占有水平与当地平均水平有缩小趋势;但1995年以后,库区移民人均收入仅占当地平均收入的43.6%,1999年仅为当地平均水平的26.5%,说明移民经济收入水平与当地平均水平之间的差距越来越大。

(五) 水电移民成为群发事件的高危因素

移民的权益受损为当地的不稳定埋下了长期隐患,近年来就先后发生了贵州洪家渡电站和瓮安的群体性事件、三峡库区的万州群体性事件、浙江滩坑水库的群体性事件、广西龙滩电站的移民群体性事件、云南孟连溪洛渡外迁移民群体性事件、四川省瀑布沟电站的汉源移民群体性事件、泸定电站的"1·17"移民聚集事件等,都是移民补偿不合理,执行法规政策不到位,忽视、甚至侵害移民群众切身利益,工作方法简单、作风漂浮、态度粗暴造成的,给党和国家带来了严重的政治影响,给人民群众带来了较大的生命财产损失,给项目法人也带来了严重的经济损失。

三、山区水电移民当前存在的突出问题

我们在《长江上游地区生态与环境问题》(孙鸿烈主编,2008年)一书的有关章节中,已就山区水电移民面临的种种挑战作了较系统的论述,其中包括移民数量巨大,分布分散,土地资源奇缺,山高谷深发展与安置空间狭小,少数民族移民多,宗教与民族文化敏感性大,移民维权觉悟提高等等,都将使得未来的移民工作比过去难度更大、更复杂。但这里不拟就此问题再作详述,只就移民管理和移民权力保障等过去关注较少的问题,进行论述。

(一) 重工程、轻移民的水电开发观念依然严重

在以往和目前在建的大中型水电工程中,"重工程、轻移民,重搬迁、轻安全,重业主、轻地方,重压制、轻安抚"的传统观念依然十分强大。

近年来,虽然国务院先后出台了若干重大移民管理条例和政策,如《大中型水利水电工程建设征地补偿和移民安置条例》(国务院471号令)、《国务院关于完善大中型水库移民后期扶持政策的意见》(国发〔2006〕17号文件)等,对改善移民工作起了关键作用,但是移民工作在规划、安置、扶持等各个具体操作过程中,依然困难重重;在项目法人要效益,地方政府要政绩,移民群众要权益的利益博弈中,移民一直处于弱势地位。项目法人作为建设方、投资方,往往打着中央或国有大企业的旗号,更有的打着国务院已批准项目的尚方宝剑,在利益博弈中处于发号施令的地位;而他们为了效益,为了项目投资能得到上级认可,在可行性论证中往往压缩投资预算,其首选就是压缩移民投资,将项目的效益与剥夺移民的利益连在一起。地方政府为了项目能落脚本地,往往迁就项目法人,以压低移民投入来迎合项目需求。只有移民,既无组织、又无权力,有苦无处诉,处于项目要怎么安置就怎么安置的被动地位,缺乏抗争的筹码和能力;虽有个别移民向上反映情况,乃至抗争,当往往会被认为是"挑动者",而受到制裁。强迫移民接受低廉的移民条件,依然是水电移民的主流。

（二）移民的合法权利没有保障机制

在项目业主、地方政府、移民的三方关系中，管理体制一直没有理顺。按理，移民问题是由水电开发引起的，项目业主有责任自始至终从各方面解决移民过程中存在的问题，如同环境保护谁污染就由谁治理一样，移民问题也应该谁引起谁去承担、解决；现在，业主把移民问题和责任推给地方政府，这本身就是不公平的。三峡工程的移民投资，不计入全国对三峡库区支援的上百亿元成本，这就降低了三峡工程的投资，夸大了三峡工程的效益，显然是不实事求是的。多年来，水电开发形成"业主得利，移民受害，政府买单"的格局，这实际上就将各地各级政府为工程所投入的资金成本、管理成本、发展机会成本等都排除在工程投资之外，无偿地献给业主了，这无论在经济学上还是社会学上都是不公平的。

而移民作为底层民众，长期以来处于任人宰割的地位，有意见没有上诉的途径，地方政府出于稳定局面、保住乌纱的目的，不准移民上访、聚众、向上级提出诉讼，几乎各地都是采取压制的办法，上京、上省、上市反映情况的移民，有的半路被拦回，有的被扣押，更多的是被恐吓，使不少地区的移民积怨深、积怨久，容易引起突发性的群众事件。这种道理和教训，各级政府并不是不知道，但屈服于自身利益和政绩考虑，就是不能真正为移民做主。这种隐患不根除，真正体现移民合法权利的机制不建立，业主—政府—移民三方关系不理顺，移民事件的随时发生，都将是不可避免的。

（三）移民管理体制不健全

目前，除了三峡工程移民由国务院三峡工程移民局直接管理外，全国没有统一的移民管理机构。因此，对全国各地山区、各水电移民的管理，五花八门；移民的标准、权益、过程、责任、后期扶持等，也是各行其是，使得各省（区）市之间的移民相互攀比，造成矛盾，加深了移民的不安全感、失落感。

更重要的是，许多省（区）市、县的移民管理机构，名义上是地方政府专管移民的办事机构，实际上又缺乏政府的权威，仅发挥了事业机构的作用。例如，四川省作为一个水电建设大省、移民大省，在未来20~30年，将建设大中型水电站几十座，移民上百万，目前虽然成立了"四川省人民政府大型水电工程移民办公室"，但机构不全，职能受限，不能像省级行政机构（厅、局、委）一样成为省政府的正式办事机构；人员编制少，平均一个工作人员要分管几个大型水库的移民，应付紧急事件都忙不过来，日常管理更是很难实施到位，大大影响了移民工作的有效管理。又如著名的瀑布沟水电站所在地汉源县移民办公室，至今是一个事业单位，而所做的工作，却又是政府部门的工作，移民办公室人员都不是国家公务员（或原来是公务员降为非公务员），根本无法实施政府的管理功能。总之，全国各地的移民管理机构很混乱，与移民工作监督、管理的任务很不相称。

四、山区水电移民问题得不到彻底解决的原因

中国山区水电移民问题的严重性不是人们认识不到,大规模的群发性事件不是不够惊心动魄,移民的困难不是不了解,"搬得出,安得稳,能发展"的口号不是没有提出来过;但问题就是一直得不到有效解决,成为存在了几十年的老大难问题。这就不得不引起我们的深思。在中国几十年的发展中,更大的难题都解决了,为什么水电移民问题就是不能解决好?

笔者认为,这个问题说复杂也复杂,说简单也简单,核心在于工程第一还是"以人为本"第一的问题。过去的许多措施都是医治表皮,没有触及问题的本质,不能摆正"钱与人"之间的位置,决策的天平一直向水电开发的"效益"倾斜,把移民问题置于从属地位,这是移民问题没能解决好的根源所在。

水电移民问题与三农问题在本质上是相同的。水电移民的主体大部分是农民,在很长时期内,农民和农业是我国资本积累的主要贡献者,水电移民作为基本建设的牺牲者,以无偿的代价为国家建设付出了成本,却得不到应有的回报,农民作为一个没有自己组织的弱势群体,长期处于被随意处置的状态;当水电建设要上马,又存在资金不足的问题时,农民就成为了最好的替罪羊,而以最低的土地补偿成本、生活补偿成本和搬迁成本迁出移民,已成为水电移民的惯例,至于移民搬迁之后的生计与发展如何,与工程无关,移民再苦,也呼叫无门,政府也尽量封锁这类不光彩的信息。而工程的"丰功伟绩",则成为一部分人仕途高升的资本。这就是水电工程效益的不对称、权力的不对称。

改革开放之后,水电开发引入市场竞争机制,工程对经济效益的进一步追求,依然以牺牲移民利益为"突破口"和最佳方案。农民特别是山区农民,是最容易受到欺侮,也是最容易通过"威吓"手段逼迫就范的。在水电建设中,下拨的移民经费一直与移民的实际需要相差甚远,即使是在提出"以人为本"以来的这些年来,问题也没有得到彻底解决。为什么作为国有企业的大中型水电站,对移民问题仍然不愿意投入呢?国有企业过去称全民所有企业,全民的企业给移民多些照顾,本来是理所当然。但实际情况是,国有企业在市场经济条件下,实际上成为部门所有、单位所有的经济体,企业利润的90%以上为企业所有,企业赚的多,企业高管工资、奖金就拿得多,企业职工工资待遇也就高得多。这些年,哪一个水电设计、勘测、施工部门不是高收入单位?因此,对移民斤斤计较、尽量压低移民经费,至今还是水电建设单位的"拿手好戏"。笔者在近期对若干大型水电移民的调查过程中,深深地体会到了这一点。

由此笔者总结出,改革开放以后的水电建设,基本上处于"业主赚钱,移民受害,政府买单"的状态。这里就提出了一个问题:地方政府既然明知移民资金不足、移民难度大,为什么还要接受水电开发业主的条件呢?这就是当前中国存在的一个怪胎。地方政府有地方政府的打算,有了水电开发,地方才有大项目,才有同国家政府对话的机会,

也才可以有几个活钱利用,同时还有了制造政绩的机会。因此,地方政府往往不是站在移民一边,而是站在开发业主一边,尽量压低移民经费,促进水电工程上马,成为水电开发业主的应声虫。笔者在20世纪80~90年代三峡工程的论证过程中,对此有刻骨的记忆,那时三峡库区各市、地、县、乡干部没有一个说三峡库区移民容量不够的,都异口同声说够,没问题。一直到了朱镕基总理视察后,才有改口。为什么要睁着眼睛说瞎话?不是他们连这点知识都没有,而是利益的驱动、乌纱帽的驱动。现在不少大型水电站建设,与三峡工程的情况相差不多。因此,说到底是利益分配的问题。而利益的分配又是与权力、资金联系在一起的。移民作为一个弱势群体,受人主宰就不足为奇了。

五、关于做好山区水电移民工作的建议

如上所述,山区水电移民问题长期得不到彻底解决,全国各地水电水利移民欠债多、积怨多、不稳定因素多,说明靠一般的临时措施、孤立的补救措施、应急的对付措施已难以解决,而应该从战略高度,从全国全局出发,制定水电水利移民的相关法律、条例,确保移民的权益,真正建立健全水电水利移民健康发展的体制和机制,使水电水利开发真正做到"开发一个项目,带动一方发展,富裕一方百姓,改善一片环境";而不是重复原来的"开发一处电站,坑害一方山区,伤害一方百姓,破坏一片环境",让山区移民贫上加贫。为此,我们建议:

(一)明确水电移民的责任主体

水电水利移民是项目建设被迫的迁移者,他们离乡背井已为国家和项目作出了牺牲,项目建设单位应该对他们负责到底,不能将责任推给地方政府。这里的关键是要保证移民的生存权、发展权、知情权、监督权,要让移民的生活不低于移民前的水平,不低于同类区域的水平,更要保证他们能与全国非移民区一样,有发展的空间和机会。使其能享受到全国工业化、城镇化、现代化的成果。这是不过分的要求。移民是由水电建设引起,水电业主就是移民的责任人,移民的安危、生活、生产、发展当然要由建设方负责,这是十分清楚、不能推脱的。

为此,应将移民的这些要求变成法律、法规,做到有法可依、有据可查、有计可施。水电水利建设方应将移民成本计入建设成本(包括移民费、淹没损失、区域发展机会成本、后期扶持建设费、移民达到全国平均水平的援助费,等等);若建设方认为成本太高,电站就不要建设,这是国际惯例。不能再把工程移民的包袱推给政府。

政府的责任是监督项目建设方落实移民政策、保障移民权益,拟定移民发展规划和地方经济发展规划,政府不应去承担本应是企业承担的责任。

(二)进一步完善水电移民的法律法规

当前,还没有出台全国的《移民法》,现有管理政策依据的是若干移民管理条例,包

括国务院出台的《大中型水利水电工程建设征地补偿和移民安置条例》(即国务院471号令)、《国务院关于完善大中型水库移民后期扶持政策的意见》(国发〔2006〕17号)等,还有各级地方政府出台的一些管理条例。这些条例的出台,无疑对水电移民的妥善安置起到了一定的积极作用,但不能从根本上为移民的长治久安提供有效保障。主要是因为上述条例"一不着天,二不着地"。不着天是指上述条例不是法律,本身的制约层次就低,再加上这些条例与国家已颁布实施的法律存在冲突或不协调之处,因此得不到法律的解释和支撑。例如国家已颁布了《农村土地承包法》、《物权法》等法律,国务院也出台了《国务院关于加强土地调控有关问题的通知》(国发〔2006〕31号)、《国务院关于深化改革严格土地管理的决定》(国发〔2004〕28号)等与移民相关的文件,但是,这些法律和条例与现行移民管理条例之间是什么关系?出现不一致时如何处理?却不清楚。移民条例缺乏法律支撑,权威性不够,与其他条例存在不衔接或相矛盾的地方,容易使一些利益方钻空子,一些利益方往往取对自己有利的部分,排斥对自己不利的部分,使得移民的权益保障缺乏法律保护,政策的落实也遇到法律瓶颈或矛盾。说不着地,是因为国务院出台471号令等文件之后,缺乏相应的配套政策和管理措施,也缺乏应有的法律效力的条文解释,致使条例难以全面落实。因此,针对中国水电移民的情况,应理清现有法律关于移民问题的空白,制定有权威性的《移民法》,及早摆脱移民管理的混乱局面,真正使移民纳入法制轨道,依法处理移民问题。

(三) 严格执行国务院 471 号令

当前,在全国尚未制定统一的移民法规之前,应严格执行国务院471号令,遵守"未编制移民安置规划、未经审核的大中型水利水电工程建设项目,有关部门不得批准或者核准其建设,不得为其办理用地等有关手续"的规定,确定"先移民、后建设"的水电开发方针,凡是移民安置规划未经审核批准、移民未妥善安置、项目未经批准正式施工的,任何单项工程不能动工;不能搞移民过渡或变相过渡。总之,要根据国务院471号令,严格执行先移民、后项目建设的规定,确保水电工程开工之前,移民工作有较好的基础,避免过去临时应急的移民弊端。

(四) 真正落实移民有发展空间的承诺

有关移民的目标,国家早就提出"搬得出、稳得住、能发展"的方针和要求,要保证移民生活不低于或高于移民前和非移民区的水平,即要保障移民有生存空间和发展空间,能与全国人民一起,享受改革开放成果,享受工业化、现代化成果,走上全面小康,达到富裕的目标。但是多年的经验表明,这还只是良好的愿望,在实际移民中或移民后,移民的处境都十分艰难。现在要改变这种局面,首先要求电站项目法人,要切实履行应承担的搬迁、安置、扶持的责任。而要做到这些,除了法律的规范、政府的监督之外,关键是要有切实可行的扶持移民发展的措施,要真正使移民的生存权、发展权落到实处。

为此,要按照全国工业化、城镇化发展的要求,按照建设社会主义新农村的标准和实现小康、全面小康、富裕和可持续发展的目标,做好移民规划。要充分考虑水库淹没区范围广、大多建设在边远山区、移民数量大且贫穷落后的问题,还要考虑到区域内的少数民族问题。由于山区空间地域条件所限,要求所有移民都就地搬迁,难度极大,特别是对大型和特大型水电站来说,几乎不可能;但要迁徙到外地,又会涉及文化、经济、风俗差异、民族习惯、生活习性、心理适应力等一系列复杂因素的整合问题。因此,移民规划首先要做好综合分析,从经济制约因素、环境深远影响、社会长治久安等各个方面权衡利弊,移民过程中可能碰到的所有问题,都要实打实地考虑到、规划好,并计入水电建设成本,统一预算,统一落实。

(五) 贯彻先移民、后工程的方针,提前做好移民基础设施建设

提前做好移民安置工作的安排,争取在移民搬迁之前做好移民基础设施建设。因为提前做好移民区基础设施建设,有利于减轻移民心理负担,缓解搬迁阻力。

(1) 按照电站规划期,在移民规划的基础上,提前由业主进行移民区基础设施建设。对规模搬迁的市、区、县、乡,基础设施建设更要先行,搞好场地平整、供水、供电、排污、交通、邮电等基础设施,甚至要建成较为完善的学校、医院、图书馆等公共设施。需建移民新村的,要先把新村建好,设置齐全的配套设施,适合生活。

(2) 对拟建移民区,引进其他业主开发资金。对移民区来说,单纯的新居建设已不适合形势发展的需要,应改善投资环境,积极进行招商引资,引进其他业主进行开发投资,搞活经济,繁荣移民安置区。

(六) 建立移民扶持基金和维权组织

(1) 建立移民分享电站效益机制。尽管水电资源属国家所有,但库区移民在搬迁时作出了巨大牺牲,他们得到的一些有限的补贴,并不能维持长久的生活,一旦遭遇天灾人祸、物价上涨,移民的生活就容易陷入困境。要改变这种现象以达到符合社会公平的目的,政府应当按照经济学中的"卡尔多标准"进行利益的再分配,也就是说对社会变动过程中的利益进行再分配时,必须让获益者拿出钱来赎买其收益,并用这些钱去补偿受损者;从而实现因水电站建设而搬迁的农牧民分享电费收益的目的。国家应当调整水电税收的分成比例,把相当大一部分税收用于增加当地县级财政的收入,当地政府再把新增的收入用于扶贫攻坚、巩固义务教育、发展能使农民转移就业的职业教育、建设卫生防疫体系,等等,帮助当地农民走上脱贫致富的道路。应让移民以淹没土地作为资产入股,成为水电投资的一部分,从而取得水电效益的部分分红,保障移民的长远利益。

(2) 建立移民扶持基金(主要由业主和买电方负责)。作为水电开发最大的受益者,水电开发的业主有责任扶持库区贫困的移民,可以由业主建立移民扶持基金,用于库区移民的技术培养,或对最穷困的移民进行补助。由于水电成本较低、电价也低,买

电方因此受益,也可以参与移民扶持基金。

(3) 健全社会主义监督机制,保证移民资金安全。腐败现象直接导致移民资金的流失或损失,往往是移民还未开始,有关部门就动用移民资金先把高档车买回,美其名曰"工作需要";更有些官员,利用手中的权力,将移民资金卷入私囊;本应全部属于库区移民的资金,以"管理费"等形式,层层剥夺,真正到达移民手中,已所剩无几的情况,并不鲜见;至于拿着移民资金大搞政绩工程、乱送人情、盲目投资的现象,更是不在话下。有鉴于此,健全移民资金监督机制,保证移民资金合理合法地使用,是必不可少的。

(4) 保持移民意愿反映渠道畅通,下情能及时上达。移民受到不公正的待遇,却上访无门、诉讼无路,有些政府官员,以自己的乌纱帽作为考虑问题的根本,堵塞一切反映移民意愿的通路,甚至控制媒体,不准任何人报道反映有关问题的消息。这种现象应该引起我们的严重关注。要建立民情上达的机制和制度,对那些有情况不上报,靠高压堵塞移民上诉的做法,要追究责任。

(5) 保护移民维权组织。在维权意识深入人心之时,要保护移民的维权组织,帮助移民了解维权含义,掌握维权程序,懂得以法律保护自己。将以法维权作为社会安定的措施。

(6) 尊重少数民族的文化、信仰。事实上,少数民族的文化与信仰,是他们的一种人权。要尊重少数民族的传统与习性,维护民族多元化,促进多民族共同繁荣。

第四节 中国山区名牌战略问题

众所周知,山区总体上经济发展水平不高,产业技术落后,提出名牌发展战略,是不是有点儿好高骛远? 我们认为,中国山区由于特殊的生态环境,蕴藏着特殊的资源和生产、生态条件,为特色产品和名牌产品的创立奠定了基础。同时,山区地域广阔,但适宜发展产业的空间却比较狭小,为了避免产业发展对生态环境的破坏,从长远看,只有发展名牌产品,才能达到事半功倍的效果,即以较小的开发空间换取较大的经济效益。再者,山区交通不便,只有主要依靠发展价值高的名牌产品,才能在尽量减少运输的同时,取得较高的经济效果。因此,提出山区名牌战略,既有可能,也有必要,是山区发展的新观念,虽然任重道远,但是应该坚持的方向。

一、山区发展名牌产品的可能性

在市场经济条件下,产品和产业的发展必须以市场为导向,市场决定着资源的配置、资金的投入;决定着一个区域、一个国家产品和产业发展的方向、规模和效益。要求产品和产业能生存、发展,其立足点是要有市场,要有市场就必须有市场的竞争力。因此,在我国买方市场逐渐取代卖方市场的现在,培育产品和产业市场,提高产品和产业的竞争力,已成为产品和产业发展的生命线。一般而言,培育名牌产品,是占领市场、扩大竞争力、提高产业效益的最佳选择,在产业发展中,实行名牌战略已被广泛接受。

从目前的发展态势和市场占有能力上看,发达地区和高技术产业往往是名牌产品辈出、名牌产品广泛占领市场的高能区和发祥地。中国的家电市场曾经是日本几大名牌产品(松下、日立、东芝、夏普等)的天下,现在又基本上被长虹、康佳、海尔、春兰、格兰仕、小天鹅等几大名牌所统治。从一定意义上说,发达地区以及科技力量强大的地区和企业,确实在创立名牌、推销名牌战略方面处于有利地位。

山区,包括贫困山区,是否有实行名牌战略的可能性和必要性呢?我们认为,回答是肯定的。发展名牌产品不仅是山区应该选择的战略,而且是山区能够实行并且对山区经济发展具有重大意义的战略。从另一个角度上讲,名牌战略,不仅适用于发达地区,而且也适用于欠发达地区和落后山区。

名牌产品,特别是现代高新技术产品,多数出自发达地区,这是一种事实。但多数并不等于全部;欠发达地区虽不具有名牌产品的多数和优势,却拥有发展名牌产品的能力和条件。这里必须十分明确地指出,名牌产品并不等于就是高技术产品,高技术产品也不一定就是名牌产品,虽然名牌与技术密不可分,但技术有不同的层次,产品也有不同的层次;不同层次和类型的产品都可以形成名牌产品,甚至古老、传统的手工制品、作坊产品也可以成为名牌产品。因此,名牌产品是一定层次的产品(或产业)与其相适应的技术相结合的产物。中国山区虽然不具备总体上的高技术优势,却仍然拥有与发展名牌产品相适应的应用技术和传统技术,甚至拥有一些独特的新技术优势,这是中国山区可以和应该发展名牌产品、实行名牌战略的理论依据。

名牌产品的关键首先是其独特性,即人无我有、人有我优的品质或性质,可以依靠某种优势在市场上比其他同类产品更能吸引顾客和买主。其次是要有规模,能形成较大的市场占领能力,拥有广大的消费群。三是知名度,不论区域内外、天南地北,名字都非常响亮,令人向往,有无形的吸引力。四是适应市场和消费者的心理、消费潮流,市场长兴不败,为广大的消费者所青睐。当然,名牌也有大小之分,名牌产品可以有不同的响亮度、不同的畅销区域范围,有国际名牌、国内名牌、区域名牌;但不管哪一层次的名牌,不一定都是高技术产品。例如麦当劳作为一种方便食品,不一定需要多高的现代技术水平,却是世界性的名牌产品。因此,对于中国山区来说,既要看到创立名牌产品的艰巨性,同时也要破除对名牌产品创立困难的畏惧心理。

创立名牌产品需要有一个艰苦的创业过程,这是人所共知的,但这个过程不一定就是一个漫长的过程。贵州省茅台酒已有上百年的历史,是老祖宗留下的遗产,但湖南湘西"酒鬼酒"从创业到成名却只有20多年的历史,其零售价已超过茅台酒。湖南湘泉集团公司的前身是吉首酒厂,始建于1956年,到1980年代后期还是一个只有几十人的小厂,现在却已发展成为大型的产业集团,拥有资产几十亿元,它所生产的湘泉酒、酒鬼酒多次获国际酒类博览会金奖。由此可见,在一个贫困山区培育名牌产品是有可能做到的,并不是遥不可及的。

从名牌产品成功的道路中我们还可以看到,名牌产品对于山区经济的发展起着骨干作用,它们是山区经济的支柱,是利税大户,也是走向世界、走出山区、扩大影响、树立山区现代形象的先驱。名牌产品和知名企业,如湖南湘泉集团公司、重庆涪陵太极集团、贵州遵义市茅台酒厂、河南栾川县钼钨企业,以及西峡县的香菇、吉林省安国县的人参等,都是中国山区的骄傲。

二、山区发展名牌产品的主要领域

在中国山区发展名牌产品,关键在于利用区域特色资源和古老的文化传统,应用新的技术和方法创造出具有市场优势、经济效益高、社会信誉好的产品。也就是说,在不具备与发达地区一样的知识优势、技术优势、产业集约优势的条件下,山区发展名牌产品的立足点应该放在发挥自身的资源优势方面,而资源优势又应特别突出特有资源,如酿酒的优质泉水优势、硒茶的天然高含硒土壤优势、茅台酒、榨菜的传统工艺优势、长白山的人参种植环境、奉节脐橙的特殊土壤和气候优势等,这些优势往往是别的区域所不具备的,容易形成独一无二的特色,只要再加上适当的科学技术、规模经营与市场开拓,就能培育出新的优质产品,能与外界竞争,创立信誉,形成名牌优势。据此,笔者建议中国山区从几个方面发展名牌产品:

(一)以历史上已有一定名气的当地产品为基础培育名牌产品

将在国内已有一定知名度的特产,通过提高技术含量发展成为名牌产品,如贵州遵义的杜仲、重庆石柱的黄连、奉节的脐橙、涪陵的榨菜、新疆的葡萄、西藏的灵芝、云南的白药、浙江的竹业,等等。这些产品依赖某一特定区域的物种生态优势或地理环境优势,具有其他地区同类产品难以达到的质量。现在应该将这种较原始的优势,转变成商品优势,特别是在后续加工的过程中,积极进行新的开拓,形成有特殊消费市场的紧俏商品,进而壮大成为名牌产品。

(二)利用山区少污染或无污染的环境优势,发展绿色名牌产品

目前,发展绿色名牌产品的条件是存在的,只是缺乏精心的培育。例如在天然土壤不含超量有害物质或化学元素的区域发展高质量、无污染、不施化肥、不施农药的蔬菜、茶叶、水果、干果等,并形成一定规模乃至发展成为商品基地;发展以天然放养为主,不靠添加剂、催肥饲料的牛、羊、猪、鸭、鹅、鸡、兔等饲养业;发展优质玉米、高粱、红豆、绿豆、薏米、山野菜果(胡葱、蕨菜、猕猴桃、葛根,等等)、野生菌类、竹笋等种植业,并在当地加工成系列产品,前景十分广阔。笔者认为,在这方面应实行"土"胜"洋"的战略,即

以天然栽培、饲养、放牧的产品(适宜于千家万户的传统饲养)战胜现代工厂生产的产品,满足人类回归自然的要求。

(三) 依托科技投入,开发出一批名牌工业产品

重庆市酉阳青蒿素已成为独据市场的紧俏产品,可在此基础上扩大规模,进一步提高影响力;涪陵中药厂已有若干知名产品,应加大发展步伐;秀山三角滩电化厂生产的电解金属锰纯度达99.9%,应结合锰矿的规模化开发,形成全国著名的优质锰大型生产基地;石柱县丝厂生产的生丝最高等级已达6A以上,应努力发展成为高级生丝名牌;湖南张家界市芙蓉时装厂生产的麻布绣衣在首届中国妇女儿童用品博览会上获铜奖,远销意大利、美国、瑞士等国,应加以开拓、提高张家界的茅岩酒,因"酒香柔绵、回味甘甜、酱浓兼香、独具风格"而获第三届北京国际轻工博览会优秀新产品奖和首届中国科技博览会金奖;青海海西钾盐化工工业,在全国居于独特地位;四川省攀枝花的钒钛加工业,河南栾川县的钼钨业等,这样的产品还有很多,应该在现有的基础上,更进一步,从优质产品上升为名牌产品,并获得持续发展。这些是在较短时间内就有可能闯出的名牌,应加快发展步伐。

(四) 开发以天然植物为原料的生物化工产品,创立名牌

山区拥有生物多样性优势,在现代科学技术条件下,发展生化产业是山区的一大优势,具有极大的潜力;可以说,只要挖掘某种植物的一种有效成分或功能团,就可形成一个大产业,成为一大名牌。例如中科院成都地奥集团从薯芋类植物中提取皂甙,做成地奥心血康,发展成了一个强大的产业集团。近年来,从天然植物中提取抗癌药物成分、防止心血管病药物成分、抗病毒成分等已成为一大发展方向;至于从植物中提取生产香料、香精、食用色素、化妆品色素的重要原料,则应该加快引进相关技术,在山区形成自己的加工业,创立名牌。此外,还有些地区种植油桐、黑荆树(提取烤胶,遵义地区已率先发展)等天然化工原料经济林。上述山区与建有同类天然植物种植和生产基地的区域外竞争者之间的竞争比较激烈,有鉴于此,笔者认为取胜之道在于两点:一是争取在上述天然药物的有效医用、药用、食用、化妆用的成分提取与加工上,取得突破,并在时间上赶在山区外之前;二是创立自己的加工名品,抢先占领市场。山区现在已有的加工厂应尽快形成生产能力,并逐步培养能够抢占全国市场先锋的优势产品,在此基础上形成名牌产品。

(五) 发掘民族工艺产品优势,创立名牌

山区是少数民族聚居区,可以说每个民族都有自己的特色产品,在广阔的市场上受到青睐。例如,湘西的土家织锦、金银首饰、民族马靴、菊花石雕、花色电讯钳、榕江皮革等16种产品,分别获省优、部优和国家优质产品金、银、铜奖,产品远销海内外;又如苗

族的挑花、刺绣、织锦、蜡染、首饰制作；傣族的蜡染工艺、竹编产品；藏族的藏刀、编织工艺、邦典、卡垫织造技艺、骨笛；阿昌族的户撒刀；鄂伦春族的桦皮工艺；赫哲族的鱼皮制作技艺；白族的扎染工艺；保安族的腰刀；布依族的蜡染；侗族的刺绣、编织、彩绘、雕刻、剪纸和刻纸；黎族的树皮布、原始制陶技艺、织染技艺；羌族的羌绣和云云鞋；水族的九阡酒、壁挂生态水族箱、马尾绣；维吾尔族的织造、印染技艺、土陶技艺；锡伯族的刺绣；彝族的武士皮铠甲等工艺美术制品在国际上享有盛名，应加大宣传，提高产品的竞争力。

三、山区实施名牌战略的几点建议

在一个大区域内实施名牌发展战略，是一项复杂的系统工程，需要综合社会、经济、环境等各方面的因素，要做的工作千头万绪，可实施的方案也多种多样。限于篇幅，对实施名牌战略不可能全面论述，现只结合接壤区的实际情况，提出几点建议。

（一）提高认识，坚定信心，搞好规划

要认识到实行名牌战略是市场经济发展的必然选择。只有发展山区自身的名牌产品，山区才能在市场竞争中占有一席之地，才能为脱贫奔小康和持续发展创造必要的经济基础和市场条件。同时，对山区发展名牌战略的可行性、艰巨性，也要进行科学的实事求是的分析，首先要有信心，充分认识到在山区创立名牌产品的有利条件、资源优势，看到发展名牌战略的重要性、紧迫性、可行性，不要错过发展的机遇；同时，又要防止庸俗化、浮夸化，不要一提产品、产业就都是名牌，到处都是名牌战略。为此，笔者认为，山区的名牌战略应作为一个总体规划，使各地、市、县对于可能成为名牌的产品做到心中有数；对于可能发展起来的名牌，要采取措施，加大培植力度，将实行名牌战略纳入国民经济发展规划、总计划。建议各地、州、市、县搞出各自的名牌产品发展规划和计划，分门别类，分清主从轻重，进行排序，并就培养名牌产品的对策、措施、投资、管理、组织实施等，制定出具体方案，真正把名牌战略落实到政府和企业的经济发展实践中去。

（二）巩固、扩大已有的名牌产品

让现有的名牌产品起支柱、示范作用，并逐步扩大影响和效益。这就要求：(1)已有的名牌产品不仅要保持已有的质量，而且要不断提高质量，维护产品的荣誉，以质取胜，以优取胜。(2)扩大已有产品的规模，像茅台酒、酒鬼酒、湘泉酒等市场潜力还很大，特别是茅台酒，目前产量无法与其他名牌酒相比，应设法提高产量。酒鬼酒还可以加大产量，占领更广大的市场，使效益进一步提高将知名度提得更高、更响。(3)要推陈出新，不断适应市场变化，特别是一些传统名牌产品，不能停留在"传统"上百年不变。应该认识到，即使是名牌，也不是"皇帝的女儿"，同样存在竞争风险，只有以自己的新形象、新包装、新形式去适应市场的需要，才能保住市场、占领市场。像涪陵榨菜这种传统产品，

应在保持原有产品脆、鲜特色的基础上,减少含盐量,多出新品种,才能有新的市场。

(三) 按名牌产品层次,分步开发

名牌产品的产业发展需要一个过程,需要得到社会的广泛承认,急是急不出来的,应采取逐个逐项培育,分批分期去创立、实现的策略。这里包括几层意思:(1)按培育名牌产品的成熟程度,在时间上分为近期(5年内)、中期(10年内)和远期(10年以上)的"成名"期,对山区内各地市的产品进行分类排队,确定产品培育名单,逐个落实培育措施。(2)按名牌产品的级别,即地区级、国家级和国际级,先易后难,逐步升级。从目前山区的实际看,在相当长的时期内,发展的重点仍以区域级名牌为主,即创立在一定区域内(如省、跨省的南方地区或国内一定销售区域)的名牌;同时,将一批条件较好的品牌(如酒鬼酒、茅台酒等)推向国家级和世界级。(3)从生产规模和经营方式看,可先简单后复杂,逐步提高。先开发单一产品名牌、小型产品名牌,发展到一定程度后,形成集团名牌、系列名牌。对许多刚开发的产品,如上述天然药物产品、香料、特殊果品、食品开发,目前仍应将争取先上一两个单一名牌为目标,成功后再向集团化发展(如湘泉集团的发展过程)。

(四) 培养锻炼一批有创造力、有战略眼光的企业家

国内外任何成功的企业,能打遍天下的名牌产品,都有一批杰出的企业家和管理者。有了这样的创业者,才能抓住机遇、开拓创新,才能组织起现代企业的管理,让广大雇员团结一致,为企业的生存和发展奋斗。世界著名的快餐王国麦当劳的成功,离不开麦当劳兄弟及雷蒙·克罗克的努力;索尼公司的成功,盛田昭夫、井浅大功不可没;丰田公司的发展,与丰田喜一、石田、神谷正太郎、丰田英二的名字连在一起;美国通用电器公司的业绩簿上,又留刻着杰克·韦尔奇的名字;松下公司与松下幸之助的远见卓识分不开;其他如IBM、柯达、雀巢、迪斯尼、可口可乐、奔驰、英特尔等的成功,也都有一批著名的企业家、管理家在进行谋划和组织实施。和世界名牌一样,我国成功的企业和名牌产品也都有杰出的创业人才在起战略主导和组织作用,长虹、太阳神、北大方正、红塔山、海尔、联想、四通、小天鹅、康佳、仕奇、红豆、三九胃泰、希望,等等,都各有杰出的经理人才在起战略决策的核心作用。

各地市县应选择一批业绩好的企业家加以扶持,使之逐步带出一批优秀企业和名牌产品。

(五) 大力引进国际先进科学技术与管理方法

山区经济发展滞后,总体经济技术水平也较低,许多有潜力开发为名牌产品的资源,由于缺乏技术和人才,长期得不到开发,尽管国内外市场很好,却可望而不可即。为此,应该大胆引进国际先进技术,尽快开发本区域特有的资源,使之尽快变成产品,打进

国际市场,如天然药物的开发,不管是对红豆杉、杜仲、银杏、黄柏、何首乌、薯芋等有效药物成分的提取和成品药的加工,还是对香料、油料、色素植物的利用,山区在资源及其基地建设上都不成问题,关键是缺乏开发技术、人才和资金。因此,可以采取与国内外相关产业集团、技术单位合作、协作,引进技术、购买专利等方式,加快开发、加速产品名牌化进程。如对红豆杉有效药物成分紫杉醇的提取、提纯和成药,国外都已有成功技术,可以引进,并及早建设种植基地和制药厂。对于杜仲(杜仲胶等)、黄柏(黄连素)等的开发,都应尽快引进先进技术,力争闯出新型药物名牌。

参 考 文 献

[1] 陈国阶:"论山区环境保护与产业发展方向",《科技导报》,1999年第2期。

[2] 陈国阶:"贫困山区名牌战略初探",《长江流域资源与环境》,1999年第2期。

[3] 陈国阶、徐琪、杜荣恒:《三峡工程对生态与环境的影响及对策研究》,科学出版社,1997年。

[4] 方一平:《山区生态产业的开发与组织研究》,四川科学技术出版社、新疆科学技术出版社,2003年。

[5] 何传启:"中国山区现代化的三种模式",《中国科学院院刊》,2009年第24期。

[6] 孙鸿烈:《长江上游地区生态与环境问题》,中国环境科学出版社,2008年。

[7] 王玉宽、邓玉林、彭培好、范建蓉:《长江上游生态屏障建设的理论与技术研究》,四川出版集团、四川科学技术出版社,2005年。

[8] 吴晓青、洪尚群、段昌群等:"区际生态补偿机制是区域间协调发展的关键",《长江流域资源与环境》,2003年第12期。

[9] 辛文、杨国岁、赵文欣、赵国良:《科学发展观与四川战略发展重点研究》,四川出版集团、四川人民出版社,2005年。

[10] 曾北危主编:《经济全球化与可持续发展》,湖南科学技术出版社,2001年。

[11] 中国现代化战略研究课题组:《中国现代化报告》,北京大学出版社,2003年。

[12] Clark L. Gray 2009. Environment, Land, and Rural Out-migration in the Southern Ecuadorian Andes. *World Development*, Vol. 37, No. 2, pp. 457-468.

[13] Heraclio Bonilla 2006. Religious Practices in the Andes and Their Relevance to Political Struggle and Development. *Mountain Research and Development*, Vol. 26, No. 4, pp. 336-342.

[14] Hermann Kreutzmann 2001. Development Indicators for Mountain Regions. *Mountain Research and Development*, Vol. 21, No. 2, pp. 132-139.

[15] Walter Isard 1960. Methods of Regional Analysis: an Introduction to Regional Science, *Cambridge*.

[16] Steve Owen, Jeff Boyer 2006. Energy, Environment, and Sustainable Industry in the Appalachian Mountains, United States. *Mountain Research and Development*, Vol. 6, No. 2, pp. 115-118.

[17] Yao Yonghui, Zhang Baiping, Ma Xiaoding, Ma Peng 2006. Large-scale Hydroelectric Projects and Mountain Development on the Upper Yangtze River. *Mountain Research and Development*, Vol. 26, No. 2, pp. 109-114.

第五章 中国山区发展图景与情景分析

第一节 中国山区发展图景的一般描述

山区发展的定义是什么？这是一个必须首先弄清楚的问题。当代对发展的含义已有了比较一致而科学的解释。山区发展就是要按照现代发展观的要求，来处理山区的问题。

首先，山区发展就是要以科学发展理论为指导，符合山区自然生态特色和功能，符合山区资源条件，符合经济发展规律，符合现代人文需要，符合山区民生要求，以民为本。因此，山区发展是一种全面的发展，包括经济增长、社会进步、生态良性循环，是体现社会发展、人类进步的发展，不再只追求经济增长的片面、局部的要求。山区发展不再是谋求自给自足，不再是农牧业，不再仅仅是山区农村。

山区作为一种特殊的区域概念，其发展与其他区域类型一样，是一种社会发展的产物。与历史不同发展阶段相对应，山区发展在不同的历史发展阶段有不同的发展水平和内涵。当代山区发展一方面要符合当代世界山区发展的总趋势，另一方面也是更重要的，是要符合中国当代社会发展的需要，体现中国社会经济发展的水平。这包括几层意思：

（1）中国山区发展的目标要与全国发展的总目标一致，水平大致相一致，要符合工业化、城市化的水平和要求，山区要体现、享受中国工业化、城市化的成果。

（2）中国山区发展应与全国社会经济发展相互配套、相互促进，在推进全国工业化、城镇化的过程中作出山区独特的贡献。

按照这种理解，中国山区25~30年后的发展会达到什么样的目标？这是一个值得探讨的问题。我们认为，对于25~30年后的事情，要定量描述是很困难的，即便是全国或各省市的五年规划甚至年度计划预期的GDP，与实际达到的GDP也往往有很大的出入。但是，我们又深深地感觉到，对于山区社会经济发展的情景、趋势、规律如果没有一个较清晰的理解，对于山区发展的未来如果没有一定的目标作依据，又显得空洞，并且对思考山区发展与全国总战略的协调与互动也不利。因此，不能没有目标，又不能将目标定得太死、太具体。为此，我们提出山区未来发展图景的概念，图景既给人们一个奋斗的目标，一个美好的追求和努力的方向，又不至于太固定，要留有一定的回旋空间、想象空间，或许这更符合人们预测的能力和水平。

一、山区人口将大量减少

未来25～30年,中国山区人口将逐步向三个方面转移:(1)山区人口向山区外转移,即通过山区劳动力向平原地区转移,或年轻人外出求学进而带走部分家属一起迁出山区,这一方面有可能将是未来山区人口流动的主要方面。(2)山区农村人口向山区内部城市转移,即由山区农村人口转变为山区城镇人口,由山区农业人口转变为非农人口。(3)通过生态移民或工程移民(如大型水电工程移民、大型基础设施建设等),将部分山区人口或农村劳动力转出山区。现在,全国山区县的人口约3亿,丘陵县的人口约2.8亿。重点是解决山区县的人口流动问题;山区城市人口不仅不应流失,而且应该成为吸收山区人口和山区农村劳动力的重要基地。据估计,经过25年的努力,即到2030年或稍后,全国城市化水平若达到70%,达到中等发达国家的水平,中国山区县人口即可从现在的3亿左右,通过向山区外转移,在抵消了山区人口自然增长的增量后,山区人口应减少到2.5亿左右;而在2.5亿山区县人口中,如果山区城镇化水平达到55%～60%左右,则真正山区农村人口可降至1.0～1.3亿左右。即从现在起山区农村人口从山区转移到山外,和从山区农村转移到山区城镇,每年平均需转移大约1000万左右。而这剩下的1.0亿至1.3亿的山区农村人口,将承担25年后山区农业专业化、基地化、规模化的任务,不仅要保障山区对全国林产、粮食、经济作物、牧产、山区特色农产品、中药等的支援,而且要支撑山区自身的工业化、城镇化发展的需求。

通过山区人口特别是农村人口的减少,一方面使山区农村居民的生产效率提高,生产效益提高,收入增加,达到全面小康或更高的水平;另一方面,进一步减少山区人口对环境的压力,特别是减少农村人口对土地垦殖、过载放牧、砍伐森林、破坏植被的压力,使中国的山区真正走上生态健康、经济发达、社会进步的新山区发展道路。

二、山区发展进入工业化中期阶段

到2030年或稍后,中国应该处于工业化后期或信息化初期的阶段,中国山区应该进入工业化中期。但这个"中期",并不一定完全体现一般工业化国家或地区中期的产业特征。山区工业化初期主要体现的是一个社会经济发展阶段的特征。到那时,山区人均GDP应该大约达到同期全国平均水平的70%～80%左右,但三大产业结构中一、二、三产业的比重不仅不同于当时全国一、二、三产业的比重,而且与现在已进入工业化初期的地区也有所不同。总体上,山区的第一产业和第三产业的比重会比较高。

到那时,中国山区将成为全国能源特别是水电和煤炭的供应基地,成为有色、黑色等矿业生产中心,成为磷、钾肥料生产中心;另外,建材业、林产加工业(包括木材、林产制品、造纸等)、天然生物制品、中药材(包括藏药等)、畜产品加工等将具有全国基地性战略地位。在全国的工业体系中，山区虽然不具备优势地位，但却有着独特不可代替或缺少的地位。作为一个大国，中国山区工业对保证全国工业体系的完整、减少全国工业发展对国际资源的依赖、促进山区与全国发展的协调将具有举足轻重的战略地位。

因此，中国山区工业化中期的图景，一是体现了山区发展的水平，达到了工业化的要求，居民能享受现代工业化带来的物质文明、精神文明、政治文明和生态文明；二是建立起中国山区工业的特色，它不是一个完整的工业体系，却是一个有特色的体系，其特点是以山区资源为支撑，以所谓传统产业门类为主体，但却是以21世纪产业先进技术武装起来的工业体系。

三、山区农业发展实现产业化

到21世纪20~30年代，中国山区农业基本上应摆脱传统农业的桎梏，成为全国现代农业的重要组成部分，即实现农业产业的规模化、专业化、基地化、加工化，并达到几个方面的飞跃：(1)农村人口减少，农业劳动力减少，但山区主要农业产品种类增加，数量增加，质量提高，加工链延长，效益提高，从而使大量劳动力可以从农村和农业转移到城市和非农产业，同时农牧民收入增加，达到工业化社会应有的生活水准。(2)中国山区的农业特色化、品牌化、市场化，山区农业不再是糊口的产业，而是与国际、国内市场接轨的农业，一大批特色的农林牧产品将在中国山区出现，或持续发展，从青藏高原的青稞，到东北的人参，西北的水果、奶业，南方的茶叶、菌类，等等，将为全国人民生活内涵的丰富作出贡献。(3)中国山区农业将是有机农业、绿色农业的大本营，是全国有机农业的重要生产基地。如果说，中国平原农业、城市郊区农业以无公害农业为主的话，山区以有机农业、绿色农业为主，是努力的方向和想要达到的目标。

四、城乡统筹和新农村建设将使山区农村面貌焕然一新

中国区域发展最大的不平衡是东部平原市区与西部山区农村的差异，特别是中国西部内陆或边境农村是中国区域发展不平衡的"差端"，是全国消除贫困的最后攻坚区和解决"三农"问题的难点区。但随着城乡统筹发展新格局的形成，山区新农村建设有可能成为城乡统筹实施的重点区域。将山区农村社会经济这个"差端"推向一个新的发展阶段，从一定意义上说，城乡统筹重点是山区农村的建设和提升。为此，到2025年或2030年，中国山区农村的发展图景是：

(一) 消除贫困

比较彻底地解决山区贫困问题，希望在2013~2015年左右就能解决现存的几千万人的温饱问题，并且使之达到小康的生活水平。

(二) 建立较完善社会保障体系

在中国山区农村普遍建立起社会保障体系、救助体系；建立起较完整的社会服务体系、教育、文化、体育等体系；建立现代农村社区；公路达到村村通，通讯、电力、网络、电视的覆盖率达到95%～100%；建立起现代农业服务体系、市场体系；使山区农村真正享受到现代文明的成果。

(三) 基本完成农村聚落的重构

未来山区聚落将主要以下列形式存在：

山区城市和城镇。以第二、第三产业为支撑，发展成有山区和区域特色的人口聚集区。特别是矿产、水能和农林牧产品的加工基地，商贸基地。

旅游城镇或聚落。主要是各类风景名胜区、国家森林公园、省级森林公园、宗教文化遗址。

古聚落，著名居民长寿聚落，将成为保护对象，给予保留、维护。

自然保护区。包括国家级、省级、地市级的自然保护区，但不再保留普通居民，而只保留管理机构和科研机构。

城市居民的避暑、度假区，休闲疗养区。

边贸聚落，国防安全部署聚落。

特色农业生产、林牧业生产基地（特色药材、茶叶、花卉、特色养殖、特色水果、干果、林特产基地等），探险、猎奇、教育基地，特种科研基地。

(四) 山区县域经济纳入全国经济大循环

山区县域经济走出新的发展路子，80%以上的山区县通过建立高等级公路，达到缩短时间距离的目的，使之与省会城市、大城市处于4小时经济圈之内，50%以上的山区县处于3小时经济圈之内，而30%～40%的山区县处于2小时经济圈之内。

五、山区将成为全国城市的后花园

经过25～30年的努力，中国山区将成为全国生态旅游、度假、休闲、疗养的主要基地，旅游业将成为山区的几大重要支柱产业之一。同时将成为全国居民夏季季节性人口流动的主要引力场。如果说，未来我国人口流动总的趋势是从山区流向平原、流向城市的话，那么在夏季或旅游季节，山区是平原或城市的临时人口流动的流入区。到2030年左右，在旅游季节，全国每年吸收1亿以上的人口流向山区，应该不成问题。

同样，中国山区将建成一大批世界级的旅游产业基地，成为有国际影响和吸引力的山区旅游品牌，黄山、泰山、峨眉山、华山、九寨沟、黄龙寺、亚丁、四姑娘山、玉龙山、五台山等著名风景名胜区,将成为世界性的旅游胜地。

在大都市区周边的山区,如北京市的延庆、怀柔、密云等县,成都市郊区的都江堰青城山、虹口,广州市的粤北山区等地,都可以通过山区的旅游基地建设,在2~4小时经济圈内,成为大都市经济圈的范围。

六、山区将成为全国生态系统的安全屏障

中国山区经过25~30年的建设,将较好地成为生物多样性保护中心、河流水源供应地、水资源涵养地、河流水情调控地;成为重要的珍稀、濒危物种保护地;通过天然林保护、退耕还林、退牧还草,水土流失将大大减轻;大部分山区处于休养生息、自然恢复的过程中,逐步向各自所在地带的地带性顶极群落的方向发展。

山区自然灾害,特别是山区地质灾害,得到较好的控制,全国山区城镇和居民建筑和工程的抗震设防设计达到抗震烈度要求,对城镇和重要居民点有害的泥石流、滑坡、崩塌等得到治理或规避,山区重要城市防洪标准达到百年一遇或五十年一遇的标准,一般城市达到三十年一遇以上标准。山区生态安全水平大大提高,对平原和流域中下游的生态安全保障作用、水情调节作用大大提高。

第二节 中国山区工业化的情景分析

在第四章第一节我们已就山区工业化的必要性、可能性和特殊性作了论述,本节将主要对中国山区工业的前景,即发展情景,作更深入的讨论和预测。

工业化是社会经济发展中由农业经济为主过渡到以工业经济为主的一个特定历史阶段和发展过程,以农业经济向工业经济再向服务经济的过渡,是经济发展的一般规律。对发展中国家来说,经济发展过程的本质就是工业化的过程,对于大多数国家或地区来说,在向现代化迈进的过程中,工业化是不可逾越的阶段。工业化是世界经济发展的趋势,长期以来我国普遍存在着城市和农村的二元化现象,走的是一条企业国有化、工业城市化、人口农村化的道路。为避免城乡差距悬殊,防止产生"马太效应",我国工业化道路应是城市工业化与农村工业化同步发展。尽管改革使农村的经济面貌发生了历史性变化,但城乡差别依然存在,这种差别在山区表现得更为悬殊。

配第一克拉克定理所归纳的经济规律,描述了一国或一个区域走上工业化道路的过程和动因,勾画出产业结构随着规模扩大而演变的大轮廓。工业在经济发展的一定阶段,是一国或一个区域经济发展的主导部门,对国家和区域经济的发展起着决定性的作用。

山区工业化是以市场为导向,依托山区资源,通过发展特色产业,建立能够带动整个国民经济发展的工业体系,促进传统农业经济向现代工业经济转变的过程,是工业发展引起生产要素组合方式变化的过程,也是实现山区社会和经济进步的资源配置过程。伴随着我国经济的快速发展和全球经济一体化的冲击,山区经济必将纳入我国经济分工乃至全球经济分工的体系中来。纵观工业经济发展的基本规律,山区工业化是山区经济现代化进程中的必经阶段。

山区作为一个特定区域,相对贫困是其共同特征,中国山区面积广、人口多,不可能不走工业化的道路。如第四章所论述,山区是一个特殊区域,在全国工业发展的过程中它既不是先导者,也不是主导者,更不是重点区。因此,工业化过程有其自身的特点,必须加以强调:(1)它是一个综合、系统、多目标的社会过程和社会形态。山区工业是全国工业化过程的有机组成部分,积极参与工业化过程的社会变革和社会实践,建立与工业化过程相适应的产业体系和支撑体系是顺应时代发展的趋势。(2)山区工业化是山区发展的必要条件,只有山区工业发展了,山区发展才有经济支撑,才能工业反哺农业,解决山区的三农问题。(3)山区工业的发展不能走大而全的道路,不必谋求建立完整的工业体系,而应突出山区的资源优势,发展特色产业;也不必每个山区州、市、县都必须遵循"一二三"产业、"二三一"产业和"三二一"产业的发展顺序,在一些特定山区,可以超过工业主导的发展阶段,优先发展第三产业特别是旅游业,走"三一二"的发展道路;山区工业发展不能遍地开花,应有相应的集中区,应强调发展环境友好型产业,重点是能源工业、特色食品加工业、重点矿业、天然药物加工业等。(4)区别对待。对于那些由主体功能区划界定的广大禁止发展山区、限制发展山区、环境敏感山区来说,保护是主体、任务和方向,这类山区不能强调工业化。

一、山区工业化的驱动作用

为便于了解山区工业化与山区经济发展的关系,以 2006 年全国 510 个丘陵县(市、区)、822 个山区县(市、区)作为样本,进行统计分析。根据经济发展现状和数据可获得性,选择 GDP 和地方财政收入两个经济总量指标、人均 GDP 和人均财政收入两个人均指标作为综合反映山区经济发展水平的特征指标;选取规模以上工业产值、单位规模以上工业产值(规模以上工业产值除以企业个数)、城镇固定资产投资完成额、第一产业生产总值、第三产业生产总值与经济发展总量和人均指标进行 Pearson 相关分析(表 5.1)。

从表 5.1 可以看出,规模以上工业产值、城镇固定资产投资完成额、第三产业生产总值三项指标与 GDP、地方财政收入总量指标的相关性显著,其中规模以上工业产值、第三产业生产总值与 GDP、地方财政收入的相关系数达到 0.9 以上;但与人均 GDP 和人均财政收入的相关性都不显著,可见工业和第三产业的发展对山区经济发展具有重要作用。

为进一步深入了解工业化对山区经济的影响程度,选取规模以上工业产值与GDP、财政收入分别指标建立回归方程,进行驱动能力分析。

表5.1　Pearson相关分析

指标	GDP（万元）	人均GDP（元/人）	地方财政收入(万元)	人均地方财政收入(元/人)
第一产业产值(万元)	0.509**	0.130	0.290**	−0.024
规模以上工业产值(万元)	0.916**	0.622	0.927**	0.515
单位规模以上工业产值(万元)	0.085**	0.180	0.075**	0.149
第三产业生产总值(万元)	0.961**	0.622	0.902**	0.464
城镇固定资产投资完成额(万元)	0.800**	0.609	0.747**	0.490

注:分析结果通常用 Sig (2-tailed)来进行判断,Sig (2-tailed)是检验假设,越小越好,当 Sig (2-tailed) > 0.05 时,为不相关;当 Sig (2-tailed) < 0.01 时,相关系数标记两个星号;当 0.01 < Sig (2-tailed) < 0.05 时,相关系数标记一个星号。

(1) 山区县回归方程:

$Y_{GDP}=189984.9+0.507\times X_{规模以上工业产值}$,$R^2=0.796>0.5$,回归方程拟合效果较好,$F$ 检验、t 检验均较好,方程有效。

$Y_{财政收入}=7693.765+0.022\times X_{规模以上工业产值}$,$R^2=0.690>0.5$,回归方程拟合效果较好,$F$ 检验、t 检验均较好,方程有效。

(2) 丘陵县回归方程:

$Y_{GDP}=315014.0+0.479\times X_{规模以上工业产值}$,$R^2=0.813>0.5$,回归方程拟合效果较好,$F$ 检验、t 检验均较好,方程有效。

$Y_{财政收入}=11139.320+0.021\times X_{规模以上工业产值}$,$R^2=0.718>0.5$,回归方程拟合效果较好,$F$ 检验、t 检验均较好,方程有效。

(3) 山区+丘陵县回归方程:

$Y_{GDP}=224613.2+0.501\times X_{规模以上工业产值}$,$R^2=0.806>0.5$,回归方程拟合效果较好,$F$ 检验、t 检验均较好,方程有效。

$Y_{财政收入}=8678.095+0.022\times X_{规模以上工业产值}$,$R^2=0.725>0.5$,回归方程拟合效果较好,$F$ 检验、t 检验均较好,方程有效。

根据所建立的回归方程,对规模以上工业产值这一变量求导,可以容易获得规模以上工业产值单位变化量 Δx 对 GDP 和财政收入的影响程度(表5.2)。

表5.2表明,规模以上工业产值的每单位变化,可以拉动山区县0.507个单位GDP的变化,可以拉动丘陵县0.479个单位GDP的变化,大大高于平原0.388个单位GDP的水平;同样,规模以上工业产值的每单位增量,可以拉动山区县0.022个单位财政收入的增加,可以拉动丘陵县0.021个单位财政收入的增量,略低于平原0.024个单

位财政收入的水平,由此可见工业发展对山区经济的重要性。

表 5.2 规模以上工业生产总值对经济的驱动能力

区域类别	规模以上工业产值对 GDP 的驱动力	规模以上工业产值对财政收入的驱动力
山区	0.507	0.022
山区＋丘陵	0.501	0.022
丘陵	0.479	0.021
平原	0.388	0.024

二、山区工业化的推进速度

根据经典工业化理论,衡量一个国家或地区的工业化水平,一般可以从经济发展水平、产业结构、就业结构和空间结构等方面来进行。由于人均收入的增长和产业结构转换是工业化推进的主要标志,考虑到目前数据的可获得性,这里仅按照钱纳里的人均GDP指标作为工业化发展阶段的划分标准,以2000年、2006年《中国县市社会经济统计年鉴》为依据,分析全国山区县、丘陵县和平原县工业化的演替进程。同时,由于相关指标的可比性差异以及行政区划调整,2000年和2006年三类地区统计的县(市)数量不完全相同,但这并不影响三类地区工业化发展阶段的总体格局和发展方向。

从2006年的统计结果看,尽管有50.61%的山区县进入了工业化阶段,但33.70%的山区县处于工业化的初期阶段,处于工业化中期阶段的县占13.87%,而进入工业化后期阶段的县仅为3.04%。丘陵县中进入工业化阶段的数量占了70.78%,其中处于工业化初期阶段的县占了41.76%,处于工业化中期阶段的丘陵县占16.47%,位于工业化后期阶段的丘陵县占12.54%。平原县中已有76.82%的县进入了工业化阶段,其中处于工业化初期阶段的占41.65%,处于工业化中期阶段的占26.90%,处于工业化后期阶段的占8.26%(表5.3)。

从2000年到2006年6年间的动态变化看,山区县中处于工业化初期阶段的县增加了21.47%,处于工业化中期阶段的县增加了11.36%,处于工业化后期阶段的县增加了3.04%。丘陵县中进入工业化初期阶段的县增长了20.5%,进入工业化中期阶段的县增长了11.3%,进入后期阶段的县增长了6.27%。平原县中进入工业化初期阶段的县增长了17.67%,进入中期阶段的县增加了20.98%,进入后期阶段的县递增了6.89%。从6年的年平均速度看,山区县中每年有28个县进入工业化初期阶段,年均速度为3.58%,每年有15个县进入工业化中期阶段,年均速度为1.89%,每年有4个县进入工业化后期阶段,年均速度为0.51%。丘陵县中,每年有18个县进入工业化初期阶段,年均速度为3.42%,每年有10个县进入中期阶段,年均速度为1.88%,每年有11个县进入工业化后期阶段,年均速度为2.06%。平原县中,每年有17个县进入工业化初期阶段,年均速度为2.85%,每年有21个县进入中期阶段,年均速度为3.50%,每年有7个县进入后期阶段,年均速度1.15%。山区县尽管进入工业化初期阶段的速度高于丘陵县,也高于平原县,但在工业化中期和后期阶段的发展速度大大低于平原县,尤其是在工业化后期阶段,它们之间的发展速度差距极大(表5.4),表现出了初级工业化的主体特征。从(工业化初期＋中期＋后期)总体速度看,平原县的推进幅度要高于山区县和丘陵县(图5.1、图5.2、图5.3),在工业化推进过程中,山区与平原、丘陵与平原存在明显的滞后性(图5.4、图5.5)。

表5.3 2006年不同类型县(市、区)发展阶段分布(仅以人均GDP指标评判)

发展阶段	丘陵县 个数	百分比(%)	人口(万人)	山区县 个数	百分比(%)	人口(万人)	平原县 个数	百分比(%)	人口(万人)
传统农业期	149	29.22	9 840	406	49.39	15 331	143	23.18	9 179
工业化初期	213	41.76	11 123	277	33.70	9 224	257	41.65	15 075
工业化中期	84	16.47	4 081	114	13.87	4 323	166	26.90	8 366
工业化后期	64	12.54	2 669	25	3.04	1 650	51	8.26	2 793
总 和	510	100	27 713	822	100	29 847	617	100	35 413

表5.4 2000～2006年期间不同类型县(市、区)工业化推进速度

发展阶段	丘陵县 个数	百分比(%)	人口(万人)	山区县 个数	百分比(%)	人口(万人)	平原县 个数	百分比(%)	人口(万人)
传统农业期	−234	−44.16	−10 408	−340	−35.86	−9 022	−310	−45.56	−15 739
工业化初期	+102	+20.5	+5 237	+170	+21.47	+5 260	+99	+17.67	+5 903
工业化中期	+57	+11.3	+2 617	+92	+11.36	+3 347	+127	+20.98	+6 145
工业化后期	+32	+6.27	+2 567	+25	+3.04	+1 650	+42	+6.89	+2 130
传统农业期年均递减速度	−39	−7.36	−1 735	−56	−5.98	1 504	−52	−7.59	−2 623
工业化初期年均递增速度	+18	+3.42	+873	+28	+3.58	+877	+17	+2.95	+984
工业化中期年均递增速度	+10	+1.88	+436	+15	+1.89	+558	+21	+3.50	+1 024
工业化后期年均递增速度	+5	+1.04	+428	+4	+0.51	+275	+7	+1.15	+355

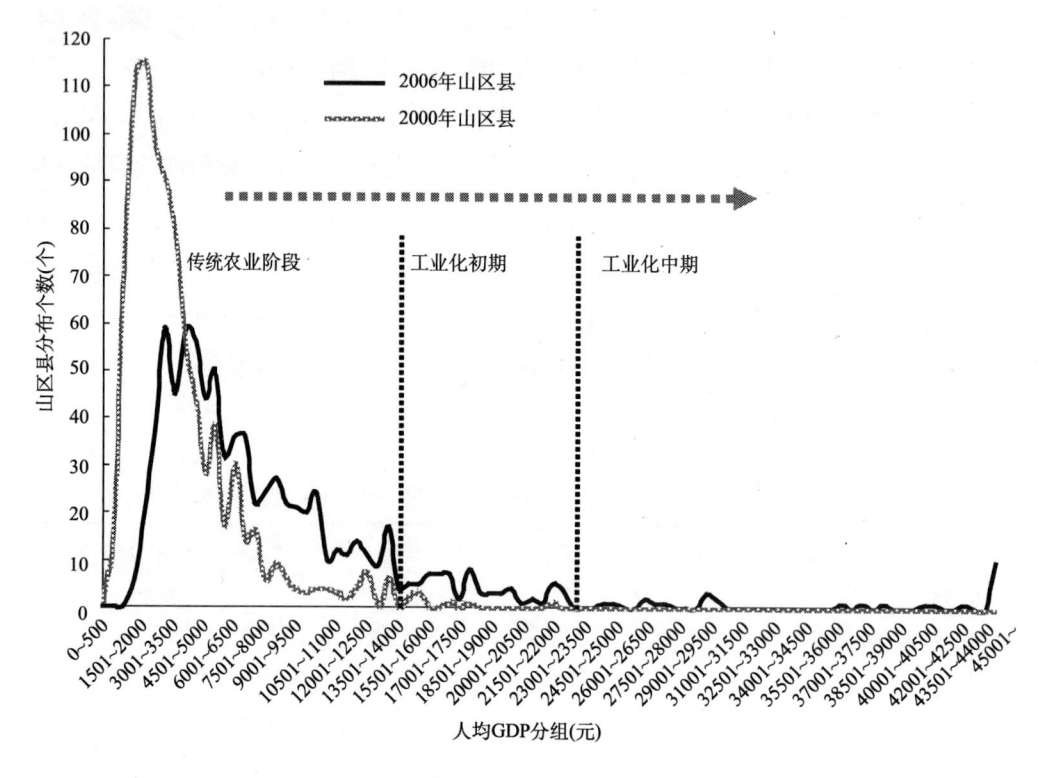

图 5.1　2000～2006 年期间山区县工业化的推进速度

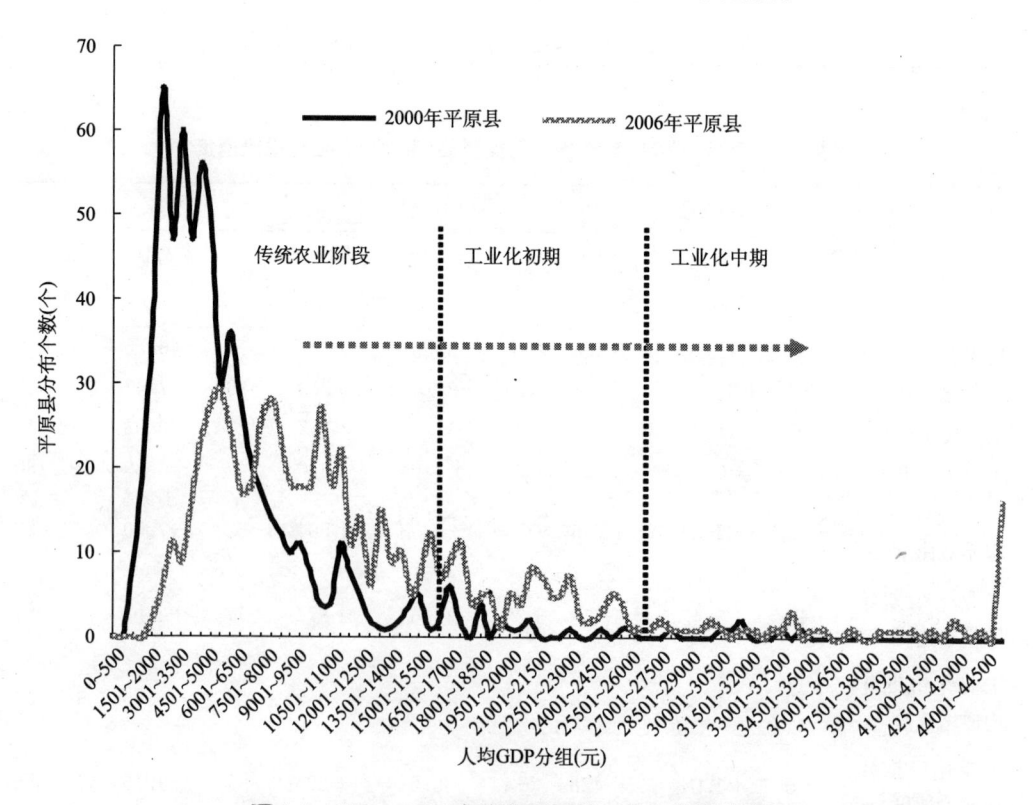

图 5.2　2000～2006 年期间平原县工业化的推进速度

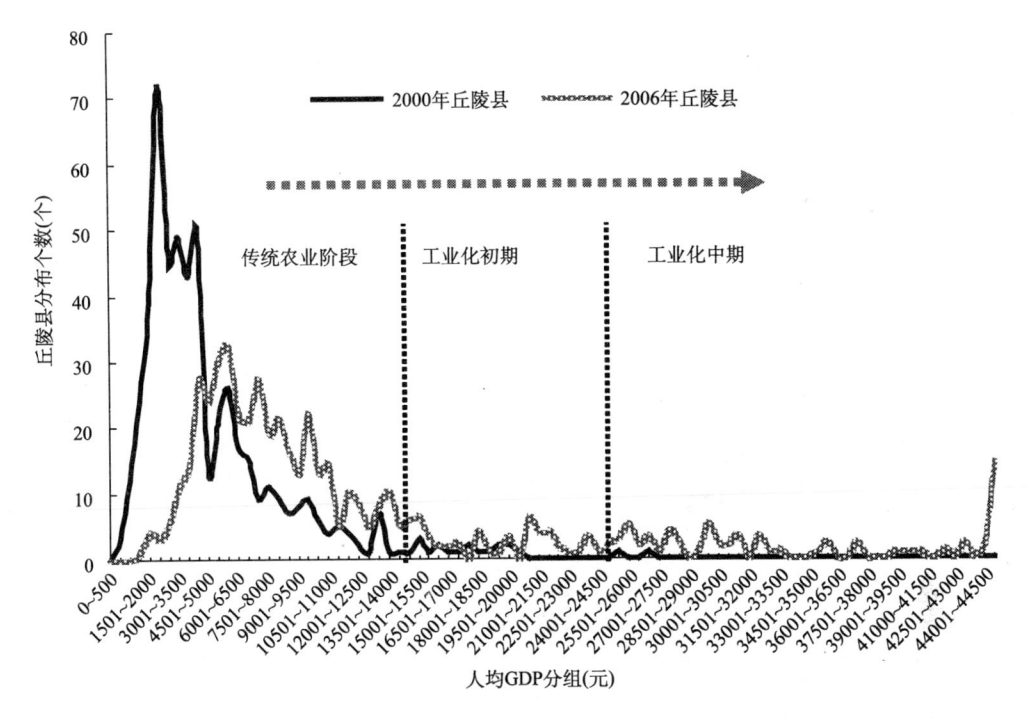

第五章 中国山区发展图景与情景分析

图 5.3　2000~2006 年期间丘陵县工业化的推进速度

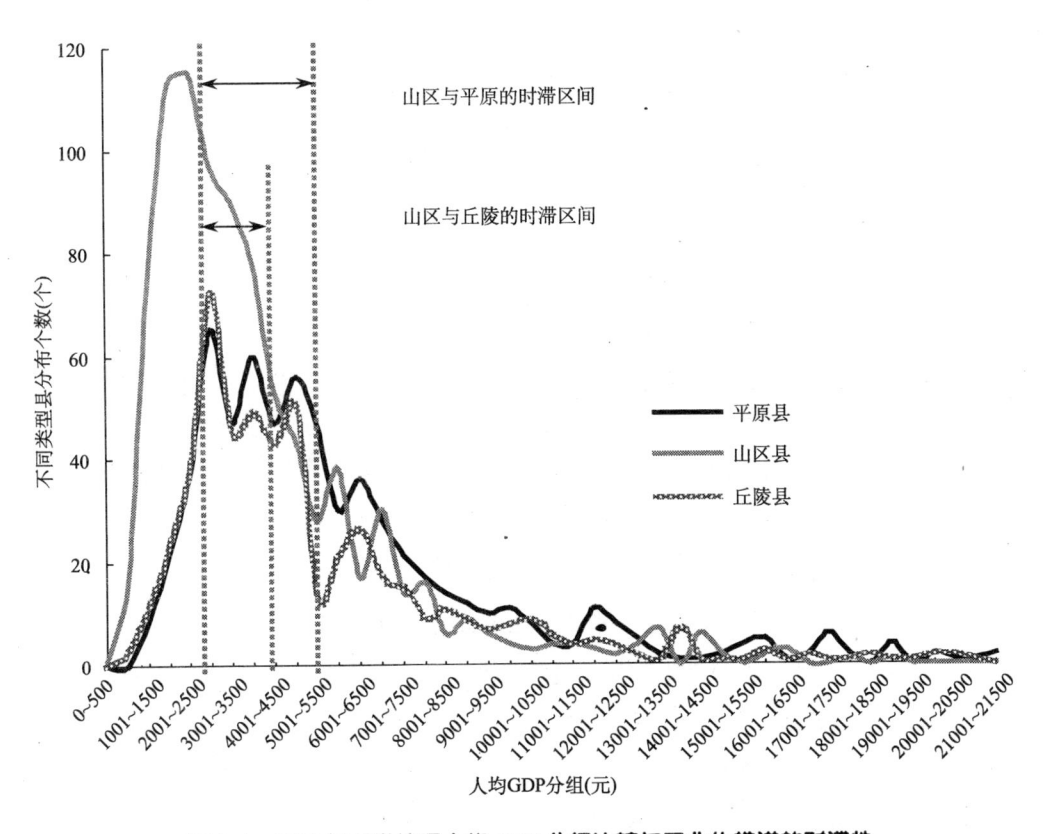

图 5.4　2000 年三类地区人均 GDP 分组比较与工业化推进的时滞性

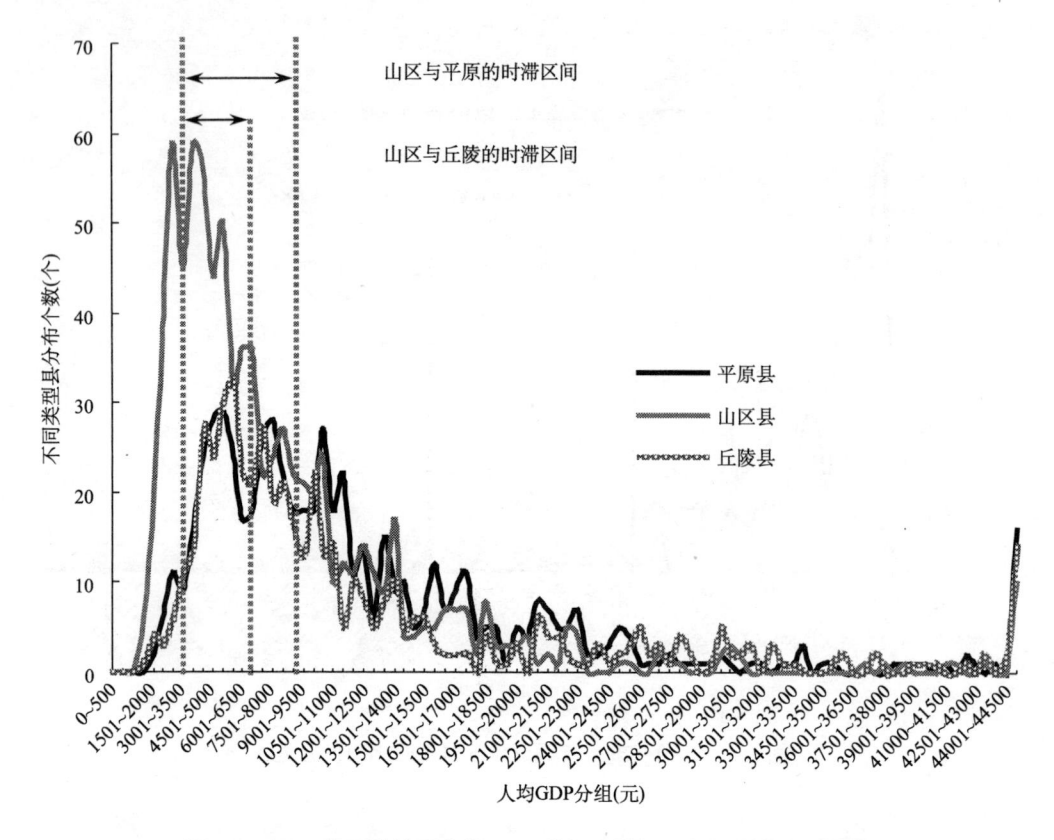

图 5.5 2006年三类地区人均GDP分组比较与工业化推进的时滞性

三、山区工业化的发展预测

由于中国山区面积极为广阔,经纬度跨越范围很大,山区地理区位差异悬殊,自然条件变异显著,加之广大山区的社会经济现状和背景千差万别,因此,中国山区工业化的预测问题十分复杂,而系统的统计数据的缺乏,更为这一工作带来了极大的困难。这里依据2000~2006年间的分析结果,以期间山区、丘陵、平原县三类地区不同工业化发展阶段的平均增长水平作为基数,尝试预测山区工业化的未来情景。考虑到我国广大山区、丘陵,也包括广大平原地区目前基本上还处于传统农业、工业化初期阶段,即处于传统农业、工业化初期阶段的县占65%以上,山区县达到了83%以上(表5.3),因此,尽管平原县、丘陵县、山区县中有一部分已经率先进入了工业化后期,但毕竟数量极为有限,不能起到主导山区工业化特征的作用。可以判断,未来山区工业化(包括平原地区工业化)、传统农业向工业化初期迈进、工业化初期向工业化中期迈进不仅在较长的时间内会持续,而且还将是一个主旋律,这必将是一个工业化加速发展的时期。另一方面,即使在加速发展的时期,工业化的速度也不会匀速推进,总体上应该是一个加速渐进的过程,且假定县行政单元和数量基本保持不变。为此,我们以2000~2006年年均增长水平为基数,设定了10%、15%和20%三种年均递增方案进行工业化预测,预测结果分别列于表5.5、表5.6和表5.7。

按照方案一(表5.5),山区县全面进入工业化初期阶段要到2034年,全面实现工业化中期阶段要到2046年,全面实现工业化后期阶段,要到2061年。丘陵县到2028年全面进入工业化初期阶段,2044年全面进入工业化中期阶段,到2053年全面进入工业化后期阶段。平原县到2028年可以全面实现工业化初期阶段,2037年全面进入工业化中期阶段,2052年全面达到工业化后期阶段水平。从全面实现工业化初期阶段的时间看,山区县比平原县滞后的时间约为6年,丘陵县与平原县的时间基本相当;从全面实现工业化中期的时间看,山区县比平原县滞后的时间约为9年,丘陵县比平原县滞后的时间约为7年;从全面实现工业化后期阶段的时间看,山区县比平原县滞后的时间约为9年,丘陵县比平原县滞后的时间为1年。

表5.5 不同类型区工业化预测(方案一)

类型	工业化阶段	50%实现程度	60%实现程度	70%实现程度	80%实现程度	90%实现程度	100%实现程度
山区	初期	2026年	2028年	2030年	2031年	2032年	2034年
	中期	2038年	2040年	2042年	2043年	2045年	2046年
	后期	2054年	2056年	2057年	2058年	2060年	2061年
丘陵	初期	2021年	2023年	2024年	2025年	2027年	2028年
	中期	2036年	2038年	2040年	2041年	2042年	2044年
	后期	2046年	2047年	2049年	2051年	2052年	2053年
平原	初期	2021年	2023年	2024年	2026年	2027年	2028年
	中期	2030年	2031年	2033年	2034年	2036年	2037年
	后期	2045年	2046年	2048年	2049年	2051年	2052年

注:以2000~2006年年均增长水平为基数,按每年增长10%的方案。

按照方案二(表5.6),山区县全面进入工业化初期阶段要到2025年,全面实现工业化中期阶段要到2033年,全面实现工业化后期阶段,要到2044年。丘陵县到2021年全面进入工业化初期阶段,2032年全面进入工业化中期阶段,到2038年全面进入工业化后期阶段。平原县到2021年可以全面进入工业化初期阶段,2027年全面进入工业化中期阶段,2037年全面达到工业化后期阶段水平。从全面实现工业化初期阶段的时间看,山区县比平原县滞后的时间约为4年,丘陵县与平原县的时间基本相当;从全面实现工业化中期阶段的时间看,山区县比平原县滞后的时间约为6年,丘陵县比平原县滞后的时间约为5年;从全面实现工业化后期阶段的时间看,山区县比平原县滞后的时间约为7年,丘陵县比平原县滞后的时间为1年。

表5.6 不同类型区工业化预测(方案二)

类型	工业化阶段	50%实现程度	60%实现程度	70%实现程度	80%实现程度	90%实现程度	100%实现程度
山区	初期	2020年	2021年	2022年	2023年	2024年	2025年
	中期	2026年	2029年	2030年	2031年	2032年	2033年
	后期	2039年	2040年	2041年	2042年	2043年	2044年
丘陵	初期	2016年	2017年	2018年	2019年	2020年	2021年
	中期	2026年	2028年	2029年	2030年	2031年	2032年
	后期	2033年	2034年	2035年	2036年	2037年	2038年
平原	初期	2016年	2017年	2018年	2019年	2020年	2021年
	中期	2022年	2023年	2024年	2025年	2026年	2027年
	后期	2032年	2033年	2034年	2035年	2036年	2037年

注：以2000~2006年年均增长水平为基数，按每年增长15%的方案。

按照方案三(表5.7)，山区县全面进入工业化初期阶段要到2021年，全面实现工业化中期阶段要到2027年，全面进入工业化后期阶段，要到2035年。丘陵县到2018年全面进入工业化初期阶段，2026年全面进入工业化中期阶段，到2031年全面进入工业化后期阶段。平原县到2018年可以全面进入工业化初期阶段，2022年全面进入工业化中期阶段，2030年全面达到工业化后期阶段水平。从全面实现工业化初期阶段的时间看，山区县比平原县滞后的时间约为3年，丘陵县与平原县的时间基本相当；从全面进入工业化中期阶段的时间看，山区县比平原县滞后的时间约为5年，丘陵县比平原县

表5.7 不同类型区工业化预测(方案三)

类型	工业化阶段	50%实现程度	60%实现程度	70%实现程度	80%实现程度	90%实现程度	100%实现程度
山区	初期	2016年	2017年	2018年	2019年	2020年	2021年
	中期	2023年	2024年	2025年	2026年	2026年	2027年
	后期	2031年	2032年	2033年	2033年	2034年	2035年
丘陵	初期	2014年	2015年	2016年	2016年	2017年	2018年
	中期	2021年	2022年	2023年	2024年	2025年	2026年
	后期	2027年	2028年	2029年	2029年	2030年	2031年
平原	初期	2014年	2015年	2016年	2016年	2017年	2018年
	中期	2018年	2019年	2020年	2021年	2021年	2022年
	后期	2026年	2027年	2028年	2028年	2029年	2030年

注：以2000~2006年年均增长水平为基数，按每年增长20%的方案。

滞后的时间约为4年;从全面实现工业化后期阶段的时间看,山区县比平原县滞后的时间约为5年,丘陵县比平原县滞后的时间为1年。

上述三个方案中,我们比较倾向于第二个方案,即到2030年左右,中国山区进入工业化中期发展阶段。

第三节 中国山区城镇化的情景分析

一、山区城镇化的基本思考

城镇化是一个全球性的社会经济转型现象,是伴随着经济增长,由产业结构非农化而引发的生产要素由农村向城市的流动和集中。在城市体系不断升级的同时,农村的生产方式、生活方式逐渐与城市接轨,并最终实现城乡的一体化。这一过程表现为乡村人口向城市人口的转化以及城市的不断发展和完善,既包括城镇人口和数量的增加,更重要的是,也包括经济社会的进一步集约化、社会化、现代化。一个区域的城镇化过程,就是区域城市体系建立和发展的过程,也是人口、产业等经济活动在空间上相对均衡的过程。当今世界区域、城市发展的总体态势是区域发展的日渐城镇化,城市发展的日趋区域化。

相对平原地区而言,山区城市发展存在着规模小、集聚和辐射作用不强、经济基础薄弱,各城镇之间存在重复建设、劳动力素质低、资源型产业比重大等特点。山区传统的思想观念制约着生产力的释放和发展,长期以农业经济为主的产业结构和就业结构所形成的浓厚小农意识和小富即安的狭隘思想,压抑了现代化先进生产理念的传播和运用。当然,山区发展也存在诸如资源、政策方面的优势和机遇。现在经济增长正由平原地区向山区逐渐推移,国家的政策和发展战略重点也正逐渐倾向于山区,尽管对山区来说,城镇化过程是一种不均衡发展的过程,但未来20~30年随着新型工业化道路的推进,城镇化战略的实施,山区将进入一个经济社会快速发展、城镇农村统筹发展、人与自然协调发展的新阶段。

二、山区城镇化与经济发展的关系

城镇化与经济发展具有密切的关系,一方面,经济发展必然会有效地推进区域城镇化的进一步提升;另一方面,城镇化的发展又对区域经济的发展具有很强的促进作用。很多研究表明,城镇化水平与GDP之间存在较强的正相关关系。为进一步认识城镇化和经济发展之间的内在关系,我们选择人均GDP和城镇化率两个指标进行相关性分析,由于城镇化水平数据的不完整性,这里只采集到全国433个山区县、417个平原县以及390个丘陵县的数据进行统计分析,尽管没有覆盖全国所有的山区县、平原县和丘陵县,但统计的样本数量较大,基本能够体现山区、丘陵和平原县的总体特征,统计结果具有一定的代表性。

以人均 GDP 的对数为自变量(X),以城镇化率的对数为因变量(Y),分别建立山区县、丘陵县和平原县的非线性拟合函数:

$Y_{山区} = -15.857 + 3.717X_{山区} - 0.178X^2_{山区}$,拟合曲线见图 5.6;

$Y_{丘陵} = -5.542 + 1.422X_{丘陵} - 0.051X^2_{丘陵}$,拟合曲线见图 5.7;

$Y_{平原} = -1.416 + 0.682X_{平原} - 0.020X^2_{平原}$,拟合曲线见图 5.8;

经过分别检验,拟合函数基本有效。

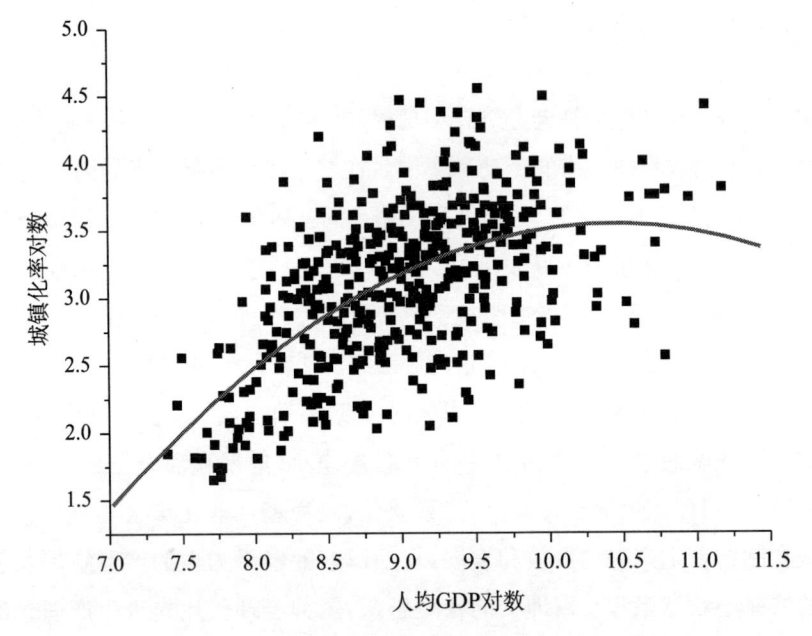

图 5.6　山区县城镇化率与人均 GDP 增长的关系

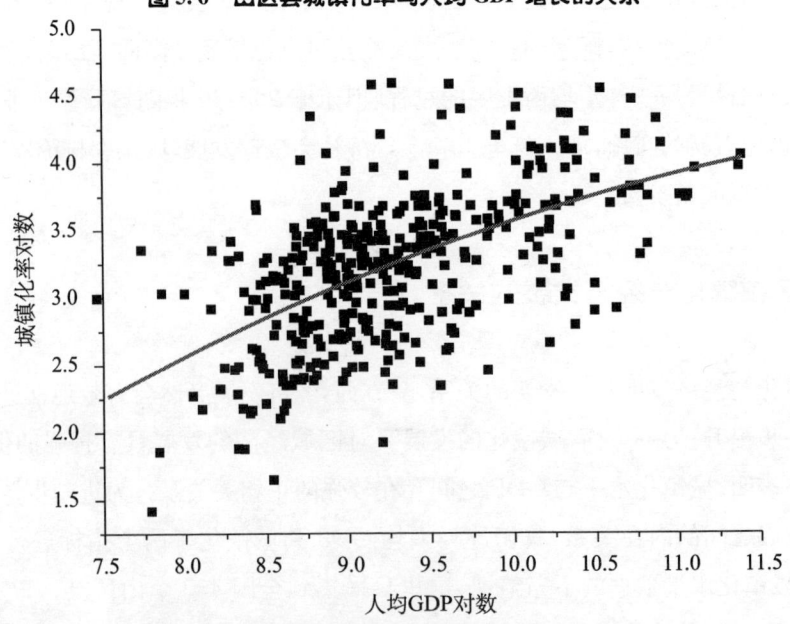

图 5.7　丘陵县城镇化率与人均 GDP 增长的关系

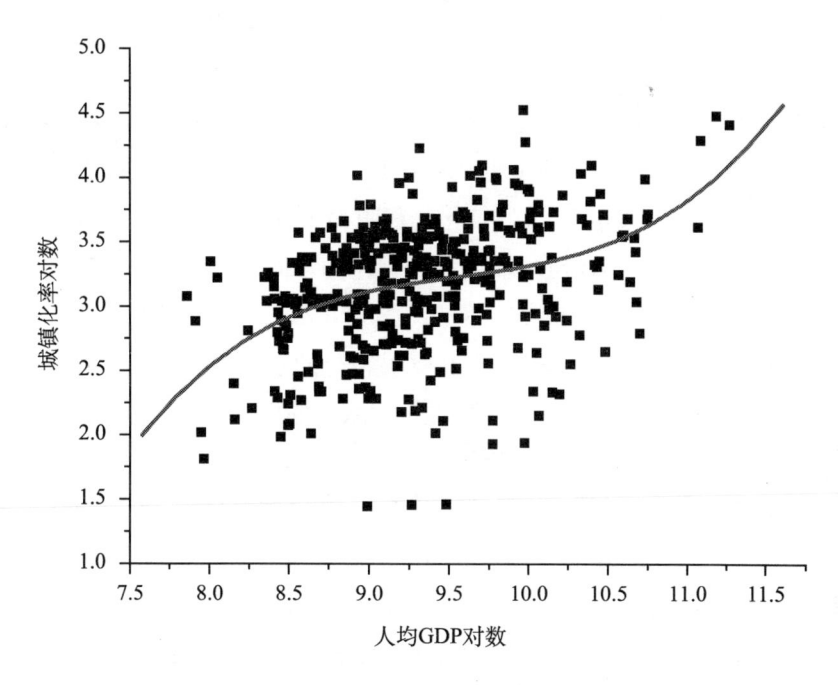

图 5.8　平原县城镇化率与人均 GDP 增长的关系

三、山区城镇化预测

党的十六大提出了在本世纪头 20 年"全面建设小康社会"的奋斗目标,党的十七大在十六大确立的全面建设小康社会目标的基础上,对我国发展提出新的更高要求:经济要实现又好又快发展,在优化结构、提高效益、降低消耗、保护环境的基础上,实现人均国内生产总值到 2020 年比 2000 年翻两番,达到 3 000 美元的目标。尽管全面小康社会的内涵非常丰富,评判的指标也比较多,但人均 GDP 是衡量实现全面小康社会目标程度的关键,因此,为简便起见,这里仅以该指标来反映全面小康核心内涵,利用该指标的阶段变化以及与城镇化水平之间的函数关系,测度不同人均 GDP 水平所对应的城镇化率。

表 5.8　全面小康社会目标实现程度所对应的城镇化水平预测(%)

地域类型	城镇化率现状（2006 年）	人均 GDP 现状（2006 年）	全面小康实现程度					
			50% 1 500 美元	60% 1 800 美元	70% 2 100 美元	80% 2 400 美元	90% 2 700 美元	100% 3 000 美元
山区	25	10 000 元/1 400 美元	27	29	30	31	32	33
丘陵	26	11 500 元/1 600 美元		28	30	32	34	35
平原	28	14 000 元/2 000 美元				28	29	30	31

注:美元与人民币的汇率按 1∶7 近似值换算。

表5.8表明,山区县2006年的城镇化率平均为25%,按照全面小康社会目标,假如到2020年所有山区县的人均GDP能够达到3 000美元目标,此时所对应的城镇化水平将达到33%,从2006年城镇化率25%到2020年城镇化率33%,14年间仅增长8个百分点,平均每年增长0.6个百分点。尽管看起来速度缓慢,但是由于山区面积广、城镇化基础薄弱、产业集聚难度大、城镇化进程阻力大这些不容回避的事实,这个增长速度与山区城镇化进程的实际情况基本上是相符的。同时表5.8也设定了人均GDP不同的实现情景,如果只能实现80%的人均GDP目标,则对应的山区城镇化率为31%;如果只能实现70%的目标,则广大山区城镇化的水平预计只能达到30%。显然,人均GDP的实现程度影响并制约着山区城镇化水平的提升。

与山区县相比,丘陵县2006年的城镇化率平均为26%,略高于山区县。按照全面小康社会目标,假如到2020年所有丘陵县的人均GDP能够达到3 000美元目标,此时所对应的城镇化水平将达到35%,从2006年的城镇化率26%到2020年的城镇化率35%,14年间增长9个百分点,平均每年增长0.7个百分点,增长幅度同样略高于山区县。2006年丘陵县的人均GDP达到了1 600美元,就该单一指标而言,已经实现了50%以上的小康目标;如果到2020年只能实现80%的目标,则对应的丘陵县城镇化率为32%,若只能实现70%的目标,则广大丘陵地区城镇化水平预计只能达到30%。

同样,平原县2006年的城镇化率平均为28%,现状水平高于山区县和丘陵县。按照全面小康社会目标,假如到2020年所有平原县的人均GDP能够达到3 000美元目标,此时对应的城镇化水平将为31%。值得注意的是,2006年平原县的人均GDP已经达到了2 000美元,就该单一指标而言,已经实现了近70%的小康目标,可以判断,广大平原县人均GDP目标应该可以提前实现,也即不需要到2020年就能够实现。2020年的全面小康目标是基于全国总体水平而提出的,而山区、丘陵是全面小康实现的难点区,也是全国全面小康实现的制约区,如果经济发展基础较好的平原县不能够提前实现全面小康目标,全国的总体目标就难以实现。所以,平原县城镇化水平从现状的28%增加到人均GDP 3 000美元时对应的城镇化率31%,从表面看城镇化水平只增长了3个百分点,但实际上所增加的3个百分点估计需要较短时间。

第四节 中国山区人口转移的情景分析

一、山区乡村人口预测

20世纪70年代以来,由于实行了以提高人口质量、控制人口数量为目标的计划生育政策,加上改革开放期间经济和社会发展的同方向作用,中国得以在较短时间内完成了人口转变的过程,实现了从"高出生率、高死亡率和高增长率"到"低出生率、低死亡率和低自然增长率"的人口再生产类型的转变。然而,中国的人口转变是在社会经济发展和计划生育政策的双重作用下,特别是后者的效果为其他国家所没有的情况下实现的,相对来说,它不是一个自然发展的过程,这是中国人口转变的最大特点。由于中国多山的特点,山区的人口转变又别于平原和丘陵地区,从"三高"到"三低"的转变时间总体上具有一定的滞后性。

对未来人口发展的预测,数学家已研究出一些不同的数学模型:有 Malthus 模型,有连续性模型,有离散性模型和费尔哈斯特(Verhulst)模型,而且许多学者也进行了大量的实践研究。费尔哈斯特模型是荷兰数学生物学家费尔哈斯特在研究生物繁殖量的变化规律时提出的。费氏模型是在马尔萨斯模型基础上的修正模型,该模型增加了一个二次项,生长和发展受制于环境约束:

$$\frac{dP(t)}{dt} = aP(t) - b[P(t)]^2$$

式中,$P(t)$ 为 t 年的预测的人口数;a、b 分别为一次、二次的常系数;$K=a/b$,当 $P(t_0)=P_0$ 时费氏模型的解析解为:

$$P(t) = \frac{K}{1 + \left(\frac{K}{P_0} - 1\right)e^{a(t-t_0)}}$$

要应用费氏模型进行人口预测,首先必须确定常系数,确定费氏模型参数的方法,可以利用微分方程进行求解,而且费氏模型只要求具备 4 个等距的历史数据就可以确定模型的参数,这是该模型的最大特点。

由于行政区划调整以及统计数据的原因,以县为单位的人口统计数据动态比较有一定出入,而且以山区、丘陵、平原等为单位的不同类型的人口统计历史数据少,且连续性较差;相对而言,乡村人口统计的数据相对连续,且能够满足费氏模型预测的基本要求。更重要的是,乡村人口是反映广大山区、丘陵和平原地区城镇化水平、经济发展水平的具体体现,是农村人口向非农领域、向城镇空间转移的主要攻坚主体和对象,因此选择山区、丘陵和平原县的乡村人口作为预测要素,具有较大的现实意义。这里以 2000 年、2001 年、2003 年、2005 年 4 个等距节点数据为基础,分别获得山区县、丘陵县和平原县的乡村人口预测模型:

$$P(t)_{山区} = \frac{-474.89}{1 - 185.524e^{-0.0055(t-2\,000)}}$$

$$P(t)_{丘陵} = \frac{349.446}{1 + 146.470\,6e^{-0.000\,057(t-2\,000)}}$$

$$P(t)_{平原} = \frac{-6\,059.89}{1 - 1\,973.04e^{-0.005\,5(t-2\,000)}}$$

根据以上模型,按照 2010 年、2015 年、2020 年、2025 年和 2030 年 5 个时间点分别对不同类型地区的乡村人口进行预测,预测结果见表 5.9。

表 5.9 山区、丘陵和平原地区乡村人口预测（单位：亿人、%）

	2005年（现状）总量	占全国总人口比重	2010年 总量	占全国总人口比重	2015年 总量	占全国总人口比重	2020年 总量	占全国总人口比重	2025年 总量	占全国总人口比重	2030年 总量	占全国总人口比重
山区	2.60	19.88	2.69	20.00	2.76	19.92	2.83	19.82	2.91	19.75	2.99	19.66
丘陵	2.37	18.13	2.36	17.54	2.36	17.03	2.37	16.59	2.37	16.09	2.37	15.59
平原	3.09	23.63	3.09	22.97	3.09	22.30	3.11	21.78	3.12	21.18	3.12	20.52

从表5.9可以看出，在未来的二十几年内，丘陵县、平原县的乡村人口数量基本稳定，丘陵县基本保持在2.3亿人口左右，平原县基本保持在3.1亿左右。相对丘陵县、平原县而言，山区县乡村人口的增长幅度相对较高，预测到2020年将达到2.8亿，到2030年达到3亿人口左右，从2005年的2.6亿增长到2030年的2.99亿，25年内净增加约4 000万。根据相关的研究成果，近30年内我国人口还处于增长期，到2050年之后，总量将趋于减少。因此，从总体上说，丘陵、平原和山区的乡村人口应该在增长，只不过一部分增长发生了城镇化转移。从预测的结果可以判断，丘陵和平原县乡村人口的增长幅度与城镇转移幅度基本相当，而山区县乡村人口的城镇转移速度低于乡村人口本身的增长速度，这一结果增加了我国乡村人口的总量，从另一侧面也即增加了我国城镇化目标实现的压力。从理论上讲，山区、丘陵和平原地区乡村人口总量的发展趋势应该保持基本不变或减少，城镇人口大大增加，才能提升我国整体的、全局的城镇化水平。根据以上乡村人口的预测数据，到2020年，全国的城镇化水平约为55%，与全面实现小康目标中的城镇化率60%还有一定差距，因此今后在较长时期内需要加大乡村人口向城镇转移的规模和力度，才能与全面实现小康目标同步。当然，从山区的区内差异和现实情况看，尽管人口总规模还在扩大，但是由于人口向城镇集中的趋势逐渐加快，贫困山区常住人口外流的现象极为普遍，有的山区县人口出现了负增长，农业比较收益的下降，农村人口外流日益增加。所以，根据我国城镇化发展水平的现状和发展战略，对我国包括山区、丘陵和平原在内的广大农村地区乡村人口的城镇转移规模和情景进行估计，对梳理我国未来的社会经济发展方向、提高决策措施的效果显得尤其迫切和重要。

二、山区乡村人口向城镇转移预测

人口城市化通常用一个国家或地区城市人口占总人口比重的不断提高来反映，人口城市化水平的提高主要有两条途径：一是乡村人口向城市的迁移；二是城市人口的自然增长，可以把城市人口的增长分解为城市人口的自然增长和乡村人口向城市的迁移。

自新中国成立,我国市镇的建制标准曾多次发生变动,城镇人口的统计口径较为混乱。2000年之前,我国的城镇人口按照市镇总人口统计,其中1952~1980年按照行政建制划分口径统计市镇总人口,而1982~1999年按常住人口统计;2000年之后,按照城镇总人口(居住在城镇范围内的全部人口)统计。因此,从城镇人口指标所反映的内涵看,乡村人口的城市化可以视为既包括乡村人口向大城市的"永久性"迁移,也包括向小城镇的"永久性"迁移。因此,在一定时期内乡村人口向城镇"永久性"迁移的规模应等于当年城镇新增人口总量减去当年城镇人口自然增长量,而当年城镇人口自然增长量可以用上年城镇总人口与当年城镇人口自然增长率相乘获得。于是,可用以下公式估算乡村人口向城镇的迁移规模:

$$M_t = (UP_t - UP_{t-1}) - \Delta UPNG_t$$

$$\Delta UPNG_t = UP_{t-1} \times UPNR_t$$

其中,M_t:第t年农村人口向城镇的"永久性"迁移规模;

UP_t:第t年城镇人口总量;

UP_{t-1}:第$t-1$年城镇人口总量;

$UP_t - UP_{t-1}$:第t年城镇人口增长量;

$\Delta UPNG_t$:第t年城镇人口自然增长量;

$UPNR_t$:第t年城镇人口自然增长率。

在历年的中国统计年鉴中,只有《2001年中国统计年鉴》公布了1978~1982年、1988~1999年全国城镇人口自然增长率数据,因此,为了计算我国历年乡村人口向城镇迁移的规模,必须估算缺失年份的城镇人口自然增长率。由于城镇人口自然增长率和全国人口自然增长率具有统计相关性(相关系数$r=0.864$),因此可利用二者关系建立线性回归方程:

$$UPNR_t = 3.753 + 0.478 NPNG_t$$

$$R^2 = 0.747$$

其中,$NPNG_t$表示全国人口自然增长率。

由回归结果可知,回归方程的F检验、t检验在0.01的显著性水平下均显著。

根据以上方程,可获得主要年份全国乡村人口向城镇转移的规模,预测结果见表5.10。

表5.10 乡村人口向城镇转移的规模预测

	2010年	2015年	2020年	2025年	2030年
按全国人口城镇迁移模型预测的转移规模(万人)	1 200	1 400	1 600	2 000	2 400
按全国乡村人口递减和小康目标推测的转移规模(万人)	1 200	4 400	4 200	4 000	3 800
两者算术平均的转移规模(万人)	1 200	2 900	2 900	3 000	3 100

另一方面,为增加预测的相对准确性,再根据费氏模型建立全国乡村人口总量预测模型:

$$P(t)_{全国乡村人口} = \frac{4\,575.904}{1+565.066e^{0.016\,39(t-2\,000)}}$$

用每年全国乡村人口递减的数量减去乡村人口自然增长量来代替全国乡村人口向城镇转移的总量;由于目前的统计缺乏乡村人口自然增长率数据,在预测的过程中使用学者罗翔对全国的总人口、出生率和死亡率预测平均值来代替,按照该方法所预测的乡村人口转移规模同样列于表10中;再对按照以上两种方法预测的数据进行算术平均,可以相应地获得与2010年、2015年、2020年、2025年、2030年各个时间点相对应的转移总规模。

从表5.10可以看出,除2010年转移规模在1 200万左右外,之后的20多年内,基本上需要每年有3 000万以上乡村人口向城镇转移的规模水平,才有可能达到全面实现小康的城市化目标。如果将这一转移规模平均分摊到山区县、丘陵县和平原县,则三类不同县的乡村人口转移至少每年在1 000万以上。实际上,因为山区乡村人口总量基数大、城镇化水平低,因此,山区县的乡村人口转移规模和力度应高于每年1 000万人这一水平,才能真正保障全国全面实现小康的目标。从区域流向格局看,长期以来山区向平原、西部向东部转移一直是人口流动的主流;不过,随着山区资源开发强度的加大、劳动密集型产业向山区转移,未来山区内部城乡人口流动的频率会大大增强。

参 考 文 献

[1] 蔡昉、刘易斯:《转折点:中国经济发展新阶段》,社会科学文献出版社,2008年。

[2] 陈国阶:"中国山区发展研究的态势与主要研究任务",《山地学报》,2006年第5期。

[3] 国家统计局:《中国县市社会经济统计年鉴(2001)》,中国统计出版社,2001年。

[4] 国家统计局:《中国县市社会经济统计年鉴(2007)》,中国统计出版社,2007年。

[5] 国家统计局:《中国统计年鉴(2007)》,中国统计出版社,2007年。

[6] 金剑、张帆:"我国城市化与经济发展水平关系的定量分析——基于格兰杰因果检验",《河北经贸大学学报》,2007年第2期。

[7] 李君甫:"走向终结的村落——山区人口流失、社会衰微与扶贫政策思考",《理论导报》,2006年第5期。

[8] 罗翔:"中国人口增长预测模型的建立与应用",《河南科技学院学报》(自然科学版),2008年第3期。

[9] 卢向虎、朱淑芳、潘晓军:"农村人口向城镇'永久性'迁移规模的测算",《重庆工商大学学报》(西部论坛),2005年第4期。

[10] 钱纳里等:《工业化和经济增长的比较研究》,上海三联书店,1989年。

[11] 王树华:"关于我国工业化发展阶段的评估",《商业时代》,2008年第29期。

[12] 赵显洲:"我国城市化与经济发展相互关系的动态分析",《中国软科学》,2006年第9期。

[13] H. Ricardo Grau, T. Mitchell Aide 2007. Are Rural-Urban Migration and Sustainable Development Compatible in Mountain Systems. *Mountain Research and Development*, Vol. 27, No. 3, pp. 119-123.

[14] Lara Moragrega Martin 2004. Tourist Expansion and Development of Rural Communities. *Mountain Research and Development*, Vol. 24, No. 3, pp. 202-205.

[15] Roland Löffler, Ernst Steinicke 2006. Counterurbanization and Its Socioeconomic Effects in High Mountain Areas of the Sierra Nevada (California/Nevada). *Mountain Research and Development*, Vol. 26, No. 1, pp. 64-71.

[16] Sarah K. Goodall 2004. Rural-to-urban Migration and Urbanization in Leh, Ladakh. *Mountain Research and Development*, Vol. 24, No. 3, pp. 220-227.

[17] Saodat Olimova, Muzaffar Olimov 2007. Labor Migration from Mountainous Areas in the Central Asian Region: Good or Evil. *Mountain Research and Development*, Vol. 27, No. 2, pp. 104-108.

[18] Zhang Baiping, Mo Shenguo, Tan Ya, Xiao Fei, Wu Hongzhi 2004. Urbanization and De-urbanization in Mountain Regions of China. *Mountain Research and Development*, Vol. 24, No. 3, pp. 206-209.

第六章 中国山区发展战略选择探讨

第一节 关于中国山区发展不同观点的评说

中国山区发展的方向是什么？即中国山区发展的战略定位是什么？这是一个十分重要和必须明确的问题，这个问题不解决或不明确，中国山区发展战略就有可能迷失方向或犯方向性的错误，导致山区发展步入迷途或歧途。只有弄清楚并且正确确定中国山区发展的战略定位和方向，才能制定正确的发展战略、明确的目标和发展道路，山区才能得到它应该拥有的光明前途。

对于中国山区发展的定位，至今不仅不明确，而且还很混乱，各种见解莫衷一是，概括起来，大致有以下几种定位或价值取向。为此，我们将结合对它们的分析，作如下介绍。

一、原生态说

其主要观点是：对山区生态和居民的生存方式和生活方式应当采取严格保护、保存的态度，特别是对不同发展水平、不同民族、不同生活方式的居民，不管其现存的生活水平多么低，生活方式多么落后、愚昧，都要尊重、要保护。所谓保护"原生态"不单是指自然生态，而且包括原住居民的原始生产和生活模式，即要保存地球上人类各种社会形态、各个社会发展阶段的"活标本"；不要对这些地区提开发、开放，不要改变他们的生活方式、信仰、宗教。这种理论或观点，大多是发达国家的政治家、学者或一批所谓人权分子和自然保护主义者所倡导的，其响亮的口号是"尊重"山区居民的人生选择、自由取向，保护居民的原生态；实质上，这是对山区居民的贫穷、落后、愚昧熟视无睹，是要山区人民甘心作为富人和发达国家人类展览馆的"展品"，是要山区特别是落后的各种少数民族永远处于被遗弃、被历史边缘化的地位。

实际上，山区居民的原生态，包括部分原始部落之所以长期不能进步，不能跟上历史发展的步伐，不能有起码的温饱和现代人的尊严，就是因为他们封闭、保守、与世隔绝。任何想发展、想摆脱贫困的居民，不管他们居于何方，都得融入当代社会，都得学习先进科学技术，都得学习先进思想，不断改变自己不适时、不适应、不适合的生活方式、生产方式和思维方式，才能由愚昧变聪明，由贫困变富裕，由原始变发达。"与时俱进"，是每个民族、居民必由之路。

发达国家在自己享受人类先进文明成果的同时,不允许山区居民过上现代生活,要他们长期封闭下去、愚昧下去、贫困下去,作为所谓生物多样性、社会多样性的"展品",将山区贫困居民作为发达国家、富有人群的参观品、欣赏品,这是对山区居民的最大不公。名为"尊重",实为削夺、坑害。这无论如何不是山区居民的战略选择和价值取向。

我们对山区居民,不管贫富,都应该加以尊重,但对山区居民的最大尊重,是维护其生存权、发展权、与时俱进权;对他们的生活方式不加限制,但对于落后的生产方式要加以引导、改造、改进、改善,帮助他们掌握先进技术、先进方法、先进理念,通过生产方式的改进、生活水平的提高,逐渐改变(由他们自觉、自愿地)落后的生活方式。这才是与山区人民为善的正确做法。我们认为,在中国山区不宜采取所谓的保护"原生态"战略。

二、生态屏障说

这种观点认为,山区是河流上游或发源地,是当代森林主要分布区、生物多样性集中区,是水源保护区,起着保护生物多样性、保护平原地区和河流中下游的重要生态功能,是重要的生态屏障。

中国山区大部分在西部,是长江、黄河、珠江等河流的发源地,是天然林保护、退耕还林集中区、水源供应区、生物多样性和自然保护区,是中国的生态屏障。因此,中国山区的重要任务是发挥生态屏障功能,尽量少开发、不开发,特别是不要在山区建工业,开矿山,对山区发展严格控制,山区居民的生活由发达区、平原区通过财政转移支付来解决。

这种观点不能说没有道理,但问题是不切合中国山区的实际,也没有回答中国山区要不要现代化、工业化的问题。

首先,中国山区面积占国土面积的70%,即使将丘陵刨除在外,也还有40%左右的面积,是一个极其辽阔的空间,除了作为生物多样性保护区、水源保护区、自然保护区之外,实际上还有大量可供开发与发展的空间,更何况,历史上中国山区就已经进住了几十个民族,具有几千年的发展历史,放着广大山区的土地、矿产、水能、生物等丰富的资源不开发,对于中国这样一个人均耕地极少,人均水资源贫乏,人均森林面积低、人均矿产占有量不多的国家来说,显然是行不通的。

我们在《2003中国山区发展报告》中,已比较详细地论述了中国山区的战略地位,特别是其资源在中国的战略地位,以及农林牧、粮食、经济作物乃至第二、第三产业的战略地位,中国如果离开山区的发展,可以说全国的发展就将失去支撑,许多发达区可能很快就处于"断炊"的状态。因此,山区开发与发达区的开发需要共同进行、相互支持。这一点,往往被人们所忽视甚至忘记,是很不应该的。

多年来,中国发达区、平原区、城市区的居民,能够发展乃至发达,是山区养育的结果,也是山区开发支持的结果,更进一步说,是在山区将大量资源以极不公平的价格"送"给城市、平原、发达区的前提下进行的。现在平原区、城市区、东部地区发展了、发达了,反过来不让山区发展,限制山区发展,是不公平的。如果说,山区发展落后、山区贫困有若干自身原因的话,那么山区与非山区之间不公平的资源价格,则是山区贫困的外因。

其次,中国山区人口众多,如果加上丘陵区人口多达7亿(包括城市),单是山区人口也在3.5亿左右(包括山区城市)。这3.5亿人口,不靠山区自身的发展,只靠国家的财政转移,是难以生存的,更不可能让山区这么多人口过上全面小康、富裕的生活。反过来说,不管国家财政如何富裕、东部和城市如何发达,也是无法长期支撑山区3.5亿多人口的持续发展的,说的更透彻一点儿,山区居民若靠非山区的救济来过日子,只能"寄人篱下"。

中国山区发展的过去和现在,都处于比较贫困的状态,总结多年来的经验,得出一条很明确的结论,中国农村和城市的贫富差距根源出在第一次分配上,而不是再分配上,山区的情况更是如此。不提高山区居民第一次分配的收入,不提高山区劳动者的第一次收入,即劳动所得收入,仅取消农业税,取消教育学杂费,给点儿生态补偿,退耕还林款,山区居民只能勉强生活,不可能达到小康,更不能达到全面小康。因此,生态补偿、财政转移支付在山区发展中都只能作为一种辅助手段,不可能作为主要途径。发达国家居民劳动收入占GDP比重达60%以上,我国只占10%左右,提高劳动者劳动收入的比重,是改善居民生活的主题。山区居民大多从事实体经济活动,只有提高实体经济活动的收入,即第一次公共资源分配,才能提高山区居民的生活水平,而这要靠山区开发去创造、去增值。

第三,也是更重要的,中国山区的开发历史悠久,地域广大,生态类型众多,空间回旋余地大,我们完全可以找到既开发山区、发展经济又保护环境、改善生态的道路和途径。尽管维护山区生态功能、建设山区生态屏障与山区经济发展存在矛盾,需要我们去克服,但发展与环境的矛盾不是山区所特有的,而是全球共同的难题,只是山区与平原、城市面对的具体问题不同而已。中国山区与全国一样,有可能找出一条经济发展与环境双赢的道路,这正是我们要努力的。

因此,我们主张要走符合中国山区实际的工业化、城市化、现代化道路。要在发挥山区生态功能、建设生态屏障的前提下搞山区开发,并在开发过程中,优化山区生态功能。这当然是一个充满风险的高难度的过程,但却是一个不可回避、值得去实践的过程。我们可以根据山区的特点,制定适合山区发展的战略和措施,慎重开发,精心开发,规避生态敏感区,搞好产业布局,优选产业项目,探索一条适合中国山区环境友好的经济发展道路。

三、山区人口迁移说

认为中国山区人口太多,超过山区人口环境容量,山区要搞好生态屏障建设,又要使居民过上小康和富裕生活,必须减少山区人口,应将山区人口迁至平原或城市。其特别的依据是,发达国家基本上人口都集中于城市,山区的居民很少,包括日本这样的山地国家,山区人口也很少。

这种理论或观点,有一定道理。从人类发展的趋势上看,工业化、城市化是不可阻挡的过程,中国山区人口从长远上看应该逐渐向城市集中,山区农村的人口应该呈逐步减少的趋势,从这个道理上说,我们是赞同山区人口迁移的。

但是,从中国山区和中国人口的状况上看,山区人口到底能迁出多少?山区应该保持多少人口?这一直是我们要研究或回答的问题,并且山区人口迁移是一个长期的过程,并非最近10~20年所能实现。这里着重指出中国山区人口的特点,包括人口多、民族多、栖居历史长等,对人口迁移产生巨大的影响,制约着山区人口的迁移,中国山区人口的削减量不可能达到发达国家的水平。因此,保留上亿山区人口,很有必要。

首先,发达国家特别是发达大国的人口状况与中国有天壤之别,一是它们的土地面积广、平原多、人口总数量少、平均人口密度低,如美国、俄罗斯、加拿大、澳大利亚,虽然都有山地,但其平原面积大,现在平原的人口环境容量绰绰有余,无须对山区进行开发。以美国为例,美国的山区居民主要是印第安人,人口只有几百万,美国拥有广大的平原、浅丘,农业发达,全国2%~3%的农业人口就可支持全国3亿人口的农业消费,还有大量出口,基本上可以不在山区搞开发、安排人口。加拿大、澳大利亚、俄罗斯情况也基本类似,这些国家山区具备休养生息的条件,除了矿产、林业、水电等的开发外,基本上不需要在山区办工业。巴西作为一个发展中国家,情况也类似。印度虽是人口大国,但总体上人口分布较中国均衡,也没有中国那么大面积的荒漠地带,但印度仍然需要在山区布局相当多的人口。

日本无疑是个山地国家,领土面积只有36万公顷,人口密度大,日本为什么也能做到不对山区有较大的开发?甚至让森林保持较完好的状态?笔者认为,日本的情况也非中国所能做到。

日本是海洋国家,日本的经济从一定意义上说是海洋经济,更恰当地说是临海山麓经济或山间盆地经济,是山区包围着的大都市经济。山地虽多,但资源贫乏,除森林外,日本山区的矿产资源不多,没有多少开发价值,水能资源也有限,该开发的都已开发。日本的优势在于四面环海,经济的发达区集中于沿海、海湾,依靠海洋运输,依赖世界资源,依托海岸建工厂,走上了工业化道路。日本的农业支撑主要靠国外,现在日本在国外从事水稻生产的数量超过本国几倍。日本的人口集中于城市,城市依托海洋。因此,山区成为休闲之地。

中国山区大多处于内陆,发展海洋经济不现实,依托进口粮食、农产品也不现实,依托几个大都市带动整个山区发展也难办到。更何况,中国山区人口是日本总人口的几倍,如果都外迁,集中在城市怕很难办到。

其次,中国山区是少数民族集中区,是少数民族几千年的栖息地,并且是几十个民族的共同聚集区。少数民族从一定意义上说是山区民族,要让他们迁出山区,不是他们的意愿。美国作为世界头等发达的国家,其国内的印第安人至今依然大多愿意留在山区。因此,山区人口迁移问题,是一个长远的问题。

我们的基本设想是,在全国城市化、工业化过程中,要积极引导山区人口流动,包括从山区向非山区、从农村向城镇、从农业向非农业流动,逐步减少山区的总人口、总农村人口和总农业人口。但是不论如何流动,在最近 30 年内,山区保留 2 亿多的总人口和 1.0～1.3 亿的山区农村人口似乎仍不可避免。因此,还得为几亿人口的全面小康社会创造发展条件和开发空间。

四、生态旅游与生态农业发展说

其主要观点是,山区的优势在于景观多样性,旅游资源丰富,农业在较少工业污染的情况下,可以有条件地发展绿色产品、有机食品。山区不应该发展工业,发展工业会破坏生态环境安全。

我们认为,该观点确有合理的内容,发展山区生态旅游业确是山区的一大优势,我国著名的自然风景名胜、世界自然遗产基本上都分布于山区,旅游业作为山区未来的支柱产业,确是明智的选择,因为除了资源优势之外,生态旅游业总体来说是与环境比较友好的产业,旅游业还可以带动相关产业的发展,例如交通、通讯、食宿、餐饮、金融、商贸等。

但是,客观的分析使我们发现,旅游业作为一个产业要带动整个山区的发展是困难的。在我们所统计的 2006 年全国 800～900 个山区县中,真正依靠旅游业发展而成为经济强县的不多,以旅游业为第一大产业的县,最多只能是中等水平的县,而且数量很少。一般发达的山区县,都是以工业为主体,配套若干其他产业,如旅游、外贸、特色农业等。

在山区旅游县,如四川九寨沟县、云南香格里拉县、福建武夷山市等,旅游业确实带动了经济发展,但毕竟数量有限,能真正以旅游带动经济的县还是少数;并且,即使这些县总体经济实力较一般的山区穷县强,但与建设全面小康社会的要求差距还很远。

总体上,我们赞成将山区旅游作为重要的产业,在部分县市可作为支柱产业,但对整个山区而言,旅游业只能是辅助性致富产业,难以作为第一支柱产业,更不可能成为山区的唯一产业。

山区农业,特别是具有山区特色的林产品、牧产品、畜产品、水果、坚果等众多产品,是发展农业产业化的基础,将成为山区重要的基础产业,这是毋庸置疑的。我们也赞成山区发展绿色和特色农业,以稀有性、珍贵性、特有性、生态性、有机性取胜,建立山区较高端、高效的商品和创汇产业。

但是,产业的长期发展告诉我们,"无工不富"是一个普遍规律。农业,包括高新技术武装下的现代农业,毕竟是一个低收入的产业,靠农业为主致富、变强,成为经济发达的县在这里几乎没有,凡是第一产业占GDP30%～40%及以上的山区县,几乎都是穷县。

更何况,离开工业化的农业不可能走出农业工业化的道路,不可能有山区农业的基地化、规模化、专业化的建立和发展,除了个别人口比较少、面积比较大、平均人口密度低的山区可以靠特色养殖、特色农业致富外,对多数广大山区而言,不可能靠农业进入工业化、城市化阶段,当然也不能靠农业进入全面小康社会。

因此,生态旅游业、生态农业是山区的重要产业,它们的发展可以较非山区重要些,比重可以大些,在国民经济体系中较非山区所扮演的角色可以突出些,但都不能成为山区经济的支柱和主体。

五、工业化带动下的综合发展说

这是我们提倡并坚持的观点,为了避免被误解,我们拟作较详细的论述。

我们认为,不管山区和非山区,工业化、城市化是不可避免的过程,即山区依然要工业化,山区不可能没有工业化。换句话说,山区不可能在历史发展过程中超过工业化阶段或避开工业化,山区不可能有什么原因和理由回避工业化,否则历史将不能解释。工业化是人类发展的一个必然过程。除非愿意按照上述生态主义者的观点,保持封闭、落后、原始的社会形态,否则要发展、要现代化就得工业化,这是一个基本前提。如果认为山区不可以搞工业化,就等于说山区是一个孤立于人类普遍发展规律之外的"天外来物",是地球上的"飞地",这在逻辑上显然是站不住脚的。至于山区如何工业化、与非山区如何区别,则是另外一个应该讨论的问题,但肯定山区必须工业化是山区发展的一个理论前提。

我们说中国山区必须走工业化的道路,是因为中国山区是一个领土广阔、人口众多的区域,若这么大的国土面积、人口这么多却不搞工业,不实现工业化,全国的工业就不配套,中国的工业化就失去支撑,中国的工业化就成为跛脚的,中国的东西部二元结构、城乡二元结构的问题也就无法得到解决。同样,山区就永远只能是贫困的山区、落后的山区,是被动被救济的山区,就不可能让山区几亿人口享受现代化的工业文明、物质文明、生态文明。关于中国山区工业化的必要性和可能性,我们已有专文论述,为了进一步理清中国山区工业化的思路,特别是消除人们对于山区工业化与生态屏障相冲突的担心,这里我们更集中地讨论中国山区工业化的特殊途径,即与非山区工业化之间的区别。

中国山区生态的破坏,从历史上看,主要不是工业带来的问题,而是贫困带来的问题,是原始农业带来的问题。直至现在,对山区造成严重生态威胁的,依然是原始农业的弊端,包括砍柴为薪、陡坡垦殖、超载放牧等。因此,改变山区原始、落后的农业生产状态,是改善山区生态环境质量的前提,这一点是我们与发达国家最大的区别,却是与其他欠发达山区的共同点。这就说明,不走出原始农业的原始状态,或者进一步说,不改变单纯的农业生产模式,不突破农业社会的发展极限,山区生态环境是难以改变的。道理很简单,山区人口数量不少,并且在不断增加,有限的土地资源、恶劣的生存环境,单靠农业除了加大对环境的压力外,不可能有其他出路或办法,所有人口和劳动力都在农业上做文章,生态环境不恶化才是怪事。因此,从这个意义上说,发展山区工业,实际上是减轻人口对环境压力的重要举措,是化解贫困—开垦—再贫困—再开垦恶性循环的必不可少的战略选择。

那么,人们为什么会对山区发展工业产生那么大的恐慌,并极力反对呢?这主要是人们把发展山区工业简单化的结果。如果山区重走传统工业化的老路,包括笔者自己在内,也是反对的,因为工业污染和对生态的破坏,危及的不只是山区本身,还有河流中下游和广大非山区。人们对山区发展工业的疑虑不是没有道理的,为此,我们在前面提出山区可以发展工业,但山地不可以发展工业就是这个道理。

我们认为,现在山区发展工业不是应该不应该的问题,而是如何发展的问题,只要有正确的发展方向、正确的发展选择(环境友好型工业)和正确的布局,山区工业发展与环境协调应该是可以做到的。

因此,我们提出以工业化、城镇化为主导的综合山区发展战略,即将建设社会主义新山区作为我国山区发展的战略目标。其主要内容包括:建立与山区资源、环境相适应的特色山区工业,包括特色水电业、矿业、中药种植及加工业、特殊食品加工业、林产加工业等;实现山区城镇化,建立山区绿色生态农业、生态旅游业、民族文化产业等;建立完善的生态建设与生态屏障体系,建立较完善的山区公共服务体系、山区社会保障体系,使中国山区发展与全国发展相互依存、相互促进;基本同步享受现代化、工业化、城镇化的文明成果,建成中国特色的、在世界上有显示度的社会主义新山区。

第二节 中国山区发展亟须转变战略思路

一、从山区扶贫向建设社会主义新山区转变

我们认为,当前我国山区发展已进入一个新阶段,原来的脱贫扶贫战略已不适应当代山区发展的要求。21世纪是中国快速实现工业化、城市化,建设全面小康社会的时

期,中国山区发展的目标应与全国相适应。为此,建设21世纪社会主义新山区,实现山区与全国较均衡地发展,享受工业化、现代化的全面小康成果,是山区发展的新目标。按此目标,长期以来推行的扶贫脱贫只是山区发展的一个重要任务,不能作为山区发展的总目标和主体部分,也不是山区发展的重点。山区扶贫是低层次、温饱水平的战略需求,社会主义新山区是实现山区小康和全面小康的新要求;如果我们现在仍然停留在扶贫的层次上,就等于降低山区发展的标准和要求,贻误山区发展的时机;最终必将导致不能有效地解决山区三农问题和贫困问题,更无法缩小区域差距(特别是山区与平原区的差距),无法建设山区和全国的和谐社会。

我们这样说,并不是要否认山区贫困和扶贫问题依然是一个十分突出的问题。实际上,中国山区农村贫困是一个长期存在并且还未能根本解决的、困扰中国快速发展的问题,也是当今中国所面临的一个重大社会问题。在中国全面建设小康社会的过程中,山区农村贫困是一只拦路虎。从这种意义上讲,中国山区扶贫脱贫还是中国全面建设小康社会的一场攻坚战,国家坚持实施扶贫战略是推进山区发展和脱贫的重要举措,我国在20世纪80年代中期以来的20余年里坚持扶贫,取得了举世瞩目的成绩,中国农村的贫困人口从80年代的25 000万减少到了2000年的3 201万,目前大约仅剩2 000余万,贫困人口减少了90%以上。

表6.1 经济欠发达山区县的比重(2006年)

人均GDP(元)	县数(个)	人口(人)	占山区县的比例(%)	占山区县总人口的比例(%)
2 000以下	6	3 150 761	0.67	1.05
3 000以下	66	26 453 177	7.37	8.81
5 000以下	253	91 575 356	28.27	30.50
10 000以下	585	210 761 216	65.36	70.20

但是,从表6.1可以看见,到2006年,还有许多山区县处于相对贫困的状态,还有66个县、2 600万人口的人均GDP少于人民币3 000元;有253个县和近1亿人口的人均GDP少于人民币5 000元,实质上也应属贫困人口的范围。可见,当前中国山区贫困人口相对数量不多,但绝对数量依然不小,山区脱贫形势依然严峻,继续在山区扶贫脱贫上进行攻坚依然十分必要,绝不能放松。但是,山区扶贫的立足点毕竟是在"贫"字上做文章,而不是在"富"字上下工夫,思维的空间也比较狭窄,已不能满足现阶段山区发展的战略要求。

(一)原有的扶贫标准低

我国刚开始实施扶贫战略时,全国绝对贫困人口有几亿,基于当时的国力,只能着重解决起码的生存问题,因此,过去扶贫的对象主要是绝对贫困人口,即解决温饱问题。

当前,中国山区贫困的含义与10多年前已不可同日而语,全国山区的绝对贫困人口大约只有1 000万左右,在全国总人口中所占比重很低,在中国山区人口中所占比重也不大。也就是说,解决绝对贫困问题,已不是山区扶贫的主体,不是山区绝大多数人都能受益的问题。进一步说,即使将山区1 000多万绝对贫困人口的温饱问题都解决了,也不能启动山区的发展,不能解决绝大多数人(几亿人口)的相对贫困问题。当前,我们说中国山区贫困,主要是指与发达区、平原区相比较而言的相对贫困,解决这个问题已不是靠过去的救济、补助所能奏效的,而要靠山区自身的发展才能解决。过去山区扶贫的标准,是让贫困人口能达到每人每天平均一美元的收入,或按中国的标准,每人每年收入不低于700元人民币(1999年为650元)。显然,解决这个问题不仅标准低,而且按现在的国力,是很容易解决的。问题是,即使这样的标准达到了,山区依然贫困,社会矛盾依然突出,依然不能达到发展的目的。因此,扶贫战略的着眼点应该提高,应与时俱进。如果仍然将山区脱贫作为战略重要内容的话,则着眼点不应是绝对贫困问题,而应该是相对贫困问题,是发展问题。

(二) 扶贫战略对山区而言是一种被动战略

过去山区扶贫主要是国家或非山区对山区的救助,许多非山区居民对山区贫困人口的捐赠,主要是出于人道的怜悯,只能解山区绝对贫困人口的一时之急、一冬之寒,并不能挖掉贫困的根源。山区贫困人口作为被救济的对象,始终处于被动的状态,也就是说,山区是被扶贫的对象,是被动的接受外界的支援、救助。因此,救助者是谁?救助多少?什么时候救助?通过什么方式救济?救济什么内容?等等,山区都没有大的发言权、决定权,更不可能针对山区发展的需求,向救助方提出更高的要求。从一定意义上说,山区扶贫战略是山区外部制定的战略,不是山区内部制定的战略。

无疑,山区的未来,山区的富强依靠扶贫是无法实现的,只有山区自身的发展,主动迎接挑战,主动发挥山区自身的优势,制定与山区发展适应,与全国战略对接,与世界潮流呼应的山区发展战略,才能走出山区发展的老路子,开创山区发展的新局面,也才能真正从源头上解决山区的贫困问题。

(三) 扶贫战略是短期目标战略,发展战略是长期的战略

扶贫往往是针对特定时期、特定空间、特定人群、特定目标制定的战略。目标是有限的,特别是针对绝对贫困人群的扶贫计划,一旦达到脱贫的目标,战略、计划即告完成、结束。扶贫计划往往带有浓厚的应急色彩。因此,扶贫解决的是被救济人群的一时生计,是以生活为主要帮助内容的行动。

而发展是长远的、无限的。穷了要发展,富了也仍然要发展;生活要发展,生产更要发展,生态也要发展;贫困人群要发展,一般人群和富裕人群也要发展;经济要发展,文化、教育、卫生、社会、政治、生态环境等也要发展。

时代已进入21世纪,中国已进入工业化中期,中国的战略目标是实现全面小康,构建和谐社会,主要任务是实施并实现"五大统筹"。因此,仅靠扶贫的思维、计划、战略已不能满足发展的要求,山区自身也迫切需要有新的更高起点的战略思考、规划,要走上工业化、城镇化和全面建设小康社会的新台阶;同时,全国的发展也要求山区跟上步伐,减少或缩小区域的差距,在实现五大统筹和建设和谐社会的过程中,作出山区特有的贡献。从全国发展的大局出发制定山区发展的战略,才能在全局上解决山区的长远发展问题,也才能从全局上解决山区发展与全国发展的协调问题。这不仅将使山区发展跃上新的台阶,即从脱贫向富裕、小康迈进,由农业社会向工业化社会过渡,而且将使全国发展战略得到山区的强大支撑。山区将不仅仅是被救济的区域,而将是与全国发展水平大体相近、对全国发展作出巨大贡献的区域。

二、从农业思维向现代化思维转变

山区长期的封闭和农业社会的发展传统,使得不论是山区内部还是全国非山区的人们,在对山区的认识上,往往停留在农业发展层面上,甚至易陷入农民意识,难以在更高的层次上思考山区的发展问题。我们认为,山区发展,必须突破农业的视野,而从更综合的领域,统筹山区的发展。农业是山区产业的基础,但不是山区产业的全部,甚至不是山区实现全面小康社会的支撑产业。更重要的是,农业的视野和思维,往往容易与现代化的文明思维相脱节。因此,在山区发展中,有几个方面的观念需要做大的更新或突破。

(一)用工业化、城镇化的思维取代农业的思维

山区是全国工业化、城镇化过程的重要战略空间之一。有关山区工业化、城镇化的必要性、可行性、特殊性,我们在前面的章节中已有论述,这里只着重指出,山区除了要补工业化的课之外,关键的是要用工业文明代替农业文明、用生态文明代替传统思路。因此,要用工业化、城镇化的现代思维取代农业社会、农业狭隘产业的局部思维。山区发展的水平和目标不仅仅是农村温饱,而且是享受现代物质文明、政治文明、社会文明和生态文明。因此,山区发展应该是科学发展观指导下的发展,山区发展要体现时代的精神和水平。当代山区发展一方面要符合世界发展的总趋势,一方面也是更重要的,是要符合中国当代社会经济发展的需要,体现中国社会经济的水平。当然,山区作为一种特殊的区域类型,现在水平远落后于全国平原地区和城市密集区,其发展应从实际出发,按不同的发展阶段和水平制定一定时期内不同的发展目标;但山区作为一个整体,是全国建设小康社会的有机组成部分,与其他区域类型一样,享受发展的权利、竞争的权利,享受工业文明的权利。因此,山区长远的发展目标应该与全国相一致、相协调。

总体来说,中国山区发展不能停留在扶贫、温饱的思维上,不能停留在农业和资源

开发的思维上,而应该探索在工业化、信息化的发展阶段,山区如何与全球化对接,与工业化、城市化、信息化对接,如何转换发展的视野、机制,完成从农业社会向工业社会过渡的历史任务。

(二) 从"三农"向"三统"发展

近年来,农村、农民、农业问题引起中央和社会各界的重视,中国山区是"三农"问题的集中区、难点区。无疑,解决"三农"问题对山区是十分重要的任务。但问题是,山区是"三农"问题的汪洋大海,"三农"问题的解决,靠"三农"本身是没有办法的、解决不了的。"三农"问题的解决要靠国家和各界的支援、投入和政策。山区的"三农"问题,靠山区、靠山区农村自身更无法解决。因此,中央提出城乡统筹发展的战略,是对"三农"问题的深化,也因此,"三农"问题的解决、深化和巩固,应该立足于"三统",即城乡统筹、区域统筹和山区与平原统筹。

我们认为,城乡统筹是对"三农"问题认识的深化和提高,"三农"问题不仅仅是"农"字的问题,"三农"问题出在"农"字,但根子不是"农"字,而是长期工农业分隔、城乡分隔的二元结构政治体制和政策造成的。因此,"三农"问题不能就农论农、以农救农,在"农"字封闭系统里是解决不了"三农"问题的。只有城乡一体化的新战略、新机制才能彻底解决"三农"问题,即通过城市支援农村、工业反哺农业、城乡发展、工农业发展统一规划、设计、协调,才能真正克服农村、农业、农民被忽视、被边缘、被剥夺的局面。当然,在这个过程中,需要重点向农民、农村、农业倾斜,弥补长期以来对"三农"的欠账。

区域统筹,是指发达区与欠发达区的统筹,城市支援农村、工业反哺农业,对于发达区、城市集中区来说,比较容易做到,但对于西部和各省区的欠发达区来说,却较难做到。西部地区,城市处于农村的包围之中,有如汪洋大海中的孤岛,因此,在这些区域,城市能力弱,支援不了农村,工业自己奶不够,无法反哺农业,城市就业空间小,无法接纳农民就业。这就需要从全国区域较均衡发展上,统筹城市支援农村、工业反哺农业、城市吸引农民就业的问题,也就是说,城乡统筹除了区域内部的统筹外,还应该有更大区域,如省、区乃至全国的思考。否则,西部山区,许多没有城市的地、州、盟,就无法实现城乡统筹了。

平原与山区的统筹,是我们提出的概念。我们在《2003年中国山区发展报告》中,就提出中国区域发展存在山区—丘陵—平原的垂直梯度差异,这种差异与城乡差异、东中部差异交叉在一起,形成犬牙交错但又很有规律性的区域差异。因此,解决全国的山区问题,不单要解决城乡二元结构问题,而且应该解决平原与山区的二元结构问题,特别是东部发达平原城市区与西部山区农村的差距极端悬殊的二元结构问题。因此,一方面各省区市都有自己的城乡统筹问题、平原与山区统筹问题,全国更有两个发展极端地区的统筹问题。我们只有将山区发展放在全国社会不稳定、贫富差异不公平、区域发展不和谐的战略高度来重视它,山区的问题才能真正进入全国的总战略中去思考、去规划、去实施，山区发展才能在国家战略中得到体现，山区才有苦尽甘来的希望。

（三）从局部山区战略向全国山区战略转变

过去，由于山区发展的重点和落脚点是扶贫、脱贫，因此，受到关注的区域是18个连片贫困山区，各省（区）市关注的也是国家级贫困县和省级贫困县，而对于全国山区的总发展则没有统一规划，各省（区）市对山区的整体发展也缺乏总体规划。当前，急需补充或创新性地做好这两个方面的规划工作。

（1）全国山区发展战略规划。这就是前面多次强调的在新的发展起点上对全国山区发展所进行的总设计，其思考立足于全国，立足于全球化、工业化、城市化的新视野，立足于经济、文化、生态的全面协调，立足于山区的特殊地位与生态功能。它将作为全国山区发展的基本蓝图，同时作为全国总体战略的重要组成部分，纳入国家规划和计划进行统一实施。

（2）全国山区不同类型的发展规划。过去集中思考和规划的山区是贫困区，并且往往以一定的行政区为限，现在既然以全国山区为着眼点，就应该打破行政区界线，按区域资源优化配置，按市场规律，按生态功能分区和主体功能区，重新确定山区的战略定位和不同区域的战略方向与战略重点；而贫困山区只作为一个类型、一个特殊的区域，在各类山区战略中加以解决。

三、从硬件支援到软硬件配套

我们这样讲，并不是说山区的硬件建设已经比较完善了，不需要国家支持了。相反，我们认为在相当长的时间内，山区的基础设施建设、城镇建设、农业基础设施建设等，仍需要大大加强，需要非山区的支援，需要国家加大投入。

我们的意思是说，山区发展到现在的阶段，仅靠硬件的改善已经不够了，甚至在许多山区，软件建设不仅应提高到与硬件建设同等的地位，而且应作为主要任务来抓。过去，我们在山区发展的实践过程中已认识到，对山区的扶贫、救济，不仅要输血，而且重点是要增强山区自身的造血功能；可是，事情过去多年，山区的造血功能并没有真正形成，输血依然是非山区和国家对山区扶贫的主体。究其原因，我们认为主要是对山区软件环境的建设重视不够，可操作的措施不多，政策不落实，目标不明确。

（一）山区开发的人力资本问题

山区发展的根本是人力资源的开发，缺乏智力资源、人才资源，居民缺乏较高的文化、知识基础，是山区落后的产物，又是山区落后的原因，多年已形成恶性循环。可以说山区的高文盲率、智力资源的外流、中小学教育的低普及程度，造成了建设人才的缺乏。山区与平原、城市与乡村最大的差异是人才、知识、文化的差异，如果说基础设施的差异只是几年、十几年的差异,只要有投资就可以较快改观的话,那么人才的差异、智力的差异,则需要几代人、几十年的努力才能逐步缩小。因此,建设山区软件环境,第一要务是培育山区的人才资本,治本的关键是发展山区教育。应该说,要重视山区教育的事也已经说了多年,但见效甚少。我们认为在市场经济条件下发展山区教育,一要靠市场,二要靠政策,三要靠投入。

(1) 在师资、学生、家庭等方面,给予山区普及教育以大大优于非山区城市区的支撑,让在山区或到山区执教的教师享受远高于非山区的待遇,学生享受优于非山区的待遇;对不让适龄儿童入学的家庭给予经济和法律的惩罚。

(2) 凡到山区参加建设的各类人才,大学生、专业人员、专家,享受优惠的经济待遇、政治待遇,工作到一定年限后,可以自由选择到其他地方就业。

(3) 凡是到山区投资的企业,按一定比例将资金用于山区人才培训、劳动力培训,其所得利润按一定比例用于所在地区的教育,按一定比例招收山区劳动力就业。而国家可以给山区企业以相应的补贴。

(4) 加大山区劳动力培训、山区教育的力度,应快于、大于发展经济的力度。普及高中教育,创办山区大学,吸引山区人才回流,加强劳动力培训,鼓励农民工返回山区创业,创建山区职业教育体系,是当务之急。

(二) 创立山区发展的现代观念

长期的封闭,各民族的特有传统,落后的教育,形成山区不适应现代化建设的自给自足的思维模式、传统观念,这是山区发展的严重障碍;改变旧传统、旧习惯,适应新潮流、接受新观念、迎接新挑战,是山区脱胎换骨的事业,也是一个长期的艰苦过程。

(1) 一分为二地对待山区各少数民族的宗教、文化、观念、传统,取其精华、去其糟粕,当然是极其艰苦、细致、政策性很强的工作;但却是不能回避的问题。我们坚信,"人往高处走,水往低处流"是一种自然规律,不管信仰什么宗教、是什么民族,向往美好生活,是人类共同的价值取向。为山区居民和各族人民创造开放的环境,提高现代意识和观念,是社会经济发展的前提和基础。

(2) 基础是普及教育,前面已提到。

(3) 加快广播、电视的普及率。

(4) 促进图书、文化设施的普及,村村建图书室。

(5) 科技下乡上山,科普进村进户。

(6) 组织干部、民众到外地参观学习。

(三) 创造更加宽松的山区发展政策

这是比硬投入更重要的问题,长期以来,对山区在资金上、实物上的支援,起到了救急的作用,但在发展的政策上并没有大的突破。山区贫困是一个面广、历史长、涉及人口众多的问题,靠修修补补的零散政策,没有国家层面的大的行动是不行的,没有全面的、综合的国家大政方针也是不行的,具体内容我们另节论述。

这里只着重指出一点,政策的根本落脚点应该是为山区发展奠定政策基础、环境基础。近些年来,取消农业税、退耕还林、取消教育费等对山区发展起到了良好的作用,但还不是解决山区贫困的根本办法。山区农民收入的提高、山区脱贫致富,仅靠国民经济收入的再分配是解决不了的,山区贫困、城乡差异的根源出在第一次分配上。因此,政策的重头应该是保障山区在国民经济第一次分配问题上有发言权,并保障山区获得收入的比重。也就是说,制定有利于山区居民特别是农民提高在第一次分配中的收入水平的政策,是创造软环境的中心任务。

现在,我们还没有专门针对山区发展的政策,山区发展的各种所谓优惠政策,分散于一般的农村政策、林业政策、农业政策和扶贫政策之中,不仅缺乏强烈的山区针对性,而且对于山区而言,政策的力度也不够。就以"三农"政策来说,山区是"三农"问题的难点区,需要有比一般农村更大的倾斜度、投入和扶持,才能对解决山区的"三农"问题有所裨益。

第三节 中国山区发展的宏观战略要旨

我们在《2003中国山区发展报告》中已对中国山区发展的目标定位、山区产业发展的导向定位、山区发展的时间定位、山区发展的政策定位等作了论述,这里不拟重复,只着重结合近年山区发展和全国发展的态势,结合我们的一些新的思考,对中国山区未来发展的基本途径和宏观战略思路,作一下探讨。

一、以非平衡发展推动相对平衡的山区发展

从中国山区发展的现状上看,中国山区的内部发展已呈两极分化、多元差异的格局,对此我们在第二章已作了较充分的分析。并且,我们认为,这种分化和山区内部发展的差异格局,在今后相当长的时期内,不仅会长期存在,而且还会有所发展。但是,这相对于过去山区整体的贫困、落后也是一个大的进步,表明山区的发展在启动、在加速。因此,我们应当承认当前山区内部发展不平衡这一客观事实的存在,承认这是一个必然的社会发展过程。在当前全国山区总体发展水平不高的情况下,应该鼓励部分条件较好,具备先发展、快发展条件的山区市、州、盟、地区、县等先发展起来,先富起来,既能为山区的整体发展增强内力,又能为山区的发展树立榜样、提供经验,同时还能逐步带动山区整体水平的提高。

从上述几章的分析中,我们得到一个深刻的印象,即全国山区县的发展已分成多个

层次、不同水平,进入或即将进入工业化初期、中期、后期的时间,各个山区县将会很不相同。这就提醒我们,在中国山区发展的过程中,不可能所有的山区县齐头并进,一起进入工业化,在同一时期达到同样的发展水平;而将会是分期分批地、逐步地达到工业化初、中、后期的水平。因此,山区发展战略相对全国发展来说是一个分期分批跟进的战略,山区发展的总体战略是鼓励较发达的山区加快发展,尽早达到或超过全国的平均水平;鼓励一般中等水平的山区县发挥自身优势,寻求进入较发达山区县的途径;而对于面积较大、贫困人口比重较大的较贫困的山区县,则要量力而行,打好基础,不要盲目攀比。

全国山区发展要物色一些排头兵,物色一批对山区发展能起带动作用的发展极,培植一些经济辐射中心作为山区开发的重点和支撑。一些山地面积大的山区省、区(市),要培育山区发展的经济增长点、增长极,依托现有的山区城市、产业,做大做强;而不要将有限的资金和能力,撒"胡椒面"式地使用,更不必求平均、求均衡。全国山区市、地区、州、盟、县也都应培育自己的经济增长极,集中力量发展对本区域能起带动作用的经济增长点或产业。

二、开发小片,保护大片

不论从世界范围看,还是从发达国家走过的道路看,经济发展都明显地表现出区域的差异性,这种差异主要的不是人均收入水平、人均 GDP 的差异,而是区域产业层次、区域经济密度的差异,是区域在国家发展战略和经济结构中所扮演角色的差异。当代经济,高度集中于发达国家的几个大都市区,集中于以金融业为代表的第三产业;在美国这样的发达国家,不同区域的主角和配角地位也是十分明显的,即便是大都市区,其地位也不一样,美国三大都市区中,纽约大都市区无疑是主角。因此,金融危机的始作俑者,往往是在纽约、在华尔街,而不太可能在芝加哥或洛杉矶。

同样的道理,中国的区域发展也是分层次的,存在主角和配角。中国山区在全国的发展中,无疑是配角,它不能成为全国经济发展的"先富"区、主导区,不能成为金融中心,或经济高密度区、知识经济启动区;但这并不表明山区经济不重要。应该认识到,配角也是角色,没有配角就没有主角,就不成戏;没有配角,戏就演不下去。配角,也可以成为有声有色、倾倒观众的明星。

因此,中国山区发展的首要认知,是明确自己在全国战略中的角色和分工,扮演好自己的配角角色,不喧宾夺主,也不看轻自己角色的分量,演好、演精彩,以此争取山区发展的权利、机遇,维护山区在全国发展中应得的利益,分享全国发展总过程中的共同成果。

与平原区比较,山区的特点是人口密度低,大自然的风貌保存较好,大面积的山区仍处于自然、半自然状态,不少山区、高原、高海拔地带还是无人区。因此,山区开发说到底不是全部山区开发,也不需要全部山区开发,更不是山地开发,而是局部山区开发。因此,我们提出中国山区发展战略是集中、收缩战略,而不是扩张、弥漫战略。战略的核心是保护一大片,开发一小点。全国山地面积几百万平方公里,要实现工、农、商、贸主体产业的发展只要几十万平方公里就足够了,其余的广大山区应该处于自然演替、自然休养生息、自然恢复的状态。

三、山区开发的空间布局构架

中国山区开发空间布局的基本原则应该是:开发小区域,保护一大片,即与平原地区形成鲜明的对比。在平原地区,人工开发的城镇、农村、工矿企业、农业占据平原地域的大部分空间,而真正作为自然生态系统不被开发的区域仅是零星斑块,主要是若干小面积的自然保护区、湿地、水源保护区、公园等;而山区则相反,人工活动和开发区域只占山区的小部分,广大山区的主体处于自然状态。因此,只要广大山区处于自然系统的自然演替之中,并尽可能保持其原生状态,就可以在很大程度上保证山区发挥生态保护区的功能,保持山区生物多样性的优势。

为此,中国山区发展的基本空间架构是:构建若干能带动山区经济发展,起发展极、发展轴、发展中心作用的产业聚集区,大都市区,或山区城市相对聚集区。例如在西部构建重庆市大都市区,作为西部山区和丘陵区的经济发展中心,带动周边10多万平方公里面积山区的发展。在全国许多山区面积比重高于80%～90%的山区省(区),依托现有的大部分市或有发展前景的中等城市,构建山区省的发展极和经济辐射中心,建立山区人口由农村向城市流动,由农业向非农业产业流动,由分散向聚集流动的动力和机制,使广大山区经济聚集、产业聚集、效益聚集、人口聚集,达到以小面积聚集效益带动全区小康、发展大山区的目的。

在地级市、地区、州、盟或大致相当的山区区域层次,我们主张依据现有的资源开发和产业基础,依托现有的城市和城镇基础,选择若干区域建设工业发展集中区或产业园区。在中国西部许多山区,我们不主张每个山区县都搞工业园区,而主张以地区级市、盟、州为单元,每个地级行政区建设若干工业园区,突破县的行政界线,避免"小而全"的重复,也避免"处处点火冒烟"对生态的破坏。如果说,在平原区,特别是我国东部发达地区,每个县确有必要建成工业中心,而在山区的许多县,则没有必要,也不可能每个县都去发展工业、去建工业园区;但以地级行政单元为单位建立若干工业聚集区,仍有必要,因为这是山区工业化必要的产业基础和依托。

在山区县级地域层次,我们主张,除若干特殊的山区人口大县和已发展成功的工业强县外,大部分山区县都不应谋求建立多门类的工业,而应集中建设一两个特色产业。在许多面积小、人口少的山区县,我们主张合村并点,人口向镇集中;在青藏高原的许多山区县,人口不足5万,而面积多达几千平方公里乃至上万平方公里,对于这类山区我们主张,人口应从分散分布的村落、聚落向大居民点集镇、城镇集中,每个县只要将县城建设好,最多再建几个大一点的集镇,就能将全县的人口承纳起来,避免分散人口对山区生态的破坏,也可解决长期以来难以解决的教育、文化、卫生、交通、通讯问题。集中于若干大的集镇或居民点之后,许多山区县才能聚集产业、聚集交通,而让广大山区处于自然原生态之中。山区人口由分散向集镇聚集,这是山区发展的重大战略内容。聚集起来之后的人口如何生存和发展?这主要靠农业产业化、基地化、规模化、机械化来解决;许多山区农业,还是人口分散、自给自足的小农经济,要通过农、林、牧业的规模化、基地化、机械化建设,提高单位面积产量,提高单位草场载畜量,提高机械化的水平。要以居民点为中心,形成以集镇和大居民点为出发地的农、牧、林业经营半径,形成大型特色林、农、牧生产基地;这样,每个集镇或每个大的居民点,就成为山区一个新的产业中心和政治、文化中心。

四、多模式与全国发展战略一起推进

前面我们已分析了,当前中国山区发展已出现严重分化,山区内部富贫悬殊;并且,由于中国地域广阔,山区的类型众多,自然环境殊异,区位条件、资源条件、发展水平等千差万别。因此,有必要按照不同的山区区域类型,因地制宜地确定不同的山区发展方向、发展目标和发展阶段;特别是要按照不同山区类型所在的区位条件,以及与平原区、城市区的关系,将山区发展纳入各区域统一规划。换句话说,不同山区发展的主体战略思考不仅要与山区其他类型对接,更主要地,是要与所在区域的平原、城市对接。山区按目前的情况大体可分为:

(1) 沿海山区。依托发达的区域背景、港口和海洋优势,吃透"山海经"、全球化,重点发展临海山麓地带。

(2) 大都市郊区。依托城市发达的经济辐射,发挥山区服务城市的功能和城市生态屏障的功能,发展都市型山区产业。

(3) 特殊优势资源山区。例如旅游资源区、大型矿产区、水能富集区、大型农牧林产集中区,可以相应地发展大型企业、产业,形成新的经济增长点。

(4) 边境山区,主要是指与外国相连的山区。近年随着对外开放,我国已形成许多对外通商口岸、交通通道、边贸中心,可以发挥山区各自的优势和各国山区纵深发展、内陆带动的优势,构建新的城镇、产业,特别是第三产业。

(5) 各省区市的山区交会区,即各省际之间的连片山区或边区。这种类型山区在全国山区中占的比重较大,由于在各省区内远离政治、经济中心,常常是被遗忘的角落,也是各省经济对外交流的阻挡;但许多山区的区位,是全国版图中连接南北、贯通东西的区域,是省际交流的中心,例如武陵山区、大别山区、大巴山区、井冈山区、十万大山区、燕山山区、太行山区、吕梁山区、六盘山区、伏牛山区,等等。要发挥这些地区省际交

会、边境流通的优势,变各省的边远为省际的"会所",变阻隔为通途,构建新的山区边区经济。

(6)内陆山区。这是目前发展较困难,也是贫困面较大的山区,地处内陆、高山、高原连片,人口稀少,封闭性较强,又往往位于河流上游,生态功能和责任重大,发展受到限制,基本上应以生态屏障建设为中心,以生态补偿、生态产业、生态旅游为重点。

(7)青藏高原。这是世界第三极,面积广大、地形高耸,又主要是藏民族居住区,人口不多,但战略地位、生态功能地位十分显赫,是世界关注的区域,应作为特别的区域进行专门的综合规划,确定其战略定位、产业方向、产业布局、生态保护等。由于人口不多、资源丰富,只要开发得当,实现社会经济的发展与生态屏障功能的双赢局面,是完全可以做得到的。

需要特别指出的是,上述的发展分区,是从全国发展战略的视野上来划分的,它主要不以行政区的省、市、县为依据,而是根据山区自然环境、共享优势、生态功能、发展基础、区位等特点,结合与平原区和全国战略需求的关系来考虑。因此,是开放型的。

参 考 文 献

[1] 陈国阶等:《2003中国山区发展报告》,商务印书馆,2004年。

[2] 陈国阶:"西部大开发中生态环境建设的战略定位",《科学导报》,2001年第9期。

[3] 陈国阶:"中国山区近年发展态势与战略展望",《中国科学院院刊》,2008年第3期。

[4] 杜克勤:《中国山地经济研究》,中国林业出版社,2004年。

[5] 何传启:"中国山区现代化的三种模式",《中国科学院院刊》,2009年第3期。

[6] 中国现代化战略研究课题组:《中国现代化报告》,北京大学出版社,2003年。

[7] Chikamatsu Shiro, Jose Ireneu Furtad, Lixin Shen and Mei Yan 2007. Coping with Pressures of Modernization by Traditional Farmers: A Strategy for Sustainable Rural Development in Yunnan, China. *Journal of Mountain Science*, Vol. 4, No. 1, pp. 57-70.

[8] Davide Geneletti, Dorje Dawa 2009. Environmental Impact Assessment of Mountain Tourism in Developing Regions: A Study in Ladakh, Indian Himalaya. *Environmental Impact Assessment Review*, Vol. 29, No. 4, pp. 229-242.

[9] Ioan Abrudan, David Turnock 1998. A rural Development Strategy for the Apuseni Mountains, Romania. *GeoJournal*, Vol. 46, No. 3, pp. 319-336.

[10] Vishwambhar Prasad Sati 2005. Natural Resource Conditions and Economic Development in the Uttaranchal Himalaya, India. *Journal of Mountain Science*, Vol. 2, No. 4, pp. 336-351.

第七章　中国山区发展的国家重大行动

第一节　制定中国山区发展战略

一、国家区域发展战略格局及其演进

区域发展战略是一个国家现代化的空间布局战略。新中国成立以来到20世纪末期,中国区域发展战略经历了两次大的转向,即从区域不平衡发展战略转向区域平衡发展战略,从区域平衡发展战略转向局部区域优先发展战略。《中共中央关于制定国民经济和社会发展第十一个五年规划的建议》(以下简称《建议》)第一次系统提出和阐述了中国区域协调发展的总体部署,即实施西部大开发,振兴东北老工业基地,促进中部地区崛起,鼓励东部地区率先发展(四大区域发展战略),形成东中西互动、优势互补、互相促进、共同发展的区域发展格局,标志着中国区域发展战略从局部区域优先发展战略转向区域协调发展战略的重大转变。

第一次转变是从不平衡的区域发展战略到平衡的区域经济发展战略的转变。沿海和内地经济发展不平衡是中国经济发展历史过程中长期形成的特征之一,这种状况虽然是由中国经济发展所处的环境所决定的,但也与政府的战略选择有直接关系。"一五"时期,将全国划分为沿海和内地两大经济地带,实施重点发展内地、推进区域平衡发展的战略;20世纪60年代初,根据国防需要,在区域经济发展和布局上将全国分为一线、二线、三线区域,经济建设和工业布局重点放在三线地区,实现了中国区域经济发展战略的第一次大转变。

第二次转变是从平衡的区域发展战略到局部区域优先发展战略的转向。1979年开始,中国开始探索以经济特区为突破口启动沿海地区的对外开放。20世纪80年代中期开始,中央推出了沿海区域优先发展的战略,通过沿海地区的发展带动内地发展的思路开始成为区域经济发展战略的主导思想。"七五"计划纲要首次明确提出中国区域经济发展的三大地带划分,并突出东部沿海地区的发展。

第三次转变是从东部优先发展战略转向全面的区域协调发展战略。从"八五"时期开始,针对区域发展差距拉大的问题,中国开始调整区域发展战略,到20世纪90年代中期,逐渐明确了缩小地区差距、坚持区域协调发展的战略。这一时期,除了实施东部沿海率先基本实现现代化战略以外,还推出了西部大开发战略、振兴东北和促进中部地

区崛起等区域发展战略。1999年中共做出"实施西部大开发战略"的决定,2000年将"实施西部大开发"确立为中国国民经济和社会发展的重要战略之一,西部大开发战略全面启动。2003年十届全国人大一次会议明确将支持东北地区等老工业基地加快调整和改造作为一个战略部署,2004年十届全国人大二次会议正式把"振兴东北老工业基地"确立为一个新的区域发展战略。2002年,党的十六大对我国区域发展战略格局做出了进一步的调整和完善,在原来东、中、西三大经济地带划分的基础上,首次提出了东部、中部、西部和东北四大区域布局的设想。2004年,在十届全国人大二次会议的政府工作报告中,继而在党的十六届四中全会的决定中,明确提出了促进中部地区崛起的战略。2006年,党中央、国务院印发了《关于促进中部地区崛起的若干意见》(中发〔2006〕10号),明确提出了促进中部地区崛起的总体要求、基本原则、工作重点和政策措施,标志着我国以四大区域为主要内容的区域经济协调发展战略格局初步形成。

第四次转变是从区域到城市、从经济到制度综合创新试验的重大战略转变。从区域发展的角度看,如果说1980年代我国的开放、开发是从不发达的地区,从对国民经济的基础影响不大的地区入手的话,那么1990年代以来的区域开放、开发,则是以特大型中心城市为龙头,以更大的气魄,向中华腹地挺进的。突出表现在上海浦东、天津滨海新区、重庆成都城乡统筹国家改革试验区的建设。其一,1990年,中共中央、国务院批复并同意上海开发、开放浦东,批准在浦东新区实行经济技术开发区和某些经济特区的政策,确定了(金融贸易先行、基础设施先行、高新技术产业先行)"三个先行"的新战略。2001年党的十四大报告指出,以浦东开发开放为龙头,进一步开发长江沿岸城市,尽快把上海建成国际经济、金融、贸易中心之一,带动长江三角洲和整个长江流域地区经济的新飞跃。其二,2003年在党的十六届五中全会上,中央制定的《"十一五"规划建议》明确提出,继续加快经济特区、上海浦东新区的发展,推进天津滨海新区等条件较好地区的开发开放,促进我国区域经济的发展。2006年十届全国人大四次会议通过的国家"十一五"规划纲要进一步提出,在经济发展中,要继续发挥经济特区、浦东新区的作用,加快天津滨海新区开发开放;并将滨海新区定位在国家发展战略和原创产业立国的试验田、实现中国多元复合转型的突破口、世界经济重心转移的承接点。其三,2007年,国家发展和改革委员会下发《国家发展改革委关于批准重庆市和成都市设立全国统筹城乡综合配套改革试验区的通知》,明确国务院同意批准设立重庆市和成都市全国统筹城乡综合配套改革试验区,同时要求成都市和重庆市要从实际出发,根据统筹城乡综合配套改革试验的要求,全面推进各个领域的体制改革,并在重点领域和关键环节率先突破、大胆创新,尽快形成统筹城乡发展的体制机制,促进城乡经济社会协调发展,为推动全国深化改革,实现科学发展与和谐发展,发挥示范和带动作用。这是国家战略层面上首次设立的、以城乡统筹为重点的综合配套改革试验区,其根本目的在于逐步建立较为成熟的社会主义市场经济体制,基本形成强化经济发展动力、缩小城乡区域差距、实现社会公平正义、确保资源环境永续利用以及建设社会主义新农村的理论架构、政策设计、体制改革以及经济发展、社会和谐的综合模式,走出一条适合中西部地区的发展道路。

二、国家区域发展战略的基本评价

中国区域发展战略的演变都是建立在一定的目标取向和理论基础之上的。从总体上看,中国区域发展战略目标取向和理论基础的演变经历了从"平等优先"到"效率优先,兼顾公平",又从"效率优先,兼顾公平"到"更加注重社会公平"的演变。第一次转变的目标取向是"公平优先",基本理论是生产力"平衡分布"理论。这一次战略转向的基本依据,除了迅速改变中国畸形的生产力空间格局这一现实要求以外,还在于马克思主义关于社会主义生产力的"平衡分布"理论以及苏联的生产力空间布局理论。第二次转变的目标取向是"效率优先,兼顾公平",理论依据是生产力非均衡区域配置理论。由于强制性生产力区域均衡配置反而导致区域差距的拉大,1988年,邓小平提出了"两个大局"的理论构想:沿海地区要加快对外开放,从而带动内地更好地发展,这是一个事关大局的问题,内地要顾全这个大局。反过来,发展到一定时候,又要求沿海拿出更多力量来帮助内地发展,这也是个大局,那时沿海也要服从这个大局,"两个大局"的理论构想是建立在强调效率优先和"梯度发展"的基础上的,是对"梯度发展"理论的发展。第三次转变的目标取向是"更加注重社会公平",理论基础是区域协调发展理论。1979年以来,"公平"在区域发展战略目标取向中的地位是逐渐提升的,经历了一个提出、实施和被"更加注重"的过程。早在1991年,"兼顾公平"就被引入区域发展战略的目标取向;但是,一方面由于客观上经济发展总量尚未达到真正可以全面兼顾公平所需要的程度,另一方面主观上只是将公平当作"兼顾"的目标,因此,长期没有被"兼顾"到,即没有真正成为目标取向。2005年中国共产党第十六届中央委员会第五次全体会议通过的《中共中央关于制定国民经济和社会发展第十一个五年规划的建议》进一步提出,要"更加注重社会公平",标志着在区域发展的目标取向上出现了新的变化,即在效率和公平的选择上,将更加突出"公平"的地位。第四次转变的目标取向是"科学统筹效率和公平,创新突破,试验示范,区域统筹发展",这一战略转变具有丰富的内涵,大大拓展了新时期区域协调发展目标理论、区域协调发展机制理论、区域协调发展格局理论,以及区域统筹发展理论内涵等。

国家区域发展战略的重大调整和转变,突出了沿海地区推动技术创新实现结构转型和升级、东北老工业基地推动改革开放、中部地区以资源深度开发与城镇化促进中部崛起、西部地区以特色产业发展和生态保护为重点推进西部大开发的重点。上海浦东、天津滨海新区、重庆成都城乡统筹试验区正在逐步成为技术、经济和制度创新的动力源、指示标和主旋律。纵观我国改革开放以来区域经济发展战略的演变,基本上经历了非均衡发展战略、协调发展战略、统筹发展战略三个阶段。区域发展战略的嬗变,既体现了作为发展战略必须具有的继承关系,反映了社会各界特别是决策层不断总结区域发展的经验教训,对区域发展内在规律认识的逐渐深入,也从一个特定的角度反映了我国人民对建设有中国特色社会主义的探索过程,这些战略及其实施过程对于促进区域经济协调、可持续发展起到了极其重要的推动作用。

三、制定中国山区发展规划迫在眉睫

我们在《2003 中国山区发展报告》中对中国山区发展进行了若干定位,但对中国山区发展在全国总战略中的定位却未进行探讨。因此,至今,中国山区发展在全国总体规划中如何定位,是不明确的,也可以说是一个悬而未决或未及思考的问题。过去山区更多地是被当作扶贫、帮援的区域对象,其发展与全国总战略的相互关系,以及在全国总战略中的定位(包括产业定位、功能定位、政策定位等)是不清晰的;对山区未来发展的方向、目标和图景,乃至山区发展的道路、步骤,都很少有人探讨,更未有系统的研究。

中国改革开放 30 年来,推行过若干战略,如让东部先富起来的梯度发展战略、沿海沿江沿路的点轴战略,现在又基本形成东部率先、中部崛起、西部大开发、东北振兴四大区域战略。这些战略区域格局的构建,似乎与山区发展有关,又似乎与山区发展无关。说有关,是不管哪种、哪个区域战略,都包含有山区及其发展的问题;说与它无关,是因为不管是全国战略,还是哪种区域战略,既没有针对山区的专章进行专门的论述,也没有把山区作为独立的区域和问题加以思考、论证,更没有将山区规划作为一个与上述区域发展战略平起平坐的战略来思考。山区发展始终处于被遗忘、被边缘化、被淡化的被动地位。

因此,讨论中国山区发展战略问题,首先就应该对中国山区发展有一个正确的定位。就是说,在全国总体战略中,中国山区发展应该放在一个什么战略层次上来思考、来安排、来规划,中国山区发展与全国总战略,与东部率先、中部崛起、西部大开发、东北振兴是什么样的关系?进一步说,中国山区发展需不需要作为全国总战略一个特殊的区域战略来加以规划,需不需要将中国山区发展放到与东部率先、中部崛起、西部大开发、东北振兴同样甚至更高的层次上加以思考和规划?

当前,我们面临的事实是:我国总体上已进入工业化中期,但广大山区的大部分地区至今仍处于农业社会的发展阶段,少部分山区的农业发展、牧业发展仍处于较原始状态,山区发展滞后与全国区域发展不平衡是中国现阶段发展所面临的严重问题之一。实际上,中央提出统筹城乡发展、统筹区域发展、统筹经济与社会发展、统筹国内经济与国际经济发展、统筹人与自然的协调发展,可以说每个"统筹"都与山区发展有关;并且可以说,山区是五个"统筹"中的"难"点、"差"端。具体而言,中国区域发展不平衡最大的失衡是山区发展滞后,是失衡的"差"端,最大的不平衡或区域差距发生在东部平原城市区与西部山区农村,相差几十倍,即所谓城市像欧洲,山区农村像非洲。而城乡差距,最大的表现也是山区,不仅山区内部的城乡差距大于平原区的城乡差距,而且山区是农村的汪洋大海,从某种意义上说,山区是农村的代名词。城乡发展统筹,一定意义上是山区与平原发展的统筹。从经济和社会发展的统筹来说,山区的社会发展阶段最低,社会建设欠债最多,教育、文化、卫生、社会保障等水平都最低,经济与社会发展的不均衡集中地体现在山区很难、很少享受到改革开放30年的成果,享受不到现代工业文明带来的社会文明、物质文明、精神文明。在国内经济与国际经济的统筹方面,山区更差。如果说,我国东部是严重依托出口的外向型经济的话,则山区是严重封闭的自给型经济;东部过分依靠出口的风险和内外经济的失衡与山区封闭的内外经济的"失衡",是两个极端。因此,加大山区对外经济的发展与改变东部过分依赖出口局面,促进内销,是谋求国内经济与国际经济协调发展的重大举措。而说到人与自然的协调,山区更是主体。山区是水源涵养区、生物多样性中心,是自然保护、风景名胜、世界自然遗产等的集中分布区,是生态屏障,是生态安全、环境安全的保障;但由于经济落后,开发和生产粗放,山区面临着人与自然不协调的严重态势,是低水平开发与高强度破坏的区域。因此,山区是全国人与自然统筹的主战场。

  从以上可见,五个统筹,是构建和谐社会的基础;而五个统筹的进展和落实,离开山区不谈,则是纸上谈兵,起码是没抓到关键区域,没抓到重点。

  至于解决中国的"三农"问题,山区更是主战场。可以说,山区的"三农"问题是全国"三农"问题的缩影,是集中区、难点区,也是面积最大、问题最突出的区域。解决了山区的"三农"问题,全国的"三农"问题就迎刃而解,我国的城乡统筹发展也就能得以实现。

  坦率地说,中国山区发展问题已经成为中国和谐社会成功与否的试金石。现有的发展战略,即便是与山区发展关联最大的西部大开发战略,不说它起不到全国山区发展战略的作用,就是对西部山区发展的作用也有限,因为其着眼点仍然是先城市、先平原、先基础较好的沿江、沿路,与山区的开发仍然沾不上太大的边,其重点不是山区开发。

  总之,一个山地大国没有与全国发展战略相匹配的完整的山区发展战略,是一种世纪遗憾。仅靠已有的东部率先、中部崛起、西部大开发、东北振兴解决不了中国山区发展的根本问题,替代不了中国山区发展的道路和方向。这是我们不能不坦言的。

  山区发展战略既是区域发展战略,又不同于一般的区域战略。说它是区域战略是因为山区不是点,不是轴,不是沿江、沿线,而是区域;尽管区域有大小,但都具有区域相对完整、边界比较分明的特点。说它不同于一般区域,是因为中国山区既不是行政区,又不是东部、中部、西部、东北那样的连片区域,它分布于全国东南西北,乃至各省(区)市。全国山区是一种地貌类型,被平原、丘陵和都市区所分割;全国山区不是一个连接在一起的整体,而是包括不同面积大小的山脉体系和区域层次,是遍布全国的特殊类型区域的总称。正是这个特点,使得山区的发展至今没有一个完整的战略思考,即便是山区扶贫也被分割成不同区域的战略去落实。

  中国山区发展问题是一个系统、综合、复杂的问题,需要研究的问题堆积如山。目前亟需一个由国家主导的、思路清晰、目标明确、措施有力、政策可行的全国山区发展规划,来作为全国山区发展的科学蓝图和科学依据。规划的核心是明确中国山区在全国总战略中的地位,中国山区未来发展的方向、道路,中国山区发展如何与全国发展相协调,如何分工、协作? 中国山区在21世纪的各个时期应达到什么样的发展水平? 未来中国山区发展的远景应该是什么? 除了生态屏障功能之外,中国山区在全国社会经济发展中应起什么样的作用? 中国发展总体战略如何体现山区发展? 山区发展如何促进全国发展? 山区人口要不要向城市集中,向工业转移? 未来山区合理的人口规模,产业布局和城镇化水平应如何确定? 中国山区发展应按什么步骤、分几个阶段进行? 应抓住什么重大工程? 社会经济发展如何与保护生态环境相协调? 如何与保护生物多样性、文化多样性相协调? 如何发展民族经济与山区经济,实现传统文化与现代文化过程的和谐?

第二节 推进山区公平收入分配制度建设

一、国民收入分配

国民收入分配格局指国民收入在不同部门(经济主体)之间的分布情况。一国的国民收入分配格局对该国的投资消费比例、居民收入差距、区域协调发展等产生直接或间接的影响。因此,实现国民收入在各部门之间的合理分配,是优化配置生产要素、兼顾效率与公平、促进社会稳定与经济发展的重要保证。国民收入分配可划分为初次分配和再分配。

初次分配是按照各生产要素所有者对生产的参与程度和贡献程度,对生产成果所进行的直接分配,即生产活动形成的收入在参与生产活动的生产要素所有者及政府之间的分配。随着我国经济体制改革的不断深化和国民经济核算与统计指标体系的不断完善,初次分配的含义和方式都已经发生了很大变化。分配的总量已经由计划经济时期仅限于创造国民收入(GNI)的物质生产部门对社会净产值的直接分配,扩大到包括物质生产部门和非物质生产部门在内的所有单位的直接分配。依照我国现行的国民经济核算体系,收入法生产总值由生产税净额、劳动者报酬、固定资产折旧和营业盈余四部分组成。这四部分在国家、集体、个人之间的分配结果是:政府获得生产税净额、个人获得劳动者报酬、企业获得营业盈余和固定资产折旧。各项收入分配政策的实施,不仅调节着国家、集体和个人之间的利益关系,也约束和引导着不同区域之间、企业之间、政府之间以及劳动者之间的利益分配。可见,初次分配是在生产领域进行的,是企业内部的分配,其中居民收入是企业支付的劳动者报酬,政府收入是企业以利润和税金形式上缴的国家纯收入,企业利润的另一部分由企业支配。

再分配是指在初次分配结果的基础上政府对要素收入进行再次调节的过程。主要通过税收、提供社会保障和社会福利、转移支付等调节手段进行。重点调节地区之间、城乡之间、部门之间、不同群体之间的收入关系,防止收入差距过大,保障低收入者的基本生活。国民收入在初次分配基础上经过再分配形成了政府、企业、居民的可支配收入,可支配收入是可以直接用于消费、投资或储蓄的收入。

二、国民收入分配制度的变化

国民收入的分配涉及效率与公平,而效率与公平问题关系到经济发展的活力和社会的稳定,这是世界各国都十分关注的热点问题。党的十四大确立了建立社会主义市场经济体制的改革方向,并第一次明确提出要"兼顾效率与公平"。党的十四届三中全会提出,收入分配要"体现效率优先、兼顾公平的原则"。党的十五大、十六大都明确提出要坚持效率优先、兼顾公平。党的十七大进一步提出,"初次分配和再分配都要处理好效率和公平的关系,再分配更加注重公平。"表7.1列出了1978～2007年间,党中央关于收入分配问题的提法及其变化。从表7.1可看出收入分配发展的基本脉络:第一,自改革开放以来,参与分配的生产要素越来越多,由劳动要素逐渐扩展为劳动、资本、技术、管理等要素;由以劳动要素为分配主体扩展为劳动、资本、技术、管理等生产要素并列地按贡献参与分配,这个趋势凸显了市场化改革条件下多种经济成分并存的实际情况。第二,在效率与公平的关系问题上,由改革初期的强调效率,变为效率优先、兼顾公平,再变为初次分配注重效率、再分配注重公平,最后变为初次分配和再分配都处理好效率和公平的关系、再分配更加注重公平。这个过程显示出随着改革的推进,中央政府越来越重视社会公平问题。

表7.1 1978～2007年中共中央历次会议对居民收入分配问题的阐述

会议名称	涉及内容阐述
1984年以前	政治报告没有涉及居民收入分配的内容
十二届三中全会(1984年)	允许和鼓励一部分地区、一部分企业和一部分个人依靠勤奋劳动先富起来
十三大(1987年)	以按劳分配为主体,其他分配方式为补充;在促进效率提高的前提下体现社会公平
十五大(1992年)	以按劳分配为主体,其他分配方式为补充;兼顾效率和公平
十六大(2002年)	确立劳动、资本、技术和管理等生产要素按贡献参与分配的原则,完善按劳分配为主体、多种分配方式并存的分配制度;初次分配注重效率,再分配注重公平
十七大(2007年)	坚持和完善按劳分配为主体,多种分配方式并存的分配制度,健全劳动、资本、技术、管理等生产要素按贡献参与分配的制度;初次分配和再分配都要处理好效率和公平的关系,再分配更加注重公平

在效率和公平的关系问题上,我国过去存在一种片面的观点,认为强调公平会损害效率,为了发展生产力,就需要在收入分配中强调效率优先,认为只有把蛋糕做大,才能解决分配不公平问题。然而,从历史与现实来看,效率优先并不能必然解决社会公平问题。英国产业革命后,由于机器大工业的迅速发展,劳动生产率和经济效益大幅提高,财富总量迅速增长,但雇佣工人的劳动条件和生活状况却并没有随之改善,相反,却出现了劳动时间的延长和剥削程度提高的结果。美国国内税收署公布的最新数据显示,2005年,美国最富有的1％的人口,其收入占全国人口总收入的21.2％,另有50％的人口,其收入状况继续恶化,只占全国人口总收入的12.8％,而2004年时这一数字为13.4％。再从我国的实际情况来看,也并不是随着经济增长、蛋糕做大,收入分配自动趋向公平;我国目前收入差距过分扩大的趋势,正是在经济持续快速发展情况下出现的。从全社会看,不同地区之间、城乡之间、行业之间、企业之间,收入差距都有过分扩大的趋势。

初次分配注重效率,再分配注重公平,这是人们对收入分配的一个普遍理解。但初次分配注重效率,并不等于不讲公平。十七大报告所提出的初次分配和再分配都要处理好效率和公平关系的指导原则,是解决当前贫富差距逐步拉大问题的政策要点,也是对党的十六大所提出的"初次分配注重效率,再分配注重公平"分配原则的进一步完善和调整。十七大报告将"初次分配也要体现公平"提上日程,不断提高劳动报酬在初次分配中的比重,使那些只能凭劳动力赚取收入的低收入者,更多地分享到经济发展的成果。十七大报告强调再分配更加注重公平,就是要加大税收等经济杠杆对收入分配的调节力度,促进社会公平,把民生问题放在首位,加快推进以改善民生为重点的社会建设,并着重提出要深化收入分配制度改革,坚持和完善按劳分配为主体、多种分配方式并存的分配制度,健全劳动、资本、技术、管理等生产要素按贡献参与分配的制度。

三、加快建立适应山区快速健康发展的初次分配公平制度

从我国目前的收入分配现状看,2006年中国国民收入初次分配的格局是,政府收入份额为14.2％,企业收入份额为45.2％,居民收入份额为40.6％。与其他国家相比,中国的政府收入比重和企业收入比重偏高,而居民收入比重偏低。政府和企业初次分配收入,特别是后者挤占了部分劳动者报酬,导致居民初次分配收入比重较低,加剧了居民收入分配的不平等。2004年中国政府可支配收入占GDP的比重为20.4％,企业可支配收入比重为21.8％,居民可支配收入比重为57.8％。经过国民收入的再次分配,中国政府收入和企业收入比重仍然偏高,而居民收入比重依然偏低。而美国国民收入分配格局相对比较稳定,1992年政府可支配收入占GDP的比重为13％左右,企业可支配收入占GDP的比重约为13％,居民可支配收入占GDP的比重保持在72％以上。与美国相比,中国政府可支配收入比重高出约8个百分点,企业可支配收入比重也高出

约8个百分点,而居民可支配收入比重约低16个百分点。

收入分配公平是社会公平的重要环节和具体体现,促进社会公平不仅需要在国民收入再分配中贯彻公平原则,更要在国民收入的初次分配领域推进社会公平机制。近几年来,我国在再分配中采取了不同形式的关怀民生的措施,如取消农业税、扩大社会保障覆盖面、加大对贫困地区的转移支付、提高低收入阶层的收入等。这些措施在一定程度上可以缓解低收入群体、贫困地区的困难,但还没有从根本上遏制城市和乡村、平原和山区,以及行业部门之间贫富差距拉大的趋势。尽管收入分配不公问题是全国的普遍现象,不仅表现在政府之间、行业之间、企业之间和个体之间,更表现在区域之间,但城市和乡村之间、山区和平原之间的分配不公平,现象最明显、问题最突出、矛盾最尖锐。由于初次分配是本源性的、全局性的,而再分配是从属性的、局部性的,只是对初次分配的补充,只能局部地解决收入差距、贫富差距拉大的问题,因而,单纯依靠再分配的调节功能,很难弥补市场机制本身和非劳动要素参与分配以及其他因素所造成的两极分化。而且,我国还处在一个转型阶段,社会保障机制还没有根本建立起来,国家各方面的建设和发展都需要资金,在有限的国家财力下,单纯依靠再分配缓解收入差距过大的问题也是不现实的,这就需要将促进社会公平的工作重点放到初次分配领域中。

山区是特殊的区域、山区的政府、企业、居民又是特殊的利益相关者,同城市相比、同平原相比,山区对自然资源开发的依赖性强,传统产业尤其是农业产业、矿产开采业的比重大,产业的技术密集程度低、信息闭塞、资本匮乏、劳动力素质不高、劳动力数量大,在劳动力资源相对过剩的现实条件下,劳动力流动受阻和就业不充分,更加剧了城市和乡村之间、山区和平原之间资本和劳动分配上的差距。从国民收入的格局看,广大农村、广大山区低收入群体的覆盖面大、获取财富的主要来源又只能是自身的劳动力,这与广大城市、平原地区富有者既可依靠自身的劳动力,更可借助资本、技术、信息等资源获得收益相比,具有明显的劣势。因此,提高广大城市、农村,尤其是山区居民的收入、劳动报酬在初次分配中的比重,才能使那些只能凭劳动获取收入的低收入群体分享到改革与经济发展的成果,分配制度革新重点应包括:

第一,确定城市与乡村、山区和平原合理的工资水平,形成工资与劳动者要素贡献相符的正常增长机制;建立山区附加津贴制度和艰苦边远地区津贴制度,以及调控有力的公务员工资管理机制,提高居民收入、劳动报酬在初次分配中的比重,使那些只能凭劳动力赚取收入的低收入者,尤其是广大山区居民更多地分享到经济发展的果实。

第二,协调好城市和乡村、山区和平原不同要素收益权之间的关系,加强资源税和其他税费的征管。在我国走向现代化的发展进程中,有一个必然要追求的目标,就是在自然资源开发管理方面,需要理清法律框架和相关体系,把与之有关的租、税、利的分配,上升到宪政层面相关分配法律、法规制度的建立、改进和健全完善上来。在今后山区发展的过程中,积极地包含这种因素,体现广大山区资源丰富、资源开发利用对全国资源支撑作用的真正价值,逐步实现公共资源配置的法治化、民主化、宪政化远景目标。

第三，行业间收入分配总是向技术密集型产业、资本密集型产业和新兴产业倾斜，而传统行业收入较低。广大山区目前还处于工业化初期阶段，经济水平低、传统农业、矿产采掘业仍然是山区经济的主体，这使得城乡之间、山区和平原之间，以及行业之间的收入差距在加剧。因此，对广大农村、广大山区的农业、矿业等一些艰苦行业和低收入行业，政府要运用转移支付等手段进行补贴，来提高其行业生产力水平，缩小行业间收入差距，保证这些不可缺少的基础性行业稳定发展，以满足国计民生的需要。

第四，通过政府加强对农村，尤其是山区劳动者的技术培训和继续教育，使劳动者收入水平在整体素质提高的基础上不断增长，最终形成劳动收入、企业收入与财政收入的均衡增长相统一的良性循环。通过规范市场秩序，特别是取消户籍制度对劳动力流动的限制，建立全国范围内统一的劳动力市场，使有流动动机的劳动力要素特别是广大山区低收入劳动者，能够合理、自由、有序地流动，从而扫清劳动力要素报酬增加的制度障碍，创造机会公平的环境。

第三节　促进中国山区基础设施建设

一、通达性是山区基础设施建设的主体

中国山区发展落后，与山区的山地特性相关，即山地的屏障造成交通的阻隔。久而久之，形成与外界交流少的封闭状态，不论物资流、信息流都严重不畅，使山区成为与当代社会经济发展相脱节的区域。至今，通达性问题依然是山区发展的严重瓶颈。许多山区依然处于"交通靠走，通讯靠吼，治安靠狗"的原始生活和生产状态。因此，改善山区交通通达条件，是山区重要的基础性建设。

从山区交通建设条件上看，因山区大多属河流上游，流急滩多，河床狭窄，难以有航运之便；建铁路，则成本高，且难建成网络直接深入山区乡村；航空更难在山区发展。因此，比较符合山区发展条件的是建设公路。公路的通达性基本上决定着山区对外交流的状态。为了说明问题，我们以四川省为例做一个说明。

当前，四川西部山区贫困人口大多分布在通达性差、缺水、缺电、无道路、生态条件恶劣的边远山区，通达性差是制约其发展的关键因素。这里的县域自身发展能力弱，居民缺乏参与现代经济生活的能力和机会，特别是那些空间上边远、经济上边缘、通达性又差的县份，省、市及国家的经济社会发展战略对其影响甚小。这些区域，尤其是辖区内偏远的乡村聚落，成为四川西部山区扶贫攻坚的最后堡垒。

为说明通达性对山区经济发展的影响，本节以四川省部分山区县为例，对包括天全县、芦山县、泸定县、康定县、雅江县、道孚县、理塘县、新龙县、巴塘县、炉霍县、甘孜县、色达县、白玉县、德格县和石渠县在内的15个县（其中天全县和芦山县属雅安市辖区，

其余13县均属甘孜藏族自治州辖区),按照山区县县城与省会成都市通达时间的长短,就通达性对山区县域经济发展的影响进行了分析。

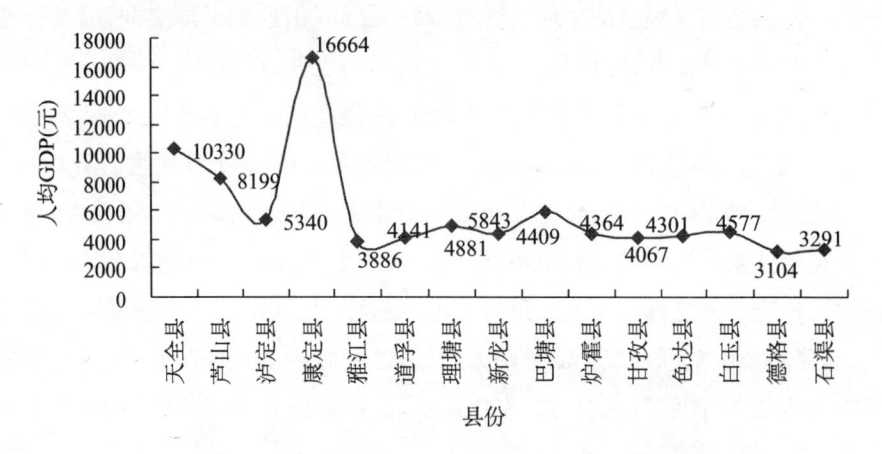

图7.1 按各县到成都由近到远的人均GDP比较

图7.1为按各县到省会成都通达时间从短到长排列的15个县的人均GDP比较,由此可以看出,整体上来讲,随着县域通达时间的延长,人均GDP呈明显降低的趋势。康定县是甘孜藏族自治州首府的政治、经济和文化中心,除康定县外(16 664元),县域人均GDP由临近成都的10 330元(天全县)、8 199元(芦山县)逐渐降低到5 340元(泸定县),再降低到4 000~5 000元,最后降低到边远山区、高寒草原区的3 104元(德格县)和3 291元(石渠县),从天全县到石渠县降低了7 000元。

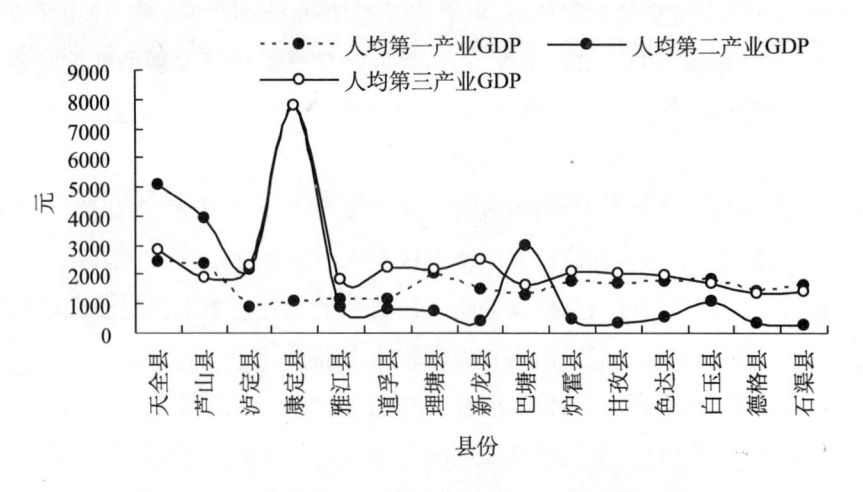

图7.2 按各县到成都由近到远的人均三大产业产值比较

从按通达性由近到远排列的15个县人均GDP产值构成比较(图7.2)可以看出,随着从省会成都到县城通达时间的延长,人均第一产业增加值、人均第二产业增加值和人均第三产业增加值(以下简称人均第一产业、人均第二产业、人均第三产业)均呈降低趋势,但人均第二产业降低快,而人均第一产业和人均第三产业降低缓慢。除康定县外,人均第二产业从临近成都的5 099元(天全县)、3 932元(芦山县)逐渐降低到2 134元(泸定县),再降低到500~1 000元(巴塘县除外),最后降低到369元(德格县)和240元(石渠县),从天全县到石渠县15个县降低了4 859元。与此相比,人均第一产业和人均第三产业则降低相对缓慢,人均第一产业(除康定外)从临近成都的2 417元(天全县)、2 354元(芦山县)逐渐降低到1 000~2 000元,最后降低到1 395元(德格县)和1 634元(石渠县),总降低幅度约1 000元;人均第三产业从天全县的2 813元逐渐降低到1 500~2 500元,最后降低到1 340元(德格县)和1 417元(石渠县),总降低幅度约1 500元。

从按通达时间由短到长排列的15县人均GDP各产业比重构成(图7.3)可知,随着从成都到县城通达时间的增加,第一产业比重呈增加趋势,第二产业比重逐渐降低,但第三产业比重呈现的规律不明显。从天全县到石渠县,第一产业比重从23%增大到50%,增加了27个百分点;第二产业比重则从49%降低到7%,降低了42个百分点;而第三产业比重(除天全县、芦山县、巴塘县和白玉县外)一直保持在43%~55%,所呈现的规律不明显。

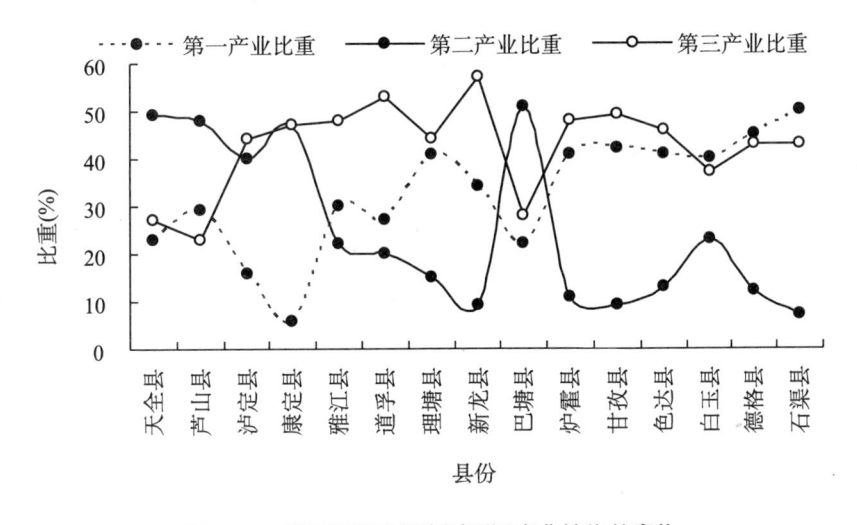

图7.3 按各县到成都由近到远产业结构的变化

在产业结构上,邻近成都的全县("二三一"结构)、芦山县("二一三"结构)以第二产业为主,两个县第二产业的比重分别为49%、48%;地处边远山区的白玉县、德格县和石渠县以第一产业为主,产业均呈"一三二"结构,三个县第一产业的比重分别为40%、45%、50%,其余10个县(除巴塘县外)均处于第三产业为主的发展态势,由于区位不明显、工业基础薄弱、农牧业所占比重大等多种条件和因素的影响,产业结构呈"三二一"或"三一二"不等。由此表明,随着与成都市通达时间的缩短,县域产业结构处于逐步优化的状态,从以第一产业为主、旅游业逐渐发展、工业基础十分薄弱的农牧业县份,逐步过渡到农牧业比重大、以旅游为主的第三产业逐渐发展、第二产业薄弱的县份,再过渡到工业化水平较高的县份。

二、当前山区交通建设的成绩与问题

近年来，中国高速公路的建设突飞猛进，已极大地改善了中国山区的交通条件；未来新的全国交通建设，仅铁路、高速公路投资，就将超过万亿。这些大运量、快捷的交通干线和网络的建设，正在改变广大山区封闭的状态。如图7.4所示，近年来所建设的许多高等级公路，改变了过去各省区市之间边界山区存在的"断头"现象，不仅使许多山区与所在省区市的政治、经济中心连接起来，构成几小时的经济圈，而且打破了各省区市之间山区交通动脉"断头"的阻隔，使各省区市之间的交流变得比较畅通了，为全国交通构成完整的网络，从而使山区交通真正纳入全国大交通的网络，为山区物流与全国的经济中心，与沿海、东部发达区、对外出口口岸的直接交通，奠定了基础，并将山区融入全国经济大系统的交通格局中来。

到现在为止，全国18个连片贫困山区：努鲁儿虎地区、太行山地区、吕梁山地区、陕甘黄土高原地区、陇西高原地区、西海固地区、秦岭大巴山地区、武陵山地区、乌蒙山地区、滇东南地区、横断山地区、西藏地区、桂西北地区、九万大山地区、大别山地区、沂蒙山地区、闽西南和闽东北地区、井冈山地和赣南地区，都已有铁路、高速公路穿越或者到达；不少贫困山区不仅有铁路、高速公路同时穿越，而且还有多条铁路、多条高速公路贯通；有的贫困山区还拥有南北、东西等不同方向的铁路或高速公路构成的交通网络。例如沂蒙山地区、吕梁太行山地区、井冈山和赣南地区、闽西南地区、秦岭大巴山地区等。随着2008年以来为应对全球金融危机、扩大内需而进行的新一轮交通建设高潮的到来，未来5~10年，中国的铁路、高速公路建设里程将成倍增长。铁路质量的提高，高速铁路的发展不仅使18个贫困山区与全国大动脉联系，而且许多高大山脉、高海拔山区例如青藏高原、秦岭大巴山区、吕梁山、祁连山、天山、燕山、大小兴安岭山区等，也都将有多条铁路和高速公路贯通、通达或穿越。因此，从全国宏观战略需求上说，从平原和城市通往山区的铁路、高速公路在5~10年之后，应该说基本上能满足山区发展的需要，甚至使山区交通达到发达国家的水平。因此，再建更多的山区高速公路或铁路必要性不大。也就是说，从全国宏观战略格局和山区实际的运输量来说，5~10年之后，山区的铁路、高速公路里程和布局，就可以与需求相适应了，即使与发达国家相比较，也不见得逊色。

但是，就山区内部而言即便有了上述全国畅通的、贯穿山区的铁路、高速公路网，也仍然难以解决全国山区的通达问题，与平原地区比较，山区封闭的状态依然较突出。这就是说，仅靠全国大的交通网络，还不能十分有效地解决山区的内部交通问题，山区内部还需要有自己的公路网络。因此，在建设山区铁路、高速公路的同时，必须建设山区县与县之间，乡镇与乡镇之间，村与村之间的交通联结，这是一项更艰巨的任务；但对山区而言，却是更有实际意义的基础设施建设，是建设新山区和社会主义新农村的基本功。

第七章 中国山区发展的国家重大行动

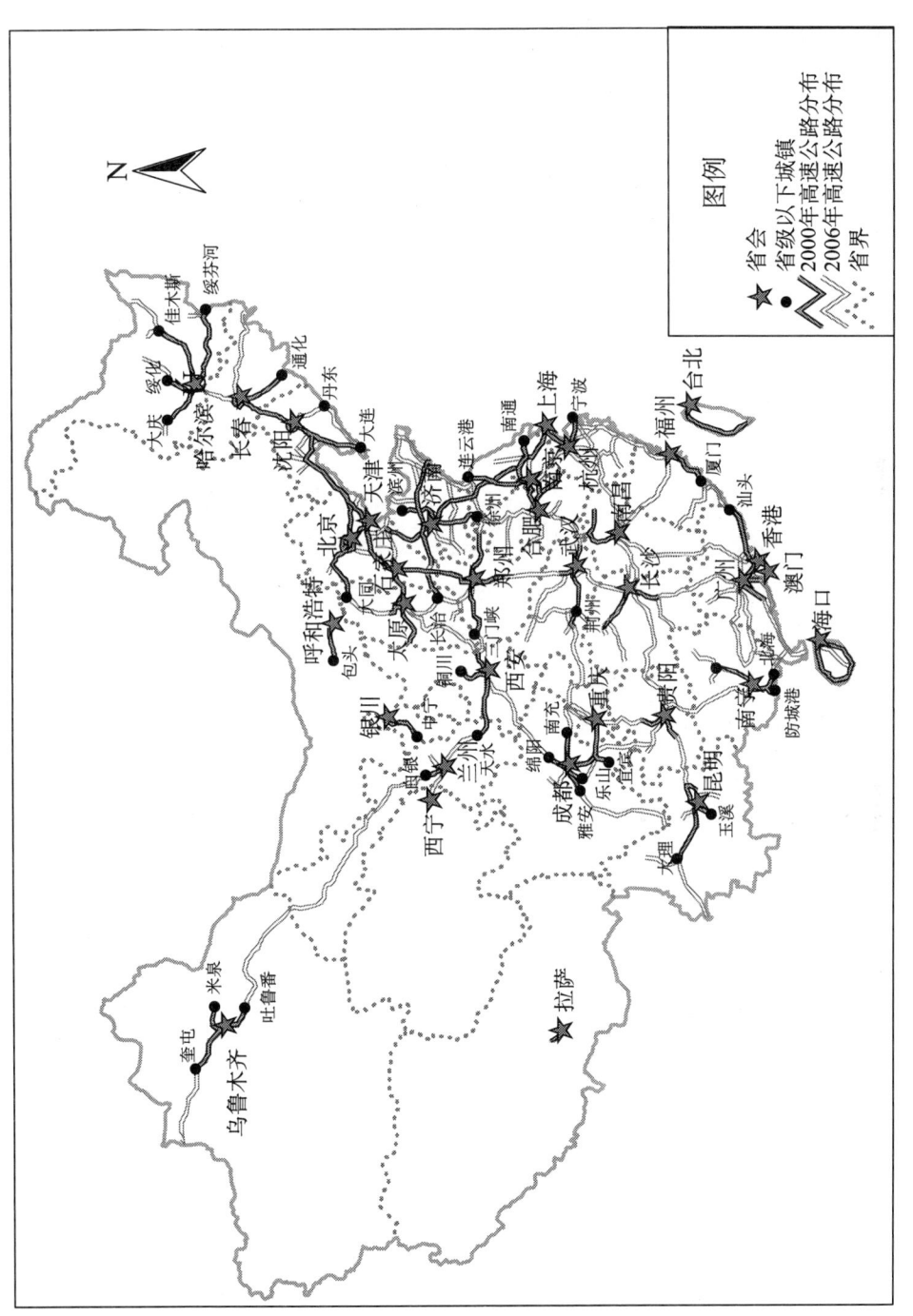

图 7.4 中国高速公路示意图

三、山区交通建设必须关注的几个问题

为此,在山区公路建设中,必须注意几个问题。

(一) 村村通公路与山区聚落重构相结合

目前,在我国平原县或丘陵地区,不少县已基本实现了农村村村通公路,经过近几年交通基础设施建设的强力投入,达到村村通公路的县和乡镇的比重将会大幅度提高。虽然对山区农村而言,达到村村通公路的目标还较遥远,但作为农村奔小康的重要条件之一,村村通公路,使全部山区农村都具备对外通达的基础条件,是我们追求的目标。

当前的主要问题是山区的许多村落、聚落、居民点往往分布得极为分散,多户不成"村",不少山区居民住宅,遍布不同海拔高度的山坡,没有形成具有一定规模的人口聚集区,"村"实际上只成为行政管理的一个单位,在空间上往往没有相对应的人口聚居点,而是许多分散农户在一定范围内的总称。在这种情况下,村村通公路通往哪里就成为一个问题。既无法给每个行政村都修一条村际公路,也无法解决每家每户的对外通达问题。更无法给每户居民都修到家门口的公路;即便修成了,也无法用高成本对公路进行维护。因此,我们主张,在进行山区村村通公路的同时或之前,应该对山区农村分散的村落、农户进行并村、集中的规划,确定一定规模人口的居民点、聚落或村作为未来村通公路的连接点,达到减少村落数量,确保运输规模和成本与山区人口、产业、运输量的基本适应,避免所修的公路与未来居民的布局不对接,造成公路变成废路;或修了公路又达不到解决山区居民对外交通的目的。因此,山区公路建设规划不能只就公路论公路,而应该与山区聚落重构,并村、并镇的规划同时进行,相互衔接,统一安排。

(二) 山区内部公路与全国大交通网的连接问题

山区交通建设,特别是公路建设如何与全国高速公路、铁路等大运输体系相衔接,变山区各县、乡镇的人流、物流的小集中与全国的大物流、大客运相衔接,是应该很好地进行规划的另一个问题。以上论述了全国山区大的交通格局已经形成,在今后 5~10 年建成一批新高速、新铁路贯穿山区之后,再加大山区高速、铁路的密度不仅有困难,也没有必要。但是在一个相对稳定的大交通体系内,如何使山区内部的二级公路、三级公路、普通公路和乡村公路成为便畅的网络,像人体的血管一样,形成各功能区的小循环,又形成整体的大循环,需要有一个山区总体的规划和设计。过去全国的交通规划,主要是大动脉,山区往往成为被遗忘的角落;因此,即便山外全国的交通状况已发生翻天覆地的变化,山区内部交通,特别是对外交通依然困难重重,问题就在于缺乏包括山区未来发展需求在内的更细化的交通网络规划与设计。起码在省级、地市级的交通规划中,应很好地解决山区内部公路与主要交通动脉的配套建设问题,即重点解决山区市、县、

乡镇、村的不同级别、等级、类型的交通配套、连接与网络构建。这是全国交通建设面临的新任务，也是全国交通建设的新发展，对此过去关注不多，应该引起重视。

（三）山区交通建设应与山区新的城镇、产业基地相配套

近年或在相当长的未来发展中，山区除了现有的城镇体系外，还将出现一批新的农业生产基地，大型水电站、大型工厂企业、大型旅游风景区等。这些新型产业基地不一定与已有的城镇、居民点重叠，有可能是在新的山野上从头建设的。因此，山区交通建设如何与这类经济新增长区、点相联系，以拉动山区的经济发展，是山区交通建设应关注的问题。

在这类山区交通建设中，一方面要保证山区新的产业基地的原料、产品、物质、人流等能够及时与全国交通网络对接，保障山区产业基地的形成、壮大、发展；另一方面，还要发挥这些基地的经济辐射作用，带动山区的区域经济。因此，又存在着山区产业基地交通与山区一般居民点的对接问题。现在存在的问题是，一个产业基地的建设，往往只考虑其自身的交通问题，重点产品和原材料的对外交通问题，很少或者完全没有顾及对周边区域的交通枢纽功能和经济的带动。因此，为着山区的发展，未来每建一处新产业基地，都应该同时考虑对周边地区的经济辐射，以及为经济辐射服务的交通网络。

第四节 建设中国山区生态屏障

一、对山区生态屏障的认识

按照我们的理解，生态屏障就是生态系统的结构和功能能够起到维护生态安全的作用。这包括生态系统本身处于较完善的稳定良性循环状态，处于顶极群落或向顶极群落演化的状态；同时生态系统的结构和功能符合人类生存与发展的生态要求。

建设山区生态屏障，从根本上说，就是构筑维护山区持续发展的生态安全体系。这种体系包括若干重要内容：(1)山区有利于人类可持续发展的生态区域、生态系统、生态过程得到有效的保护，其功能得到有效的发挥。(2)已发生退化并对人类安全构成不同程度威胁的生态系统得到恢复与重建，并达到其所在自然地带客观上可以达到的水平。(3)一些自然生态系统或自然过程虽然并未受到人类过多的干扰，但对人类生态安全不利，对可持续发展构成威胁，需要按生态屏障建设的目标要求，按生态安全的要求进行人工改造。(4)未来的资源开发、社会经济发展充分考虑生态安全的要求，避开生态不安全的因素、地段或区域，减少、减轻生态危险的困扰。

从这里可以看出，生态屏障建设是一个综合的目标，是以人类生态安全为核心的生态过程，是以维护生态系统的良性循环为内容，以人类可持续发展为服务对象，以区域

自然过程和人文过程和谐统一为目标的建设。

最重要的一点是,生态屏障建设既是一个自然生态恢复与重建的过程,以遵循自然规律为法则,又不仅仅是一个自然的过程。也就是说,山区生态屏障建设的目标,不能超越自然的过程和规律,不能随心所欲,不能完全按照人类的需要或意愿来规划和建设。具体而言,生态屏障建设中的重头戏是植被恢复,即目前正在实施的天然林保护和退耕还林、还草工程。已伐林地生态林建设等工程,必须符合当地的自然条件,退多少、种什么,必须因地制宜。就整个山区而言,什么地区、什么海拔高度、恢复成什么样的植被类型,是受自然区域的自然过程所制约的。只能恢复成针叶林的地方,不能勉强种植阔叶树;只能恢复成草甸的地方,不能勉强造林。因此,生态屏障植被建设的目标,即其最终成果,只能达到自然区域在未受人类干扰前的自然状况,其终极目标是该区域特定的顶级群落。人类不可能在大面积内随意提高要求。因此,不能认为天然林保护,退耕还林,就是森林越多越好;不能随意确定森林覆盖率的指标;更不能将建设山区生态屏障仅仅理解为植树造林。

另一方面,生态屏障建设又不仅仅是自然恢复的过程,而且是以人类安全为目标的过程,生态安全说到底是为了人类的安全。生态安全是人类安全体系的一部分,或者说重要的部分。安全不安全是以是否构成对人类生存和发展的威胁来衡量的。因此,纯自然的过程未必就是生态安全的过程;同样,有的区域有的自然因素通过人工措施可以提高生态安全的系数,人类主动干预,也无不可。例如水资源的利用,许多情况下是不能自然满足人类的生存发展需要和安全标准的,水资源时空分布不匀,与人类需水的时空格局不符,易洪旱等,都是重大的不安全因素,需要我们建设水利工程,加以调控,提高安全保障率。

另外,各地区的自然环境不同,区位条件不同,区域人类活动强度和可持续发展条件不同,生态屏障建设的标准也应不同。不可能说任何区域都安全,或者任何区域都不安全。因此,各地区在生态屏障建设中的地位和功能分工、调控方案不同,其对全流域生态安全的贡献、责任、效益等也会有所差别,对此我们不能强求一律。

因此,山区生态屏障建设应有比较确定、可行的内涵。对山区生态建设能做什么、不能做什么,应该、可能或只能达到什么样的标准,需要有较清醒、科学的认识,不能随意降低标准或提高达不到的标准。

山区生态屏障建设的重点目标应该是:

1. 植被的恢复。应尽可能恢复区域、各自然地带在人类未干预前应具备的原始自然地带性植被。森林覆盖率应该提高到凡是适应森林生长的地方都得到恢复(耕地和人居用地、道路、工矿用地等除外);并且构建起山区完整的垂直地带植被谱带,即从常绿阔叶林、常绿阔叶与落叶阔叶混交林、阔叶落叶林、针阔叶混交林、针叶林到灌丛、草甸等自然垂直地带性植被谱带,森林应包括林种、林型、林层、草丛等多层次系统,而不只是单林种的单层林分。退化、沙化草地得到恢复,基本上解决牧区超载放牧问题,草地、草甸、湿地恢复到地带性要求的水平。

2. 生物多样性保护。即不再发生物种绝灭,濒危珍稀物种得到有效保护,自然保护区面积不低于辖区面积的 15%。

3. 水资源得到合理利用和调控。大江大河上游山区,干旱河谷缺水问题得到较好解决,洪枯季的径流变差、年变差缩小;通过水利工程和生态系统的调控,对于中下游威胁大的洪水得到减轻;大江大河上游大中城市的防洪安全达到百年一遇标准。

4. 水土流失得到有效治理。完成陡坡耕地的退耕还林还草任务,可以恢复的地段、地带、地区的天然植被得到恢复;人工引发的水土流失得到控制,泥沙入江逐年减少,直至达到自然地带天然过程的泥沙流失水平。

5. 对人类威胁大的山地灾害得到控制。人口稠密区的城镇泥石流、滑坡、山洪等自然灾害得到有效控制,不再发生严重人为引发的山地灾害。

6. 自然资源得到有效地开发利用,可再生资源得到持续、良性循环。

7. 生态质量提高,安全系数提高。随着人居环境和社会经济发展的要求,江河上游生态质量应逐步提高,不具备生存和发展生态空间的居民,完成生态移民建设,95%以上居民的生态安全保障率达到 90% 以上。

二、当前山区生态屏障建设需要重视的几个问题

山区生态屏障建设已在全面实施,并且在天然林保护、退耕还林(还草)、环境综合整治等方面取得了明显成效。当前的主要任务是巩固提高天然林保护、退耕还林还草、环境综合整治等的成果,促进生态屏障建设向更高层次发展,真正营造山区和全国生态安全的屏障。有关的论述已有很多,这里我们仅再强调几点:

(一) 强化生态屏障建设的综合性、系统性

山区生态屏障建设是一项涉及面广,内涵丰富,内容综合的社会、经济和环境工程。涉及社会机制、产业结构、社区建设、科学技术、文化教育、监测与管理等。即使是天然林保护和退耕还林工程本身,也不仅仅是植树种草的问题,还牵涉对生态环境背景和演化规律的研究,对实施工程的规划与布局,对林种的筛选、引进,植被的培植技术,林草的配套,以及病虫害防治,实施区域经济补偿,新代替产业培植等众多综合性工作。退耕还林,还涉及农业产业结构调整、人工农林生态系统构建、生态林与经济林的配套、布局等。综合性的工程不仅要求工程建设不能单打一,而且要求每项工程或每个区域的生态环境建设,都做到先有综合规划,明确拟实施项目和区域在综合整治中的地位和作用,以及需要与哪些其他工程相联合。更重要的是,建设过程不同阶段中的众多内容如何组合、配套、布局与衔接;如何安排实施顺序,努力排除低水平的重复建设;同时又发挥各个项目的联合与综合效应,在取得项目本身效益的同时,谋求更高的综合效益。总

之,必须懂得综合效益大于或高于单一项目的效益。

但在目前的山区生态屏障建设中,综合性的思维还较弱,主要是由于部门分割及权益之争,使得各部门之间缺乏综合的观点,热衷搞单打一,结果使许多综合性工程无法统一规划,也无法综合整治。甚至在同一个工程内,各子项目也相互分割成为孤立、单一的"个体"。例如西部的许多自然保护区,既是风景名胜区,又是自然文化遗产,还是居民聚居区,具有多功能综合效益;但因分属不同的部门管理,结果只好各管各。旅游部门、地方政府强调游客数量、旅游收入,自然保护部门无法实施有效的保护。在退耕还林还草中,林业部门与牧业部门的观点也经常相左,甚至相互对立,无法按统一综合的整体进行优化实施,而是各行其是,结果往往事倍功半,甚至效益相互抵消。此类事例不胜枚举。

山区生态屏障建设本身是一项系统工程,系统性除了综合性的特点之外,主要表现为系统内部的有序结构性、相关性、层次性和整体动态变动性。生态屏障建设,将山区作为一个区域的生态系统工程,除强调工程内容的兼容、综合、完整之外,更强调生态屏障的相互联系、相互配套、相互影响。山区生态屏障建设的系统性特别表现为:(1)生态屏障建设与社会、经济发展的系统相协调。在山区可持续发展的大系统之中,营造生态屏障建设与社会经济发展相协调的调控体制和机制;在社会经济发展战略、规划、布局中全面、系统地体现生态屏障建设的目标和方案;在生态系统建设中,全力配合社会经济建设,寻求对社会经济建设速度、效益、市场有利的规划和措施。(2)在社区建设上,要将天然林保护、退耕还林还草工程与社区社会、文化、经济建设、产业结构调整、区域脱贫相结合,构成完整的系统,统一实施。(3)在具体生态屏障建设项目上,强调按生态系统的完整性、系统性以及结构功能原理设计、实施。人工生态系统的建设要突出林灌草、高中低层次、生态效益与经济效益、建群种与多样性等的统一协调。(4)在山区生态系统建设中,还应突出区域层次系统之间的互相衔接。即从国家、西部、省(区)市、地区、县、乡、村、户之间的联系和完整性出发,使之作为从上到下和从下到上有序的层次系统。

但是,在西部生态屏障建设中,孤立地只见树木、不见森林,部门割据、区域之间相互封闭的劣根性仍然十分明显。不同区域、不同层次之间有利同争,有害相推,义务不承担,风险不共当,不愿联合构成统一的管理系统,习惯各行其是。因此,教育广大决策者和实践者以追求系统整体生态环境作为目标,是一项艰巨的任务,也是一件迫切的任务。我们应知难而进,不能让孤立的、部门的所谓利益危害整体的、系统的利益。

(二)谋求差异性以及共性的统一

山区地域辽阔,山地和山区类型众多,自然区域差异悬殊,景观多样性、生态系统多样性丰富。因此,生态屏障建设必须遵循自然规律,坚持因地制宜的原则,在政策和措施的制定上,应符合各地的实际。起码对于不同的区域类型,如青藏高原草地区、高山亚高山区、横断山高山狭谷区、干旱河谷区、内陆荒漠区、四川盆地区、西南岩溶区、黄土高原区等,由于其自然环境迥异,生态建设难度和经营方式都差别极大,应有不同的建设标准,在退耕还林的补助和政策上也应有所区别。但当前的政策制定基本上以共性代替个性,习惯"一刀切"。退耕还林的政策大西北与大西南、湿润常绿阔叶林区与荒漠区、高山区与平原区、岩溶区与红色盆地区等都是一套政策,极不合理。这里必须解决一个认识上的误区,即上面提出的统一性与多样性的关系。人们往往认为强调统一性就应否定多样性和差异性,实际上,我们强调统一性、整体性,同时又强调多样性、差异性,两者并不矛盾。山地生态屏障建设促进区域可持续发展是共同目标,在这一点上各地是统一的但要将共同目标通过各地多种类型、多种方案、多种系统的不同实践,才能共同构起区域生态系统的良性循环,构建山区生态屏障,确保全国的生态安全。

我们一直强调山区生态建设要做到"宜林则林、宜草则草、宜荒则荒",不能违背自然规律,不能一边喊"贯彻科学发展观",一边又搞新的"人定胜天"。例如,在不宜造林的荒漠区、干旱区(包括南方干旱河谷)也大搞造林;把只适用于热带、南亚热带的树种和经济林木强行推广到温带、寒温带种植,等等。

(三)建立正确的政绩观

山区生态屏障建设作为各级政府行为和从政人员政绩的考核目标,体现生态建设在政府战略决策中权重的加大,地位的提高,也是值得称道的。现在的问题是,各级政府往往打着生态建设的旗号,将生态建设政治化、口号化、标签化,其突出表现和特点是:(1)政治目标的需求代替科学决策和生态目标的实际运作。往往将科学的生态问题作为具有浓厚政治色彩的任务和行政目标,以党和政府的名义,一级下达一级,并以能否达到、完成或超额完成上级党政机关下达的任务,作为是否有政治觉悟、政府能力的考核指标。(2)将生态屏障建设的实施纯粹作为一种追求政治资本、追求执政期内政绩的手段。不顾生态屏障建设的特点和规律,追求短期效应,任期效应,缺乏长远目标;追求数量,不重视质量;追求"参观"型成果,淡化实际效益;追求"标本"模式,忽略全民参与和广泛实践价值;追求新闻效应,忽视扎实基础。(3)各类政策与管理,从上至下照抄照搬。各省、地(市)、县的生态环境建设规划,如出一辙,不敢大胆结合区域实际,不敢创新;害怕与上级不协调,规划的结构、内容、政策、提法、观点,几乎都与全国的规划雷同。(4)掩盖生态屏障建设过程中出现的矛盾、困难和失误,只报喜不报忧。(5)将生态屏障建设作为向上爬的跳板。不是实事求是、脚踏实地地推进生态环境建设,而是追求高速度,追求区域或部门利益,在统计数字上做文章,浮夸、谎报政绩;对事关全局、大局但对局部和辖区内无利的事横加砍杀,缺乏起码的合作精神和执政道德;出发点不是生态环境效益,归宿点也不是生态环境效益,而是个人的所谓政绩,个人的乌纱帽和仕途。(6)政治口号多,精心设计、精心经营、精心管理少。生态屏障建设的字眼满天飞,生态城市、生态农业、生态旅游、生态食品、生态建筑、生态美容、生态经济等不同内容和层次的决策,都冠上"生态"的招牌,炒生态、卖生态,但实际上许多决策者、部门对什么叫生态,生态的内涵是什么,连启蒙的 ABC 知识都没有。

凡此种种,使山区生态屏障建设热潮中,隐含着一股不健康的暗流,很容易将生态屏障建设引入歧途,或贻误之间时机,造成严重决策失误,是十分令人担忧的。

我们认为,山区生态屏障建设是一项长期的战略任务,应有长期作战、艰苦奋斗的思想准备。特别是对山区生态屏障的脆弱性和难恢复性,对山区生态屏障建设与社会经济建设存在的诸多冲突,对山区科学文化教育水平与生态屏障建设需求的严重不适应,对生态屏障建设成功必须与区域脱贫和区域社会经济建设成功相匹配等方面,应该有清醒的认识。山区既是生态环境严重破坏区、生态脆弱区、生态难恢复区(如高山、亚高山、干旱区、荒漠区、黄土高原区、岩溶山区、干旱河谷等),又是少数民族聚住区;社会经济发展滞后,文化水平低、文盲率高,对生态环境建设缺乏强大的支撑能力,不论在可持续发展的支撑能力、实践经验、投资强度、管理水平等方面都很不适应。因此,生态环境建设的长期性、艰巨性,决定着生态屏障建设不能推迟、不能延迟,更不能改期。长期性、艰巨性强调的是抓住时时刻刻,不能错过任何机会;强调的是时间的延续性,建设的坚持性和坚韧性;强调的是不懈的努力,长远的奋斗。要防止在生态屏障建设过程中搞突击运动、一风吹;防止简单、粗糙、形式化。

(四)正确处理各种利害关系

生态屏障建设作为一项综合性的社会、经济、科学系统工程,涉及不同区域、不同部门、不同社会经济集团,以及同一部门和区域的不同层次、不同人群的利益。在承担生态屏障建设的任务,享受生态环境的利益,遭受山地灾害的损失,以及取得投资的分配上,是不均衡的。历来由于各方利益的驱动,出现了许多与生态屏障建设相违背的人与事,集中起来可以概括为:(1)推却应承担的环境责任和义务;(2)掠夺资源,侵害环境,不顾环境效益;(3)将生态环境的负面影响和灾难后果,转嫁到别的区域和部门;(4)不履行跨部门、跨区域的大局环境责任;(5)见利忘义,忽视环境的公益性,对掠夺先下手为强,对治理持推诿态度。坚持公平合理的原则,从大局出发,协调各方关系,已成为一个亟待解决的问题。当前,亟须建立权威、公正的管理、协调机构和体系;建立生态屏障建设质量与效应的评价体系,科学地规范生态屏障建设行为。同时,对生态屏障建设的区域布局、部门责任与利益,进行公平、合理、科学的布局、分配与落实;制定相应的法律法规,强化生态环境执法,严惩生态屏障建设中的躲避者、损害者,保护生态屏障建设的行动和成果。

三、协调山区开发与生态屏障建设的关系

建设山区生态屏障不是在为生态而生态的背景上进行的,而是在山区发展、山区加快建设全面小康社会的背景上进行的;因此,山区生态屏障建设与山区发展不应该是两张皮,而应该是一个整体。建设生态屏障的核心和价值也正体现在二者的统一与双赢上。若只就山区发展论发展、就生态屏障建设论生态,各搞一套,当然比较容易实施,但却没有多少实际价值,因为它不符合当代生态屏障建设的实际。只有处理好经济与生态的关系、山区发展与生态屏障建设的关系,才是硬功夫和真本领,也才能真正解决实际和实质性问题。

为此,当前有几件基础性工作必须抓紧进行:

(一) 进行山区总体生态区划

目的有三:一是进一步明确山区生态系统的结构功能及其区域分异规律,特别是明确中国山区生态系统的区域结构层次、组合及其在生态安全中的地位、作用,不同区域与生态系统之间生态屏障功能的分工、协作关系,为建立完整的多层次生态屏障功能的分工、协作关系,提供科学依据。

二是打破当前普遍存在的以行政区划为单元的相互割据局面。这种局面使完整的生态系统结构和功能人为地破碎化,十分不利于生态系统的安全与稳定。生态系统的安全与稳定,生态功能的发挥是不以行政区和部门的利益为转移的,因此,作为一个完整的山地系统或流域系统,重新按生态屏障建设的目标、指标体系和标准,进行综合、系统的战略布署,明确各不同区域层次生态的功能、地位,特别是明确各生态区域、生态类型在生态屏障中的地位,应尽的义务,应承担的责任,应建设的内容,应服务大局的方面,应在总体调控中发挥的作用,在生态安全中的时空布局,应采取的策略,等等,是十分重要的。

三是切实按照不同自然生态系统、自然地带、生态区域、生态类型,在生态屏障建设中采取不同措施,纠正天然林保护、退耕还林中存在的问题。因地制宜是生态建设成功的关键,对于某些特殊的区域,如喀斯特地区、河源区、干旱河谷、高山草甸、亚高山、高山高原草地等,究竟能达到什么样的生态系统水平,要做出切合实际的估算。"宜林则林、宜草则草、宜荒则荒",反对不分难易、不分条件地搞同一口号、划一投资,做"同步"的时间安排。

(二) 细化全国主体生态功能区划

即在全国主体生态功能区划的基础上,按不同的区域层次逐级做不同比例尺的主体功能区划。也就是说,在全国主体功能区划的基础上,逐步做好全国主体功能区下的次一级功能区划,以便能在高一级区域层次中,做出比例尺更大、更细化的下一级主体功能分区。例如,在全国主体功能区划的限制开发区中找出一定范围的重点开发区和优先开发区,同时在上一级区域层次中的重点开发区和优先开发区中,圈出限制开发区和禁止开发区,从而使一个区域层次内的开发与保护能够同时在空间上得到落实。

在全国主体功能区划中,中国山区大部分被划入禁止开发区和限制开发区,前者主要是指自然保护区、水源保护区、世界自然遗产、世界文化遗产等,后者则几乎包括广大的山区。因此,在限制开发区中,如何找出适宜的开发区域、开发项目,实现山区开发一小片、保护一大片的目标,应该成为山区生态屏障建设与发展经济相协调的重要内容。为此,要在全国主体功能区划的基础上,结合山区的实际,细化山区主体功能分区,明确山区生态屏障建设布局与产业布局、城镇布局的关系,落实各种布局的具体空间;使禁止开发区真正能实现自然演替,限制开发区则既能促进山区发展,又不引起山区生态退化,将山区开发控制在有限的空间范围内。

(三)处理好山区开发中的环境影响问题

生态环境屏障已被正式列为山区建设的重要战略内容。生态屏障建设不能就生态论生态,更不能脱离山区开发而单独进行。山区开发中会引发新的环境冲突,生态退化;同时,某些基础设施建设(如水利工程建设)也可以有助于生态调控(特别是河流水资源和泥沙的调控)。如何减少大开发带来的生态退化,如公路、矿山、铁路等大型工程引发的水土流失,植被破坏,滑坡等是开发方的责任。同时,山区开发过程中,避免与环境相冲突的产业布局是规划方的责任。至于生态屏障建设的布局、功能、生态系统的恢复、重建,应尽可能地配合产业、城镇、重点工程的布局也是责无旁贷的。大型水利工程、大中城市防洪工程、生态工程、国家级风景名胜区建设等更应充分体现社会经济效益与生态环境效益的统一。

更重要的是,要在山区开发中,通过发展生产力,改造、改变破坏生态的落后的生产方式、生活方式,消除贫困,改变刀耕火种、以柴为薪,禁止天然过度放牧、陡坡垦殖、乱开乱挖等由贫困而导致的野蛮行为。在天然林保护区、退耕还林区、贫困山区以及少数民族欠发达地区培植新的产业,发展新型的与环境相协调的经济,提高生态保护的社会经济功能。可以说,生态破坏和环境恶化是与贫困胶结在一起的,生态系统的良性循环与社会经济系统的良性循环又是联系在一起的。因此,生态屏障建设的过程离不开社会经济提供建设资金、技术和社会基础的支持。消除传统落后的生产方式,寻找与生态环境相协调的生产方式和行为模式,是长远的任务、长远的目标,是必不可少的。

与此相应,建立生态屏障建设的社会经济支撑体系、科学技术支撑体系和行之有效的管理体系是根本。生态建设支撑经济建设,经济建设支撑生态建设,是相互促进、互为依存的。生态屏障建设需要民众的支撑,需要民众生态意识的提高,需要以科学技术作为实施的指导,需要科学的管理,需要经济的支持。离开这些支撑,生态屏障建设就失去了服务的目标,也失去了支撑的基础。因此,生态屏障建设是否顺利,关键在于社会经济支撑的能力和投入,以及由此产生的建设环境、文化氛围。只有山区建设的成功才有山区生态屏障建设的成功,也只有生态屏障建设的成功,山区开发才算真正取得了成功。

四、建设中国山区防灾减灾体系

中国是一个多自然灾害的国家,灾种多,灾情严重,灾区分布广,灾害发生频率高。山区又是自然灾害发生的严重区,并形成独特的山地灾害,主要包括地震、泥石流、滑坡、塌方、山洪、雪崩等。山地灾害是对环境安全的严重挑战,也可以说是山区生态屏障建设的难点之一。山地灾害不仅造成对山区居民安全的威胁,而且是山区贫困的主要根源之一。山地灾害造成的损失和威胁加大了山区建设的困难,加重了山区贫困的压力,加深了山区环境破碎和山区与发达区隔离的鸿沟;同时,山地灾害往往发生在山区,危及的是山区之外,或河流流域。可以说,山地灾害发生之时往往就是生态屏障遭受破坏或失效之时。

对于许多山地灾害,当代科学技术水平还难以控制,甚至连预报预警都十分困难;而对于山地灾害的治理,往往投资巨大,成本极高。那么,如何应对山地灾害呢?我们认为,应该将山地灾害作为山区生态屏障建设的重要内容,从战略上加以谋划。以预防为主,采取避让、设防等措施,尽量减少其危害,是山区抗灾减灾的首选。

(一) 做好山地灾害的基础研究

重点是对山地灾害的主要灾种,如地震、泥石流、滑坡、山崩、山洪等的分布、强度、范围做系统的调查,摸清各种灾害的分布及发生规律,编制各种比例尺的灾害分布图,作为全国和山区发展战略制定的重要依据。以便在山区发展中,对人口(居民点)、城镇、铁路、公路、重要工矿企业等的布局,尽量规避灾害发生区;必须在灾区布局的,要按灾情可能发生的强度,在设计时,通过抗灾设防要求(如抗震烈度),以抗拒灾害的破坏。因此,编制全国山区或各不同山系山区的各种灾害分布图,是防灾抗灾最基本的工作,应该放在首位;并且要不断提高精度,不断从1/100万向1/10万或1/万的精度发展。

(二) 开展山区灾害破坏性评估

许多山地灾害的发生和破坏造成对现有人口、城镇、产业、交通的损害,这往往与原有山区居民的防灾意识不强相关。如在强地震发生区,各类建筑没有按应有的抗震烈度设防;许多山地城镇和建筑物由于选址不当,往往落在山地灾害易攻击区之内。山区许多农村居民点,建筑质量差,地质不稳,稍有灾害外力波及,就土崩瓦解,备受灾害摧残。通过此次汶川"5·12"大地震瞬间损失近10万人生命的深重教训,应该对全国山区现存的安全隐患做一次全面调查,未雨绸缪。对于可能受灾害影响或破坏的城镇、居民点、交通干道、工矿企业及早采取措施,该搬迁的搬迁,该加固的加固,该拆除的拆除,从而使山区的人口能处于较安全的状态。

(三) 完善的山区抗灾救灾体系

四川汶川"5·12"地震虽然取得巨大的抗灾胜利,但也暴露出我国抗灾救灾体系的不少问题,其中最大的问题是抗灾救灾的技术水平不能适应抗灾需要。面对突如其来的严重灾情,应急的措施不足,设备落后,通讯不灵,对灾情(如堰塞湖等)的判断水平低,交通恢复能力差;心理救援,高效救援能力差;依靠传统的人力战术色彩浓厚。这与此后不久发生的日本北海道7.6级大地震形成鲜明对比。日本此次地震不仅死亡人数很少,而且真正投入第一线救灾的人数很少,大约只有几百人。因此,提高我国山区抗震救灾技术水平,建立健全抗灾救灾体系,完善信息、动员、抢险、急救、医护、运输、物资、疏散、心理咨询、应急管理、捐赠处置、恢复重建、对外宣传等的统一体系,并高效运转,是今后应该努力的方向。

(四) 做好山地灾害的科学技术宣传普及工作

山区居民常年处于山地灾害的阴影中,虽然也积累了一定的感性知识,但总体而言,对于地震、泥石流、滑坡、山洪等发生时的应急、逃生、自救、互救办法,还是缺少必备的科学知识,更缺乏常备的抗灾技术与设备。因此,提高山区居民的抗灾自救知识和规避灾害知识十分重要。例如,地震来了如何逃生,泥石流来了往什么方向逃避,滑坡发生突变前,如何发现预兆等,对于山区居民来说,都是必备的常识。在这方面,我们过去做得很不够,今后应大力加强。

第五节 出台加快中国山区发展的政策

一、山区产业发展政策

国家产业政策是根据产业发展态势、市场行情、资源形势和环境演化趋势等综合因素的影响和制约而制定的,是产业发展的政策依据和指导方针;对产业发展起着引导、制约、规范等宏观战略作用,应该成为产业发展必须遵循的原则。

现在的问题是,国家的产业政策是从全国战略高度制定的,全国产业政策的制定更多的是总结我国东部发达地区的经验教训而提出的。因此,产业政策更多地体现东部发达地区的政策需要和发展导向。我国山区特别是西部山区与东部平原区比较,发展水平整整落后(或迟缓)了一个发展阶段,即发达地区已进入工业化中后期,山区还处于农业社会发展阶段或刚开始进入工业化初期;发达地区已进入产业升级、更新换代时期,而山区仍处于低端工业的引进和建设时期。因此,当前国家的产业政策对西部欠发达地区往往造成巨大的制约,有可能成为山区特别是西部山区工业化的"杀手",起着对东中西部和山区与平原区之间发展差距扩大推波助澜的作用。因此,根据我国区域发展严重不平衡的实际,有区别地制定不同地区的产业政策,不仅对指导全国更具针对性,实际上对山区开发也是一种战略支撑。

我国广大山区工业化水平低,处于农业发展阶段向工业化转变的关键历史时期,在统筹城乡发展中面临的最大障碍是经济实力不强、财政拮据,根本原因是工业发展严重滞后,传统农业仍占主导地位。因此,建立强大的工业,走工业化道路是山区发展必然的选择,否则统筹城乡无从下手。但当前在山区县域经济特别是工业中,面临着严重的产业政策制约。广大山区有许多传统农业大县,不可能一下子就走发展高新技术的道路,而必须从一些传统加工业、资源型产业做起。由此,不论在产业类型的选择上,还是在产业规模上、技术门槛上、环境标准上,都面临着产业政策的制约。例如,山区许多县当前的产业和经济支撑大多是规模不大、技术不先进、资源消耗较大的资源型工业,均达不到现行产业政策的规模要求和节能要求。要是现在就让这类工业、企业关闭,调整掉,许多山区县的经济就可能破产,社会就不能安定,因此,产业政策在山区实施应有个缓冲期,并适当放宽。

总体来说,在一定时期内,让山区经济欠发达的市、县执行一定的特殊产业政策,让他们补上工业化的课,是十分必要的,对他们的发展也是公平的。

二、整合运用各种惠农资金政策

当前,中央、省区市对山区特别是山区农村的惠农资金支持,客观上起着推动农村建设、促进统筹城乡、改善农民生活的良好作用,密切了党群关系,是必不可少的。但目前各类惠农资金和政策也存在一些值得探讨与改进的问题:一是惠农资金从上面来说虽然数量不少,而分摊到广大农村就如"上面一盆水,下面毛毛雨"。粥少僧多,既难分配,又难办成一件大事。二是惠农资金政出多门,中央、省级各部门都有对口支援农村的行动、资金,各部门自行管理,到了县一级、镇一级,都需要有专门的机构和人员来接收和管理上面多渠道的资金,应付他们的考察、检查、审计,大大增加了管理成本,造成资金不多,管理费用不少的浪费。三是资金少,往往只能分给一个镇、一个村、一个部门,引发分配的矛盾乃至冲突。四是惠农资金因投入分散、管理交叉,使用效率低下,"跑冒滴漏"问题突出。县、镇无法整合资金使用,发挥不了大的建设作用。为此,我们建议:建立整合运用各种惠农资金管理的新机制,为规范政府惠农资金投向、提高惠农资金使用效益提供政策支持。探索财政资金"打捆"使用、集中力量办大事的新机制。建议首先进行惠农资金整合使用的试点,县、镇有权对上级各部门下达的资金统一管理、使用,接受监督、审计。其次,建议中央、省各部门的惠农资金最好统一打捆下达,避免各部门为表现政绩搞些表面支农工程。

三、地方配套资金的区别对待与分类指导政策

中央及省级财政性专项资金、国家计划安排的银行贷款和利用外资等基本建设与技术改造项目除中央及省级财政投入外,还要求地方配套一定比例资金的政策,对发挥中央和地方两个积极性、控制地方乱报乱上项目起到了良好的作用。但是,由于我国区域发展极端不平衡,此项政策也存在一些问题:一是加大了发达地区与欠发达地区的不公平竞争,发达地区由于财政支撑能力强、资金配套实力雄厚,能挣得更多的建设项目;欠发达地区则相反,能争取到的项目越来越少。二是欠发达地区即使勉强拿到建设项目,答应配套资金,但实际运行中,往往"配套"是空头支票;因此,对上马项目不得不降低质量、延长工期,甚至将其变成豆腐渣工程。三是养成了为取得工程项目,违背实事求是的原则,弄虚作假搞"钓鱼",形成不好的政风。为此,我们建议,鉴于山区许多县是连"吃饭财政"都不够的"讨饭财政",应该加大财政和建设项目的支持力度,对迫切需要解决的基础设施建设工程、与民众生活密切相关的工程、农业发展必不可少的启动工程,如公路建设、饮水工程、农灌工程、小学危房处理工程等,取消地方配套资金限制,每年按需要和可能,由上级组织专家进行科学论证,对确定的工程项目,由中央、省、市一次性投资解决。

四、山区干部提拔激励机制和改革风险分担机制

在组织人事政策上,实行对勇于探索、勇于改革创新的干部提拔激励机制和改革风险分担机制,是保证改革顺利进行不可或缺的一个环节。山区基层干部一般工作环境较差、待遇较低;并且由于环境较封闭,接触外界机会较少,往往观念较保守,不太能适应山区建设敢闯、敢创的要求;而在建设社会主义新山区,进行统筹城乡改革的过程中,会涉及许多体制、机制、政策的制约。要构建适应新时期统筹城乡发展的机制、体制,需要继承,更需要突破;要与时俱进,敢于改革,去除一些不合时宜,阻碍生产力发展和统筹城乡发展的体制、机制和政策,创建新的体制、机制、政策和发展模式。这是一项风险极高、政治成本极大的改革,一旦改革失误可能面临秋后算账,既得利益难保不说,城门失火殃及池鱼的成本也是一般干部所难以承受的。因此,地方政府在规划改革方面显得非常谨慎。为此,要制定激励干部敢于创新、敢于改革、利于试验的政策,给予改革创新取得突破的干部更多的晋升机会和更大的晋升幅度;同时要宽容失败,对在改革中非因个人私利原因所遭受失败和挫折的干部,要加以保护。现在的问题是只有上面一般的口头承诺和政治动员还不够,干部还心有余悸,因此需要制定切实可行的干部政策。我们建议先在山区制定一套关于统筹城乡发展改革的干部政策细则,鼓励山区干部立志于山区建设,为改变山区落后面貌甘于吃苦、敢于探索、勇于创新,让他们有施展才能

的机会,给予他们的成长以更大的支持,宽容他们改革的可能失败;给他们更多提拔的机会、学习的机会,在经济收入上给予更大的优惠,使山区干部感到在山区工作有奔头,比在平原和城市工作更有信心,这才能有一支坚强的与山区同命运的干部队伍,山区发展才有保障。

五、山区优惠财政政策

在市场经济条件下,公共财政既是政府经济干预的重要工具,也是政府实施其他干预的重要载体,有其不可替代的功能。从一定意义上讲,财政是山区建设的经济基础和保障。财政政策的再分配、社会稳定职能决定了其在缩小城乡差距、促进城乡协调发展过程中发挥着非常重要的作用。总体来说,财政政策的作用就是在市场力量驱使山区资金外流的情况下,通过政府的力量促进不同形式的财政资金再次流入山区,通过财政的区域性补偿来保证山区发展的基本资金需求。目前财政体制存在财力上划、事权下移的现象,县乡政府承担着本应由中央财政承担的大量公共品供给的责任,如农村义务教育、基础设施建设等。但山区县政府和乡镇政府财政收入很少,调控能力很差。这种财权与事权的不对称,是造成山区县乡村建设、社会保障欠账太多的重要原因。正是由于基层财政所拥有的财权不能满足其事权的需要,而规范化的政府间转移支付制度又没有建立起来,才迫使基层政府特别是乡镇政府向农民分担部分公共品的成本。因此,扭转财权与事权不对称的局面,加大财政性支出、财政转移支付、财政补贴对农村和农业发展的支持力度是统筹城乡的客观要求。我们认为,当前应尽快解决两个问题:(1)加大农业补贴强度。山区县大多是农业县,对粮食安全、蔬菜供应、肉类供应、轻工原料(如桑蚕、茶叶、中药材等)供应、水果供应等起着重要的社会保障和社会稳定作用。但农业产品的附加值低,对县镇财政的贡献率低,对提高农民收入的贡献也不大,因此,加大对农业产品的补贴,是促农富民必不可少的措施。(2)建议实施对相关农村发展项目的政策倾斜,加大对山区农村惠农项目,如农村沼气、农村人畜饮水、农业灌溉、乡村道路、农业示范、规模养殖、金土地等项目的支持力度,配套一定的资金和工作经费,列入中央、省和市财政安排和支援规划,缓解山区农业和农村基础设施滞后的状况。

六、支持山区统筹城乡发展的金融政策

(一)出台支持资金回流的金融政策

借鉴深圳兴办特区时的特殊信贷政策,在山区实行"切块"管理以支持其发展,即在资金方面,各银行在山区的分支机构同其省分行及总行切断联系,其现有的信贷资金与以后吸收的存款除向中国人民银行缴纳存款准备金外,全部留给山区,由各银行总行直接下达信贷规模,由在山区的各分支机构自主统一调剂使用,并允许其向国内外拆借资

金。同时放宽金融机构准入，进行利率市场化，放开存款准备金率；利用财政贴息、税收优惠等手段鼓励邮政储蓄将县及县以下的邮政储蓄份额中超过20%的部分通过适当的方式用于农村；建议县级人民银行将邮政储蓄上存的转存款全额转化为支农再贷款；鼓励邮政储蓄资金参股农村信用社，试办农村小额贷款机构等。

（二）探索国家财政支农资金投入的新方式

可以借鉴国际经验，政府在合作金融机构建立初期，通过入股的方式，提供初始发展资金，在合作金融壮大以后，转让政府股金，实现合作金融组织的自主经营、自主管理。

（三）探索民间资金向资本转化的途径

伴随劳务输出规模的不断扩大，山区县每年都有远高于各县财政收入的资金汇回，这是一笔巨大的流动资金。如何将这笔分散的民间资金转化为资本，是一个重大的融资问题，对解决山区县域经济发展的资本缺口具有重要意义，它既可以增加要素所有者的收入，又能促进当地经济的发展。我们认为，兴办规范的民间金融机构是一个有效的途径。民间金融与生俱来就有信息、担保、交易成本、嵌入性等四大优势。民间金融机构还能对正规金融形成竞争压力，促进各自经营效率的提高。我们建议在山区县创办民间融资机构，并与有实力、高诚信的企业家合作，让分散的资金有效地投入产品开发、入股分红或收息赢利。

（四）进行制度创新，改善农村金融发展环境

首先，鼓励创办担保公司等担保机构，解决农民抵押难、担保难的问题；其次，开发适应农村各类市场主体需要的、具有差异性、多样性的金融产品，如贸易信用、远期合约、农产品期货等；再次，开展政府补贴的农业保险业务和农业规模化经营信贷优惠政策；最后，建立农村金融风险补偿机制，构建实现农村金融和谐的重要制度保障。

参 考 文 献

[1] 宝音、包玉宽、阿拉腾图雅、乌兰图雅：“内蒙古生态屏障建设与保护”，《水土保持研究》，2002年第3期。

[2] 陈国阶：“我国西部山地生态环境建设面临的问题”，《国土经济》，2002年第4期。

[3] 陈国阶：“对建设长江上游生态屏障的探讨”，《山地学报》，2002年第5期。

[4] 杜人淮、杨国宝：“构建全民共享和谐收入分配制度——理论溯源、时代主旨和路径选择”，《南京政治学院学报》，2008年第1期。

[5] 高萍：“论中国区域发展战略的三次转向”，《中南财经政法大学学报》，2006年第1期。

[6] 高新才：“中国区域发展战略的嬗变与展望”，《西部论丛》，2007年第6期。

[7] 高新才:"与时俱进:中国区域发展战略的嬗变",《兰州大学学报(社会科学版)》,2008年第3期。

[8] 贾康:"国家自然资源资产开发:'财政完整性'视角下的租、税、利及其分配规范化",《中国财经信息资料》,2008年第14期。

[9] 柳希超、丁长青:"我国经济发展过程中收入分配差距问题研究",《江苏商论》,2008年第10期。

[10] 潘开文、吴宁、潘开忠、陈庆恒:"关于建设长江上游生态屏障的若干问题的讨论",《生态学报》,2004年第3期。

[11] 彭爽、叶晓东:"论1978年以来中国国民收入分配格局的演变、现状与调整对策",《经济评论》,2008年第2期。

[12] 卫兴华、侯为民:"在科学发展观下坚持效率和公平的统一",《经济学家》,2008年第3期。

[13] 杨冬生:"论建设长江上游生态屏障",《四川林业科技》,2002年第1期。

[14] 杨天宇:"改革开放以来的收入分配:回顾和展望",《学习和探索》,2008年第4期。

[15] Corinne Lundström, Susanne Kytzia, Ariane Walz, Adrienne Gret-Regamey and Peter Bebi 2007. Linking Models of Land Use, Resources, and Economy to Simulate the Development of Mountain Regions (ALPSCAPE). *Environmental Management*, Vol. 40, No. 3, pp. 379-393.

[16] Fang Yiping 2002. Ecotourism in Western Sichuan, China Replacing the Forestry-Based Economy. *Mountain Research and Development*, Vol. 22, No. 4, pp. 113-115.

[17] Irasema Alcántara-Ayala, Marlene López-Mendoza, Guillermo Melgarejo-Palafox, Roberto C. Borja-Baeza, Ruben Acevo-Zarate 2004. Natural Hazards and Risk Communication Strategies Among Indigenous Communities. *Mountain Research and Development*, Vol. 24, No. 4, pp. 298-302.

[18] Manfred Perlik, Paul Messerli 2004. Urban Strategies and Regional Development in the Alps. *Mountain Research and Development*, Vol. 24, No. 3, pp. 215-219.

[19] Pascal C. Sanginga, Rupert Best, Colletah Chitsike, Robert Delve, Susan Kaaria, Roger Kirkby 2004. Linking Smallholder Farmers to Markets in East Africa. *Mountain Research and Development*, Vol. 24, No. 4, pp. 288-291.

[20] Vassiliki Kati, Panayotis Dimopoulos, Haritakis Papaioannou, Kostas Poirazidis 2009. Ecological Management of a Mediterranean Mountainous Reserve (Pindos National Park, Greece) Using the Bird Community as an Indicator. *Journal for Nature Conservation*, Vol. 17, No. 1, pp. 47-59.

第八章　中国山区城乡统筹与山区新农村建设

第一节　中国山区城乡统筹的意义

一、山区城乡统筹的现实背景

党的十七大提出贯彻落实科学发展观,建设全面小康社会的战略任务和奋斗目标。科学发展观的提出和实践,是对建设和发展社会主义事业的继承与发展。科学发展观,第一要义是发展,核心是以人为本,基本要求是全面协调发展,根本方法是统筹兼顾,它是指导我国社会主义建设实践的指南。

改革开放以来,我国社会主义经济建设取得突飞猛进的发展,30年来,国民经济平均增长率达9.5%,对国际经济增长的贡献率达15%,我国经过20多年的建设,经济总量迅速增加,一跃成为经济大国。2007年之后,成为世界第三经济体;工业化、城镇化的进程大大加速,现正进入工业化中期的快速发展阶段;中国对外进出口总额已跃居世界第三位,多年的贸易顺差已使中国的外汇储备居世界第一位,达2万多亿美元,大量的中国制造产品冲击着或占领着世界市场,遍布五大洲;许多重要工业产品的产量居世界第一位,成为国际经济体系和全球化过程中一支重要的经济力量。

但是,中国社会经济的发展在取得巨大成就的同时,也存在着十分突出的矛盾,面临着许多严峻的挑战。其突出特点是发展的不平衡,即区域不平衡、城乡发展差距扩大、工农差距扩大、社会经济发展不平衡、人与自然关系紧张、发展的资源环境生态代价大、国内经济与国际经济不协调等。对此,中央一直保持着清醒的认识,及时提出五个统筹的战略部署。这就敏锐地抓住了当代中国社会经济发展的主要矛盾,为建设全面小康社会、构建和谐中国指明了方向。这里我们要强调的是,上述五个方面或者说五个矛盾的存在各有其特定的内涵,也各有其特殊的矛盾,但它们之间又相互影响,互为因果。它们的产生、发展以及问题的解决具有一定的共性、同根性;它们的产生几乎都是当代中国发展过程中的产物,表现出现阶段中国社会经济的特征。

但是,我们认为,五大矛盾是就全国而言的。针对广大山区,当前面临的主要是两个方面的挑战:对外,是与平原的差距;对内,是山区内部的城乡差距,即由于全国存在平原、丘陵和山区的差异,进一步引发山区内部较一般地区更深刻的城乡二元结构。

由于城乡二元经济结构的长期存在,城乡发展差距的扩大,使得城乡在一定程度上成为两极分化的载体,更成为我国社会经济发展的严重障碍。当前面临的严峻现实是:尽管全国经济发展的速度居世界第一,工业化成果累累,但广大山区农民并未能全面享受到工业化的成果,农村贫困的面貌未能彻底改变,有学不能上、有病不能医、有老不能养的情况依然十分普遍;尽管中国已进入工业化中期,部分发达地区已进入工业化后期,现代化工业、现代化城市飞速发展,但广大山区农村的大部分仍处于土地分散、零碎经营的小农经济状态,与现代农业的要求相去甚远,传统自给自足的小农经济依然根深蒂固,与工业化进程格格不入;尽管我们的目标是共同富裕,但是几十年来农村与城市的差距在扩大,农民的相对贫困在加深,"城市像欧洲、农村像非洲"就是一种形象的比喻;亿万富翁进入全世界最富有人群之列,而衣不遮体、饥不择食的人群在广大山区农村也不罕见;尽管农民、农业、农村在我国工业化初期已承担了资本积累的历史任务,做出了空前的贡献和牺牲,但是现阶段农民仍在为工业化、城市化过程做出"失去土地"、"出卖廉价劳动力"的新奉献,而得不到应有的回报和人文关怀;"三农"问题由来已久,多少年来为农民呼唤,但都未能从根本上破题,究其原因,就在于没有从体制上、机制上综合地和系统地找到解决问题的理论和方法。此次统筹城乡发展作为一次战略性试验,目的就在于寻找破解城乡统筹发展的路径。

统筹城乡发展是一项全国性的任务,不是某一省、某一市、某一县的特殊行为。但是,由于全国区域发展不平衡,各省、各县城市化、工业化水平参差不齐,城乡差异的大小各异,社会保障体系的完善程度不同,土地利用和土地流转等的程度差异较大,财政支持能力也悬殊;因此,全国很难用同一模式在同一时期内采取统一的措施来推广、实施。更重要的是,统筹城乡发展涉及一系列极其深刻的社会变革,涉及社会、经济、政治、文化等各个领域,是极其复杂的社会系统工程,其中不少体制、机制、政策带有历史性的变革,是历史上所没有碰到过的。有不少变革和未来发展的取向,例如土地集约化经营、农民权益保护、农村社会组织重构、城镇化与并村、人口与劳动力流动等,现行的政策、体制或机制往往存在障碍,甚至相互冲突。因此,如何面对新的形势,建立新的社会保障体系,建立新的体制、机制,只有通过先试点,取得一定的成功和经验以后,再按不同地区的实际,逐步推广才行,不能在全国一次性全面铺开。也因此,统筹城乡的试验,可在山区选择若干市、县进行。

二、山区城乡统筹的主要任务

(一) 促进山区全面建设小康社会

实现全面建设小康社会的奋斗目标,必须有发达的农业和农村社会经济做支撑。没有发达的农业,没有繁荣的农村,没有殷实的农民,就没有全面小康。要实现全面建设小康社会的奋斗目标,必须着眼于全体人民的共同富裕,统筹城乡经济社会发展,需要正确处理工农关系和城乡关系。山区是以农村、农业、农民为主体的区域,全面建设小康社会的重点在农村,难点也在农村。统筹山区城乡发展在一定意义上说,就是扶持农村的发展,就是解决山区的"三农"问题。但是,要发展就得破除阻碍发展的旧体制、旧机制;为此,如果不下决心加快农村的改革和发展,就会严重影响全省建设小康社会的进程。山区要从根本上解决这一问题,就必须统筹城乡经济社会发展,切实解决城乡二元结构问题,提高农民的积极性,增加农民的收入,挖掘发展潜力,加快全面建设小康社会的进程。

(二)消除城乡二元结构,实现城乡协调发展

统筹城乡经济社会发展,关键是要改变城乡二元结构、建立平等和谐的城乡关系。城乡差别的核心是利益分配问题,利益分配问题的核心是分配机制问题。和全国一样,山区存在着城乡二元结构和城乡分配不公平问题,这直接影响着山区的政治、经济和社会稳定,影响着农业的基础地位和可持续发展,影响着整个现代化事业的进程。统筹城乡经济社会发展有利于逐步缩小城乡差别,缓解由此可能引发的各种社会和政治危机,有利于社会稳定和长治久安。山区要实现城乡经济社会统筹,必须加快山区城市化过程,壮大山区经济实力,同时提高山区发展内力,构建山区城市和农村共同发展,统一规划、协调发展的机制。在城乡合理分工的基础上,充分发挥城市对农村的带动作用和农村对城市的促进作用,实现城乡互利共荣的发展格局,促进城乡经济社会的发展。

(三)求找解决山区"三农"问题的长效机制

统筹城乡经济社会发展,为从根本上解决"三农"问题指明了方向,是解决"三农"问题的重大创新。如上所述,中国山区是农村面积广、农业人口比重大、农业地位突出的"农"字号大区域,其"三农"问题不仅突出,而且在全国广大农村更具典型性、代表性;解决"三农"问题更具艰巨性和迫切性。山区"三农"问题的主要表现是农业和农村经济结构不合理、农业综合效益不高、农民收入增长缓慢、农村社会事业发展滞后、农村剩余劳动力转移困难、农民负担过重等。从根本上来说,"三农"问题归根结底是由于落后的生产方式和生产力造成的,如果不将大量的农村富余劳动力转移出来,就不可能大幅度提高农业劳动生产率,就不可能有效地增加农民的收入,就不可能促进农村社会的发展。统筹城乡经济社会发展就是为了转移农村富余劳动力,提高农业生产效率,为增加农民收入提供机制保障、政策保障;并且营造城市带动农村,工业反哺农业,城乡同步发展的社会环境、经济环境和政策环境,为解决"三农"问题提供有效的实施途径。山区"三农"问题解决了,平原地区和全国农村就没有解决不了的"三农"问题。

(四)加快山区经济发展

从总体上看,我国山区还处于工业化初期阶段,山区经济还是以农业和农村经济为主体,推进山区农村工业化、城镇化和农业现代化的任务十分艰巨。要实现由农业山区向现代化工业山区、城镇化山区的转变,并促进山区城乡协调发展,实施城乡统筹战略是正确的选择。只有统筹城乡经济社会发展,发挥山区城镇的扩散效应拉动农村工业化和城镇化,才能带动山区农村的经济发展和山区总体经济实力的提升。实施城乡经济社会统筹,就是要通过综合运用市场和非市场力量,积极促进城乡产业结构调整、生产要素配置和社会发展等各领域的良性互动和协调发展,既充分发挥城镇对农村的带动作用,又充分发挥农村对城镇的促进作用,逐步形成以市场机制为基础、城乡之间全方位自主交流与平等互利合作、有利于改变城乡二元经济结构的体制和机制,实现工业与农业、城市与农村发展良性互动,从而切实增强山区经济发展的实力。

(五) 扩大山区内需,启动山区农村市场

工业和农业、城市与农村是相互联系,相互依赖,相互补充,相互促进的。农业是基础产业,不仅为人们提供基本的生活资料,还为工业和其他产业发展提供重要的生产资料,农业的发展离不开工业的支持。农业和农村又是工业品的巨大市场,只有农村经济社会健康发展,农民收入不断增加,农村市场需求才会旺盛,扩大内需的方针才能得以落实。中国山区面积大、分布广,人口多达几亿,而且几乎各省(区)市都有数量可观的山区人口,这样就形成了一个消费人口众多,消费市场遍布各省(区)市,消费潜力巨大的消费市场。长期以来,由于山区贫困面广,大多数山区农村又以自给自足为主,所以与全国消费市场的联系不紧密。当前为克服世界金融危机对我国实体经济发展的冲击,在对外出口受严重影响的情况下,提高内需是克服危机的重要战略举措;山区作为一个消费潜力巨大的市场,只要在山区经济得到一定发展,山区农民购买力提高,就能很快发挥山区市场对全国发展的拉动作用;与此同时,又能真正使山区农村和山区居民很快享受到我国工业化、现代化过程的成果,这是一个双赢的发展机遇。因此,通过城乡统筹,打破山区市场的封闭状态,扩大山区内需,正当其时。

三、山区城乡统筹应处理的几个关系

(一) 发展与改革的关系

改革开放的实践证明,发展是硬道理,改革创新是发展的强大动力,稳定是改革和发展的基本前提。统筹城乡综合配套改革在城镇化和工业化水平不足以实现"城市支持农村"、"工业反哺农业"的前提下,其统筹城乡的核心问题必然是发展问题,改革是为了扫除经济发展的体制、机制障碍,建立农村经济发展内部增长的良性机制,培养农业产业化、农村工业化和农村城镇化自身发展的能力,靠内生的增长力实现山区经济、社会的可持续发展。中国山区发展滞后,传统的发展模式和管理机制较平原与城市更加根深蒂固;因此,发展与改革两个方面的任务都更艰巨,处理好两者的关系也更复杂;我

们在山区城乡统筹发展中,要抓发展、促发展,同时,也要抓改革,抓制度创新。在这个过程中,又要与稳定、安定相协调。这就需要我们加倍用心,精心处置。

(二) 城乡差异与城乡统筹的关系

城市是人类社会发展到一定阶段的产物,是社会进步、经济腾飞、效益提高和物质文明进步的集中表现。城乡发展是人类发展在空间上的差异和分工,其差异不仅表现在人口密度上、生活方式上,而且表现在产业模式上、战略地位上。当代,城市是社会经济发展的中心,是城乡关系的主导者,这是不以人们的意志为转移的客观存在。城乡统筹是从社会协调、和谐发展的战略高度处理好城乡发展过程中的矛盾,重点是克服城乡二元结构的分割,控制城乡差异的扩大。因此,城乡统筹不是要消灭城乡差别,更不是城乡平分天下,城乡统筹的目的是不让城乡差异无限扩大、二元结构对立,将城乡差异控制在一定限度之内,让城乡居民共享社会经济发展的成果,过上大致相当的生活水平。

这里需要特别指出的是,中国山区城市化水平低,城市经济不发达,因此,城乡统筹中不仅不能放低城市化进程,而且应该加快山区城市化进程。

从一定意义上说,城乡差距扩大的区域,其生产力水平往往也不高,城市无力支援农村,工业无乳反哺农业。在这种区域我们不能以牺牲本区域城市发展来照顾农村,而更应该强调在未来的发展中,强化山区城市与农村发展的相互支撑。更希望山区农村的发展问题,能由全国来支援、来反哺。

(三) 城乡统筹与五大统筹的关系

中央提出科学发展观,要抓好区域发展,城乡发展,经济与社会发展,国内经济与国际经济发展,人与自然协调发展五大统筹。这是构建和谐社会的完整、系统的战略任务,是针对我国在社会经济快速发展过程中面临的五大矛盾而提出的。五大矛盾的存在各有其特定的内涵和解决的途径,但它们是相互联系、相互影响的,就全国而言,应该同时抓好,并且系统协调、整体调控。

但对中国山区而言,统筹城乡发展是五大统筹的中心,是关键。中国区域差异集中表现为山区城乡总体发展水平滞后,经济与社会发展的不协调集中表现在山区农村;与国际经济的关系,山区主要不在于过分依赖出口,而在于引资困难,城市经济与农村经济都还不发达;人与自然的矛盾城乡都存在,但表现和重点不同,在山区主要表现为传统粗放生产方式对自然生态系统的破坏。因此,就统筹而言,抓好山区统筹城乡发展,突出促进山区农村进步、农业发展、农民增收,就促进了城市与农村的协调和其他的协调,就是抓住了五大统筹的"牛鼻子",就抓住了主要矛盾,其他四个矛盾就能迎刃而解,五大统筹就会得到实质的、整体的成效。

（四）工业反哺农业、城市支持农村与壮大农村内生能力的关系

统筹城乡综合配套改革提的最响亮就是工业反哺农业、城市支持农村。从上海的浦东新区、天津的滨海新区到成都，这样的口号都可以上升到操作的层面，因为工业和城市有能力来带动农业与农村的发展。这种模式在成都被称为"大马拉小车"，在浦东新区、滨海新区甚至可以实现完全意义上的城市化。但对于中国山区来说，目前城镇经济实力还较弱，财政拮据，农村人口占总人口的80%，尚处于"农村包围城市"的境况。因此，城市支援农村是"心有余而力不足"，工业反哺农业有"断奶"的危险。也因此，我们在积极调动城镇和工业在统筹中的主导性、积极性的同时，要下决心、下大力气发展山区农村的内生能力，构建强大的山区经济。特别是要构建起山区农业工业化的发展平台，提高山区农业生产效率和效益，促进山区市、地、州、盟和县域经济的崛起。农业产业化水平和工业化水平的提高，真正需要的是"造血功能"的提高，而不是被动地接受"输血"。

（五）总目标与阶段性目标的关系

城乡统筹是一个长期的、艰巨的、复杂的过程，"三农"问题是一个世界级难题，统筹、协调、和谐发展是一个理想的目标。从哲学上讲，矛盾是绝对的，协调是相对的；协调、和谐只能在相对的程度上、一定的时空范围内实现，是一个不可终极的目标。但协调、和谐是一个正确的方向和价值取向，应该成为我们永远追求的目标。因此，我们要结合不同的发展阶段向理想目标接近，但不能期望一蹴而就。近期只能重点突破，中长期才能健全机制体制。就中国山区而言，这是一个与目前的发展水平还相差甚远的目标，希望在短期内全面解决产业发展机制、户籍制度、集体土地管理和使用制度、城乡就业体制、社会保障制度、公共财政体制、投融资体制、公共服务体制、行政管理体制等方面的问题是不现实的，只能在这些问题当中找到适宜于各地山区特点或优势的领域作为重点进行突破才是明智的选择，这就需要处理好阶段性目标与总目标的关系，不能想当然地把总目标提前，作为阶段性目标企图加以解决。

（六）政府角色和市场调节的关系

城乡统筹是政府的行为，政府的任务是制定发展规划，确定发展的价值取向和战略目标，出台相关的政策，明确空间布局和生态功能分区。但在微观经济运行上，政府不应干预企业的自主权。经济发展遵循的是社会主义市场经济体制和机制，在总体上企业生产什么、生产多少由他们自己依据市场的需求来决定，企业的关闭与否也主要由市场的优胜劣汰来实现。从这个方面来说，只要企业合法经营，政府是无权干涉企业行为的。城乡统筹，需要山区各地政府制定优惠政策，引导企业向农村、农业领域来投资，引导企业为农民作贡献，出台保护农民的政策。因此，城乡统筹一方面需要政府按照市场

经济办事,另外一方面也需要建立一套适应市场规律的、能够切实保障农民利益的体制机制。

(七) 统筹城乡规划与"十二五"规划的关系

现在全国各地已开始谋划制定第十二个国民经济和社会发展五年规划,即"十二五"规划。山区各级行政区域也不例外。因此,如何处理好各地的城乡统筹规划与"十二五"规划之间的关系就显得十分重要。

我们认为"十二五"规划作为社会经济发展的总体规划,在各种规划当中居于全局性、综合性、指导性的重要地位,是各种规划制定的依据。统筹城乡规划不能另起炉灶,取代"十二五"规划,而应该在"十二五"规划指导之下进行综合规划。统筹城乡规划的基本原则、目标、实施方案应符合"十二五"规划的取向和要求,只能协调,不能冲突。当然,城乡统筹规划作为一项新的专项规划,许多内容应比"十二五"规划更具体、更有针对性,更重要的是,在统筹城乡规划中,应在一些方面进行创新和探讨,甚至是寻求突破;而在"十二五"规划中,应充分反映城乡统筹规划的内容和新成果。

(八) 新农村建设、城乡一体化与城乡统筹的关系

在统筹城乡综合配套改革之前,新农村建设、城乡一体化已经提出和实施了多年,如何把新农村建设、城乡一体化与城乡统筹三者的工作结合起来是城乡统筹的一项重要任务,汲取新农村建设、城乡一体化过程中的经验和教训是城乡统筹的首要工作。从总体把握上,我们可以把城乡统筹作为新农村建设、城乡一体化的延续和升级。我们认为,城乡统筹不仅需要建设新农村、消除城乡差别,而且其内涵要比新农村建设和城乡一体化更丰富,是二者的进一步完善和发展;特别是在构建农村社会保障体系的体制和机制上,应有更深层次的思考、发展和创新。

(九) 继承和创新的关系

统筹城乡是在我国社会矛盾比较突出,多元思维、多元利益、多元文化与价值取向交汇、冲突、融合等错综复杂的背景下提出的。当前产生的矛盾和问题是发展中出现的问题,需要认真解决才能保持好的势头。但涉及体制、机制等一系列深层次的问题,乃至"禁区",因此,需要探索和突破。这就需要处理好探索、创新与继承的关系,发展与稳定的关系。我国山区在统筹城乡上有一些好的历史传统,原来也有不少好的制度,需要很好地加以继承。完全抛弃传统体制的"休克疗法"既不适合国情,也很难为民众所接受,不利于社会的安定、稳定。继承和创新的关系也就是稳定与发展的关系,继承传统城乡关系中好的体制机制,有利于稳定;但继承不是墨守成规,发展需要创新、需要突破。我们提倡通过试验、试点,不断摸索经验,不断提高,锐意创新;成功之后,逐步示范、推广,将创造一个稳定的发展氛围作为首要的任务。

特别需要强调的是,我国山区是少数民族聚居区,各个民族的历史传统、文化观念、宗教信仰、风俗习惯、发展水平、生活环境等各不相同,在继承与创新的关系上,比一般地区更加复杂。因此,山区城乡统筹不仅需要遵循全国大的发展方向,而且要符合各民族的意愿与诉求,处理好发展与保护民族优良传统的关系。我们希望,在中国山区城乡统筹中,能有既符合时代发展要求,又体现各民族特色的多种模式,为全国城乡统筹创立、创新更丰富的内容。

第二节 建立中国山区城乡社会保障体系

一、当前山区社会保障体系存在的问题

总体看,目前我国山区农村社会保障还处于非规范化、非系统化阶段,主要依赖于传统的家庭保障和土地保障。随着社会和经济的发展,目前这种传统的保障方式已经逐步陷入了困境。一是土地保障功能不断弱化:一方面城镇的扩张不断侵占原本紧张的耕地,另一方面不断增加的农业人口,使人多地少的矛盾进一步凸显;小规模生产的家庭农业经济投入产出比极低,同时还要面临自然灾害的风险,农民的收入不稳定。二是家庭保障功能弱化:随着社会发展和计划生育政策的实施,农村家庭结构日趋小型化,出现了"4~2~1"和"4~2~2"的家庭结构模式,即一对中年夫妇将要承担双方父母四人的"生老病死"和一个或两个子女的抚养责任,这将使未来的家庭不堪重负。同时,山区的"打工经济",造成农村无子女共处、只剩下老年人独自生活的"空巢家庭"增多,农村养老问题面临更严峻的考验。三是人口老龄化带来的压力:人口老龄化导致社会劳动人口减少、社会负担加重等一系列问题出现,进一步加重了农村养老的压力。四是农村税费改革的遗留问题:农村税费改革整体上减轻了农民的负担,但也带来了一些新问题。税费改革后,原本就处于"吃饭财政"状态的许多山区县乡两级财政实力进一步削弱,村级集体经济趋于瓦解,中央财政转移支付又相当有限,致使原由乡镇统筹和村级集体经济负担的部分五保户与其他一些农村贫困对象失去了救济保障,未能实现应保尽保。五是疾病依然是困扰山区农民生活的严重问题:新型农村合作医疗制度目前的覆盖面还太小,并且主要限于经济较发达地区,而经济欠发达的山区农业人口依然处于医疗无保障的境地。很多农民因长期过度劳累,日晒雨淋,缺少劳动保护,往往落下一身疾病。但在医疗费用日益高昂的情况下,相当多的农民无钱治病,有病难医,不少农户"因病致贫,因病返贫"。

我们建议,山区应基于自身经济发展水平和财政实力,在农村基本社会保障制度方面有所为有所不为。现阶段,应着重建立农村最低生活保障制度、养老保险制度、合作医疗制度。(1)应优先建立最低生活保障制度。最低生活保障制度是以保障公民基本

生存权利为目的的社会救助制度,是社会保障体系中的最后一道"安全网"。各地山区也应依据自身的经济发展水平,科学地制定保障标准,将标准适当调至低于国家标准。另外,也要考虑农村生活费低于城镇的实际情况,农村标准应适当低于城镇标准。如在2008年农村按照城镇30%的比例发放,2011年将适当提高到50%,2016年将再提高到70%左右。(2)逐步建立灵活多样的养老保险制度。一是山区农村养老保险的形式可以多样化,主要有基本养老保险、补充养老保险、商业养老保险等;以普遍建立基本养老保险制度为基础,在参加基本养老保险之外,鼓励部分富裕农民个人按照自愿原则,缴纳补充养老保险费和购买商业养老保险。二是农村缴费方式应有别于城镇,由于农民以农业生产为主,无固定用工单位,不可能完全参照城镇居民的缴费方式。建议在乡农民由个人、各级财政分别负担,按合理比例缴费,计入以身份证号码为编码的全国通用个人账户;在县域范围内进城务工农民享受当地职工同等待遇,按所在城镇养老保险政策,由个人和用工单位按一定标准灵活缴费,计入个人通用账户。缴费时间也可灵活确定,每年年终个人可查询、核对、补缴,逐年积累,到期定期支取。(3)进一步推行新型农村合作医疗制度,并重点突出以下几点:一是突出大病统筹为主,重点解决农民"因病致贫、因病返贫"的问题;二是政府给予资助,发挥资金利益导向作用,激发农民参与的积极性;三是将过去以乡村为统筹单位改为以县为统筹单位,增加抗风险能力和监管能力。这种新型合作医疗制度十分切合农村的实际情况,应予以大力推广,并在条件成熟和经济允许的情况下,逐步向城镇基本医疗保险制度过渡。

二、山区城乡社会保障机制建设

按照"保基本、多层次、广覆盖、可衔接"的原则,设计城乡社会保障体系,实现社会保障的持续发展;坚持政府主导、社会参与,结合公共财政体制改革,逐步提高社会保障占财政支出的比重;按照"个人缴费、集体补助、政府支持"的筹资模式,把城乡居民统一纳入社会保障范围;按照统一规划、重点突破、循序推进的原则,逐步实现城乡居民社会保障的全覆盖。

第一,优先建立最低生活保障制度

山区农村的经济基础薄弱,农村最低生活保障制度的发展受到很大的制约和阻力,而目前的最低生活保障工作主要局限于对"五保户"的救助。由于财政拮据,即使是对五保户的救助也还不能做到应助尽助。此外还存在认识不足、缺乏统一政策、保障对象难界定、缺少规范标准、没有资金保障等问题。

建议结合山区目前的社会经济发展水平,开展层次比较低的最低生活保障制度,并随社会经济的进步,逐渐提高和完善。首先是合理界定最低生活保障对象。应根据实际情况分析保障对象,尽可能防止寄生现象,更好地发挥最低生活保障制度的作用。目前在山区可以首先把农村最低生活保障对象确定为:无生活来源无劳动能力的孤老残幼、主要成员因严重残疾或疾病而丧失劳动能力的重残家庭。其次再考虑个人平均收入水平低于当地贫困线的居民、资源极度缺乏地区的贫困人口、由于突发性灾害造成生活暂时困难的家庭、特殊的救济对象等。对于前者,目前可以在城镇最低生活保障的50%以上予以优先保证;对于后者,可以在全面调查了解掌握贫困家庭的成员结构、收入水平、生活费支出、致贫原因等情况的基础上,结合最低生活保障线标准的确定,分类别、分情况地制定出属于保障对象的条件与范围,严格按审批程序进行。

关键是加大农村最低生活保障资金的筹集力度,一方面积极争取加大各级财政转移支付力度;另一方面尽量鼓励社会捐助,尤其是发挥企业的社会责任,通过福利彩票等方式,多渠道、多途径地筹集资金,并按照统一规范、公正合理、公开透明等原则进行规范管理。同时,农村最低生活保障制度的建设还需要完善相关的配套措施,首先应加强基层农村最低生活保障工作队伍的建设,切实做到廉洁自律,严格依法办事;同时加强对工作人员的培训,不断提高其政策业务水平。其次是提高最低生活保障审批程序的透明度。再次应加大对农村最低生活保障的宣传力度,使更多的人群了解政策。四是完善最低生活保障制度的配套优惠政策,例如子女教育学费减免等,多途径、多渠道减轻农民负担。

第二,分层次逐步统筹城乡养老保险制度

(1) 分步建立农村养老保险制度。按照政府主导、农民自愿的原则,实行个人缴费、集体补助、政府支持的筹资机制,逐步建立与城镇企业职工基本养老保险相衔接、与当地农村社会经济发展水平相适应,并随社会经济发展不断提高的新型农村养老保险制度。针对全县集体经济薄弱、补助能力有限的现实与问题,探索农村承包地退出与农村养老保险挂钩的办法,提高部分农村由于外出务工导致的土地撂荒现象,缓解外出务工人员、外出务工家庭不愿意、不主动、不配合土地适度集中的阻力,尝试探索解决外出务工人员(或劳动力短缺家庭)生活后顾之忧的新途径,提高养老保障水平,真正与城镇职工养老保险相衔接。

(2) 被征地农民养老保险制度。参照城镇企业职工基本养老保险、失业保险等政策,将新征地农民纳入社会保障范围;按照个人自愿的原则,参照新征地农民社会保障政策,逐步解决征地货币安置农民的基本养老保险问题。

(3) 完善机关事业单位养老保险办法和企业职工养老保险政策,扩大城镇养老保险覆盖范围,将有条件的城镇居民纳入职工养老保险范围,提高企事业单位职工养老保险的惠及水平和覆盖率。

第三,尝试建立统一的城乡医疗保障管理体系,逐步将农村医疗保险与城镇医疗保险合并进行管理

(1) 逐步提高农村医疗保险水平,建立农村重大疾病统筹制度。尽管全国不少山区已建立起农村新型合作医疗,但覆盖率不高,保障水平较低,重大疾病的保障能力较差,因病致贫、因病更贫的问题未能解决。在农村新型合作医疗的基础上,努力采取农

民集资与财政补贴的办法,建立农民重大疾病保险基金,进一步提高对广大山区农村地区的统筹能力,增强农民抗风险能力。

(2) 建立被征地农民的医疗保险制度。参照城镇职工基本医疗保险办法,逐步建立包括新征地农民和原货币征地农民在内的被征地农民医疗保险制度。

(3) 建立城镇居民医疗保险制度。现山区城镇基本医疗覆盖率不足20%。应加大城镇基本医疗保险覆盖率,使城镇居民能够在政府引导、自愿参加的原则下,逐步参加基本医疗保险范围,以及大病统筹制度,减轻医疗费用支出的压力。

(4) 建立农民工工伤保险制度。采取个人出一点、用工单位出一点、相关地方财政配套一点的办法,建立农民工工伤保险基金,解决农民工的各类工伤住院费用。

第四,建立城乡统一的救助体系和救助标准,实现农民与城镇居民的同等待遇

社会救助是社会保障体系建设的重要组成部分,社会救助对象是山区各行政单位范围内的"低保"对象、五保户、重灾户、优抚对象中的贫困户、残疾人中的贫困户以及县人民政府确定的其他救助对象。

为确保城乡统一的救助体系制度形成,应从以下几个方面进行突破:(1) 以各市县民政局为依托,建立统筹城乡的救助专门组织与实施系统;(2) 与民政系统救助资金合并,按财政投入或社会捐助的一定比例建立统筹城乡的特别救助基金;(3) 强化救助对象识别、界定、标准、发放审核与监督环节,用好、用实救助资金。

第三节 中国山区城乡劳动就业

一、推进山区农村劳动力转移

山区作为以农业为主的区域,城乡劳动就业的难点和重点都是农民,依靠劳务输出的方式不能从根本上解决农民的就业问题,而且这种方式对今后农业的长期发展有着负面影响,同时也难以掌控。因此,目前的较好选择是鼓励一部分农民外出务工,一部分农民在山区就地转移,坚持两条腿走路的方针。即一方面积极引导农民合理有序地向山区外转移就业;另一方面大力发展山区经济和农村第二、第三产业,增加农民就地就近转移就业的机会。实施积极的就业政策,以经济的持续、快速、健康发展带动就业容量的扩大,以产业结构的战略性调整带动就业结构的战略性调整,提高非农产业劳动力的就业水平,为城乡居民提供充分的就业机会和完善的就业服务。积极发展社区服务业,注重发展劳动密集型的第二产业,加强农产品加工、流通和服务领域的岗位开发,实现城乡劳动力就业的结构性转变。

二、培育山区劳动力创业能力

山区能否实现农村劳动就业的新飞跃,关键在于取得以下两个方面的突破。

一是招商引资的突破。依托山区一批城市和工业园区的载体优势与地方特色产业优势,创立山区名牌产品,加快招商引资,积极推进市场化招商、产业链招商、项目招商、特色招商和企业招商。从"项目开工算真项目,固定资产投资到位算实绩"的要求出发,以招商引资实绩与相关人员的工资挂钩、与年终奖金挂钩、与干部的提拔使用挂钩的激励机制,以召开现场观摩会、月度例会与季度点评的考核制度以及设立项目台账和实行检查、抽查与公示的督查制度,以招商人员、招商经费、招商责任、招商政策"四落实",有针对性、有重点地开展驻点招商、委托招商、登门招商、打工招商、关系招商、网上招商和"筑巢引凤"与"引凤还巢",做到精力向园区集中、政策向园区倾斜、资金向园区投入,切实做到对重大项目"零距离、零障碍"的全过程服务,全方位构建重大项目建设的"快速通道",从而形成市场化运作、以企业为主体、政府积极推动的招商引资新格局。

二是民营经济的突破。将民营经济作为山区重要经济、百姓经济和富民经济来抓,破除官本位、文本位、农本位的思想,组织"全民创业宣讲团",设立创业英雄谱,鼓励科技人员、务工还乡人员以技术入股、兼职创业、领办企业。同时,进一步推进完善民营企业信用担保体系,以"该受理的尽快畅通,某些环节出现梗阻及时疏通,需要上级解决时迅速沟通"和"急事急办,特事特办,难事巧办,事事快办"这一"三通四办"强势型政府服务体系和以法律咨询、技术支持、信用担保、资金融通、产权交易、市场开拓、人才培训、创业辅导、信息服务等为主要内容的社会服务体系以及民资快速进入的便捷通道,最大限度地促进放手发展,最大可能地提供支持创业、便利创业的政府服务,最广泛地吸纳山区外民资,最充分地激活本地资本,以更大的力度、更强的措施推进全民创业,真正做到因村、因户、因人制宜,全面营造自主创业、平等创业的宽松环境和创业有功、致富光荣的社会新时尚,使更多民众成为创业主体。继续推进"外出打工赚钱,回乡创业致富",优化投资环境,吸引和扶持外出务工人员还乡创业,对还乡创办企业实行优先等级、优先发证、优先解决场所、优先提供基础设施、优先提供信贷支持、优先解决子女入学,吸引更多外出务工人员还乡二次创业,培育"能人回乡、企业回迁、资金回流"的典型。

三、提升山区劳务经济潜能

根据"转移总量控制、劳务素质提升、统筹城乡发展"的发展思路,加强山区内部劳务交流协作,实现规范有序的劳务输出,提高劳务开发的特色、层次和水平,积极创建劳务输出的品牌,从内涵上,而不是外延上,做大做强劳务经济。

综合素质高的劳动力,其转移成本就相对较低,更容易就业,获得的收益相应也较高，目前的山区农村就业培训缺乏政策和经费的支持，大多仅限于生产培训，时间短、内容简单，没有真正从农民工的职业技能和特长出发进行较为系统的教育与培训，没有真正形成农民工的地域品牌，这是对劳动力转移规制与规模的粗放式的外延发展，难以形成区域竞争能力，难以在打工收益的递增潜能上获得大的跨越。加快农村富余劳动力向非农产业的转移，关键在于加强对农村富裕劳动力的培训，坚持短期培训与学历教育相结合、培训与技能鉴定相结合、培训与就业相结合，在加强市场调研和预测的基础上，按需要培训、按区域培训、按类型培训、按对象培训，保证受训学员输得出、输得快、输得好、输得久。

四、构建"四位一体"的就业管理体系

统筹山区城乡劳动力就业，把发展经济与扩大就业相结合，把解决好城镇失业与促进农村富余劳动力转移就业相结合，打破城乡就业分割格局，逐步建立以人力资源市场、公共服务、职业培训、再就业援助、就业普惠政策就业与社会保障联动目标责任考核为主要内容的城乡一体的就业体系，促进城乡劳动者实现比较充分的就业。建立城乡统一的就业登记制度和失业登记制度，定期开展城乡劳动力资源调查，全面掌握农村劳动人口构成、生活状况，摸清农村劳动力资源家底，建立劳动力资源信息库；建立统一的用工管理制度，消除用工管理中"先城镇，后农村"的歧视性规定；建立和完善劳动就业市场和就业服务体系，为城乡劳动者就业、再就业提供良好服务；建立面向城乡所有用人单位和劳动者的劳动力市场网络，实现城乡就业资源共享；建立城乡一体的积极就业政策体系、职业培训体系、公共就业服务体系、维护城乡劳动者劳动权益的劳动用工管理体系"四大体系"，健全城乡就业管理服务组织机构，促进城乡劳动资源统筹规划，实现开发就业；消除城乡就业差别，实现平等就业；实现山区城乡劳动者职业培训全员覆盖，实现素质就业；城乡劳动者权益和保障得到有力维护，实现稳定就业。

第四节 中国山区土地流转机制改革

一、探索山区农村土地流转机制改革

（一）积极探索山区农村建设用地流转机制的改革

在坚持土地用途管制的前提下，以国家现行政策为依据，以节约、集约利用土地为准则，通过农村建设用地流转机制改革，提高农村建设用地利用率，推动山区城乡统筹工作的顺利实施。

一是积极推动城乡建设用地置换流转改革。根据《国务院关于深化严格土地管理

的决定》，依托国土资源部农村建设用地减少与城镇建设用地增加相挂钩的试点政策，积极争取国家试点项目；结合山区农村建设用地基数大、未来用地不确定性高的特点，积极开展农村存量建设用地普查工作，弄清楚山区存量建设用地的数量、分布以及基本结构，积极推动建设用地的置换流转工作，将分散的存量建设用地集中起来，等量置换成城镇建设和农村新增居民点用地，以提高农村建设用地的效率，增加山区土地资源的价值和效益。

二是积极推动山区农村闲置建设用地与空置房屋宅基地的流转工作。当前山区农村因劳动力外流、人口外迁，使农村空置房屋及宅基地数量较大，加上闲置乡镇企业和废弃场镇矿山占地，存量建设用地面积可观。应积极推动闲置宅基地流转探索，建立符合土地政策的宅基地流转体制和机制，在保留承包地承包经营权收益的前提下，转让或者置换宅基地（将宅基地置换到城镇，比例可以按照城镇人均住宅面积标准执行），多余部分进行流转出让，出让收入在乡镇村和农户之间进行分成。重点突破区的土地需求，则从这些闲置宅基地中购买农村集体建设用地指标，用于经济发展需要。建议在山区城镇化过程中，进行农村农户进城建房、置房试点工作。在规划的工业园区建设、重点城镇建设、农村居民点集中过程中实行农地入股代征试点，总结经验，并在全山区推广。

（二）积极推动农地承包经营权的流转制度改革

山区农地流转还处于起步期，流转形式以农户私下交易为主，业主租赁经营较少。应该在坚持"依法、自愿、有偿"的原则下，积极推动山区农村土地流转制度改革，提高农地经营规模占比。

一是结合山区实际，推动农地流转形式创新。积极探索租赁、自行协商转包、出让（拍卖）、倒包、委托租赁转包、土地股份合作、联营、土地互换、季节经营等新型土地流转方式，促进农村土地承包经营权的有序、有效流动。对于劳动力转移量比较大、举家外迁人口比较多的乡镇，可采取农村合作经济组织反租倒包的形式，从承包人手中反租土地并统一出租给经营大户或业主；对于"重点突破口"区域的土地，可采取联营、土地互换、委托租赁转包等形式，促进规模化经营；对于城（镇）郊农村，可采取土地股份化的办法，以土地入股参与土地增值收益，并建立长期的效益补偿机制。

二是制定土地流转配套机制。积极制定促成农村土地流转的政策措施，鼓励社会资金从事农业土地经营业务；成立农业产业发展专项资金，用于扶持农业规模经营，可以根据经营规模，分别对待；实施项目支持，优先将各类农业开发项目安排到规模经营集中区；鼓励有条件的农民自主经营和创业，扩大经营规模；规范土地流转合同，促进其发展壮大；鼓励集体壮大土地经营规模，发展集体经济；建立健全农地转让承包合同，理顺土地承包转让管理程序和制度，建立土地流转风险基金，防范履约风险；建立土地流转服务中心，负责土地承包和流转监督管理；成立土地流转仲裁机构，促成积极发展；严格审查业主资格。

三是建立土地流转中介组织,强化村集体经济组织的作用。制约土地流转的一个主要因素是土地供求信息不畅,导致土地难以流转。中介服务组织,既可为农户之间流转土地提供平台,也可将收集到的土地供求信息通过报纸、电视、互联网等媒介向社会发布,为业主和农户牵线搭桥。村集体经济组织作为发包方,在土地流转中有着不可替代的作用:出面签订规范的流转协议,保障流出与流入双方的权利,避免土地流转纠纷;帮助需要流入土地的工商业主、龙头企业、种植大户等与众多农户谈判,降低谈判成本;代农户收取租金,降低农户一家一户收租的风险;在土地流转中介组织缺失的情况下,发挥土地流转中介功能,帮助克服与解决土地供求信息沟通的难题。

二、扩大农业生产经营规模

由于山区农村长期处于比较封闭的状态,自给自足的自然经济色彩比较浓厚,土地经营分散,规模小,与广大山区荒山承包规模化、基地化开发很不适应。因此,逐步扩大山区农业生产经营规模是实现农业产业化,提高山区农业效益,增加山区农民收入的重要战略举措。为此,应大力培育本地业主和引进业主,促进土地规模经营。要完善业主培育和引进的制度环境,让业主放心经营。同时,对所引进的业主,进行严格的主体资格审查。土地向业主集中的过程中,对农民利益影响最直接的是龙头企业或大户的经营能力和信誉,因此,要建立一套完整的农用地流转准入制度和监督制度,只有引进具备一定资格、能力和信誉的企业,才能对农民的承包土地进行大规模的集中经营,对农民的利益才有一定的保障。在这一过程中,应突出以下几个方面的内容:

一是加强对农户合法权益的保护。农户土地使用权流转后,要坚持"四不变",即原承包农户的土地承包权不变,村级收益分配到户政策不变,享受乡镇、村的公益福利待遇不变,法定的政治权利不变。

二是尊重业主的合法经营自主权。对合法取得土地使用权的业主,其经营自主权、产品处置权、收益分配权等合法权益受法律保护,任何单位和个人不得对其生产经营和产品销售活动进行干涉。

三是允许通过合法方式获得连片经营权的业主调整产业结构,从事产业化经营,发展生态休闲观光产业及与农业和农村生产生活相关的项目;在农民根本利益不受损害的前提下,允许土地利用性质在小规模、短期内进行适度变更的尝试。

四是进一步完善"公司+农户+基地+协会"模式,扩展农业产业化链条,从经营战略上和竞争力培育上,增强企业对市场的应变能力。目前,全国山区特色农业规模基地有很多(见第三章),应通过上述模式,延长产业加工链,保证农户的产品能够顺利进入市场,规避市场强烈变化的风险。

五是尝试农户耕地互换,改变农户经营田地分散的状况(即每户耕作土地破碎,不连片的状况),提高农户耕地集中利用的水平,降低农户的耕作成本,鼓励农户之间通过协商、等价或补差相互置换,使耕地面积相对集中,以利于规模化生产和机械化耕作,以及基本农田建设和产业结构的调整。可先在有条件的山区乡镇、村试点。

三、建立山区农村龙头企业扶持基金

为鼓励农业、农村经济的快速发展,国家对农业产业化龙头企业提供了很多优惠政策,包括土地规模经营相关政策、扶持资金支持等,龙头企业也因此得到了较快的发展。但是一方面,由于存在着一些企业利润至上、不道德经营、市场危害大等因素,甚至存在一些企业套用政府资金支持,损农、害农的事情;另一方面,也由于企业与农民的利益关系没有理清、利益机制没有形成,农民与龙头企业之间在产品供给、利益分割等方面出现一些问题也是难以避免的。在这种情况之下,地方政府往往承受企业、农户双方面的压力和风险。因此,为了有效避免此类现象的发生,进一步推进农业产业化的健康、持续发展,真正促进农业、农村经济的发展,真正让农民受惠、受益,地方政府应定期对龙头企业进行跟踪,并进行综合评估,建立科学、规范的龙头企业评估机制。建议将农业产业化龙头企业的政府扶持资金按一定比例交由地方政府掌握,地方政府利用评估结果确定龙头企业的资金支持限度,确定扶持资金的划拨时限。

四、加强山区农村土地流转管理

制约土地流转的一个主要因素是土地供求信息不畅,导致土地难以流转。建立中介服务组织,可以为农户之间流转土地提供平台,也可以将收集到的土地供求信息通过报纸、电视、互联网等媒介向社会发布,牵线搭桥。村集体经济组织作为发包方,在土地流转中起着不可替代的作用:出面签订规范的流转协议,流出与流入双方的权利就可以得到有效的保障,避免土地流转纠纷;帮助需要流入土地的工商业主、龙头企业、种植大户等与众多农户谈判,可以降低谈判成本;为农户向流入土地的大户收取租金,可以降低一家一户农户经济受到损失的风险;在土地流转中介组织缺失的情况下,发挥土地流转的中介功能,帮助克服与解决土地供求双方信息沟通的难题。因此,强化村集体经济组织的作用是土地流转不可或缺的重要环节。

第五节 加快中国山区乡镇管理机构调整与改革的步伐

一、加快推进行政管理体制改革,建设运转高效的服务性政府

(一)积极推动行政体制改革

积极探索适应科学发展观与和谐社会建设的工作考评机制与目标管理体系,转变

政府职能,加快建设服务性政府,改革与统筹城乡发展不相适应的行政管理体制。理顺管理关系,健全管理机构,整合行政资源,增强统筹城乡发展的管理服务能力,切实将行政管理工作的重点向农村延伸。合理划分市、县、镇、乡职责和权利,加快部门职能向农村延伸。加强行政服务中心建设,完善内部管理和监督机制,提高服务的水平和质量。深化乡镇行政管理体制改革,解决层次过多、职能交叉、人浮于事、权责脱节等问题。

(二)积极推动乡镇综合改革,构建高效廉洁的基层行政管理体制

搞好农村综合改革,积极稳妥地推进乡镇机构改革,转变乡镇政府职能,创新农村工作机制,建立行为规范、运转协调、公正透明、廉洁高效的基层行政体制和运行机制。合理调整行政区划,稳妥地推进乡镇合并重组,加快中心镇建设,适当扩大中心镇管理权限,优化行政资源配置,充分发挥中心镇在统筹城乡发展中的作用。做好村庄规划,把建立中心村作为城乡统筹综合改革的一项重要内容,完成村级规模调整工作。

(三)健全村民自治,加快村级服务功能建设

加快村民自治制度建设,建立健全议事规则和程序,充分发挥基层组织在统筹城乡发展、建设社会主义新农村中的重要作用。切实加强群防群治网络建设,着力抓好农村社会治安综合治理,维护农村社会秩序。

(四)加快农村集体资产管理制度改革

建立健全民主管理、民主决策和民主监督机制,探索开展农村集体资产(包括土地)的股份合作制改造,实行折股量化、股随人转,割断农村户口与村级资产(包括土地)权益分配的联系,进一步拓展农民离土离乡发展的空间,促进农村人口向城镇聚集,农地向规模化集中。

二、加快推进公共财政体制和投融资体制改革

(一)建立健全公共财政体制

本着"以人为本"的原则,以科学发展观为统领,以统筹城乡发展为宗旨,以规划为指导,积极探索山区公共财政体制改革,建立城乡统筹、区域协调的财政转移支付制度。加大规划建设区的财政支持力度,充分发挥财政资金的杠杆作用和倍增效应,带动社会资金、民间资金向重点建设区集聚;加大农村基础设施、公共事业等的支持力度,提高农业综合生产能力,改善农村环境,实现城乡居民共享改革开放成果;积极探索乡镇财政转移支付制度,加大对非建设区乡镇发展的财政转移支付力度,促进乡镇政府的职能转变,实现弱化非重点建设区乡镇经济发展功能、强化社会服务功能的目标;加大财政资金的支农力度,初步形成新增财力重点向"三农"倾斜、向农村社会事业倾斜、向欠发达

乡镇倾斜、向提高农民生活质量倾斜的公共财政新机制。

（二）加快融资体制改革力度，提高统筹城乡资金的筹措能力

加大金融创新力度，创新服务品种，丰富服务手段，改善服务质量。以特色产业发展融资为突破口，建立特色产业发展基金，引导社会资本向特色产业渗入；依托现有企业，建立中小企业贷款担保公司，化解山区企业面临的资金缺口；积极创新基础设施建设融资途径，鼓励社会资金、民间资金向基础设施聚集；建立和完善适应金融发展要求的用工制度、分配制度，推动县级农村信用社和城市商业银行改革，积极支持和引导民间资金参与信用社的改革和重组，提高信用社的融资能力，树立信用社"服务地方、服务中小和服务统筹"的经营思想；积极推动邮政储蓄开展面向统筹的贷款投放工作，增加信贷资金来源；积极争取上级追加和扩大授权授信额度，创新金融业务，扩大贷款领域，支持地方经济发展；改善创业环境，鼓励山区成功人士回乡创业，通过创业引资促发展；综合运用税收、补贴、参股、贴息等手段，吸引社会力量参与新农村建设，发展农村公益事业。

三、初步构建城乡人力资源培育与共享机制

认真贯彻尊重劳动、尊重知识、尊重人才、尊重创造的方针，建立充满生机与活力的人才机制，营造有利于人才成长、施展才华的良好环境。采取有效措施，努力解决山区中高层次人才队伍总量不足、结构不合理、分布不均衡、聚集能力不强，特别是高层次、高技能、复合型、外向型人才短缺的问题。建立健全产业发展人才激励机制，对山区各地产业发展作出突出贡献的人才给予重奖，吸引山区外人才，尤其是山区籍优秀人才来山区，在山区创业。

建立健全鼓励人才发展的分配和激励机制，做到"事业留人"、"待遇留人"；建立"能者上，平者让，庸者下"的优胜劣汰的机制和在职干部的任期制、转岗交流制。山区各级政府工业园区、企业、重大工程项目等负责人及工作人员通过公开招考、竞争上岗、择优录用，加大对工业、金融、商贸、法律、文化、教育等专业人才的引进力度。

加强党政人才、产业人才的培训，建立健全人力资源信息管理系统。实施产业人才开发和培训机制，为工业化、城镇化发展有针对性地培训党政企业管理人才、科技创新人才；大力培育农村经纪人、土专家；为在自己岗位上取得优异成绩的人才、创业取得成功的人才；技术上有专长的人才提供施展才能的外部环境；按照不同层次、不同水平建立健全山区各级人力资源信息管理系统，向山区内外提供劳务信息，及时满足岗位需求，优化人力资源配置。

推进城乡人才交流队伍工作，积极推行农村"科技特派员"、"农民专家大院"等科技服务模式，促进科技人员与农民结成利益共同体，更好地为农民提供技术、营销等综合

服务。支持和鼓励广大科技人员与高校、科研院所保持长期稳定的联系,积极推动社会组织和民间科技人才下乡。

依托龙头企业和科技示范基地,联合大专院校和科研院所,建立健全面向农村的科技服务体系,加强农业科技信息"110"平台建设,推动农业产业化,促进农民增收致富。

四、积极探索户籍制度改革,引导农村人口向城镇聚集

逐步剥离户籍附加的社会保障功能,建立城乡统一的户籍登记制度,恢复户籍管理本位。在山区、市、县城重点建设镇和工业园区,探索户籍登记制度改革,凡具有合法固定住所、稳定职业或生活来源的外来人口,均可就地登记为城镇常住人口,纳入所在地户籍登记管理,享受同质的社会保障和就业服务;凡山区农民在本地域城镇长期经商务工者,可就地登记为常住户籍人口,享受同质的社会保障服务。吸引农村人口向城镇流动,鼓励农村富裕农民向重点城镇搬迁,允许农民带资在规划地块建房。对于进城农民,其宅基地和承包地折价返回所在村组,由集体统一经营或委托村组能人经营。研究制定相关的改革措施,保证进城民工在劳动就业、子女入学、医疗卫生、社会保障等方面享有与城镇居民同等的待遇。

五、加强组织领导,有序推进城乡统筹

统筹城乡发展,加快农村全面建设小康社会,事关农村发展大局和广大农民的切身利益。各级政府部门应当统一认识,加强领导,敢为人先,勇于创新,带头实践,积极引导,坚持不懈,一抓到底。

当前,山区各级政府的主要领导要亲自抓改革,协调解决改革的重大问题和重大决策;分管领导要用更多精力抓改革,研究改革中的新问题,谋划改革新举措。应分别以市、县为单位,制定城乡统筹发展规划,并将该规划列入各市、县社会经济发展规划,统一实施。各地应根据实际情况选好城乡统筹发展的突破口,明确重点任务,落实领导责任,明确每一项任务的牵头单位、责任部门,防止改革虚化、改革成为口号。山区各级政府应将重大改革任务列入目标考核,对改革完成情况进行督查,对在推进改革中作出突出成绩的单位和个人予以表彰、奖励。各山区市、县级各部门、各镇乡要按照上级政府的明确要求和总体部署,加大工作力度,明确工作任务,推进改革工作。对涉及公众利益,具有试点性、探索性,需要各级政府决策的重大改革项目,应按照规定程序推进,经过专家论证或进行公示、听证,最终由相关级别层次的政府决策、实施。

参 考 文 献

[1] 陈宣庆、张可云主编:《统筹区域发展的战略问题与政策研究》,中国市场出版社,2007年。

[2] 戴宏伟、陈永国等:《城乡统筹与县域经济发展》,中国市场出版社,2005年。

[3] 段应碧主编:《统筹城乡经济社会发展研究》,中国农业出版社,2005年。

[4] 农业部科学委员会办公室:《加快农村劳动力转移与统筹城乡经济社会发展》,中国农业出版社,2005年。

[5] 杨雍哲、段应碧等:《论城乡统筹发展与政策调整》,中国农业出版社,2004年。

[6] Andy Brock. 2009. Moving Mountains Stone by Stone: Reforming Rural Education in China. *International Journal of Educational Development*. In Press, Corrected Proof, Available online 21 June.

[7] Bhubaneswor Dhakal, Hugh R. Bigsby, Ross Cullen 2007. The Link Between Community Forestry Policies and Poverty and Unemployment in Rural Nepal. *Mountain Research and Development*, Vol. 27, No. 1, pp. 32-39.

[8] Chien-Hsun Chen 2002. Property Rights and Rural Development in China's Transitional Economy. *Economics of Planning*, Vol. 35, No. 4, pp. 349-363.

[9] Lennart Eriksson 2004. Development Strategies for Privately Owned Forestry in the Mountainous Region of Sweden. Small-scale Forest Economics. *Management and Policy*, Vol. 3, No. 1, pp. 1-15.

[10] Markus Bürli, Aden Aw-Hassan, Youssef Lalaoui Rachidi 2008. The Importance of Institutions in Mountainous Regions for Accessing Markets. *Mountain Research and Development*, Vol. 28, No. 3/4, pp. 233-239.

[11] Shikui Dong, James Lassoie, K. K. Shrestha, Zhaoli Yan, Ekalabya Sharma, D. Pariya 2009. Institutional Development for Sustainable Rangeland Resource and Ecosystem Management in Mountainous Areas of Northern Nepal. *Journal of Environmental Management*, Vol. 90, No. 2, pp. 994-1003.

附录：中国山地范围界定的初步意见[①]

江晓波

（中国科学院成都山地灾害与环境研究所，
中国科学院山地灾害与地表过程重点实验室）

摘要：对中国山地范围的界定一直缺乏可操作的、准确的量化方法，从而导致对山地及其内部资源、环境、人口和发展问题认识的不全面。同时，准确界定山地范围是实施数字山地战略的一项基础性工作。在前人研究的基础上，采用两种方案确定中国山地范围。方案一：将满足以下两种情况的国土界定为山地：(1) 海拔≥3 000 m；(2) 海拔介于300 m（含300 m）至3 000 m之间，同时相对高差≥200 m或坡度>25°。根据此标准计算，中国山地面积为4 000 265 km^2，占中国陆地面积的41.67%。方案二：根据UNEP-WCMC的标准，将满足下述情况的国土定义为山地：(1) 海拔≥2 500 m；(2) 海拔介于1 500 m（含1 500 m）至2 500 m之间，坡度≥2°；(3) 海拔介于1 000 m（含1 000 m）至1 500 m之间，坡度≥5°或相对高差≥300 m；(4) 海拔介于300 m（含300 m）至1 000 m之间，相对高差≥300 m。根据此标准计算，中国山地面积为4 426 130 km^2，占中国陆地面积的46.11%。按此两种方案计算所得的分省山地面积中，前5名都是西藏、青海、新疆、四川和云南。将两种方案计算的山地面积按高程划分为六级：① 300～1 000 m（含300 m），② 1 000～1 500 m（含1 000 m），③ 1 500～2 500 m（含1 500 m），④ 2 500～3 500 m（含2 500 m），⑤ 3 500～4 500 m（含3 500 m），⑥ ≥4 500 m。根据两种方案的定义，海拔在3 500 m以上的山地面积相等；除了方案一中300～1 000 m的山地较之方案二多324 508 km^{2}外，其余几个级别山地的面积方案二均大于方案一，其中2 500～3 500 m方案二多133 432 km^2，1 500～2 500 m方案二多336 186 km^2，1 000～1 500 m方案二多282 273 km^2。

[①] 本文由本所前沿项目"数字山地原型研究"和中国科学院西部之光"山区小城镇可持续发展决策支持系统"项目资助(Supported by Foundation of Institute of Mountain Hazards and Environment *Study on Prototype of Digital Mountains* and West Light Foundation of the Chinese Academy of Sciences *Geographic Information System of Sustainable Development in Towns of Mountain Regions*)。

作者简介：江晓波(1973～)，男，羌族，四川茂县人。副研究员，博士，数字山地实验室主任。主要从事RS&GIS应用和数字山地研究，已发表论文10余篇。E-mail：jxb@imde.ac.cn；Tel：028-85222782。（Biography：Jiang Xiaobo (1973～), male, associate professor, Ph. D., research direction: application of remote sensing and geographic information system, and digital mountains theory. E-mail：jxb@imde.ac.cn, Tel：028-85222782）

关键词 山地、范围、定义、数字山地

对中国山地范围的界定一直采用模糊和不清晰的概念和数据，如"三分之二"的提法。在这样模糊的概念下，对山地资源与环境等问题的认识也是模糊和不准确的。我国政府目前正在全面推进"构建和谐社会"战略，山地是这一战略得以顺利实施的难点和重点之所在。在人类历史时期，由于居住在山地的人口较为稀少，所以虽然山地本身很脆弱，但人地却保持着较好的和谐共生关系。随着人口的增加，人类对山地资源采取大范围无节制、掠夺式的利用，破坏了山地生态环境，导致一系列山地灾害，如水土流失、山洪、泥石流、滑坡和雪崩等的加剧。当前如何协调中国山地的人口、资源、环境与发展的关系是亟待解决的问题。中国科学院成都山地灾害与环境研究所作为国内乃至全球为数不多的以山地（区）为研究对象的综合研究机构，应该加强对山地空间地理信息的认识与规律的探索，推动山地的科学发展，促进"数字山地"战略的实施，服务于国家山地可持续发展宏观战略。本研究通过对中国山地范围的准确界定，为山地研究和数字山地战略提供基础和支撑[1~8]。

1 关于山地的定义

研究山地，需要首先面对的一个问题是什么是山地？如何确定山地的范围？

国内外关于山地的定义众多，Messerli 和 Ives 在 *Mountain of the World-A Global Priority* 一书中粗略地界定了山地的两个特征，即陡坡和高度的组合[9]。UNEP-WCMC 认为，海拔高于 2 500 m 的区域通常被认为是山地；而海拔介于 300 m 至 2 500 m 之间的区域，如果表现出较陡坡度或在小范围内高程变化很大（相对高差，即 Local Elevation Range-LER），以及具有以上两个特征，也被认为是山地[10]。南京大学等单位主编的《地理学辞典》认为，山地是许多山的总称，由山岭和山谷组合而成。其特点是具有较大的绝对高度和相对高度，切割深、切割密度大，通常多位于构造运动和外力剥削作用的活跃地区，地质结构复杂[11]。王明业、朱国金在《中国的山地》一书中将山地定义为具有一定海拔和坡度的地面。山地有广义和狭义之分，广义的山地包括高原、盆地和丘陵；狭义的山地仅就山脉及其分支而言[12]。肖克非在《中国山区经济学》一书中采取完全量化的手段定义山地，即将起伏高度＞200 m 的地段均归入山地。其中的起伏高度，是指山地脊部或顶部与其顺坡向到最近的大河（流域面积＞500 km²）或最近的较宽的平原或台地（宽度＞5 km）交接点的高差[13]。赵松乔在"我国山地环境的自然特点及开发利用"一文中，将山地确定为下面两种情形：(1) 具有较大的海拔高度，一般在 500 m 以上，如超过 3 000 m 则不论坡地或平地均成为高山及"山原"；(2) 有一定的相对高度，相对高度超过 500 m 的成为山地，不到 500 m 的专称丘陵，不管其海拔高度如何[14]。徐樵利、谭传凤在《山地地理系统综论》中确定广义的山地为相对高度大于

200 m的区域,在山地内部划分丘陵、低山、中山、高山、极高山和盆地[15]。程鸿在"我国山地资源的开发"一文中将山地定义为由一定绝对高度和相对高度组合的地域[16]。中国科学院成都山地灾害与环境研究所在《山地学概论与中国山地研究》中,综合评价了前人关于山地的定义,但没有进一步给出自己的定义[17]。总体而言,目前对于山地的定义,包含定性、定量以及介于二者之间三种方式。但即便是定量的定义,也存在一些难以量化操作的实际问题,如相对高差的计算方法。郭绍礼和张天曾在1980年代对中国山区进行了初步划分[18]。需要指出的是,研究的主要成果之一是依据县级行政单元将全国划分为山区县、丘陵县和平原县。换言之,此方法强调从社会人文的角度认识山区,在保证行政界线完整性的同时降低了山地范围的准确性。

2 可操作的山地定义

2.1 可量化的山地定义

本研究提到的可量化的山地定义便于计算机自动计算,从而提高对山地范围界定的效率和准确性。本研究采取两种方案计算山地面积。

2.1.1 方案一

海拔≥3 000 m划分为山地;海拔小于300 m,认定为非山地;海拔介于300 m至3 000 m之间的,综合考虑其相对高差和坡度,即相对高差≥200 m或坡度≥25°的划分为山地。

2.1.2 方案二

UNEP-WCMC标准:海拔≥2 500 m划分为山地;海拔小于300 m,认定为非山地;海拔介于300 m至2 500 m之间的,综合考虑其相对高差和坡度。其中海拔介于300 m至1 000 m之间,相对高差≥300 m属于山地;海拔介于1 000 m至1 500 m之间,相对高差≥300 m或坡度≥5°属于山地;海拔介于1 500 m至2 500 m之间,坡度≥2°属于山地。

2.2 界定山地范围的几个基本原则

2.2.1 区域连续性

山地具有区域的概念,应尽可能保证山地范围具有连续性。

2.2.2 内部同一性

对于山地内部面积较小的非山地,或非山地内部面积较小的山地,通常忽略不计。

2.2.3 符合山地的科学定义

山地的范围应基本符合目前对山地相对一致的归纳和总结,即山地指具有一定的海拔,同时相对高差较大或(和)坡度较陡的区域。

2.2.4 符合山地认识的传承性

山地范围原则上应符合学者和大众对山地的一贯认识。

2.2.5 便于计算机自动处理

由于基础数据量巨大,因此山地范围的确定需要通过计算机自动计算得出。

2.3 数据源

本研究的 DEM 数据主要源于热带农业国际中心(International Center of Tropical Agriculture-ICTA),基本格网单元为 86 m。行政界线数据源自于地球系统科学数据共享网西南分中心(http://imde.geodata.cn),基本比例尺为 1∶25 万。

2.4 相对高差

相对高差,亦称相对高度、地势起伏度或地形起伏度。相对高差是山地范围确定中最为困难的工作,这是由相对高差定义的模糊性造成的。相对高差被理解为"一定范围内海拔的变化",而恰恰是这"一定范围"很难确定。本研究将这一相对范围定义为 50×50 个栅格单元的范围,即 18.49 km²。相对高差的计算公式如下所示:

$$LER_i = E_i - E_{min} \quad (1)$$

其中,LER_i 表示第 i 个格网的相对高差;E_i 表示第 i 个格网单元的高程值;E_{min} 表示第 i 个格网单元所在区域范围内的高程最低值。本公式中 E_i 的值可以从 DEM 中直接获取,E_{min} 则需运用 ARCGIS 中栅格数据的空间分析功能进一步计算获取。

根据相对高差的定义,利用 DEM 数据,计算中国陆地相对高差,结果如图 1 所示。相对高差≥200 m 的陆地面积为 2 609 981 km²,占我国陆地总面积的 27.19%;相对高差≥300 m 的陆地面积为 1 775 242 km²,占我国陆地总面积的 18.49%。

2.5 计算模型

2.5.1 方案一

引入公式:

$$M_{area} = M_{\geqslant 3\,000m} + M_{300 \sim 3\,000m} \quad (2)$$

其中,M_{area} 表示山地面积,$M_{\geqslant 3\,000m}$ 表示海拔 3 000 m 以上的国土面积,$M_{300 \sim 3\,000m}$ 表示海拔介于 300 m 至 3 000 m 之间的山地面积。$M_{300 \sim 3\,000m}$ 的计算公式如下:

$$M_{300 \sim 3\,000m} = M_{ler \geqslant 200m} + M_{slope \geqslant 25°} \quad (3)$$

其中,$M_{ler \geqslant 200m}$ 表示相对高差≥200 m 的山地面积,$M_{slope \geqslant 25°}$ 表示坡度≥25°的山地面积。

2.5.2 方案二

引入公式:

$$M_{area} = M_{\geqslant 2\,500m} + M_{1\,500 \sim 2\,500m} + M_{1\,000 \sim 1\,500m} + M_{300 \sim 1\,000m} \quad (4)$$

其中,M_{area} 表示山地面积,$M_{\geqslant 2\,500m}$ 表示海拔 2 500 m 以上的国土面积,$M_{1\,500 \sim 2\,500m}$ 表示海拔介于 1 500 m 至 2 500 m 之间的山地面积,$M_{1\,000 \sim 1\,500m}$ 表示海拔介于 1 000 m 至 1 500 m 之间的山地面积,$M_{300 \sim 1\,000m}$ 表示海拔介于 300 m 至 1 000 m 之间的山地面积。$M_{1\,500 \sim 2\,500m}$ 的计算公式如下:

$$M_{1\,500 \sim 2\,500m} = M_{slope \geqslant 2°} \quad (5)$$

其中,$M_{slope \geqslant 2°}$ 表示坡度≥2°的山地面积。

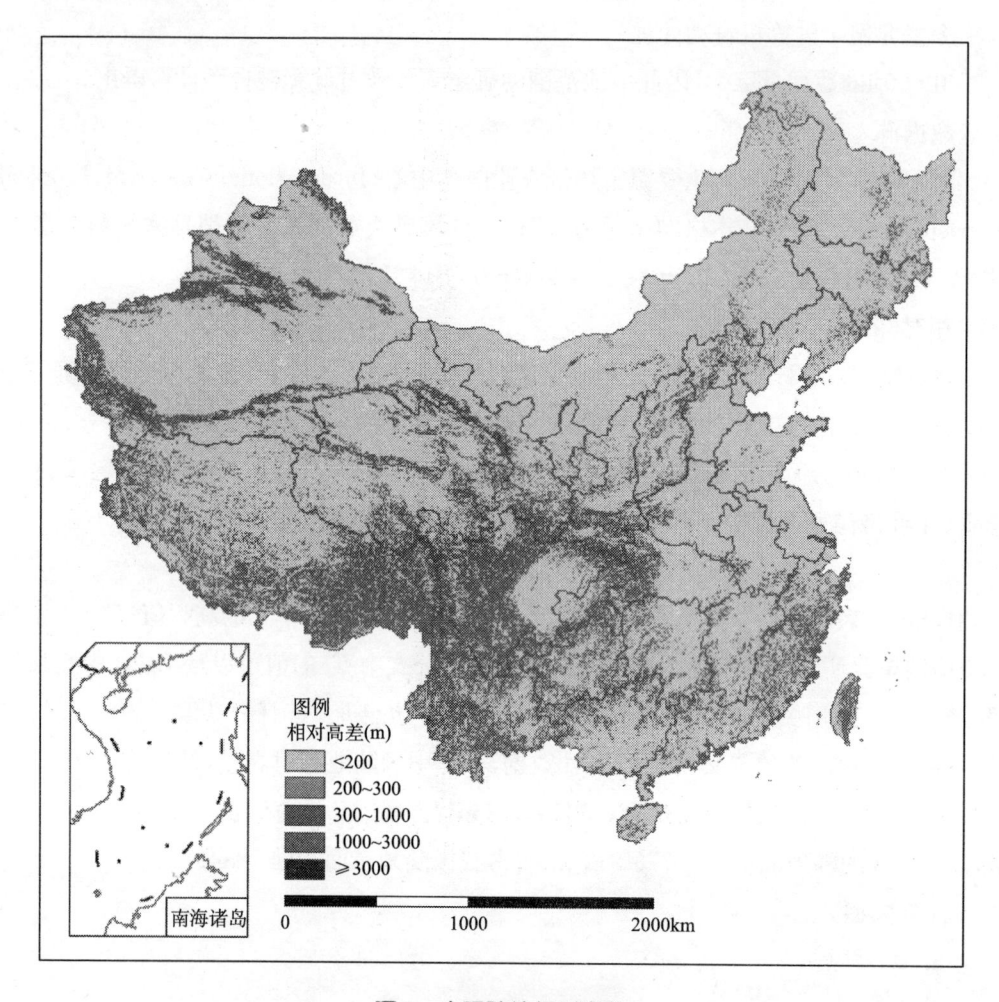

图 1 中国陆地相对高差

(Fig. 1 Local Elevation Range of China)

$M_{1000\sim1500m}$ 的计算公式如下:

$$M_{1000\sim1500m} = M_{ler1\geqslant300m} + M_{slope\geqslant5°} \tag{6}$$

其中,$M_{ler\geqslant300m}$ 表示相对高差≥300 m 的山地面积,$M_{slope\geqslant5°}$ 表示坡度≥5°的山地面积。

$M_{300\sim1000m}$ 的计算公式如下:

$$M_{300\sim1000m} = M_{ler2\geqslant300m} \tag{7}$$

其中,$M_{ler\geqslant300m}$ 表示相对高差≥300 m 的山地面积。

3 结果与讨论

为了更能反映山地连续分布的特点,设定 10×10 栅格为基本运算单元,将阈值确定为 0.37 km²,对计算结果进行修正,凡是面积小于 0.37 km² 的山地和非山地图斑都将并入主要类型中。

根据方案一的模型计算,中国山地面积为 4 000 264.77 km²,占中国陆地国土面积(9 600 000 km²)的 41.67%;分省(包括直辖市、自治区、特别行政区)的山地面积中,绝对值超过 $5×10^4$ km² 的省(市、区)为 12 个,山地面积占本省(市、区)面积比例超过 50% 的省(市、区)为 7 个(表1和图2)。

根据方案二的模型计算,中国山地面积为 4 426 130.34 km²,占中国陆地国土面积的 46.11%;分省的山地面积中,绝对值超过 $5×10^4$ km² 的省(市、区)为 10 个,山地面积占本省(市、区)面积比例超过 50% 的省(市、区)为 9 个(表1和图2)。

将方案二和方案一进行比较可以看出,有大约 1/3 的省(市、区)山地面积相对稳定,大约 1/3 的省(市、区)山地面积增加,还有大约 1/3 的省(市、区)山地面积略有减少。方案二的山地面积较之方案一增加了 725 865.57 km²。主要增加的省(市、区)为青海、甘肃、新疆、内蒙古和云南,增加面积超过 $52×10^4$ km²,还有部分省(市、区)山地面积有所减少,但减少的幅度都不大(图3和图4)。在两种方案中,上海是全国唯一没有山地的省级行政单元。

表1 两种方案计算的中国山地面积

(Table 1　Area of Mountain Regions in China Based on Two Models)

省份	方案一 山地面积比例(占本省国土面积%)	方案一 本省山地面积(km²)	省份	方案二 山地面积比例(占本省国土面积%)	方案二 本省山地面积(km²)
西藏	99.36	1 209 310.73	西藏	99.25	1 207 730.88
青海	85.38	618 077.95	青海	99.91	723 326.42
新疆	32.65	542 211.96	新疆	40.21	667 474.07
四川	75.08	366 497.61	四川	73.56	359 208.85
云南	70.63	274 553.32	云南	90.53	352 507.93
甘肃	37.18	151 844.62	甘肃	64.98	265 393.22
贵州	55.00	96 708.93	内蒙古	12.58	146 459.91
陕西	40.54	84 494.96	陕西	61.44	128 137.14
广西	31.34	74 398.27	贵州	59.82	105 301.51
湖北	33.01	61 668.56	山西	58.53	93 467.26
湖南	27.14	58 222.81	湖北	24.64	46 039.29
福建	44.52	54 695.58	广西	16.30	38 751.21
内蒙古	4.03	46 972.93	河北	20.74	39 126.61
重庆	56.42	47 118.55	重庆	41.28	34 488.52
山西	28.11	44 855.66	福建	27.26	33 504.78
浙江	35.37	36 176.04	湖南	14.63	31 393.28

续表

方案一			方案二		
省份	山地面积比例（占本省国土面积%）	本省山地面积(km²)	省份	山地面积比例（占本省国土面积%）	本省山地面积(km²)
广东	19.65	34 634.39	宁夏	51.59	27 323.83
河北	17.22	32 483.82	浙江	22.53	23 039.28
江西	18.10	30 622.28	广东	11.00	19 393.14
黑龙江	6.20	28 411.66	江西	9.27	15 683.53
吉林	12.38	23 920.85	台湾	45.28	16 455.53
河南	11.07	18 582.38	吉林	6.31	12 196.39
台湾	52.04	18 916.82	河南	7.15	12 007.06
安徽	9.68	13 710.65	黑龙江	2.10	9 627.17
辽宁	8.68	12 596.69	安徽	5.32	7 539.52
宁夏	10.65	5 641.53	辽宁	2.63	3 813.68
海南	14.28	4 881.27	海南	8.62	2 946.88
北京	28.26	4 682.50	北京	16.39	2 713.86
山东	2.02	3 130.03	山东	0.60	922.74
香港	11.05	117.66	香港	10.06	107.00
江苏	0.07	74.28	江苏	0.04	36.12
天津	0.41	48.00	天津	0.10	12.26
澳门	3.48	1.48	澳门	3.48	1.48
上海	0.00	0.00	上海	0.00	0.00
合计		4 000 264.77	合计		4 426 130.34

将两种方案计算的山地按高程划分为六级（图5）：① 300～1 000 m(含300 m)，② 1 000～1 500 m(含1 000 m)，③ 1 500～2 500 m(含1 500 m)，④ 2 500～3 500 m(含2 500 m)，⑤ 3 500～4 500 m(含3 500 m)，⑥ ≥4 500 m。计算结果如表2所示。根据两种方案的定义，海拔3 500 m以上的山地面积相等；除了方案一中300～1 000 m的山地面积较方案二多324 508 km² 外，其余几个级别山地的面积方案二均大于方案一，其中2 500～3 500 m方案二多133 432 km²，1 500～2 500 m方案二多336 186 km²，1 000～1 500 m方案二多282 273 km²。

两种方案计算的山地面积及其在不同山地等级中的比例均有差异，孰优孰劣，很难确定。不过为了与国外山地研究保持一致，建议采用方案二计算的山地面积，即中国山地面积占陆地国土总面积的46.11%。

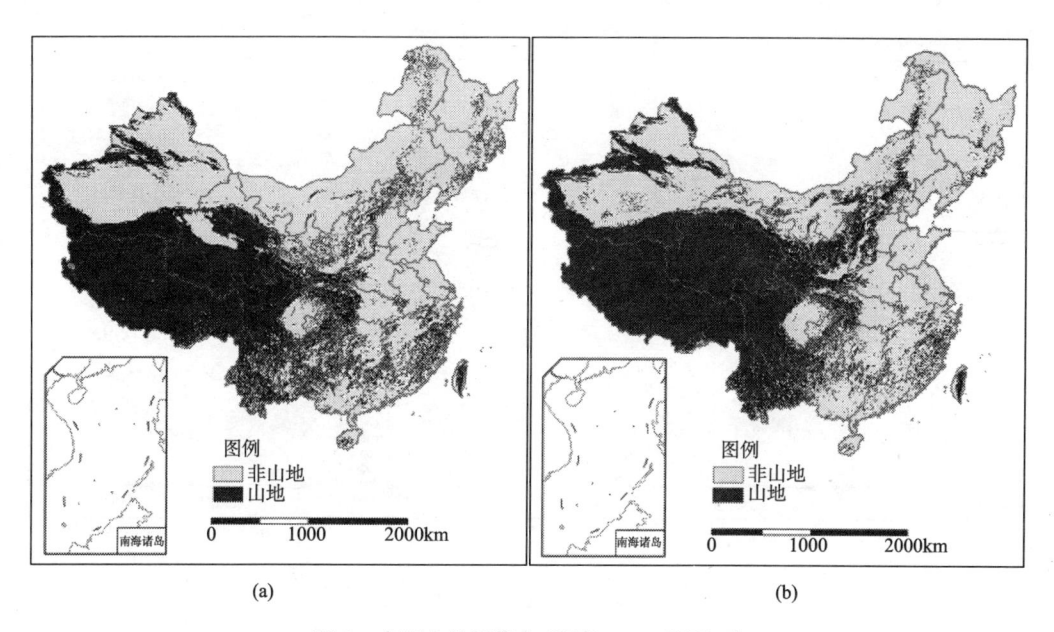

附录：中国山地范围界定的初步意见

图 2 中国山地面积（a：方案一，b：方案二）

(Fig. 2 Area of Mountain Regions of China (a：Model 1, b：Model 2))

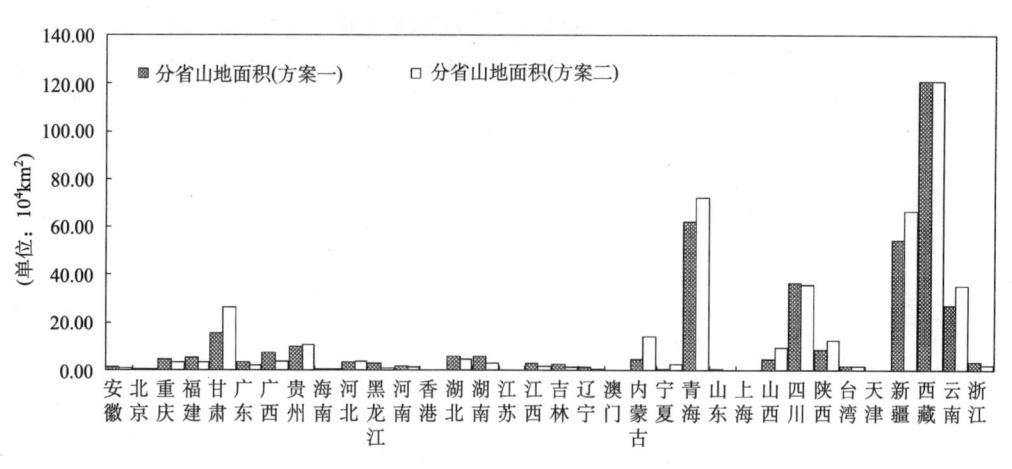

图 3 两种方案计算的分省山地面积对比

(Fig. 3 Comparison of Mountain Regions on Provincial Scale in Two Models)

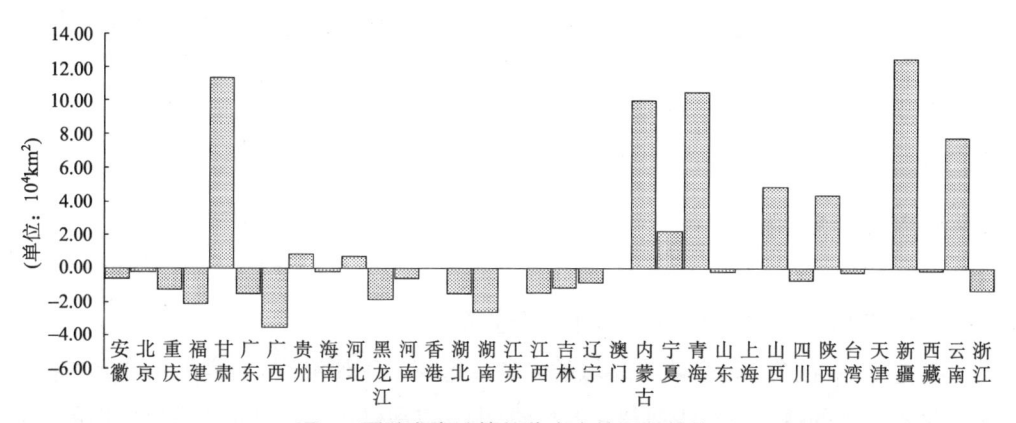

图 4 两种方案计算的分省山地面积差值

(Fig. 4 Area Differentiation of Mountain Regions on Provincial Scale in Two Models)

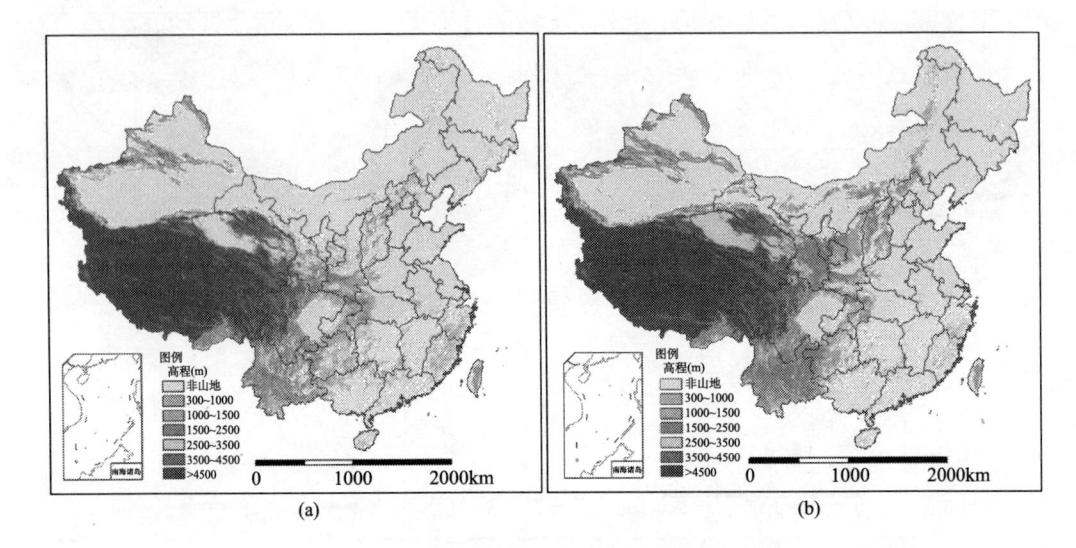

图5 中国山地等级(a:方案一, b:方案二)

(Fig. 5 Classification of Mountain Regions in China (a:Model 1, b: Model 2))

表 2 两种方案下分级山地面积

(Table 2 Areas of Different Classes of Mountain Regions in Two Models)

高程等级	中国陆地国土面积(10^4 km²)	方案一 山地面积(10^4 km²)	方案一 占方案一计算的全国山地总面积比例(%)	方案二 山地面积(10^4 km²)	方案二 占方案二计算的全国山地总面积比例(%)
≥4 500 m[①]	1 466 301.37	1 464 517.61	36.82	1 463 397.71	33.24
3 500~4 500 m[②]	756 579.65	758 052.72	19.06	757 473.05	17.20
2 500~3 500 m	552 487.16	418 647.50	10.53	552 079.39	12.54
1 500~2 500 m	940 092.02	440 941.39	11.09	777 127.51	17.65
1 000~1 500 m	1 716 579.47	331 542.45	8.34	613 815.36	13.94
300~1 000 m	2 259 236.71	563 728.06	14.17	239 220.32	5.43

①②从理论上讲,3 500~4 500 m 和≥4 500 m 两个级别的陆地国土面积和两种方案计算的山地面积值应该相等,但由于栅格计算的误差,其值略有差异。

4 未来工作展望

下一步的工作大致可以分为以下三个方面:

首先,在对社会、经济、人文领域的问题进行探索和研究时,通常采用山区的概念,而山区和山地的概念虽然相似却并不相同,出发点和侧重点都是不一致的。因此,在下一步的工作中,需要根据已经获取的山地范围数据,确定中国山区范围。

其次,准确界定山地范围是构建数字山地的基础性工作,在此项工作的基础上,下一步的工作目标之一,是依托中国山地范围构建中国山地地理空间信息平台,从而进一步为数字山地奠定基础。

最后,进一步开展山地资源、环境、人口和发展等的研究,深入分析和认识中国山地的历史、现状和未来趋势等基本规律。

参 考 文 献

[1] Jao, D. I. and Messerli, B. 1990. Progress in Theoretical and Applied Mountain Research 1973-1989, Major Future Needs. *Mountain Research and Development*, Vol. 10, No. 2, pp. 101-127.

[2] UNESCO. Programme on Man and Biosphere (MAB), Working Group on Project 20-236: Impact of Human Activities on Mountain and Tundra Ecosystem. Lillehammer, November 1973, Final Report, MAB Report 14, UNESCO, Paris, pp. 1-132.

[3] 陈国阶、杨定国:《渝鄂湘黔接壤贫困山区综合开发与持续发展研究》,四川科学技术出版社、新疆科学技术出版社,2000年。

[4] 陈国阶:《2003中国山区发展报告》,商务印书馆,2004年。

[5] John, G. 1994. *Mountain Environments: An Examination of the Physical Geography of Mountains*. Massachusetts: The MIT Press Cambridge.

[6] 周万村、江晓波:"地理信息系统的发展轨迹与数字山地构建",《山地学报》,2006年第5期。

[7] Jiang Xiaobo 2007. Digital Mountains: towards Development and Environment Protection in Mountain Regions. *Geoinformatics*. Proceedings of SPIE, 67521Q-1-67521Q-8.

[8] Xiaobo Jiang, Wancun Zhou 2007. Digital Mountains: Concept, Architecture and Contents. IW-GIS.

[9] Messerli, B. and Ives, J. D. 1997. *Mountains of the World: A Global Priority*. New York and London: The Parthenon Publishing Group.

[10] Price, M. F. and Butt, N. (eds.). *Forests in Sustainable Mountain Development Report for 2000*. Wallingford, UK: CAB International. pp. 4-9.

[11] 南京大学等:《地理学词典》,商务印书馆,1982年。

[12] 王明业、朱国金:《中国的山地》,四川科学技术出版社,1988年。

[13] 肖克非:《中国山区经济学》,大地出版社,1988年。

[14] 赵松乔:"我国山地环境的自然特点及其开发利用",《山地研究》(《现山地学报》),1983年第3期。

[15] 徐樵利、谭传凤:《山地地理系统综论》,华中师范大学出版社,1994年。

[16] 程鸿:"我国山地资源的开发",《山地研究》(《现山地学报》),1983年第2期。

[17] 中国科学院水利部成都山地灾害与环境研究所:《山地学概论与中国山地研究》,四川科学技术出版社,2000年。

[18] 郭绍礼、张天曾:"中国山地分区及其开发方向的初步意见",《自然资源学报》,1986年第1期。

Preliminary Study on Computing the Area of Mountain Regions in China Based on Geographic Information System

JIANG Xiaobo

Institute of Mountain Hazards and Environment, Key Laboratory of Mountain Hazards and Surface Process, Chinese Academy of Sciences, Chengdu 610041, Sichuan, China

Abstract It is lack of quantitative method to acquire the precise area of mountain region (MR) of China. Consequently, the viewpoints concerning to the natural resources, environment, population and development in mountain regions, are partial, even different. Calculate the area of the MR is a fundamental work to launching the Digital Mountains' strategy. Two models are chosen to determine the boundaries based on the previous work. **Model one** (M1): those regions are taken as MR if: 1) the elevation is over 3 000 m (including 3 000 m), or 2) the local elevation range (LER) is over 200 m (including 200 m), or the slope is over 25° when the elevation is between 300 m (including 300 m) to 3 000 m. According to M1, the area of the MR is 4 000 265 km^2, which accounts for 41.67% to the terrestrial land of China. **Model two** (M2): those regions are taken as MR if: 1) the elevation is over 2 500 m (including 2 500 m), or 2) slope is over 2° when the elevation is between 1 500 m (including 1 500 m) to 2 500 m, or 3) the slope is over 5°, or the LER is over 300 m (including 300 m) when the elevation is between 1 000 m (including 1 000 m) to 1 500 m, or 4) the LER is over 300 m (including 300 m) when the elevation is between 300 m (including 300 m) to 1 000 m. According to M2, the area of the MR is 4 426 130 km^2, which accounts for 46.11% to the terrestrial area of China. The areas of the MR in Tibet, Qinghai, Xinjiang, Sichuan and Yunnan are the largest in all provinces in the two models. The MR is classified into six classes according to the elevation: C1. 300~1 000 m(including 300 m); C2. 1 000~1 500 m(including 1 000 m); C3. 1 500~2 500 m(including 1 500 m); C4. 2 500~3 500 m(including 2 500 m); C5. 3 500~4 500 m(including 3 500 m); C6. ≥4 500 m. Obviously the areas of the MR in two models over 3 500 m are equal (C5 & C6); except the area of C1 in M1 is larger than

M2 (the value is 324 508 km²), the areas of C2, C3 and C4 in M2 are larger than M1 (the values are 2 273 km², 336 186 km² and 133 432 km², separately).

Keywords   Mountain Regions; Area; Concept; Digital Mountains